SECOND EDITION

¡ADELANTE! *TRES*

An Invitation to Spanish

José A. Blanco

VISTA®
HIGHER LEARNING

Boston, Massachusetts

Publisher: José A. Blanco

President: Janet Dracksdorf

Editorial Development: Deborah Coffey, Jo Hanna Kurth

Project Management: Maria Rosa Alcaraz, Natalia González Peña, Hillary Gospodarek, Sharon Inglis

Technology Production: Jamie Kostecki, Paola Ríos Schaaf

Design: Robin Herr, Michelle Ingari, Jhoany Jiménez, Nick Ventullo

Production: Oscar Díez, Jennifer López, Lina Lozano, Fabian Montoya, Andrés Vanegas

Student Text ISBN: 978-1-61857-897-6

Instructor's Annotated Edition ISBN: 978-1-61857-900-3

Library of Congress Control Number: 2013950423

1 2 3 4 5 6 7 8 9 TC 19 18 17 16 15 14

Printed in Canada.

Introduction

Welcome to **¡ADELANTE!, Second Edition**. This three-volume introductory Spanish program is designed to provide you with an active and rewarding learning experience. You have an exciting journey through the Spanish language and the Spanish-speaking world ahead of you.

NEW to the Second Edition

- A dynamic new **Fotonovela**, filmed in the Yucatan Peninsula and Mexico City, that presents language and culture in an engaging context
- Enhanced Supersite—a simplified, user-friendly interface that highlights current assignments and makes all resources easy to find
- iPad®-friendly* access—get Supersite on the go!
- Online chat activities for synchronous communication and oral practice—2 per lesson
- New **A primera vista** questions that use previously learned vocabulary and grammar to ask about lesson opener photos
- 3 new **Lectura** readings, plus Supersite audio-sync technology for all **Lectura** readings
- Expanded **Adelante** skill-building section, with new **Escritura, Escuchar, En pantalla**, and **Flash cultura** pages for each lesson
- New audio for activities on **Escuchar** pages
- New **En pantalla** TV clips and short films showcasing Spanish from diverse locations in the Spanish-speaking world
- In-text integration of the enormously successful **Flash cultura**
- An expanded Testing Program with new tests, plus vocabulary and grammar quizzes

Plus, the original hallmark features of ¡ADELANTE!

- Easy-to-carry, spiral-bound worktext with perforated pages and folders
- Inclusion of Workbook, Video Manual, and Lab Manual pages at the end of each worktext lesson
- Review lessons at the beginning of **¡ADELANTE! DOS** and **¡ADELANTE! TRES**
- Additional Vocabulary and Notes pages at the end of each lesson
- Tabs and color coding for ease of navigation
- Clear and concise grammar and vocabulary sections
- Two compelling cultural videos: **Flash cultura** and **Panorama cultural**

*Students must use a computer for audio recording and select presentations and tools that require Flash or Shockwave.

table of contents

cultura

estructura

cultura

estructura

adelante

Ancillaries

	contextos	**fotonovela**

Ancillaries

cultura	estructura	adelante

Consulta

Each section of your worktext comes with activities on the **¡ADELANTE!** Supersite, many of which are auto-graded for immediate feedback. Plus, the Supersite is iPad®-friendly*, so it can be accessed on the go! Visit **vhlcentral.com** to explore this wealth of exciting resources.

CONTEXTOS
- Vocabulary tutorials
- Image-based vocabulary activity with audio
- Audio activities
- Worktext activities
- Additional activities for extra practice
- Chat activities for conversational skill-building and oral practice

FOTONOVELA
- Streaming video of **Fotonovela**, with instructor-managed options for subtitles and transcripts in Spanish and English
- Worktext activities
- Additional activities for extra practice
- Audio files for **Pronunciación**
- Record-compare practice

CULTURA
- Reading available online
- Keywords and support for **Conexión Internet**
- Worktext activities
- Additional activities for extra practice
- Additional reading

ESTRUCTURA
- Animated grammar tutorials
- Grammar presentations available online
- Worktext activities
- Additional activities for extra practice
- Chat activities for conversational skill-building and oral practice
- Diagnostics in **Recapitulación** section

ADELANTE
- Audio-synced reading in **Lectura**
- Additional reading
- Writing activity in **Escritura** with composition engine
- Audio files for listening activity in **Escuchar**
- Worktext activities and additional activities for extra practice
- Streaming **En pantalla** TV clips or short films, with instructor-managed options for subtitles and transcripts in Spanish and English
- Streaming video of **Flash cultura** series, with instructor-managed options for subtitles and transcripts in Spanish and English

VOCABULARIO
- Vocabulary list with audio
- Flashcards with audio

PANORAMA
- Interactive map
- Worktext activities
- Additional activities for extra practice
- Streaming video of **Panorama cultural** series, with instructor-managed options for subtitles and transcripts in Spanish and English

Plus! Also found on the Supersite:

- All worktext and lab audio MP3 files
- Communication center for instructor notifications and feedback
- Live Chat tool for video chat, audio chat, and instant messaging without leaving your browser
- A single gradebook for all Supersite activities
- WebSAM online Workbook/Video Manual and Lab Manual

*Students must use a computer for audio recording and select presentations and tools that require Flash or Shockwave.

Icons and *Recursos* boxes

Icons

Familiarize yourself with these icons that appear throughout **¡ADELANTE!, Second Edition**.

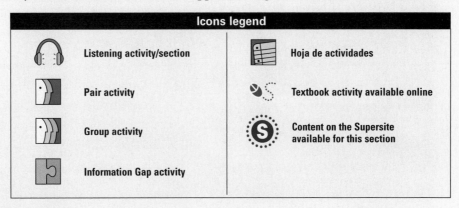

Icons legend	
🎧 Listening activity/section	📋 Hoja de actividades
Pair activity	Textbook activity available online
Group activity	Ⓢ Content on the Supersite available for this section
Information Gap activity	

■ Additional practice on the Supersite, not included in the worktext, is indicated with this icon:

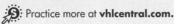

Practice more at **vhlcentral.com.**

Recursos

Recursos boxes let you know exactly what print and technology ancillaries you can use to reinforce and expand on every section of the lessons in your worktext. They even include page numbers when applicable.

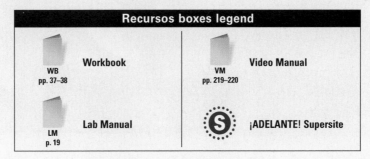

Recursos boxes legend	
WB pp. 37–38 — Workbook	**VM** pp. 219–220 — Video Manual
LM p. 19 — Lab Manual	Ⓢ ¡ADELANTE! Supersite

Student Ancillaries

■ **Workbook/Video Manual/Lab Manual**
All of these materials are available right inside your worktext, at the end of each lesson.

■ **Lab Audio Program**
The audio files to accompany the Lab Manual are available on the Supersite.

■ **Worktext Audio Program MP3s**
The Worktext Audio Program MP3s, available on the Supersite, are the audio recordings for the listening-based activities and recordings of the active vocabulary in each lesson of the **¡ADELANTE!** program.

■ **WebSAM**
The WebSAM delivers the Workbook, Video Manual, and Lab Manual online.

Worktext Format
delivers materials in a convenient, user-friendly package.

Spiral binding A unique binding allows easier handling of materials in class, at home, or wherever you may be.

Perforation Perforated pages allow you to easily hand in assignments or travel with just what you need.

Folders and notes For your convenience, folders and note papers are included.

Tab navigation Clearly marked tabs ensure that you always know exactly where you are in the worktext.

Built-in ancillaries The Workbook, Video Manual, and Lab Manual activities are included after each worktext lesson, eliminating the need to carry these components to and from class.

Lesson Openers
outline the content and features of each lesson.

Communicative Goals

You will learn how to:
- Talk about your classes and school life
- Discuss everyday activities
- Ask questions in Spanish
- Describe the location of people and things

En la universidad 2

contextos
pages 62–65
- The classroom and academic life
- Days of the week
- Fields of study and academic subjects
- Class schedules

fotonovela
pages 66–69
Felipe takes Marissa around Mexico City. Along the way, they meet some friends and discuss the upcoming semester.

cultura
pages 70–71
- Universities and majors in the Spanish-speaking world
- The University of Salamanca

estructura
pages 72–89
- Present tense of **-ar** verbs
- Forming questions in Spanish
- Present tense of **estar**
- Numbers 31 and higher
- **Recapitulación**

adelante
pages 90–97
Lectura: A brochure for a summer course in Madrid
Escritura: A description of yourself
Escuchar: A conversation about courses
En pantalla
Flash cultura
Panorama: España

A PRIMERA VISTA
- ¿Hay dos chicos en la foto?
- ¿Hay tres cuadernos o siete?
- ¿Son turistas o estudiantes?
- ¿Qué hora es, la una de la mañana o de la tarde?

Más práctica
Workbook pages 99–110
Video Manual pages 111–116
Lab Manual pages 117–122

A primera vista activities jump-start the lessons, allowing you to use the Spanish you know to talk about the photos.

Communicative goals highlight the real-life tasks you will be able to carry out in Spanish by the end of each lesson.

ⓢupersite

Supersite resources are available for every section of the lesson at **vhlcentral.com**. Icons show you which textbook activities are also available online, and where additional practice activities are available. The description next to the ⓢ icon indicates what additional resources are available for each section: videos, recordings, tutorials, presentations, and more!

Contextos
presents vocabulary in meaningful contexts.

Más vocabulario boxes call out other important theme-related vocabulary in easy-to-reference Spanish-English lists.

Variación léxica presents alternate words and expressions used throughout the Spanish-speaking world.

Illustrations High-frequency vocabulary is introduced through expansive, full-color illustrations.

Recursos The icons in the **Recursos** boxes let you know exactly which print and technology ancillaries you can use to reinforce and expand on every section of every lesson.

Práctica This section always begins with two listening exercises and continues with activities that practice the new vocabulary in meaningful contexts.

Comunicación activities allow you to use the vocabulary creatively in interactions with a partner, a small group, or the entire class.

Ⓢupersite

- Vocabulary tutorials
- Audio support for vocabulary presentation
- Worktext activities
- Additional online-only practice activities
- Chat activities for conversational skill-building and oral practice
- Vocabulary activities in Activity Pack

Fotonovela
follows the adventures of a group of students living and traveling in Mexico.

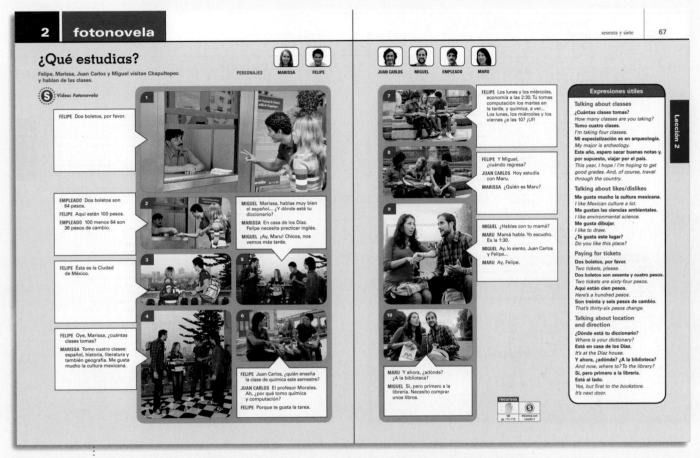

Personajes The photo-based conversations take place among a cast of recurring characters—a Mexican family with two college-age children, and their group of friends.

Icons signal activities by type (pair, group, audio, info gap) and let you know which activities can be completed online.

Fotonovela Video Updated for the Second Edition, the **NEW!** video episodes that correspond to this section are available for viewing online.

Expresiones útiles These expressions organize new, active structures by language function so you can focus on using them for real-life, practical purposes.

Conversations Taken from the **NEW! Fotonovela** Video, the conversations reinforce vocabulary from **Contextos**. They also preview structures from the upcoming **Estructura** section in context and in a comprehensible way.

Supersite

• Streaming video of the **Fotonovela** episode

• Additional online-only practice activities

• Worktext activities

Pronunciación & Ortografía
present the rules of Spanish pronunciation and spelling.

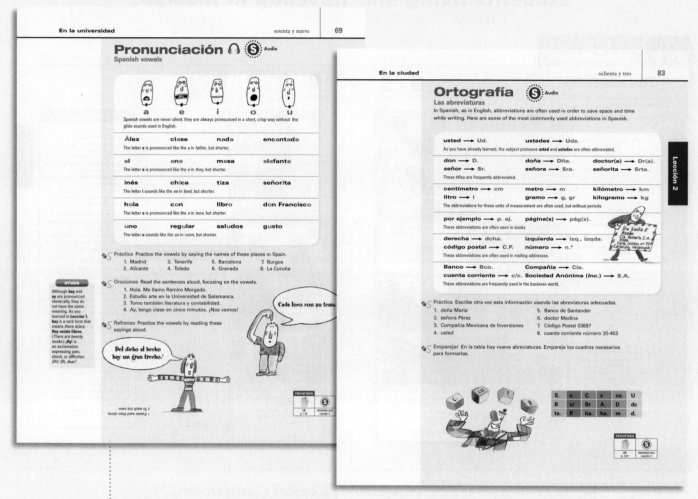

Pronunciación explains the sounds and pronunciation of Spanish in **¡ADELANTE! UNO** and Lessons 1–3 of **¡ADELANTE! DOS**.

Ortografía focuses on topics related to Spanish spelling in Lessons 4–6 of **¡ADELANTE! DOS** and in all of **¡ADELANTE! TRES**.

Supersite

- Audio for pronunciation explanation
- Record-compare worktext activities

Cultura
exposes you to different aspects of Hispanic culture tied to the lesson theme.

2 cultura

setenta y uno **71**

Lección 2

EN DETALLE

Ⓢ Additional Reading

La elección de una
carrera universitaria

Since higher education in the Spanish-speaking world is heavily state-subsidized, tuition is almost free. As a result, public universities see large enrollments. Spanish and Latin American students generally choose their **carrera universitaria** (major) when they're eighteen—which is either the year they enter the university or the year before. In order to enroll, all students must complete a high school degree, known as the **bachillerato**. In countries like Bolivia, Mexico, and Peru, the last year of high school (**colegio°**) tends to be specialized in an area of study, such as the arts or natural sciences.

Students then choose their major according to their area of specialization. Similarly, university-bound students in Argentina focus their studies on specific fields, such as the humanities and social sciences, natural sciences, communication, art and design, and economics and business, during their five years of high school. Based on this coursework, Argentine students choose their **carrera**. Finally, in Spain, students choose their major according to the score they receive on the **prueba de aptitud** (skills test or entrance exam).

University graduates receive a **licenciatura**, or bachelor's degree. In Argentina and Chile, a

Universidad Central de Venezuela en Caracas

licenciatura takes four to six years to complete, and may be considered equivalent to a master's degree. In Peru and Venezuela, a bachelor's degree is a five-year process. Spanish and Colombian **licenciaturas** take four to five years, although some fields, such as medicine, require six or more.

Estudiantes hispanos en los EE.UU.

In the 2010–11 academic year, over 13,000 Mexican students (2% of all international students) studied at U.S. universities. Colombians were the second-largest Spanish-speaking group, with over 6,000 students.

°¡Ojo! El colegio is a false cognate. In most countries, it means *high school*, but in some regions it refers to an elementary school. All undergraduate study takes place at la universidad.

ACTIVIDADES

1 **¿Cierto o falso?** Indicate whether these statements are **cierto** or **falso**. Correct the false statements.

1. Students in Spanish-speaking countries must pay large amounts of money toward their college tuition.
2. **Carrera** refers to any undergraduate or graduate program that students enroll in to obtain a professional degree.
3. After studying at a **colegio**, students receive their **bachillerato**.
4. Undergraduates study at a **colegio** or an **universidad**.

5. In Latin America and Spain, students usually choose their majors in their second year at the university.
6. In Argentina, students focus their studies in their high school years.
7. In Mexico, the **bachillerato** involves specialized study.
8. In Spain, majors depend on entrance exam scores.
9. Venezuelans complete a **licenciatura** in five years.
10. According to statistics, Colombians constitute the third-largest Latin American group studying at U.S. universities.

ASÍ SE DICE

Clases y exámenes

aprobar	to pass
la asignatura (Esp.)	la clase, la materia
la clase anual	year-long course
el examen parcial	midterm exam
la facultad	department, school
la investigación	research
el profesorado	faculty
reprobar; suspender (Esp.)	to fail
sacar buenas/ malas notas	to get good/ bad grades
tomar apuntes	to take notes

EL MUNDO HISPANO

Las universidades hispanas

It is not uncommon for universities in Spain and Latin America to have extremely large student body populations.

- **Universidad de Buenos Aires** (Argentina) 325.000 estudiantes
- **Universidad Autónoma de Santo Domingo** (República Dominicana) 180.000 estudiantes
- **Universidad Complutense de Madrid** (España) 86.200 estudiantes
- **Universidad Central de Venezuela** (Venezuela) 62.600 estudiantes

PERFIL

La Universidad de Salamanca

The University of Salamanca, established in 1218, is the oldest university in Spain. It is located in Salamanca, one of the most spectacular Renaissance cities in Europe. Salamanca is nicknamed **La Ciudad Dorada** (*The Golden City*) for the golden glow of its famous sandstone buildings, and it was declared a UNESCO World Heritage Site in 1968.

Salamanca is a true college town, as its prosperity and city life depend on and revolve around the university population. Over 38,000 students from all over Spain, as well as abroad, come to study here each year. The school offers over 250 academic programs, as well as renowned Spanish courses for foreign students. To walk through the university's historic grounds is to follow the footsteps of immortal writers like Miguel de Cervantes and Miguel de Unamuno.

Ⓢ Conexión Internet

To which **facultad** does your major belong in Spain or Latin America?

Go to **vhlcentral.com** to find more cultural information related to this **Cultura** section.

ACTIVIDADES

2 **Comprensión** Complete these sentences.

1. The University of Salamanca was established in the year ____.
2. A ____ is a year-long course.
3. Salamanca is called ____.
4. Over 300,000 students attend the ____.
5. An ____ occurs about halfway through a course.

3 **La universidad en cifras** With a partner, research a Spanish or Latin American university online and find five statistics about that institution (for instance, the total enrollment, majors offered, year it was founded, etc.). Using the information you found, create a dialogue between a prospective student and a university representative. Present your dialogue to the class.

Ⓢ Practice more at **vhlcentral.com**.

En detalle & Perfil(es) Two articles on the lesson theme focus on a specific place, custom, person, group, or tradition in the Spanish-speaking world. In Spanish starting in **¡ADELANTE! DOS** Lesson 1, these features also provide reading practice.

Coverage While the **Panorama** section takes a regional approach to cultural coverage, **Cultura** is theme-driven, covering several Spanish-speaking regions in every lesson.

Así se dice & El mundo hispano Lexical and comparative features expand cultural coverage to people, traditions, customs, trends, and vocabulary throughout the Spanish-speaking world.

Ⓢupersite

- **Cultura** article
- Worktext activities
- Additional online-only practice activities

- **Conexión Internet** activity with questions and keywords related to lesson theme
- Additional cultural reading

Estructura
presents Spanish grammar in a graphic-intensive format.

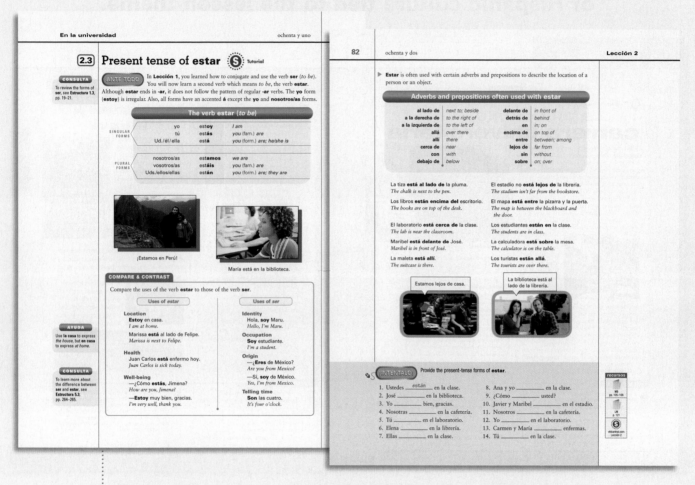

Ante todo Ease into grammar with definitions of grammatical terms, reminders about what you already know of English grammar, and Spanish grammar you have learned in earlier lessons.

Charts To help you learn, colorful, easy-to-use charts call out key grammatical structures and forms, as well as important related vocabulary.

Compare & Contrast This feature focuses on aspects of grammar that native speakers of English may find difficult, clarifying similarities and differences between Spanish and English.

Student sidebars provide you with on-the-spot linguistic, cultural, or language-learning information directly related to the materials in front of you.

Diagrams Clear and easy-to-grasp grammar explanations are reinforced by colorful diagrams that present sample words, phrases, and sentences.

¡Inténtalo! offers an easy first step into each grammar point.

Supersite

- Animated grammar tutorials
- Worktext activities

Estructura
provides directed and communicative practice.

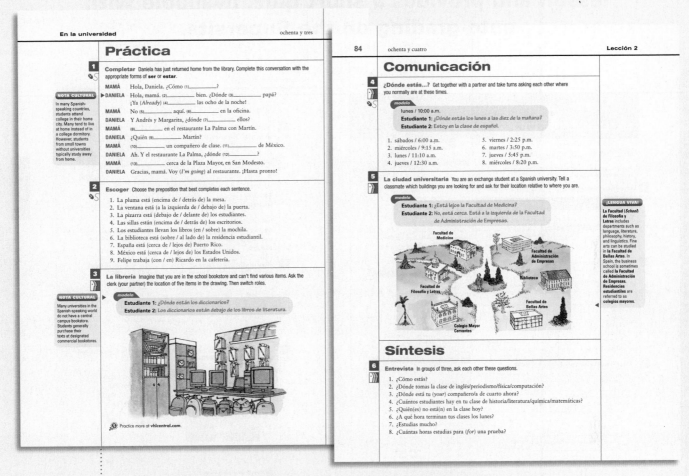

Práctica Guided, yet meaningful exercises weave current and previously learned vocabulary together with the current grammar point.

Information Gap activities You and your partner each have only half of the information you need, so you must work together to accomplish the task at hand.

Comunicación Opportunities for creative expression use the lesson's grammar and vocabulary.

Sidebars The **Notas culturales** expand coverage of the cultures of Spanish-speaking peoples and countries, while **Ayuda** sidebars provide on-the-spot language support.

Síntesis activities integrate the current grammar point with previously learned points, providing built-in, consistent review.

Supersite

- Worktext activities
- Additional online-only practice activities
- Chat activities for conversational skill-building and oral practice
- Grammar and communication activities in Activity Pack

Estructura
Recapitulación reviews the grammar of each lesson and provides a short quiz, available with auto-grading on the Supersite.

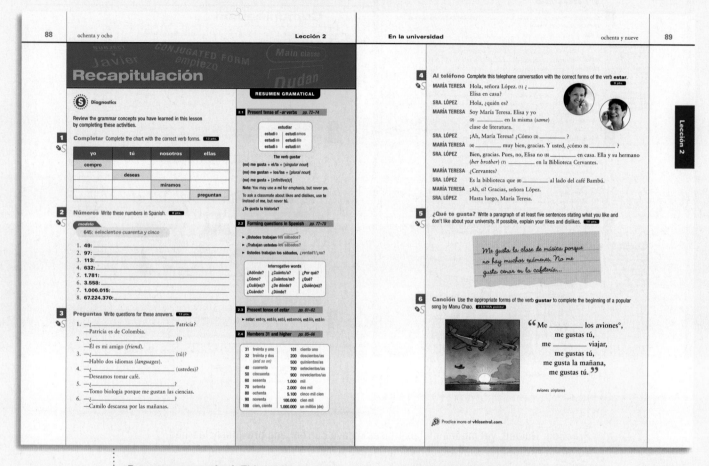

Resumen gramatical This review panel provides you with an easy-to-study summary of the basic concepts of the lesson's grammar, with page references to the full explanations.

Points Each activity is assigned a point value to help you track your progress. All **Recapitulación** sections add up to fifty points, plus two additional points for successfully completing the bonus activity.

Activities A series of activities, moving from directed to open-ended, systematically test your mastery of the lesson's grammar. The section ends with a riddle or puzzle using the grammar from the lesson.

Ⓢupersite

- Worktext activities with follow-up support and practice
- Additional online-only review activities
- Review activities in Activity Pack
- Practice quiz

Adelante
Lectura develops reading skills in the context of the lesson theme.

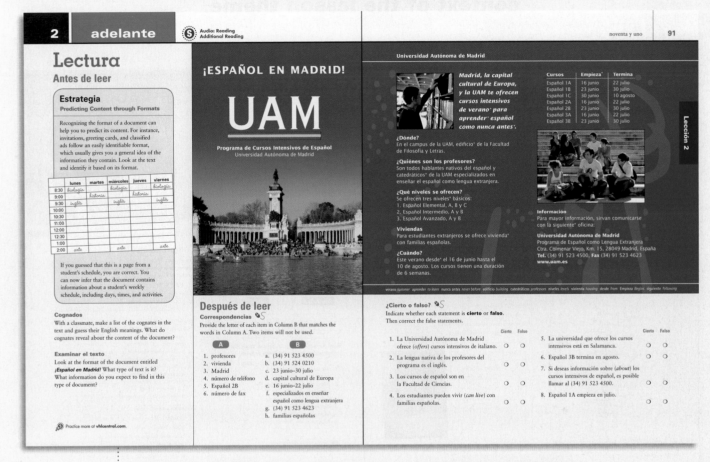

Antes de leer Valuable reading strategies and pre-reading activities strengthen your reading abilities in Spanish.

Readings Selections related to the lesson theme recycle vocabulary and grammar you have learned. The selections in **¡ADELANTE! UNO** and **¡ADELANTE! DOS** are cultural texts, while those in **¡ADELANTE! TRES** are literary pieces.

Después de leer Activities include post-reading exercises that review and check your comprehension of the reading as well as expansion activities.

Ⓢupersite

- Audio-sync reading that highlights text as it is being read
- Worktext activities
- Additional reading

Adelante NEW!

Escritura develops writing skills while *Escuchar* practices listening skills in the context of the lesson theme.

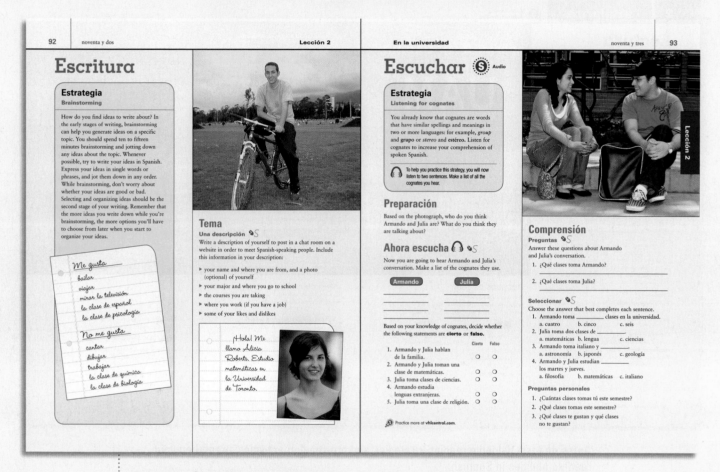

Estrategia Strategies help you prepare for the writing and listening tasks to come.

Escritura The **Tema** describes the writing topic and includes suggestions for approaching it.

Escuchar A recorded conversation or narration develops your listening skills in Spanish. **Preparación** prepares you for listening to the recorded passage.

Ahora escucha walks you through the passage, and **Comprensión** checks your listening comprehension.

ⓢupersite

• Composition engine for writing activity in **Escritura**

• Audio for listening activity in **Escuchar**

• Worktext activities

• Additional online-only practice activities

Adelante NEW!

En pantalla and *Flash cultura* present additional video tied to the lesson theme.

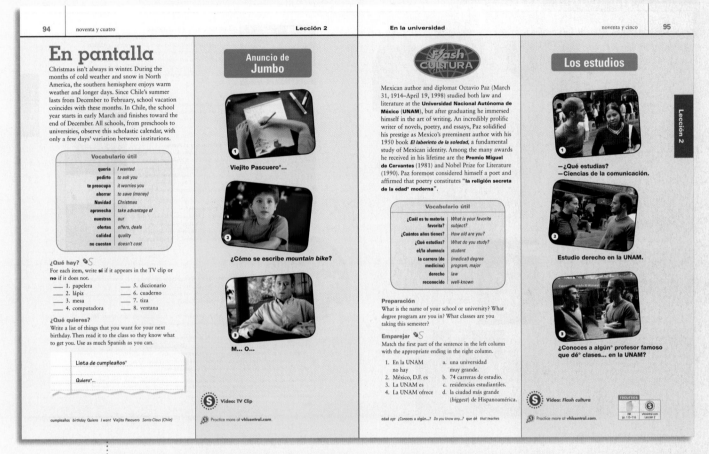

En pantalla TV clips, **NEW!** to this edition, give you additional exposure to authentic language. The clips include commercials, newscasts, short films, and TV shows that feature the language, vocabulary, and theme of the lesson.

Presentation Cultural notes, video stills with captions, and vocabulary support all prepare you to view the clips. Activities check your comprehension and expand on the ideas presented.

Flash cultura An icon lets you know that the enormously successful **Flash cultura** Video offers specially shot content tied to the lesson theme.

NEW! Activities Due to the overwhelming popularity of the **Flash cultura** Video, previewing support and comprehension activities are now integrated into the student text.

Supersite

- Streaming video of **En pantalla** and **Flash cultura**
- Worktext activities
- Additional online-only practice activities

Panorama
presents the nations of the Spanish-speaking world.

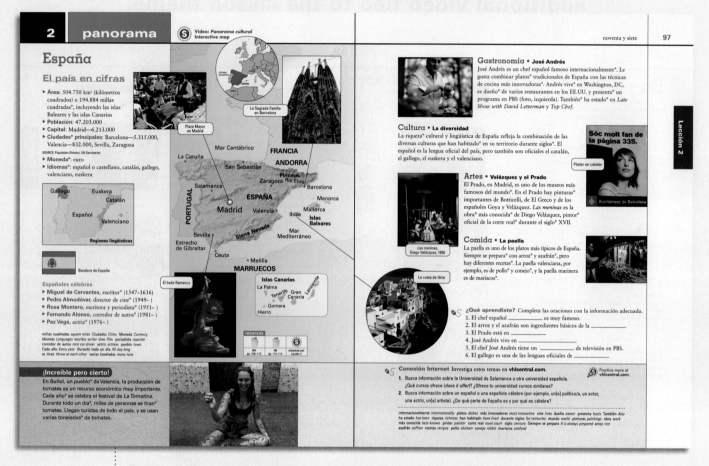

El país en cifras presents interesting key facts about the featured country.

¡Increíble pero cierto! highlights an intriguing fact about the country or its people.

Maps point out major cities, rivers, and geographical features and situate the country in the context of its immediate surroundings and the world.

Readings A series of brief paragraphs explores facets of the country's culture such as history, places, fine arts, literature, and aspects of everyday life.

Panorama cultural **Video** This video's authentic footage takes you to the featured Spanish-speaking country, letting you experience the sights and sounds of an aspect of its culture.

Supersite

- Interactive map
- Streaming video of the **Panorama cultural** program
- Worktext activities
- Additional online-only practice activities
- **Conexión Internet** activity with questions and keywords related to lesson theme

Vocabulario
summarizes all the active vocabulary of the lesson.

2 vocabulario 98 noventa y ocho

La clase y la universidad

el/la compañero/a de clase	classmate
el/la compañero/a de cuarto	roommate
el/la estudiante	student
el/la profesor(a)	teacher
el borrador	eraser
la calculadora	calculator
el escritorio	desk
el libro	book
el mapa	map
la mesa	table
la mochila	backpack
el papel	paper
la papelera	wastebasket
la pizarra	blackboard
la pluma	pen
la puerta	door
el reloj	clock; watch
la silla	seat
la tiza	chalk
la ventana	window
la biblioteca	library
la cafetería	cafeteria
la casa	house; home
el estadio	stadium
el laboratorio	laboratory
la librería	bookstore
la residencia estudiantil	dormitory
la universidad	university; college
la clase	class
el curso, la materia	course
la especialización	major
el examen	test; exam
el horario	schedule
la prueba	test; quiz
el semestre	semester
la tarea	homework
el trimestre	trimester; quarter

Las materias

la administración de empresas	business administration
la arqueología	archeology
el arte	art
la biología	biology
las ciencias	sciences
la computación	computer science
la contabilidad	accounting
la economía	economics
el español	Spanish
la física	physics
la geografía	geography
la historia	history
las humanidades	humanities
el inglés	English
las lenguas extranjeras	foreign languages
la literatura	literature
las matemáticas	mathematics
la música	music
el periodismo	journalism
la psicología	psychology
la química	chemistry
la sociología	sociology

Adverbios y preposiciones

al lado de	next to; beside
a la derecha de	to the right of
a la izquierda de	to the left of
allá	over there
allí	there
cerca de	near
con	with
debajo de	below; under
delante de	in front of
detrás de	behind
en	in; on
encima de	on top of
entre	between; among
lejos de	far from
sin	without
sobre	on; over

Palabras adicionales

¿Adónde?	Where (to)?
ahora	now
¿Cuál?, ¿Cuáles?	Which?; Which one(s)?
¿Por qué?	Why?
porque	because

Verbos

bailar	to dance
buscar	to look for
caminar	to walk
cantar	to sing
cenar	to have dinner
comprar	to buy
contestar	to answer
conversar	to converse, to chat
desayunar	to have breakfast
descansar	to rest
desear	to wish; to desire
dibujar	to draw
enseñar	to teach
escuchar la radio/ la música	to listen (to) the radio/music
esperar (+ inf.)	to wait (for); to hope
estar	to be
estudiar	to study
explicar	to explain
gustar	to like
hablar	to talk; to speak
llegar	to arrive
llevar	to carry
mirar	to look (at); to watch
necesitar (+ inf.)	to need
practicar	to practice
preguntar	to ask (a question)
preparar	to prepare
regresar	to return
terminar	to end; to finish
tomar	to take; to drink
trabajar	to work
viajar	to travel

Los días de la semana

¿Cuándo?	When?
¿Qué día es hoy?	What day is it?
Hoy es...	Today is...
la semana	week
lunes	Monday
martes	Tuesday
miércoles	Wednesday
jueves	Thursday
viernes	Friday
sábado	Saturday
domingo	Sunday

Numbers 31 and higher	See pages 85–86.
Expresiones útiles	See page 67.

Audio: Vocabulary Flashcards

recursos

LM
p. 122

vhlcentral.com
Lección 2

Vocabulario The end-of-lesson page lists the active vocabulary from each lesson. This is the vocabulary that may appear on quizzes or tests.

Supersite

• Audio for all vocabulary items

• Vocabulary flashcards with audio

Workbook and Video Manual

Workbook

Nombre
Fecha

105

2.3 Present tense of **estar**

1 **Están en...** Answer the questions based on the pictures. Write complete sentences.

1. ¿Dónde están Cristina y Bruno? _____
2. ¿Dónde están la profesora y el estudiante? _____
3. ¿Dónde está la puerta? _____

4. ¿Dónde está la mochila? _____
5. ¿Dónde está el pasajero? _____
6. ¿Dónde está José Miguel? _____

2 **¿Dónde están?** Use these cues and the correct form of **estar** to write complete sentences. Add any missing words.

1. libros / cerca / escritorio
2. ustedes / al lado / puerta
3. calculadora / entre / computadoras
4. lápices / sobre / cuaderno
5. estadio / lejos / residencias
6. mochilas / debajo / mesa
7. tú / en / clase de psicología
8. reloj / a la derecha / ventana
9. Rita / a la izquierda / Julio

Video Manual

Nombre
Fecha

113

Panorama: España

Lección 2
Panorama cultural

Antes de ver el video

1 **Más vocabulario** Look over these useful words before you watch the video.

Vocabulario útil		
antiguo *ancient*	empezar *to start*	niños *children*
blanco *white*	encierro *running of bulls*	pañuelo *neckerchief, bandana*
cabeza *head*	esta *this*	peligroso *dangerous*
calle *street*	feria *fair, festival*	periódico *newspaper*
cohete *rocket (firework)*	fiesta *party, festival*	rojo *red*
comparsa *parade*	gente *people*	ropa *clothing*
correr *to run*	gigante *giant*	toro *bull*
defenderse *to defend oneself*	mitad *half*	ver *to see*

2 **Festivales** In this video, you are going to learn about a Spanish festival. List the things you would probably do and see at a festival.

Mientras ves el video

3 **Ordenar** Number the items in the order in which they appear in the video.

___ a. cohete
___ b. cuatro mujeres en un balcón
___ c. gigante
___ d. toros
___ e. mitad hombre, mitad animal

Después de ver el video

4 **Fotos** Describe the video stills.

Video Manual

Workbook The Workbook section provides additional practice for the **Contextos**, **Estructura**, and **Panorama** sections.

Video Manual The three Video Manual sections correspond to the **Fotonovela, Panorama cultural**, and **Flash cultura** video programs. These activities provide pre-, while-, and post-viewing practice.

Recursos Within each lesson, **recursos** boxes let you know which Workbook, Lab Manual, and Video Manual materials can be used.

Super**site**

• Streaming video of **Fotonovela, Panorama cultural**, and **Flash cultura**

Lab Manual and Notes

Lab Manual — Nombre _____ Fecha _____ 117

contextos   Lección 2

1 Identificar Look at each drawing and listen to the statement. Indicate whether the statement is **cierto** or **falso**.

2 ¿Qué día es? Your friend Diego is never sure what day of the week it is. Respond to his questions saying that it is the day before the one he mentions. Then repeat the correct answer after the speaker. (6 items)

> **modelo**
> Hoy es domingo, ¿no?
> No, hoy es sábado.

3 Preguntas You will hear a series of questions. Look at Susana's schedule for today and answer each question. Then repeat the correct response after the speaker.

martes 18	
9:00 economía – Sr. Rivera	1:30 prueba de contabilidad – Sr. Ramos
11:00 química – Sra. Hernández	3:00 matemáticas – Srta. Torres
12:15 cafetería – Carmen	4:30 laboratorio de computación – Héctor

Lab Manual

Notes

Lab Manual The Lab Manual section further practices listening and speaking skills related to the **Contextos**, **Pronunciación**, and **Estructura** materials.

Notes pages The Notes pages at the end of each lesson provide a place to write new vocabulary words and notes.

Supersite

• Audio for Lab Manual activities

Fotonovela Video Program

The cast NEW!

Here are the main characters you will meet in the **Fotonovela** Video:

From Mexico,
Jimena Díaz Velázquez

From Argentina,
Juan Carlos Rossi

From Mexico,
Felipe Díaz Velázquez

From the U.S.,
Marissa Wagner

From Mexico,
María Eugenia (Maru) Castaño Ricaurte

From Spain,
Miguel Ángel Lagasca Martínez

Brand-new and fully integrated with your text, the **¡ADELANTE! 2/e Fotonovela** Video is a dynamic and contemporary window into the Spanish language. The new video centers around the Díaz family, whose household includes two college-aged children and a visiting student from the U.S. Over the course of an academic year, Jimena, Felipe, Marissa, and their friends explore **el D.F.** and other parts of Mexico as they make plans for their futures. Their adventures take them through some of the greatest natural and cultural treasures of the Spanish-speaking world, as well as the highs and lows of everyday life.

The **Fotonovela** section in each worktext lesson is actually an abbreviated version of the dramatic episode featured in the video. Therefore, each **Fotonovela** section can be done before you see the corresponding video episode, after it, or as a section that stands alone.

In each dramatic segment, the characters interact using the vocabulary and grammar you are studying. As the storyline unfolds, the episodes combine new vocabulary and grammar with previously taught language, exposing you to a variety of authentic accents along the way. At the end of each episode, the **Resumen** section highlights the grammar and vocabulary you are studying.

We hope you find the new **Fotonovela** Video to be an engaging and useful tool for learning Spanish!

En pantalla Video Program

The **¡ADELANTE!** Supersite features an authentic video clip for each lesson. Clip formats include commercials, news stories, and even short films. These clips, **NEW!** to the Second Edition, have been carefully chosen to be comprehensible for students learning Spanish, and are accompanied by activities and vocabulary lists to facilitate understanding. More importantly, though, these clips are a fun and motivating way to improve your Spanish!

Here are the countries represented in each lesson in **En pantalla:**

¡ADELANTE! UNO	**¡ADELANTE! DOS**	**¡ADELANTE! TRES**
Lesson 1 U.S.	Lesson 1 Argentina	Lesson 1 Argentina
Lesson 2 Chile	Lesson 2 Peru	Lesson 2 Argentina
Lesson 3 U.S.	Lesson 3 Chile	Lesson 3 Mexico
Lesson 4 Peru	Lesson 4 Spain	Lesson 4 Spain
Lesson 5 Mexico	Lesson 5 Colombia	Lesson 5 Mexico
Lesson 6 Mexico	Lesson 6 Spain	Lesson 6 Mexico

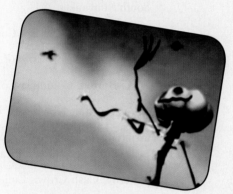

Flash cultura Video Program

In the dynamic **Flash cultura** Video, young people from all over the Spanish-speaking world share aspects of life in their countries with you. The similarities and differences among Spanish-speaking countries that come up through their adventures will challenge you to think about your own cultural practices and values. The segments provide valuable cultural insights as well as linguistic input; the episodes will introduce you to a variety of accents and vocabulary as they gradually move into Spanish.

Panorama cultural Video Program

The **Panorama cultural** Video is integrated with the **Panorama** section in each lesson. Each segment is 2–3 minutes long and consists of documentary footage from each of the countries featured. The images were specially chosen for interest level and visual appeal, while the all-Spanish narrations were carefully written to reflect the vocabulary and grammar covered in the worktexts.

acknowledgments

Acknowledgments

Vista Higher Learning expresses its sincere appreciation to the many instructors and college professors across the U.S. and Canada who contributed their ideas and suggestions.

¡ADELANTE!, Second Edition, is the direct result of extensive reviews and ongoing input from instructors using the First Edition. Accordingly, we gratefully acknowledge those who shared their suggestions, recommendations, and ideas as we prepared this Second Edition.

We express our sincere appreciation to the instructors who completed our online review.

Reviewers

Amy Altamirano South Milwaukee High School
South Milwaukee, WI

Barbara Bessette Cayuga Community College

Deborah Bock University of Alaska Anchorage

Teresa Borden Columbia College

Dennis Bricault North Park University

Patrice Burns University of Wisconsin—Milwaukee:
School of Continuing Education

Katherine Cash Crown College, MN

Carole A. Champagne, Ph.D. University of
Maryland Eastern Shore, Salisbury University

Darren Crasto Houston Community College

Kathie Filby Greenville College

José M. Garcia-Paine, Ph.D. Metropolitan State
University of Denver

Nancy Hake Park University

Dominique Hitchcock Norco College

Lola Jerez-Moya Monterey Peninsula College

Aggie Johnson Flagler College

Kevin Kaber University of Wisconsin—Milwaukee:
School of Continuing Education

Victoria Kildal Prince William Sound
Community College

Isabel Killough Norfolk State University

Teresa Lane Hawai'i Pacific University

Michael Langer Wake Technical
Community College

Marilyn Manley Rowan University

Estela Sánchez Márquez East Los Angeles College

Lisa Mathelier Morton College

Lizette S. Moon Houston Community
College Northwest

M. Margarita Nodarse, Ph.D. Barry University

Chaiya Mohanty Ortiz Northern Virginia
Community College

William Paulino Delaware Technical
Community College

Emley Poloche Andrews University

Jeff Ruth East Stroudsburg University

Lisbet Sanchez Mt. San Antonio College

Norma Sánchez California State University
Los Angeles

Lowell E. "Buddy" Sandefur Eastern Oklahoma
State College

Sarah Shanebrook University of Wisconsin—
Milwaukee: School of Continuing Education

Cristina Sparks-Early Northern Virginia
Community College

David Thomson Luther College, IA

Jeff Tuttle Northeast Mississippi
Community College

Adriana Vecino Bilingual Education Institute

Hugo M. Viera Westfield State University

Sandra Watts University of North Carolina
at Charlotte

Charlotte Whittle York School Monterey, CA

Karen L. Woelfle-Potter University of Wisconsin—
Milwaukee: School of Continuing Education

Wendy Woodrich Lewis & Clark College

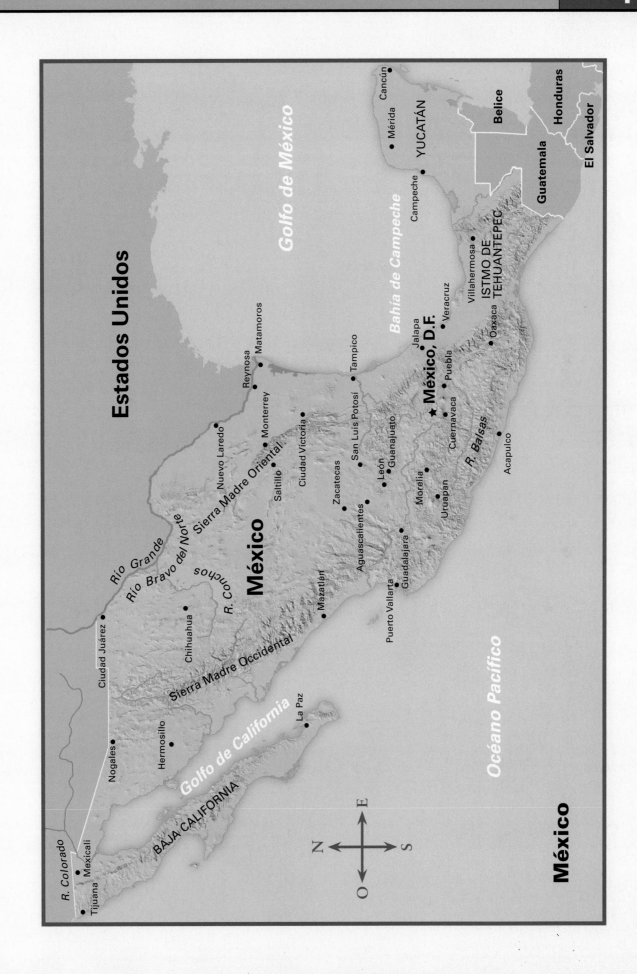

maps

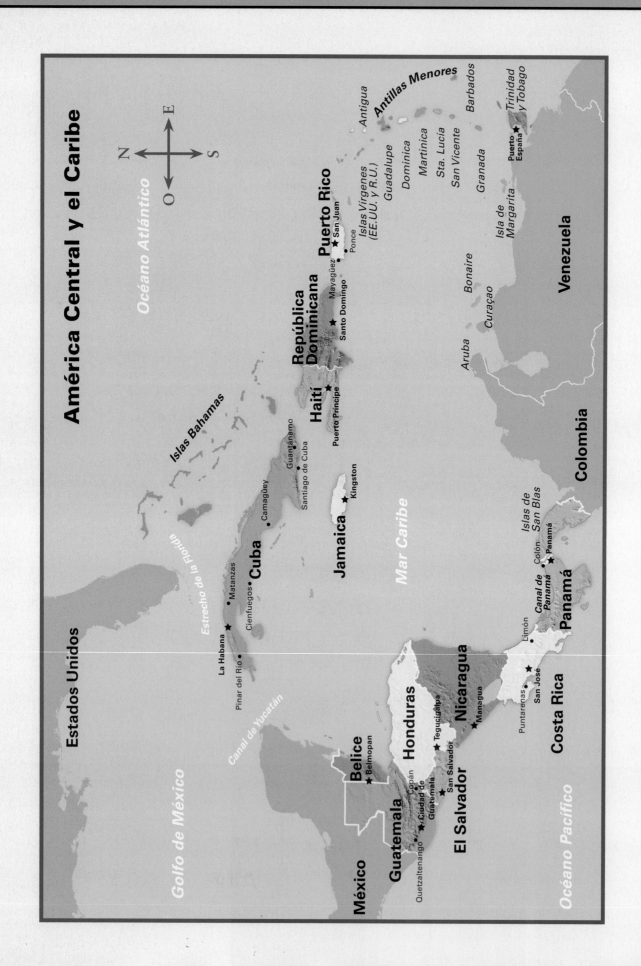

América Central y el Caribe

Mar Caribe

Barranquilla
Maracaibo
Venezuela
Caracas
Puerto España
Trinidad y Tobago

Colombia
Medellín
Bogotá
Cali

Georgetown
Guyana
Paramaribo
Cayena
Surinam
Guayana Francesa

Pasto

R. Orinoco

Ecuador
Quito
Guayaquil

R. Negro
R. Amazonas
Belém
Manaus

Iquitos

Perú

Cordillera de los Andes

R. Madeira

Recife

Lima
Cuzco

Salvador

Lago Titicaca
Brasil
Brasilia

Arequipa
La Paz
Bolivia

Arica
Sucre
R. Paraguay
Belo Horizonte

Iquique

Océano Pacífico

Antofagasta

R. Paraná

São Paulo
Río de Janeiro
Santos

Paraguay
Salta
Asunción

Chile

R. Paraná

R. Uruguay
Porto Alegre

Córdoba

Valparaíso
Mendoza
Santiago
Rosario
Uruguay
Buenos Aires
Montevideo

Concepción
Argentina

Océano Atlántico

Bahía Blanca

Puerto Montt

Cordillera de los Andes

N
O E
S

Estrecho de Magallanes
Islas Malvinas
Punta Arenas

Tierra del Fuego

América del Sur

Islas Galápagos
Océano Pacífico
Isla Pinta
Isla Marchena
Isla Genovesa
Isla Isabela
Línea Ecuatorial
Volcán Darwin
Isla Santiago (San Salvador)
ECUADOR
Isla Fernandina
Puerto Ayora
Isla San Cristóbal
Isla Santa Cruz
Santo Tomás
Puerto Barquerizo Moreno
Isla Santa María
Isla Española

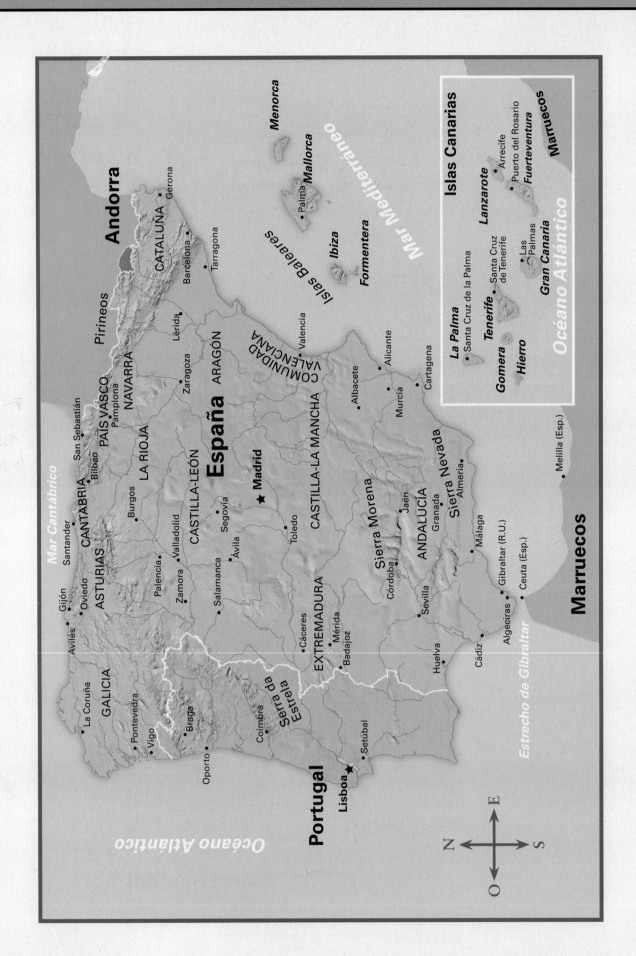

Lección de repaso

Communicative Goals

You will review how to:
- Describe your daily routine
- Express preferences
- Talk about health
- Give instructions

Práctica

1 El cuerpo Indica el nombre de cada parte del cuerpo. `10 pts.`
¡ADELANTE! DOS
L4 pp. 196–197

1. ___
2. ___
3. ___
4. ___
5. ___

6. ___
7. ___
8. ___
9. ___
10. ___

a. el brazo
b. la garganta
c. el pie
d. el corazón
e. la mano

f. el dedo del pie
g. la nariz
h. el tobillo
i. el estómago
j. la rodilla

2 Los quehaceres Escribe los quehaceres de la lista que se hacen en cada habitación. `10 pts.` ¡ADELANTE! DOS
L6 pp. 318–319

arreglar las mesitas
cocinar
lavar la alfombra
lavar los platos
limpiar el horno

limpiar la tostadora
pasar la aspiradora
prender el lavaplatos
quitar el polvo del sofá
sacudir los cuadros

___
___
___
___

This overview presents key vocabulary from ¡ADELANTE! DOS . For further review, follow the cross-references.

Por la mañana

el baño *bathroom*
la cocina *kitchen*
el desayuno *breakfast*
el dormitorio *bedroom*
el huevo *egg*
el jabón *soap*
la leche *milk*
la mantequilla *butter*
el pan (tostado) *(toasted) bread*
la pasta de dientes *toothpaste*
el tráfico *traffic*

el despertador

afeitarse
arrancar el coche *to start the car*
despertarse *to wake up*
ducharse *to take a shower*
hacer la cama *to make the bed*
lavar los platos *to wash the dishes*
limpiar la tostadora *to clean the toaster*

maquillarse

En el consultorio   ¡ADELANTE! DOS
L4 pp. 196–197

la cabeza *head*
el consultorio *doctor's office*
el estómago *stomach*
el examen médico *physical exam*
la gripe *flu*
la nariz *nose*
la pastilla *pill; tablet*
el pie *foot*
la radiografía *X-ray*
la receta *prescription*
la salud *health*

poner una inyección

caerse *to fall (down)*
doler *to hurt*
enfermarse *to get sick*
tener fiebre *to have a fever*
toser *to cough*

embarazada *pregnant*
mareado/a *dizzy; nauseated*
sano/a *healthy*

romperse (la pierna)

Al mediodía

el/la camarero/a *waiter/waitress*
la ensalada *salad*
la hamburguesa *hamburger*
el menú *menu*
las papas fritas *fried potatoes*
el refresco *soft drink*
el sándwich *sandwich*
la sopa *soup*
el té helado *iced tea*

el almuerzo

arreglar *to neaten; to straighten up*
navegar en Internet *to surf the Internet*
probar *to taste, to try*
revisar el aceite *to check the oil*
saber a *to taste like*
servir *to serve*

limpiar la casa

Por la noche

la cena *dinner*
el comedor *dining room*

el cumpleaños
el disco compacto *compact disc*
los entremeses *hors d'oeuvres; appetizers*
el estéreo *stereo*
la fiesta *party*
el helado *ice cream*
el/la invitado/a *guest*
el jardín *garden; yard*
la langosta *lobster*
el pastel *cake*
la sala *living room*
el vino (blanco/tinto) *(white/red) wine*

el champán

brindar *to toast*
celebrar *to celebrate*
estacionar *to park*
pasarlo bien/mal *to have a good/bad time*
prender el lavaplatos *to turn on the dishwasher*
regalar *to give (a gift)*

acostarse *to go to bed*
dormirse *to go to sleep*
quitar la mesa *to clear the table*
relajarse *to relax*
sacar la basura *to take out the trash*

cepillarse los dientes

> For a complete list of related vocabulary, go to **¡ADELANTE!** **DOS**, pp. 54, 116, 172, 230, 292, and 354.

---

3 **Crónica** Completa el párrafo. `15 pts.`  **¡ADELANTE!** **DOS** L5 p. 292

accidente	estacionar	policía
aceite	lento	revisar
arrancar	licencia de conducir	subir
autopista	llanta	taller mecánico
calle	lleno	tráfico
descargar	parar	velocidad máxima

Después de dos exámenes, conseguí mi (1) _____ para poder manejar legalmente por primera vez. Estaba muy emocionado cuando (2) _____ al carro de mi papá. El tanque estaba (3) _____, el (4) _____ lo revisaron el día anterior (*previous*) en el (5) _____. El carro y yo estábamos listos para (6) _____. Primero salí por la (7) _____ en donde está mi casa. Luego llegué a un área de la ciudad donde había mucha gente y también mucho (8) _____. Se me olvidó (9) _____ en el semáforo (*light*), que estaba en amarillo, y estuve cerca de tener un (10) _____. Sin saberlo, entré en la (11) _____ interestatal (*interstate*). La (12) _____ era de 70 millas (*miles*) por hora, pero yo estaba tan nervioso que iba mucho más (13) _____, a 10 millas por hora. Vi un carro de la (14) _____ y tuve miedo. Por eso volví a casa y (15) _____ el carro en la calle.

¡Qué aventura!

4 **Una gran fiesta** Tus amigos y tú dieron una gran fiesta. Escribe una crónica para describir el gran evento. Usa las preguntas como guía. `15 pts.` **¡ADELANTE!** **DOS** L3 pp. 142–143

- ¿Qué hacían los invitados cuando llegaste a la fiesta?
- ¿Dónde fue la fiesta?
- ¿Cuántas personas asistieron?
- ¿Qué sirvieron de comer? ¿Y de beber?
- ¿Crees que los invitados lo pasaron bien o mal? ¿Por qué?

 Practice more at **vhlcentral.com**.

Práctica Tutorials

1 Verbos reflexivos Completa la tabla con las formas correctas de los verbos. **6 pts.**

yo	tú	nosotras	ellos
me ducho	tu duchas	nos duchamos	se duchan
me despido	**te despides**	nos despedimos	se despiden
me afieto	te afietas	**nos afeitamos**	se afietan
me pongo	te pones	nos ponemos	**se ponen**

2 Completar Completa cada oración con la forma correcta del presente del verbo indicado para expresar acciones recíprocas. **6 pts.**

> **modelo**
>
> Nosotros _nos conocemos_ muy bien. (conocer)

1. Andrés y Elena _se escriben_ mensajes instantáneos. (escribir)
2. Ustedes _se entienden_ perfectamente, ¿no? (entender)
3. Mi novio y yo _nos saludamos_ con un beso. (saludar)
4. Los compañeros de clase _se encontran_ en la biblioteca. (encontrar)
5. Tú y yo _nos miramos_ por la ventana. (mirar)
6. Tu familia y tú _se ven_ todos los días, ¿verdad? (ver)

entienden = to understand

3 Letreros Escribe de nuevo estos letreros usando el **se** impersonal. Luego empareja cada letrero con el lugar más apropiado. **10 pts.**

> **modelo**
>
> _d_ Necesitamos bibliotecario (*librarian*) con experiencia.
> _Se necesita bibliotecario con experiencia._

B 1. Vendo BMW usado.
   Se vende BMW usado

E 2. Hacemos cirugía plástica.
   Se hace cirugía plástica.

A 3. Buscamos vendedores bilingües.
   Se buscan vendedores bilingües

F 4. Prohibimos sacar fotos.
   Se prohibe sacar fotos

C 5. Enseñamos francés e italiano.
   Se enseñan francés e italiano.

a. instituto de lenguas extranjeras
b. gasolinera
c. compañía multinacional
d. biblioteca
e. clínica de Hollywood
f. museo de bellas artes

Resumen gramatical

This overview presents key grammatical concepts from *¡ADELANTE!* **DOS** . For further review, follow the cross-references.

R.1 Reflexives  *¡ADELANTE!* **DOS** L1 pp. 30–31

▶ A reflexive verb is used to indicate that the subject does something to or for himself or herself. Reflexive verbs always use reflexive pronouns.

lavarse	
me lavo	nos lavamos
te lavas	os laváis
se lava	se lavan

Generalmente **me despierto** a las ocho.
Generally I wake up at eight.

Marissa se arregla el pelo y Jimena se maquilla.

▶ Common reflexive verbs: **acordarse, despedirse, enojarse, irse, llamarse, peinarse, ponerse, preocuparse, probarse, quedarse, secarse, sentarse, sentirse**

R.2 Reciprocal reflexives  *¡ADELANTE!* **DOS** L5 p. 276

▶ Reciprocal reflexives express a shared action between two or more subjects. In this context, the pronoun means *(to) each other/one another*. Only plural forms (**nos, os, se**) are used.

> Cuando **nos vimos** en la calle, **nos abrazamos**.
> *When we saw each other on the street, we hugged each other.*

▶ Common verbs that can express reciprocal actions: **abrazar(se), ayudar(se), besar(se), conocer(se), encontrar(se), escribir(se), escuchar(se), hablar(se), llamar(se), mirar(se), saludar(se), ver(se)**

R.3 Constructions with se  *¡ADELANTE!* **DOS** L4 pp. 214–215

▶ **Se** can be used to form constructions in which the person performing the action is not expressed or is de-emphasized.

Impersonal constructions with **se**	
	prohíbe fumar.
Se	habla español.
	hablan varios idiomas.

Se for unplanned events

Se	me, te, le, nos, os, les	cayó la taza.
		dañó el radio.
		rompieron las botellas.
		olvidaron las llaves.

▶ Remember to use the third-person singular form with singular nouns, and the plural form with plural nouns.

Se me **perdió** la mochila.
Se me **perdieron** las plumas.

▶ Verbs commonly used with se to describe unplanned events: **caer, dañar, olvidar, perder, quedar, romper**

R.4 Commands ¡ADELANTE! DOS
L5 pp. 268–269, L6 pp. 332–333

Tú commands

Infinitive	Affirmative	Negative
guardar	guard**a**	no guard**es**
volver	vuelv**e**	no vuelv**as**
imprimir	imprim**e**	no imprim**as**

▶ Here are some irregular **tú** command forms:

dar → **no des**   saber → **no sepas**
decir → **di**   salir → **sal**
estar → **no estés**   ser → **sé, no seas**
hacer → **haz**   tener → **ten**
ir → **ve, no vayas**   venir → **ven**
poner → **pon**

▶ Verbs ending in **-car, -gar, -zar** have a spelling change in the negative tú commands:

sacar → no sa**qu**es
apagar → no apa**gu**es
almorzar → no almor**c**es

▶ Formal commands use the present-tense **yo** form as their stem.

Formal commands (Ud. and Uds.)

Infinitive	Present yo	Command
limpiar	limpi**o**	limpi**e**(n)
barrer	barr**o**	barr**a**(n)
sacudir	sacud**o**	sacud**a**(n)
hacer	ha**g**o	ha**g**a(n)

Irregular formal commands

dar	dé (Ud.); den (Uds.)
estar	esté(n)
ir	vaya(n)
saber	sepa(n)
ser	sea(n)

4 Problemas en las vacaciones Forma oraciones completas con **se** a partir de los elementos dados (*given*). Utiliza el tiempo pretérito de los verbos y añade pronombres cuando sea necesario. **12 pts.**

modelo
Guillermo / quedar / el pasaporte en casa
A Guillermo se le quedó el pasaporte en casa.

1. mi carro / dañar / el motor
2. (nosotros) / romper / la cámara digital
3. ¿(tú) / perder / las gafas de sol?
4. (yo) / quedar / las llaves en el hotel
5. ¿ustedes / caer / los libros a la piscina?
6. (tú y yo) / olvidar / traer trajes de baño

5 Mandatos Lee los problemas de estos pacientes. Luego completa las órdenes y recomendaciones que su médico les da. **8 pts.**

Don Mariano y doña Teresa no duermen bien y sufren de mucha presión en el trabajo.	1. Tomen té de manzanilla y _____ (acostarse) siempre a la misma hora. 2. No _____ (trabajar) los domingos.
Juan come muchos dulces y tiene caries (*cavities*).	3. (Tú) _____ (cepillarse) los dientes dos veces por día. 4. No _____ (comer) más dulces.
La señora Ortenzo se lastimó jugando al tenis. Le duele el pie derecho.	5. (Usted) _____ (quedarse) en cama dos días. 6. No _____ (caminar) sin muletas (*crutches*).
Carlitos siempre se acuesta tarde y no desayuna.	7. _____ (dormir) ocho horas cada noche como mínimo. 8. No _____ (ir) a la escuela sin desayunar.

6 Conversaciones Completa cada conversación con la forma correcta del verbo indicado. **8 pts.**

TOMÁS Yo (1) _____ (bañarse) antes de (2) _____ (acostarse); así puedo (3) _____ (levantarse) más tarde. Y tú, ¿cuándo (4) _____ (ducharse)?

LETI Por la mañana, para poder (5) _____ (despertarse).

BETO ¿(Nosotros) (6) _____ (Irse) de esta tienda? Estoy cansado.

SARA Antes vamos a (7) _____ (probarse) estas gafas. Después (nosotros) (8) _____ (sentarse) un rato.

Practice more at **vhlcentral.com**.

Lección de repaso

Práctica y Comunicación

1

Acciones recíprocas Mira los dibujos y describe lo que estas personas hicieron.

1. Las hermanas _abrazan_.
2. Ellos _besan_.

3. Gilberto y Mercedes _están enojado_.
4. Tú y yo _tiemblan las manos_.

2

Oraciones Combina elementos de las tres columnas para escribir seis oraciones completas.

> **modelo**
>
> Yo me acuesto a las once de la noche.

mis padres	acordarse	a las 6 de la mañana
yo	acostarse	a las 9 de la mañana
mis amigos y yo	afeitarse	a las 3 de la tarde
tú	divertirse	por la tarde
mi compañero/a de cuarto	dormirse	el viernes por la noche
ustedes	levantarse	a las once de la noche
mi hermano/a	maquillarse	todos los días

3

Mandatos Lee las oraciones y escribe el mandato de **usted** o **ustedes** para cada una. Utiliza pronombres cuando sea necesario. Luego, escribe en qué lugar crees que se puede oír cada mandato.

> **modelo**
>
> Tienen que usar el cinturón de seguridad. Úsenlo. / carro

1. Debe llenar el tanque con ultra, por favor.
2. Señoras, pueden pagar en aquella caja.
3. Lo siento, no puede fumar (*smoke*) en esta mesa.
4. No pueden hablar durante el examen.
5. Necesitan apagar los teléfonos celulares durante la película.
6. Tienen que darle las maletas al botones.
7. Usted no puede tocar esa pintura de Picasso.
8. Deben quitarse los zapatos al pasar por seguridad.

4

Recomendaciones En parejas, miren los dibujos y escriban dos recomendaciones para cada persona. Utilicen mandatos informales.

1.

2.

3.

4.

5.

6.

5

Antes y ahora Escribe cinco mandatos que tus padres te daban cuando eras niño/a y cinco que te dan ahora.

Los mandatos de antes

Los mandatos de ahora

_____   _____

_____   _____

_____   _____

_____   _____

_____   _____

6

¿Qué te pasó? Escribe seis oraciones (tres verdaderas y tres ficticias) sobre cosas inesperadas que te pasaron, usando **se**. Después, comparte tus oraciones con tres compañeros/as. El grupo debe adivinar cuáles son las oraciones verdaderas.

modelo

Estudiante 1: Ayer se me dañó el despertador y me desperté muy tarde... ¡a las cuatro de la tarde!

Estudiante 2: Te creo, es cierto.

Estudiante 3: ¡No es cierto! ¡Mentira!

7

Los sábados Escribe una lista detallada de las cosas que normalmente haces los sábados. Luego, comparte tu lista con un(a) compañero/a. Critica la rutina de tu compañero/a y dale cinco mandatos afirmativos y negativos para cambiarla.

modelo

Estudiante 1: Los sábados me levanto a las diez y media...

Estudiante 2: No te levantes a las diez y media. Levántate a las nueve mejor...

La fiesta de quince años

¿Te gustaría° asistir a una gran fiesta llena de tradición y simbolismo? Bueno, pues te invitamos a conocer las fiestas de quince años que se celebran en varios países de Latinoamérica como Colombia, Puerto Rico, México, Cuba y República Dominicana. El objetivo es anunciar que una niña se ha convertido° en mujer.

Aunque° esta fiesta varía según el país, un factor común es que la quinceañera usa un vestido largo de colores claros° y baila con amigos y familiares varones° que deben estar elegantemente vestidos.

Algunos elementos de esta fiesta simbolizan el paso de la niñez a la juventud, por ejemplo, antes de comenzar el baile, la quinceañera se cambia unos zapatos bajos° por zapatos de tacón alto° o entrega° su "última muñeca°" a alguna niña de su familia.

Es difícil ubicar los orígenes de esta fiesta. Algunos dicen que es una tradición que llegó de España, donde se hacen fiestas parecidas cuando una joven cumple dieciocho años. Otros opinan que proviene de México, donde los aztecas y los mayas efectuaban° ritos para marcar el paso de la infancia° de las niñas a la edad adulta. Lo cierto es que es una fiesta que se celebra desde hace varios siglos y parece que así seguirá° por muchos años más.

Peculiaridades de esta fiesta en las Américas

En Argentina se hace la fiesta de las quince velas°. La festejada entrega cada vela a una persona que ha sido importante en su vida.

En Puerto Rico participan catorce parejas en un baile que representa las diferentes etapas en la vida de la festejada, empezando siempre por la niñez. Por ello debe participar una pareja de niños.

En los Estados Unidos una fiesta de quince años puede costar ¡tanto como una boda!

Te gustaría *Would you like* se ha convertido *has become* Aunque *Although* claros *light* varones *male* bajos *flat* de tacón alto *high-heeled* entrega *hands over* última muñeca *last doll* efectuaban *used to carry out* infancia *childhood* seguirá *will go on* velas *candles*

1 **¿Cierto o falso?** Indica si lo que dice cada oración es cierto o falso. Corrige la información falsa.

1. La fiesta de quince años es exactamente igual en todos los países.
2. El vestido que usa la festejada en la fiesta de quince años es corto y de colores oscuros (*dark*).
3. Se dice que la tradición de esta fiesta viene de España donde se celebran los quince años.

4. Los mayas y los aztecas celebraban un rito cuando las mujeres entraban a la vida adulta.
5. En Argentina, la quinceañera entrega velas a varias personas que han sido importantes en su vida.
6. En Puerto Rico se hace un baile en el que participan 18 parejas.

ASÍ SE DICE

Las celebraciones

la algarabía	*rejoicing, jubilation*
el arreglo floral	*floral arrangement*
el desfile	*parade*
ir de parranda (Col.)	*ir a una fiesta*
la pachanga (Cub., El Salv., Guat., Ur.,), el reventón (Méx.)	*la fiesta*

EL MUNDO HISPANO

Fiestas hispanoamericanas

- **Desfile de Carrozas° Estudiantiles** En Gualeguaychú, Argentina, hay en septiembre un desfile de coloridas carrozas hechas por jóvenes estudiantes de secundaria para conmemorar el inicio de la primavera.

- **La Fiesta de San Juan** Desde el primer día de junio, la gente de Chitré, Panamá, adorna las calles con banderas° rojas. ¿La razón? El inicio de las fiestas para honrar a° San Juan Bautista.

- **Fiesta de los Diablitos** En febrero, en San Isidro del General, Costa Rica, se recrea la lucha entre los indios (disfrazados de° diablitos) y la figura del español (disfrazado de toro°).

- **La Flor° Más Bella del Ejido°** En Xochimilco, México, se celebra en marzo un concurso de belleza° de origen prehispánico en el que sólo pueden participar mujeres con rasgos° indígenas.

Carrozas *Floats* **banderas** *flags* **honrar a** *honor* **disfrazados de** *dressed up as* **toro** *bull* **Flor** *Flower* **Ejido** *Farmland* **concurso de belleza** *beauty contest* **rasgos** *features*

PERFIL

La Guelaguetza

Cierra los ojos por un momento e imagina a personas con ropa muy colorida, que ofrecen alegres bailes a sus dioses°. ¿Crees que eso no puede existir en nuestra época°? ¡Pues entonces no conoces la Guelaguetza!

La Guelaguetza es una fiesta que se celebra los dos últimos lunes de julio en Oaxaca, México, desde antes de que los españoles pisaran° el continente americano. En la época prehispánica, los indígenas realizaban° bailes para que los dioses les enviaran lluvia y una buena cosecha°. También hacían ofrendas a Centéotl, la diosa del maíz, con una festividad llamada los Lunes del Cerro.

Con el paso del tiempo, estas dos tradiciones se unieron hasta convertirse en la Guelaguetza de hoy. Durante esta fiesta, las calles de Oaxaca se llenan de color, comida, música y una alegría que cautiva a los visitantes del mundo entero.

dioses *gods* **época** *time* **pisaran** *set foot* **realizaban** *used to perform* **cosecha** *harvest*

Conexión Internet

¿Cómo celebran los hispanos las fiestas de quince años en los Estados Unidos?

Go to **vhlcentral.com** to find more cultural information related to this **Cultura** section.

ACTIVIDADES

2 **Comprensión** Responde a las preguntas.

1. ¿En qué país te pueden invitar a un **reventón**?
2. ¿En qué celebración se adornan las calles con banderas rojas?
3. ¿A qué diosa hacían ofrendas los indígenas con los Lunes del Cerro?
4. ¿De qué se llenan las calles los días que se celebra la Guelaguetza?

3 **Cumpleaños** Escribe un párrafo breve sobre tu fiesta de cumpleaños favorita. Explica la comida que se ofreció y menciona algunos de los regalos que te dieron.

 Practice more at **vhlcentral.com**.

Práctica  Tutorials

1 Completar Completa la tabla con el pretérito de los verbos. `12 pts.`

Infinitive	yo	ella	ellos
pedir	Pedí	pidió	pidieron
dormir	dormí	durmió	durmieron
tener	tuve	tuvo	tuvieron
hacer	hice	hizo	hicieron
traer	traje	trajo	trajieron

2 La fiesta Completa este mensaje electrónico con el pretérito de los verbos de la lista. Usa cada verbo una sola vez. `10 pts.`

conocer	poder *manage*
dar *said*	poner *put*
decir	querer *try*
haber	traer *brought*
hacer *made*	venir

Hola, Omar:

Como tú no (1) __viniste__ venir a mi fiesta de cumpleaños, quiero contarte cómo fue.

El día de mi cumpleaños muy temprano por la mañana mis hermanos me (2) __di__ una gran sorpresa: ellos (3) __trajieron__ un regalo delante de la puerta de mi habitación: ¡una bicicleta roja preciosa! Mi madre nos preparó un desayuno riquísimo. Después de desayunar, mis hermanos y yo (4) __hubimos__ limpiar toda la casa, así que (*therefore*) no (5) _____ más celebración hasta la tarde.

A las seis y media (nosotros) (6) __hubimos__ una barbacoa en el patio de la casa. Todos los invitados (7) __trajieron__ bebidas y regalos. (8) __vinieron__ todos mis amigos, excepto tú, ¡qué pena! Mis padres por fin (9) __conocieron__ a todos mis amigos. Yo les (10) __dije__ que cada año debemos hacer una fiesta para mi cumpleaños. Y espero que a las próximas sí puedas venir. Oye, ¿vamos al cine el sábado? Llámame para ponernos de acuerdo.

Un abrazo,
Sofía

Resumen gramatical

This overview presents key grammatical concepts from *¡ADELANTE!* `DOS`. For further review, follow the cross-references.

R.5 | **The preterite** | *¡ADELANTE!* `DOS`
L2 p. 92; L3 pp. 152–153, 156

▶ To review the preterite forms of regular verbs, check the verb charts at the end of this level on pp. A-9 to A-18.

▶ Stem-changing **-ir** verbs have a stem change in the third-person singular and plural forms of the preterite tense.

servir	dormir
serví	dormí
serviste	dormiste
sirvió	durmió
servimos	dormimos
servisteis	dormisteis
sirvieron	durmieron

▶ Many verbs have irregular preterite forms. Be sure to check Appendix D for additional irregularities (Ex: **hizo**).

u-stem	estar poder poner saber tener	estuv- pud- pus- sup- tuv-	-e -iste
i-stem	hacer querer venir	hic- quis- vin-	-o -imos -isteis
j-stem	conducir decir traducir traer	conduj- dij- traduj- traj-	-(i)eron

▶ Preterite of **dar**: di, diste, dio, dimos, disteis, dieron

▶ Preterite of **hay** (*inf.* haber): hubo

▶ The verbs **conocer, poder, querer,** and **saber** change meanings when used in the preterite. They each have more than one English equivalent, depending on the tense.

Present	Preterite
conocer	
to know; to be acquainted with	to meet
saber	
to know info.; to know how to do something	to find out; to learn
poder	
to be able; can	to manage; to succeed
querer	
to want; to love	to try

R.6 The imperfect ↻ ¡ADELANTE! DOS
L4 pp. 206–207

▶ The imperfect tense is used to describe past actions which are seen as ongoing or incomplete.

The imperfect of regular verbs

cantar	beber	escribir
cantaba	bebía	escribía
cantabas	bebías	escribías
cantaba	bebía	escribía
cantábamos	bebíamos	escribíamos
cantabais	bebíais	escribíais
cantaban	bebían	escribían

Cuando yo tenía tu edad, tampoco escuchaba a mi mamá.

▶ There are no stem changes in the imperfect:

entender (e:ie) → entendía; servir (e:i) → servía;
doler (o:ue) → dolía

▶ The imperfect of **hay** is **había**.

▶ Only three verbs are irregular in the imperfect.

ir: iba, ibas, iba, íbamos, ibais, iban
ser: era, eras, era, éramos, erais, eran
ver: veía, veías, veía, veíamos, veíais, veían

R.7 Preterite and imperfect ↻ ¡ADELANTE! DOS
L4 pp. 210–211

▶ The preterite and the imperfect are not interchangeable. The preterite expresses an action that has been completed. The imperfect expresses what was happening at a certain time or how things used to be.

Preterite	Imperfect
1. Completed actions	1. Ongoing past action
Fueron a Buenos Aires ayer.	Usted **jugaba** al fútbol.
2. Beginning or end of past action	2. Habitual past actions
La película **empezó** a las nueve.	Todos los días yo **visitaba** a mi abuela.
3. Series of past actions or events	3. Description of states or characteristics
Me **caí** y me **lastimé** el pie.	Ella **era** alta. **Quería** descansar.

Regresábamos de la playa cuando te **vimos**.
We were returning from the beach when we saw you.

3 **Un accidente** Escoge el imperfecto o el pretérito según el contexto para completar esta conversación. **10 pts.**

NURIA Hola, Felipe. ¿Estás bien? ¿Qué es eso? ¿(1) (Te lastimaste/Te lastimabas) el pie?

FELIPE Ayer (2) (tuve/tenía) un pequeño accidente.

NURIA Cuéntame. ¿Cómo (3) (pasó/pasaba)?

FELIPE Bueno, (4) (fueron/eran) las cinco de la tarde y (5) (llovió/llovía) mucho cuando (6) (salí/salía) de la casa en mi bicicleta. No (7) (vi/veía) a una chica que (8) (caminó/caminaba) en mi dirección, y los dos (9) (nos caímos/nos caíamos) al suelo (*ground*).

NURIA Y la chica, ¿está bien?

FELIPE Sí. Cuando llegamos al hospital, ella sólo (10) (tuvo/tenía) dolor de cabeza.

4 **Oraciones** Completa las oraciones con el pretérito o el imperfecto de los verbos entre paréntesis. **8 pts.**

1. Cuando yo era niño, nunca _quería_ (querer) limpiar mi habitación, pero mis padres me obligaban a hacerlo.

2. Mi amigo ya _podía_ (poder) hablar chino y japonés cuando tenía siete años.

3. Finalmente, después de preguntar por todos lados, Ana Mari _supo_ (saber) dónde comprar las entradas para el concierto.

4. Mis padres _querían_ (querer) mudarse a México. Estaban cansados de vivir en Europa.

5. Se descompuso el televisor. Por suerte, mi amigo Juan Carlos _podía_ (poder) venir enseguida a arreglarlo.

6. Mi hermano _conoció_ (conocer) a su novia en el centro comercial.

7. Mi abuela _sabía_ (saber) cocinar muy bien.

8. Miguel y Roberto completaron el formulario pero no _quisieron_ (querer) contestar la última pregunta.

5 **Mi mejor año** Escribe diez oraciones sobre tu mejor año en la escuela. Usa el pretérito y el imperfecto. **10 pts.**

modelo
Creo que mi mejor año fue el segundo grado. Yo vivía con mi familia en Toronto, pero ese año nos mudamos a Vancouver…

 Practice more at **vhlcentral.com**.

Práctica y Comunicación

1

Conversación telefónica Completa la conversación con el pretérito de los verbos. Algunos verbos se repiten.

barrer	estar	ir	ser
dar	hacer	quitar	tener

MAMÁ Hola, Andrés, ¿cómo te va?

ANDRÉS Bien, mamá. ¿Y a ti?

MAMÁ También estoy bien. ¿Qué tal las clases?

ANDRÉS En la clase de historia (1) _tuve_ un examen el lunes. En la clase de química, el profesor nos (2) _hicimos_ una demostración en el laboratorio.

MAMÁ ¿Y el resto de las clases?

ANDRÉS (3) _Estuvieron_ muy fáciles, pero los profesores nos (4) _dimos_ mucha tarea.

MAMÁ ¿Cómo está tu apartamento? ¿Está muy sucio?

ANDRÉS ¡Está perfecto! Ayer (5) _____ la limpieza: (6) _Barrí_ el suelo y (7) _quité_ el polvo de los muebles.

MAMÁ ¿Qué hiciste con tus amigos el sábado por la noche?

ANDRÉS Nosotros (8) _fuimos_ en el centro de la ciudad y (9) _fuimos_ a un restaurante. (10) _Tuvimos_ una noche muy divertida.

2

Descripciones Forma oraciones con estos elementos. Usa el pretérito.

> **modelo**
>
> Ustedes conocieron a una estudiante de química la semana pasada.

A	**B**	**A**	**A**
yo	(no) conocer	un restaurante	ayer
tú	(no) estar	autobús	anoche
mi compañero/a	(no) ir	estudiante	anteayer
nosotros	(no) ser	muy simpático/a	la semana pasada
mis amigos	(no) traer	libro de poemas	el año pasado
ustedes	(no) venir	dependiente/a en una tienda	

3

Entrevista Trabajen en parejas y túrnense para entrevistar a su compañero/a.

1. ¿A qué hora te despertaste el domingo pasado? Y ¿a qué hora te levantaste?

2. ¿Qué hacía tu compañero/a de cuarto cuando tú te levantaste?

3. ¿Qué desayunaste ayer? ¿Quién te sirvió el desayuno?

4. ¿Dónde desayunabas los domingos cuando eras niño/a?

5. ¿Adónde fuiste el domingo por la tarde? ¿Con quién?

6. ¿Qué tiempo hacía cuando saliste esta mañana?

7. ¿Te acostaste tarde o temprano anoche? ¿A qué hora te dormiste? ¿Dormiste bien?

8. Cuando tenías once años, ¿qué te gustaba hacer los domingos?

4

Un robo Unos jóvenes le robaron (*stole*) la bolsa a una mujer en el parque. Tú y tu compañero/a estaban en el parque ese día, y ahora la policía quiere saber si participaron en el crimen. Contesten usando el imperfecto.

1. ¿Dónde estaban alrededor de las dos de la tarde?

   _____

2. ¿Qué ropa llevaban?

   _____

3. ¿Qué hacían en el parque?

   _____

4. ¿A qué jugaban?

   _____

5. ¿Quiénes estaban con ustedes?

   _____

6. ¿Adónde iban ese día?

   _____

7. ¿Qué otras personas había en el parque?

   _____

8. ¿Qué hacían esas personas?

   _____

5

Lo que sentía En parejas, conversen sobre tres situaciones o momentos de la niñez en los cuales sintieron algunas de estas emociones. Luego compartan con la clase lo que le pasó a la otra persona y lo que él/ella sintió. Usen el pretérito y el imperfecto.

- confundido/a
- feliz
- enojado/a
- nervioso/a
- preocupado/a
- triste

6

Describir En grupos, estudien la foto. Luego, usen el pretérito y el imperfecto para decir lo que pasó durante la cena de Esteban y Carmen. Usen los verbos de la lista.

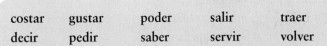

| costar | gustar | poder | salir | traer |
| decir | pedir | saber | servir | volver |

Práctica Tutorials

1 **Completar** Completa la tabla con las formas correctas del presente de subjuntivo. **12 pts.**

yo/él/ella	tú	nosotros/as	Uds./ellos/ellas
olvide	olvides	olvidemos	olviden
ponga	**pongas**	pongamos	pongan
senta	sentas	**sintamos**	sentan
este	estés	estemos	**estén**

2 **Las vacaciones ideales** Completa este folleto (*brochure*) con la forma correcta del presente de subjuntivo. **8 pts.**

comer   leer *to read*
conseguir   mostrar *to show*
escribir   pensar
estar   saber *to know*
hablar   tener *to have*

to eat, *to get*, *to be*, *to talk*

A los que buscan las vacaciones perfectas, les ofrecemos estos consejos:

■ Te sugiero que primero (tú) (1) _escribas_ una lista de las actividades que quieres hacer durante las vacaciones.

■ Quiero que después (2) _pienses_ en cuántos días tienes de vacaciones. Es necesario que cada persona (3) _tenga_ una idea realista de cuánto puede hacer en el tiempo que tiene disponible (*available*).

■ Antes de decidir adónde quieren ir, les aconsejo a ti y a tus compañeros/as de viaje que (4) _lean_ artículos sobre el lugar y que (5) _consigan_ información en Internet. Es importante que ustedes (6) _sepan_ lo más posible antes de salir.

■ Finalmente, es bueno que nosotros (7) _estemos_ en contacto con el consulado del país adonde viajamos. Se recomienda que (8) _mostremos_ nuestras visas al llegar al aeropuerto.

¡Buena suerte!

Resumen gramatical

This overview presents key grammatical concepts from *¡ADELANTE! DOS*. For further review, follow the cross-references.

R.8   Introduction to the subjunctive   *¡ADELANTE! DOS* L6 pp. 336–338

▶ The subjunctive mood expresses actions or states that the speaker views as uncertain or hypothetical.

> Nuestros papás quieren que Felipe y yo arreglemos toda la casa.

▶ To form the present subjunctive, drop the **-o** ending of the **yo** form of the present indicative, and replace it with the present subjunctive endings.

INFINITIVE	PRESENT INDICATIVE	VERB STEM	PRESENT SUBJUNCTIVE
hablar	hablo	habl-	hable
comer	como	com-	coma
escribir	escribo	escrib-	escriba

▶ These are the present subjunctive endings.

-ar verbs		**-er and -ir verbs**	
-e	-emos	-a	-amos
-es	-éis	-as	-áis
-e	-en	-a	-an

▶ Verbs with irregular **yo** forms show the same irregularity in all forms of the present subjunctive. For more examples, see the verb conjugation tables in Appendix D.

INFINITIVE	**YO** FORM	PRESENT SUBJUNCTIVE
conocer	conozco	**conozca**
decir	digo	**diga**
hacer	hago	**haga**
ofrecer	ofrezco	**ofrezca**
poner	pongo	**ponga**
tener	tengo	**tenga**
ver	veo	**vea**

Lección de repaso

► Stem-changing **-ar** and **-er** verbs have the same stem changes in the subjunctive as they do in the present indicative. Stem-changing **-ir** verbs also undergo a stem change in the **nosotros/vosotros** forms. For more examples, see Appendix D.

pensar (e:ie): piense, pienses, piense, pensemos, penséis, piensen

volver (o:ue): vuelva, vuelvas, vuelva, volvamos, volváis, vuelvan

dormir (o:ue): duerma, duermas, duerma, durmamos, durmáis, duerman

► These five verbs are irregular in the present subjunctive:

dar: dé, des, dé, demos, deis, den
estar: esté, estés, esté, estemos, estéis, estén
ir: vaya, vayas, vaya, vayamos, vayáis, vayan
saber: sepa, sepas, sepa, sepamos, sepáis, sepan
ser: sea, seas, sea, seamos, seáis, sean

Es bueno que Felipe sepa cambiar la bolsa de la aspiradora.

► The present subjunctive form of **hay** is **haya**.

► The subjunctive is used with impersonal expressions and to express will and influence. It is most often used in sentences that consist of a main clause and a subordinate clause.

Main clause	Connector	Subordinate clause
Es muy importante	que	**vayas** al hotel ahora mismo.

► Here are some other expressions that trigger the subjunctive:

aconsejar, desear, importar, insistir (en), mandar, necesitar, pedir (e:i), preferir (e:ie), prohibir, querer (e:ie), recomendar (e:ie), rogar (o:ue), sugerir (e:ie), es bueno, es importante, es mejor, es necesario, es malo, es urgente

> Te **sugerimos** que **limpies** hoy.
> *We suggest that you clean today.*

► The infinitive is used with words or expressions of will and influence if there is no change of subject in the sentence.

> Prefiero limpiar mañana.
> *I prefer to clean tomorrow.*

► You will learn more uses of the subjunctive in
¡ADELANTE! TRES.

---

3 Diálogos Usa el subjuntivo o el indicativo de los verbos de la lista para completar estos diálogos. **8 pts.**

acostarse	comer	dormir	salir
cenar	dar	estar	venir

1. **DAMIÁN** Es mejor que nosotros ___cenemos___ en casa.
   SANDRA No, es mejor que ___salgamos___ a comer.

2. **LOLA** Es malo que Ana les ___dé___ tantos dulces a los niños.
   EMA Sí. Es importante que ___coman___ más verduras.

3. **CÉSAR** Es necesario que ustedes ___vengan___ a las diez de la mañana.
   JUAN No te preocupes, nosotros siempre ___estamos___ listos a tiempo.

4. **SR. VARELA** Quiero que nosotros ___nos acostemos___ pronto.
   SRA. VARELA ¿Por qué siempre (nosotros) ___dormimos___ tanto?

4 Aconsejar Lee lo que dice cada persona y dale un consejo usando el verbo indicado. Tu consejo debe ser lo contrario de lo que la persona quiere hacer. **12 pts.**

modelo
Leticia: Quiero comprar una computadora muy cara. (aconsejar)
Tú: *Te aconsejo que compres una computadora barata./ Te aconsejo que no compres una computadora cara.*

1. **SILVIA** Pienso estudiar biología. (sugerir)

2. **PANCHO** Voy a quedarme en casa este verano. (aconsejar)

3. **CLARA** Insisto en trabajar en el jardín en invierno. (recomendar)

4. **ERNESTO** No necesito conducir al supermercado. (sugerir)

5. **ANA MARI** No quiero limpiar la casa antes de la fiesta. (recomendar)

6. **HÉCTOR** Tengo ganas de dormir hasta el mediodía. (aconsejar)

5 Opiniones Contesta estas preguntas. **10 pts.**

1. ¿Es importante que los niños ayuden con los quehaceres domésticos?

2. ¿Es urgente que los estadounidenses aprendan otras lenguas?

3. Si un(a) estadounidense quiere aprender francés, ¿es mejor que lo aprenda en Francia?

4. En su universidad, ¿es necesario que los estudiantes vivan en residencias estudiantiles?

5. ¿Es importante que todas las personas asistan a la universidad?

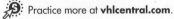 Practice more at **vhlcentral.com**.

Práctica y Comunicación

1

Completar Completa el diálogo con palabras de la lista.

cocina	haga	quiere	sea
comas	ponga	saber	ser
diga	prohíbe	sé	vaya

IRENE Tengo problemas con Vilma. Sé que debo hablar con ella. ¿Qué me recomiendas que le (1) _diga_?

JULIA Pues, necesito (2) _saber_ más antes de darte consejos.

IRENE Bueno, para empezar me (3) _prohíbe_ que traiga dulces a la casa.

JULIA Pero chica, tiene razón. Es mejor que tú no (4) _comas_ cosas dulces.

IRENE Sí, ya lo sé. Pero quiero que (5) _sea_ más flexible. Además, insiste en que yo (6) _haga_ todo en la casa.

JULIA Yo (7) _sé_ que Vilma (8) _cocina_ y hace los quehaceres todos los días.

IRENE Sí, pero siempre que hay fiesta me pide que (9) _ponga_ los cubiertos y las copas en la mesa y que (10) _vaya_ al sótano por las servilletas y los platos. ¡Es lo que más odio: ir al sótano!

JULIA Mujer, ¡Vilma sólo (11) _quiere_ que ayudes en la casa!

2

Contestar Tomasito es un niño muy malcriado (*spoiled*). En parejas, digan lo que su madre le contesta cada vez que él le grita (*shouts*) desde su cuarto.

> **modelo**
>
> ¡Mamá, no quiero arreglar mi cuarto!
> Es necesario que lo arregles. Y es importante que sacudas los muebles también.

1. ¡No quiero estudiar!
2. ¡Quiero salir a jugar con mis amigos!
3. ¡Mamá, no me gustan las verduras!
4. ¡¿Tengo que poner la mesa?!
5. ¡No me siento bien ahora!
6. ¡Estoy mirando la tele!
7. ¡Mamá, contesta el teléfono tú!
8. ¡Salgo con mis amigos y vuelvo a medianoche!

3

Preguntas En parejas, túrnense para contestar las preguntas. Usen el subjuntivo.

1. ¿Te dan consejos tus amigos/as? ¿Qué te aconsejan? ¿Aceptas sus consejos? ¿Por qué?
2. ¿Qué te sugieren tus profesores que hagas antes de terminar los cursos que tomas?
3. ¿Insisten tus amigos/as en que salgas mucho con ellos/ellas?
4. ¿Qué quieres que te regalen tu familia y tus amigos/as en tu cumpleaños?
5. ¿Qué le recomiendas tú a un(a) amigo/a que no quiere salir los sábados con su novio/a?
6. ¿Qué les aconsejas a los nuevos estudiantes de tu universidad?

¡AL RESCATE!

Remember that to maintain the **c, g,** and **z** sounds, verbs ending in **-car, -gar,** and **-zar** have a spelling change in all forms of the present subjunctive.

**sacar: saque, saques, etc.
jugar: juegue, juegues, etc.
almorzar: almuerce, almuerces, etc.**

4

Consejos En parejas, preparen una lista de seis personas famosas. Un(a) estudiante da el nombre de una persona famosa y el/la otro/a le da un consejo.

> **modelo**
>
> **Estudiante 1:** Judge Judy.
> **Estudiante 2:** Le recomiendo que sea más simpática con la gente.
> **Estudiante 2:** Orlando Bloom.
> **Estudiante 1:** Le aconsejo que haga más películas.

5

Resolver En parejas, imaginen que Víctor es su hermano y necesita ayuda para arreglar su casa y resolver sus problemas románticos y económicos. Usen expresiones impersonales y verbos como **aconsejar, prohibir** y **sugerir**.

> **modelo**
>
> **Estudiante 1:** Es mejor que arregles el apartamento más a menudo.
> **Estudiante 2:** Te aconsejo que no dejes para mañana lo que puedes hacer hoy.

¡AL RESCATE!

Some impersonal expressions, such as **es necesario que**, **es importante que**, **es mejor que**, and **es urgente que**, are considered expressions of will or influence.

6

La doctora Amistades En grupos de tres, lean la carta y después usen el subjuntivo para escribir los consejos que la doctora Amistades le da a Felipe.

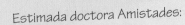

Estimada doctora Amistades:

Mi compañero de cuarto siempre quiere que yo salga del apartamento. Le molesta que vengan mis amigos a visitarme. Cuando permite que vengan, insiste en que sólo miremos los programas de televisión que a él le gustan. Nunca limpia el baño y habla por teléfono a las tres de la mañana. ¿Qué hago?

Felipe

Verbos similares a gustar

aburrir	to bore
encantar	to like very much; to love (inanimate objects)
faltar	to lack; to need
fascinar	to fascinate; to like very much
importar	to be important to; to matter
interesar	to be interesting to; to interest
molestar	to bother; to annoy
quedar	to be left over; to fit (clothing)

Las comparaciones

como	like; as
más de (+ *number*)	more than
más... que	more ... than
menos de (+ *number*)	fewer than
menos... que	less ... than
tan... como	as ... as
tantos/as... como	as many... as
tanto... como	as much... as
el/la mayor	the oldest
el/la mejor	the best
el/la menor	the youngest
el/la peor	the worst
mejor	better
peor	worse

Verbos y expresiones verbales

aconsejar	to advise
insistir (en)	to insist (on)
mandar	to order
recomendar (e:ie)	to recommend
rogar (o:ue)	to beg; to plead
sugerir (e:ie)	to suggest
Es bueno que...	It's good that...
Es importante que...	It's important that...
Es malo que...	It's bad that...
Es mejor que...	It's better that...
Es necesario que...	It's necessary that...
Es urgente que...	It's urgent that...

Palabras de secuencia

antes (de)	before
después	afterwards; then
después (de)	after
durante	during
entonces	then
luego	then
más tarde	later (on)
por último	finally

Las etapas de la vida

la adolescencia	adolescence
la edad	age
el estado civil	marital status
las etapas de la vida	the stages of life
la juventud	youth
la madurez	maturity; middle age
la muerte	death
el nacimiento	birth
la niñez	childhood
la vejez	old age
cambiar (de)	to change
graduarse (de/en)	to graduate (from/in)
jubilarse	to retire (from work)
nacer	to be born

Adverbios

a menudo	often
a tiempo	on time
a veces	sometimes
además (de)	furthermore; besides
apenas	hardly; scarcely
así	like this; so
bastante	enough; rather
casi	almost
con frecuencia	frequently
de niño/a	as a child
de vez en cuando	from time to time
despacio	slowly
menos	less
muchas veces	a lot; many times
poco	little
por lo menos	at least
pronto	soon
rápido	quickly
todos los días	every day

Palabras afirmativas y negativas

algo	something; anything
alguien	someone; somebody; anyone
alguno/a(s), algún	some; any
jamás	never; not ever
nada	nothing; not anything
nadie	no one; nobody; not anyone
ni... ni	neither... nor
ninguno/a, ningún	no; none; not any
nunca	never; not ever
o... o	either... or
siempre	always
también	also; too
tampoco	neither; not either

Verbos

abrazar(se)	to hug; to embrace (each other)
ayudar(se)	to help (each other)
besar(se)	to kiss (each other)
encontrar(se) (o:ue)	to meet (each other); to run into (each other)
saludar(se)	to greet (each other)

Otras palabras y expresiones

por aquí	around here
por ejemplo	for example
por eso	that's why; therefore
por fin	finally

For a complete list of related vocabulary go to *¡ADELANTE!* **DOS**, pp. 54, 116, 172, 230, 292, and 354.

 **Flashcards**

La naturaleza

1

Communicative Goals

You will learn how to:

- Talk about and discuss the environment
- Express your beliefs and opinions about issues

A PRIMERA VISTA
- ¿Son estas personas excursionistas?
- ¿Es importante que usen ropa cómoda?
- ¿Se llevan bien o mal?
- ¿Les interesa la naturaleza?

Más práctica
Workbook pages 53–62
Video Manual pages 63–68
Lab Manual pages 69–73

La naturaleza

Más vocabulario

el bosque (tropical)	(tropical; rain) forest
el desierto	desert
la naturaleza	nature
la planta	plant
la selva, la jungla	jungle
la tierra	land; soil
el cielo	sky
la estrella	star
la luna	moon
el calentamiento global	global warming
el cambio climático	climate change
la conservación	conservation
la contaminación (del aire; del agua)	(air; water) pollution
la deforestación	deforestation
la ecología	ecology
el/la ecologista	ecologist
el ecoturismo	ecotourism
la energía (nuclear; solar)	(nuclear; solar) energy
la extinción	extinction
la fábrica	factory
el medio ambiente	environment
el peligro	danger
el recurso natural	natural resource
la solución	solution
el gobierno	government
la ley	law
la (sobre)población	(over)population
ecologista	ecological
puro/a	pure
renovable	renewable

Variación léxica

hierba ⟷ pasto (*Perú*); grama (*Venez., Col.*); zacate (*Méx.*)

recursos

WB pp. 53–54

LM p. 69

vhlcentral.com Lección 1

el ave, el pájaro

el cráter

el volcán

el pez (sing.), los peces (pl.)

la vaca

el árbol

la hierba

la flor

el perro

el gato

el sol

la nube

el valle

el sendero

el lago

la piedra

el río

Más vocabulario

el animal	animal
la ballena	whale
el mono	monkey
la tortuga (marina)	(sea) turtle

Práctica

1

Escuchar 🎧 Mientras escuchas estas oraciones, anota los sustantivos (*nouns*) que se refieren a las plantas, los animales, la tierra y el cielo.

Plantas	Animales	Tierra	Cielo
_____	_____	_____	_____
_____	_____	_____	_____
_____	_____	_____	_____

2

¿Cierto o falso? 🎧 Escucha las oraciones e indica si lo que dice cada una es **cierto** o **falso**, según el dibujo.

1. _____   4. _____
2. _____   5. _____
3. _____   6. _____

3

Seleccionar Selecciona la palabra que no está relacionada.

1. estrella • gobierno • luna • sol
2. lago • río • mar • peligro
3. vaca • ballena • pájaro • población
4. cielo • cráter • aire • nube
5. desierto • solución • selva • bosque
6. flor • hierba • renovable • árbol

4

Definir Trabaja con un(a) compañero/a para definir o describir cada palabra. Sigue el modelo.

> **modelo**
> **Estudiante 1:** ¿Qué es el cielo?
> **Estudiante 2:** El cielo está sobre la tierra y tiene nubes.

1. la población
2. un mono
3. el calentamiento global
4. la naturaleza
5. un desierto
6. la extinción
7. la ecología
8. un sendero

5

Definir Trabajen en parejas para describir estas fotos.

Recicla la lata de aluminio. (reciclar)

el envase de plástico

Recoge la botella de vidrio. (recoger)

El reciclaje

Más vocabulario	
cazar	*to hunt*
conservar	*to conserve*
contaminar	*to pollute*
controlar	*to control*
cuidar	*to take care of*
dejar de (+ *inf.*)	*to stop (doing something)*
desarrollar	*to develop*
descubrir	*to discover*
destruir	*to destroy*
estar afectado/a (por)	*to be affected (by)*
estar contaminado/a	*to be polluted*
evitar	*to avoid*
mejorar	*to improve*
proteger	*to protect*
reducir	*to reduce*
resolver (o:ue)	*to resolve; to solve*
respirar	*to breathe*

6

Completar Selecciona la palabra o la expresión adecuada para completar cada oración.

contaminar	destruyen	reciclamos
controlan	están afectadas	recoger
cuidan	mejoramos	resolver
descubrir	proteger	se desarrollaron

1. Si vemos basura en las calles, la debemos _____.
2. Los científicos trabajan para _____ nuevas soluciones.
3. Es necesario que todos trabajemos juntos para _____ los problemas del medio ambiente.
4. Debemos _____ el medio ambiente porque hoy día está en peligro.
5. Muchas leyes nuevas _____ el nivel de emisiones que producen las fábricas.
6. Las primeras civilizaciones _____ cerca de los ríos y los mares.
7. Todas las personas _____ por la contaminación.
8. Los turistas deben tener cuidado de no _____ los lugares que visitan.
9. Podemos conservar los recursos si _____ el aluminio, el vidrio y el plástico.
10. La contaminación y la deforestación _____ el medio ambiente.

Comunicación

7

¿Es importante? En parejas, lean este párrafo y contesten las preguntas.

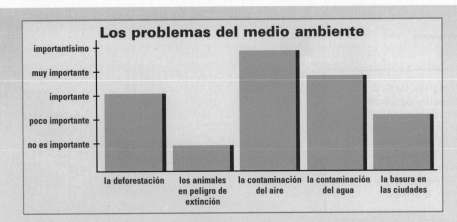

Los problemas del medio ambiente

- importantísimo
- muy importante
- importante
- poco importante
- no es importante

| la deforestación | los animales en peligro de extinción | la contaminación del aire | la contaminación del agua | la basura en las ciudades |

Para celebrar El día de la Tierra, una estación de radio colombiana hizo una pequeña encuesta entre estudiantes universitarios, donde les preguntaron sobre los problemas del medio ambiente. Se les preguntó cuáles creían que eran los cinco problemas más importantes del medio ambiente. Ellos también tenían que decidir el orden de importancia de estos problemas, del uno al cinco.

Los resultados probaron (*proved*) que la mayoría de los estudiantes están preocupados por la contaminación del aire. Muchos mencionaron que no hay aire puro en las ciudades. El problema número dos para los estudiantes es que los ríos y los lagos están afectados por la contaminación. La deforestación quedó como el problema número tres, la basura en las ciudades como el número cuatro y los animales en peligro de extinción como el cinco.

1. ¿Según la encuesta, qué problema consideran más grave? ¿Qué problema consideran menos grave?

2. ¿Cómo creen ustedes que se puede evitar o resolver el problema más importante?

3. ¿Es necesario resolver el problema menos importante? ¿Por qué?

4. ¿Consideran ustedes que existen los mismos problemas en su comunidad? Den algunos ejemplos.

8

Situaciones Trabajen en grupos pequeños para representar estas situaciones.

1. Unos/as representantes de una agencia ambiental (*environmental*) hablan con el/la presidente/a de una fábrica que está contaminando el aire o el río de la zona.

2. Un(a) guía de ecoturismo habla con un grupo sobre cómo disfrutar (*enjoy*) de la naturaleza y conservar el medio ambiente.

3. Un(a) representante de la universidad habla con un grupo de nuevos estudiantes sobre la campaña (*campaign*) ambiental de la universidad y trata de reclutar (*tries to recruit*) miembros para un club que trabaja para la protección del medio ambiente.

9

Escribir una carta Trabajen en parejas para escribir una carta a una fábrica real o imaginaria que esté contaminando el medio ambiente. Expliquen las consecuencias que sus acciones van a tener para el medio ambiente. Sugiéranle algunas ideas para que solucione el problema. Utilicen por lo menos diez palabras de **Contextos**.

Aventuras en la naturaleza

Las chicas visitan un santuario de tortugas, mientras los chicos pasean por la selva.

 MARISSA   **JIMENA**

S Video: *Fotonovela*

MARISSA Querida tía Ana María, lo estoy pasando muy bien. Es maravilloso que México tenga tantos programas estupendos para proteger a las tortugas. Hoy estamos en Tulum, y ¡el paisaje es espectacular! Con cariño, Marissa.

MARISSA Estoy tan feliz de que estés aquí conmigo.

JIMENA Es mucho más divertido cuando se viaja con amigos.

(*Llegan Felipe y Juan Carlos*)

JIMENA ¿Qué pasó?

JUAN CARLOS No lo van a creer.

FELIPE Juan Carlos encontró al grupo. ¡Yo esperaba encontrarlos también! ¡Pero nunca vinieron por mí! Yo estaba asustado. Regresé al lugar de donde salimos y esperé. Me perdí todo el recorrido.

GUÍA A menos que protejamos a los animales de la contaminación y la deforestación, muchos van a estar en peligro de extinción. Por favor, síganme y eviten pisar las plantas.

FELIPE Nos retrasamos sólo cinco minutos... Qué extraño. Estaban aquí hace unos minutos.

JUAN CARLOS ¿Adónde se fueron?

FELIPE No creo que puedan ir muy lejos.

(*Se separan para buscar al grupo.*)

FELIPE Decidí seguir un río y...

MARISSA No es posible que un guía continúe el recorrido cuando hay dos personas perdidas.

JIMENA Vamos a ver, chicos, ¿qué pasó? Dígannos la verdad.

JUAN CARLOS

FELIPE

GUÍA

Lección 1

7

JUAN CARLOS Felipe se cayó. Él no quería contarles.

JIMENA ¡Lo sabía!

8

FELIPE Y ustedes, ¿qué hicieron hoy?

JIMENA Marissa y yo fuimos al santuario de las tortugas.

9

MARISSA Aprendimos sobre las normas que existen para proteger a las tortugas marinas.

JIMENA Pero no cabe duda de que necesitamos aprobar más leyes para protegerlas.

MARISSA Fue muy divertido verlas tan cerca.

10

JUAN CARLOS Entonces se divirtieron. ¡Qué bien!

JIMENA Gracias, y tú, pobrecito, pasaste todo el día con mi hermano. Siempre te mete en problemas.

Expresiones útiles

Talking about the environment

Aprendimos sobre las normas que existen para proteger a las tortugas marinas.
We learned about the regulations that exist to protect sea turtles.

Afortunadamente, ahora la población está aumentando.
Fortunately, the population is now growing.

No cabe duda de que necesitamos aprobar más leyes para protegerlas.
There is no doubt that we need to pass more laws to protect them.

Es maravilloso que México tenga tantos programas estupendos para proteger a las tortugas.
It's marvelous that Mexico has so many wonderful programs to protect the turtles.

A menos que protejamos a los animales de la contaminación y la deforestación, muchos van a estar en peligro de extinción.
Unless we protect animals from pollution and habitat loss, many of them will become endangered.

Additional vocabulary

aumentar
to grow; to get bigger
meterse en problemas
to get into trouble
perdido/a
lost
el recorrido
tour
sobre todo
above all

recursos
VM pp. 63–64 · vhlcentral.com Lección 1

¿Qué pasó?

1 **Seleccionar** Selecciona la respuesta más lógica para completar cada oración.

1. México tiene muchos programas para _____ a las tortugas.
   a. destruir   b. reciclar   c. proteger
2. Según la guía, muchos animales van a estar en peligro de _____ si no los protegemos.
   a. reciclaje   b. extinción   c. deforestación
3. La guía les pide a los visitantes que eviten pisar _____.
   a. las plantas   b. las piedras   c. la tierra
4. Felipe no quería contarles a las chicas que se _____.
   a. divirtió   b. alegró   c. cayó
5. Jimena dice que debe haber más _____ para proteger a las tortugas.
   a. playas   b. leyes   c. gobiernos

2 **Identificar** Identifica quién puede decir estas oraciones. Puedes usar algunos nombres más de una vez.

1. Fue divertido ver a las tortugas y aprender las normas para protegerlas.
2. Tenemos que evitar la contaminación y la deforestación.
3. Estoy feliz de estar aquí, Tulum es maravilloso.
4. Es una lástima que me pierda el recorrido.
5. No es posible que esa historia que nos dices sea verdad.
6. No van a creer lo que le sucedió a Felipe.
7. Tenemos que cuidar las plantas y los animales.
8. Ojalá que mi hermano no se meta en más problemas.

FELIPE   **MARISSA**

JIMENA

GUÍA   **JUAN CARLOS**

NOTA CULTURAL

Tulum es una importante zona arqueológica que se localiza en la costa del estado de Quintana Roo, México. La ciudad amurallada (*walled*), construida (*built*) por los mayas, es famosa por su ubicación (*location*) dramática en un acantilado (*cliff*) frente al mar.

3 **Preguntas** Responde a estas preguntas usando la información de **Fotonovela**.

1. ¿Qué lugar visitan Marissa y Jimena?
2. ¿Adónde fueron Juan Carlos y Felipe?
3. Según la guía, ¿por qué muchos animales están en peligro de extinción?
4. ¿Por qué Jimena y Marissa no creen la historia de Felipe?
5. ¿Qué esperaba Felipe cuando se perdió?

4 **El medio ambiente** En parejas, discutan algunos problemas ambientales y sus posibles soluciones. Usen estas preguntas y frases en su conversación.

- ¿Hay problemas de contaminación donde vives?
- Tenemos un problema muy grave de contaminación de...
- ¿Cómo podemos resolver los problemas de la contaminación?

Ortografía

Los signos de puntuación

In Spanish, as in English, punctuation marks are important because they help you express your ideas in a clear, organized way.

> **No podía ver las llaves. Las buscó por los estantes, las mesas, las sillas, el suelo; minutos después, decidió mirar por la ventana. Allí estaban…**

The **punto y coma (;)**, the **tres puntos (…)**, and the **punto (.)** are used in very similar ways in Spanish and English.

> **Argentina, Brasil, Paraguay y Uruguay son miembros de Mercosur.**

In Spanish, the **coma (,)** is not used before **y** or **o** in a series.

13,5%	29,2°	3.000.000	$2.999,99

In numbers, Spanish uses a **coma** where English uses a decimal point and a **punto** where English uses a comma.

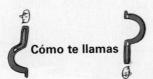

¿Cómo te llamas?   ¿Dónde está?   ¡Ven aquí!   Hola

Questions in Spanish are preceded and followed by **signos de interrogación (¿ ?)**, and exclamations are preceded and followed by **signos de exclamación (¡ !)**.

Práctica Lee el párrafo e indica los signos de puntuación necesarios.

Ayer recibí la invitación de boda de Marta mi amiga colombiana inmediatamente empecé a pensar en un posible regalo fui al almacén donde Marta y su novio tenían una lista de regalos había de todo copas cafeteras tostadoras finalmente decidí regalarles un perro ya sé que es un regalo extraño pero espero que les guste a los dos

¿Palabras de amor? El siguiente diálogo tiene diferentes significados (*meanings*) dependiendo de los signos de puntuación que utilices y el lugar donde los pongas. Intenta encontrar los diferentes significados.

JULIÁN	me quieres
MARISOL	no puedo vivir sin ti
JULIÁN	me quieres dejar
MARISOL	no me parece mala idea
JULIÁN	no eres feliz conmigo
MARISOL	no soy feliz

recursos

LM p. 70	vhlcentral.com Lección 1

EN DETALLE

 Additional Reading

¡Los Andes se mueven!

Los Andes, la cadena° de montañas más extensa de América, son conocidos como "la espina dorsal° de Suramérica". Sus 7.240 kilómetros (4.500 millas) van desde el norte° de la región entre Venezuela y Colombia, hasta el extremo sur°, entre Argentina y Chile, y pasan por casi todos los países suramericanos. La cordillera° de los Andes, formada hace 27 millones de años, es la segunda más alta del mundo, después de la del Himalaya (aunque° esta última es mucho más "joven", ya que se formó hace apenas cinco millones de años).

Para poder atravesar° de un lado a otro de los Andes, existen varios pasos o puertos° de montaña. Situados a grandes alturas°, son generalmente estrechos° y peligrosos. En algunos de ellos hay, también, vías ferroviarias°.

De acuerdo con° varias instituciones científicas, la cordillera de los Andes se eleva° y se hace más angosta° cada año. La capital de Chile se acerca° a la capital de Argentina a un ritmo° de 19,4 milímetros por año. Si ese ritmo se mantiene°, Santiago y Buenos Aires podrían unirse° en unos... 63 millones de años, ¡casi el mismo tiempo que ha transcurrido° desde la extinción de los dinosaurios!

Arequipa, Perú

Los Andes en números

3 Cordilleras que forman los Andes: Las cordilleras Central, Occidental y Oriental

900 (A.C.°) Año aproximado en que empezó el desarrollo° de la cultura chavín, en los Andes peruanos

600 Número aproximado de volcanes que hay en los Andes

6.960 Metros (22.835 pies) de altura del Aconcagua (Argentina), el pico° más alto de los Andes

cadena *range* espina dorsal *spine* norte *north* sur *south* cordillera *mountain range* aunque *although* atravesar *to cross* puertos *passes* alturas *heights* estrechos *narrow* vías ferroviarias *railroad tracks* De acuerdo con *According to* se eleva *rises* angosta *narrow* se acerca *gets closer* ritmo *rate* se mantiene *keeps going* podrían unirse *could join together* ha transcurrido *has gone by* A.C. *Before Christ* desarrollo *development* pico *peak*

ACTIVIDADES

1 **Escoger** Escoge la opción que completa mejor cada oración.

1. Los Andes son la cadena montañosa más extensa del...
   a. mundo. b. continente americano. c. hemisferio norte.

2. "La espina dorsal de Suramérica" es...
   a. los Andes. b. el Himalaya. c. el Aconcagua.

3. La cordillera de los Andes se extiende...
   a. de este a oeste. b. de sur a oeste. c. de norte a sur.

4. El Himalaya y los Andes tienen...
   a. diferente altura. b. la misma altura. c. el mismo color.

5. Es posible atravesar los Andes por medio de...
   a. montañas b. puertos c. metro

6. En algunos de los puertos de montaña de los Andes hay...
   a. puertas. b. vías ferroviarias. c. cordilleras.

7. En 63 millones de años, Buenos Aires y Santiago podrían...
   a. separarse. b. desarrollarse. c. unirse.

8. El Aconcagua es...
   a. una montaña. b. un grupo indígena. c. un volcán.

ASÍ SE DICE

La naturaleza

el arco iris	*rainbow*
la cascada; la catarata	*waterfall*
el cerro; la colina; la loma	*hill, hillock*
la cima; la cumbre; el tope (Col.)	*summit; mountaintop*
la maleza; los rastrojos (Col.); la yerba mala (Cuba); los hierbajos (Méx.); los yuyos (Arg.)	*weeds*
la niebla	*fog*

EL MUNDO HISPANO

Cuerpos° de agua

- **Lago de Maracaibo** es el lago natural más grande de Suramérica y tiene una conexión directa y natural con el mar.

- **Lago Titicaca** es el lago navegable más alto del mundo. Se encuentra a más de 3.800 metros de altitud.

- **Bahía Mosquito** es una bahía bioluminiscente. En sus aguas viven unos microorganismos que emiten luz° cuando sienten que algo agita° el agua.

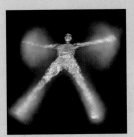

Cuerpos *Bodies* emiten luz *emit light* agita *shakes*

PERFIL

La Sierra Nevada de Santa Marta

La Sierra Nevada de Santa Marta es una cadena de montañas en la costa norte de Colombia. Se eleva abruptamente desde las costas del mar Caribe y en apenas 42 kilómetros llega a una altura de 5.775 metros

(18.947 pies) en sus picos nevados°. Tiene las montañas más altas de Colombia y es la formación montañosa costera° más alta del mundo.

Los pueblos indígenas que habitan allí lograron° mantener los frágiles ecosistemas de estas montañas a través de° un sofisticado sistema de terrazas° y senderos empedrados° que permitieron° el control de las aguas en una región de

muchas lluvias, evitando° así la erosión de la tierra. La Sierra fue nombrada Reserva de la Biosfera por la UNESCO en 1979.

nevados *snowcapped* costera *coastal* lograron *managed* a través de *by means of* terrazas *terraces* empedrados *cobblestone* permitieron *allowed* evitando *avoiding*

Conexión Internet

¿Dónde se puede hacer ecoturismo en Latinoamérica?

Go to **vhlcentral.com** to find more cultural information related to this **Cultura** section.

ACTIVIDADES

2 **Comprensión** Indica si lo que dice cada oración es **cierto** o **falso**. Corrige la información falsa.

1. En Colombia, *weeds* se dice **hierbajos**.
2. El lago Titicaca es el más grande del mundo.
3. La Sierra Nevada de Santa Marta es la formación montañosa costera más alta del mundo.
4. Los indígenas destruyeron el ecosistema de Santa Marta.

3 **Maravillas de la naturaleza** Escribe un párrafo breve donde describas alguna maravilla de la naturaleza que has (*you have*) visitado y que te impresionó. Puede ser cualquier (*any*) sitio natural: un río, una montaña, una selva, etc.

 Practice more at **vhlcentral.com**.

1.1 The subjunctive with verbs of emotion  Tutorial

ANTE TODO In the **Lección de repaso**, you reviewed how to use the subjunctive with expressions of will and influence. You will now learn how to use the subjunctive with verbs and expressions of emotion.

Main clause		Subordinate clause

Marta **espera** (que) yo **vaya** al lago este fin de semana.

▶ When the verb in the main clause of a sentence expresses an emotion or feeling, such as hope, fear, joy, pity, or surprise, the subjunctive is required in the subordinate clause.

Nos alegramos de que te **gusten** las flores.
We are happy that you like the flowers.

Temo que Ana no **pueda** ir mañana con nosotros.
I'm afraid that Ana won't be able to go with us tomorrow.

Siento que tú no **puedas** venir mañana.
I'm sorry that you can't come tomorrow.

Le **sorprende** que Juan **sea** tan joven.
It surprises him that Juan is so young.

Es una lástima que ellos no estén aquí con nosotros.

Me alegro de que te diviertas.

Common verbs and expressions of emotion

alegrarse (de)	*to be happy*	**tener miedo (de)**	*to be afraid (of)*
esperar	*to hope; to wish*	**es extraño**	*it's strange*
gustar	*to be pleasing; to like*	**es una lástima**	*it's a shame*
molestar	*to bother*	**es ridículo**	*it's ridiculous*
sentir (e:ie)	*to be sorry; to regret*	**es terrible**	*it's terrible*
sorprender	*to surprise*	**es triste**	*it's sad*
temer	*to be afraid; to fear*	**ojalá (que)**	*I hope (that); I wish (that)*

CONSULTA

Certain verbs of emotion, like **gustar, molestar,** and **sorprender,** require indirect object pronouns. For more examples, see **¡ADELANTE!** **DOS** Estructura 1.4, pp. 40–41.

Me molesta que la gente no **recicle** el plástico.
It bothers me that people don't recycle plastic.

Es triste que **tengamos** problemas como el cambio climático.
It's sad that we have problems like climate change.

▶ As with expressions of will and influence, the infinitive, not the subjunctive, is used after an expression of emotion when there is no change of subject from the main clause to the subordinate clause. Compare these sentences.

Temo **llegar** tarde.
I'm afraid I'll arrive late.

Temo que mi novio **llegue** tarde.
I'm afraid my boyfriend will arrive late.

▶ The expression **ojalá (que)** means *I hope* or *I wish*, and it is always followed by the subjunctive. Note that the use of **que** with this expression is optional.

Ojalá (que) se conserven
nuestros recursos naturales.
*I hope (that) our natural resources
will be conserved.*

Ojalá (que) recojan la
basura hoy.
*I hope (that) they collect the
garbage today.*

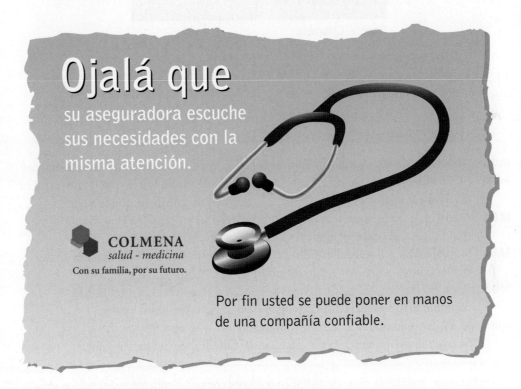

Ojalá que
su aseguradora escuche
sus necesidades con la
misma atención.

COLMENA
salud - medicina
Con su familia, por su futuro.

Por fin usted se puede poner en manos
de una compañía confiable.

¡INTÉNTALO! Completa las oraciones con las formas correctas de los verbos.

1. Ojalá que ellos __descubran__ (descubrir) nuevas formas de energía.
2. Espero que Ana nos __ayude__ (ayudar) a recoger la basura en la carretera.
3. Es una lástima que la gente no __recicle__ (reciclar) más.
4. Esperamos __proteger__ (proteger) a las tortugas marinas que llegan a esta playa.
5. Me alegro de que mis amigos __quieran__ (querer) conservar la naturaleza.
6. Espero que tú __vengas__ (venir) a la reunión (*meeting*) del Club de Ecología.
7. Es malo __contaminar__ (contaminar) el medio ambiente.
8. A mis padres les gusta que nosotros __participemos__ (participar) en la reunión.
9. Es terrible que nuestras ciudades __estén__ (estar) afectadas por la contaminación.
10. Ojalá (que) yo __pueda__ (poder) hacer algo para reducir el calentamiento global.

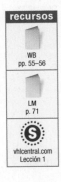

Práctica

1 **Completar** Completa el diálogo con palabras de la lista. Compara tus respuestas con las de un(a) compañero/a.

Bogotá, Colombia

alegro	molesta	salga
encuentren	ojalá	tengo miedo de
estén	puedan	vayan
lleguen	reduzcan	visitar

OLGA Me alegro de que Adriana y Raquel (1)_____ a Colombia. ¿Van a estudiar?

SARA Sí. Es una lástima que (2)_____ una semana tarde. Ojalá que la universidad las ayude a buscar casa. (3)_____ que no consigan dónde vivir.

OLGA Me (4)_____ que seas tan pesimista, pero sí, yo también espero que (5)_____ gente simpática y que hablen mucho español.

SARA Sí, ojalá. Van a hacer un estudio sobre la deforestación en las costas. Es triste que en tantos países los recursos naturales (6)_____ en peligro.

OLGA Pues, me (7)_____ de que no se queden mucho en la capital por la contaminación. (8)_____ tengan tiempo de viajar por el país.

SARA Sí, espero que (9)_____ ir a Medellín. Sé que también quieren (10)_____ la Catedral de Sal de Zipaquirá.

2 **Transformar** Transforma estos elementos en oraciones completas para formar un diálogo entre Juan y la madre de Raquel. Añade palabras si es necesario. Luego, con un(a) compañero/a, presenta el diálogo a la clase.

1. Juan, / esperar / (tú) escribirle / Raquel. / Ser / tu / novia. / Ojalá / no / sentirse / sola

2. molestarme / (usted) decirme / lo que / tener / hacer. / Ahora / mismo / le / estar / escribiendo

3. alegrarme / oírte / decir / eso. / Ser / terrible / estar / lejos / cuando / nadie / recordarte

4. señora, / ¡yo / tener / miedo de / (ella) no recordarme / mí! / Ser / triste / estar / sin / novia

5. ser / ridículo / (tú) sentirte / así. / Tú / saber / ella / querer / casarse / contigo

6. ridículo / o / no, / sorprenderme / (todos) preocuparse / ella / y / (nadie) acordarse de / mí

 Practice more at **vhlcentral.com**.

Comunicación

3

Comentar En parejas, túrnense para formar oraciones sobre su comunidad, sus clases, su gobierno o algún otro tema, usando expresiones como **me alegro de que**, **temo que** y **es extraño que**. Luego, reaccionen a los comentarios de su compañero/a.

> **modelo**
>
> **Estudiante 1:** Me alegro de que vayan a limpiar el río.
> **Estudiante 2:** Yo también. Me preocupa que el agua del río esté tan sucia.

4

Contestar Lee el mensaje electrónico que Raquel le escribió a su novio, Juan. Luego, en parejas, contesten el mensaje usando expresiones como **me sorprende que**, **me molesta que** y **es una lástima que**.

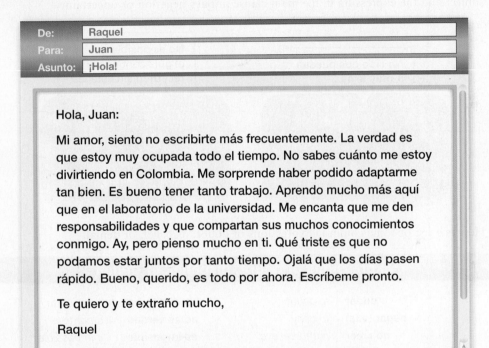

De:	Raquel
Para:	Juan
Asunto:	¡Hola!

Hola, Juan:

Mi amor, siento no escribirte más frecuentemente. La verdad es que estoy muy ocupada todo el tiempo. No sabes cuánto me estoy divirtiendo en Colombia. Me sorprende haber podido adaptarme tan bien. Es bueno tener tanto trabajo. Aprendo mucho más aquí que en el laboratorio de la universidad. Me encanta que me den responsabilidades y que compartan sus muchos conocimientos conmigo. Ay, pero pienso mucho en ti. Qué triste es que no podamos estar juntos por tanto tiempo. Ojalá que los días pasen rápido. Bueno, querido, es todo por ahora. Escríbeme pronto.

Te quiero y te extraño mucho,

Raquel

AYUDA

Echar de menos (a alguien) and **extrañar (a alguien)** are two ways of saying *to miss (someone)*.

Síntesis

5

No te preocupes Estás muy preocupado/a por los problemas del medio ambiente y le comentas a tu compañero/a todas tus preocupaciones. Él/Ella va a darte la solución adecuada para tus preocupaciones. Su profesor(a) les va a dar una hoja distinta a cada uno/a con la información necesaria para completar la actividad.

> **modelo**
>
> **Estudiante 1:** Me molesta que las personas tiren basura en las calles.
> **Estudiante 2:** Por eso es muy importante que los políticos hagan leyes para conservar las ciudades limpias.

1.2 The subjunctive with doubt, 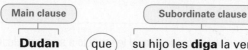 Tutorial
disbelief, and denial

ANTE TODO   Just as the subjunctive is required with expressions of emotion, influence, and will, it is also used with expressions of doubt, disbelief, and denial.

Main clause		Subordinate clause
Dudan	que	su hijo les **diga** la verdad.

▶ The subjunctive is always used in a subordinate clause when there is a change of subject and the expression in the main clause implies negation or uncertainty.

> No creo que puedan
> ir muy lejos.

> No es posible que
> el guía continúe el
> recorrido sin ustedes.

▶ Here is a list of some common expressions of doubt, disbelief, or denial.

Expressions of doubt, disbelief, or denial

dudar	to doubt	**no es seguro**	it's not certain
negar (e:ie)	to deny	**no es verdad**	it's not true
no creer	not to believe	**es imposible**	it's impossible
no estar seguro/a (de)	not to be sure	**es improbable**	it's improbable
no es cierto	it's not true; it's not certain	**(no) es posible**	it's (not) possible
		(no) es probable	it's (not) probable

El gobierno **niega** que el agua
esté contaminada.
The government denies that the
water is contaminated.

Dudo que el gobierno
resuelva el problema.
I doubt that the government
will solve the problem.

Es probable que **haya** menos
bosques y selvas en el futuro.
It's probable that there will be fewer
forests and jungles in the future.

No es verdad que mi
hermano **estudie** ecología.
It's not true that my brother
studies ecology.

¡LENGUA VIVA!

In English, the expression *it is probable* indicates a fairly high degree of certainty. In Spanish, however, **es probable** implies uncertainty and therefore triggers the subjunctive in the subordinate clause: **Es probable que venga Elena (pero quizás no puede)**.

▶ The indicative is used in a subordinate clause when there is no doubt or uncertainty in the main clause. Here is a list of some expressions of certainty.

Expressions of certainty

no dudar	*not to doubt*	**estar seguro/a (de)**	*to be sure*
no cabe duda de	*there is no doubt*	**es cierto**	*it's true; it's certain*
no hay duda de	*there is no doubt*	**es seguro**	*it's certain*
no negar (e:ie)	*not to deny*	**es verdad**	*it's true*
creer	*to believe*	**es obvio**	*it's obvious*

No negamos que **hay** demasiados carros en las carreteras.
We don't deny that there are too many cars on the highways.

No hay duda de que el Amazonas **es** uno de los ríos más largos.
There is no doubt that the Amazon is one of the longest rivers.

Es verdad que Colombia **es** un país bonito.
It's true that Colombia is a beautiful country.

Es obvio que las ballenas **están** en peligro de extinción.
It's obvious that whales are in danger of extinction.

▶ In affirmative sentences, the verb **creer** expresses belief or certainty, so it is followed by the indicative. In negative sentences, however, when doubt is implied, **creer** is followed by the subjunctive.

Creo que **debemos** usar exclusivamente la energía solar.
I believe we should use solar energy exclusively.

No creo que **haya** vida en el planeta Marte.
I don't believe that there is life on the planet Mars.

▶ The expressions **quizás** and **tal vez** are usually followed by the subjunctive because they imply doubt about something.

Quizás haga sol mañana.
Perhaps it will be sunny tomorrow.

Tal vez veamos la luna esta noche.
Perhaps we will see the moon tonight.

¡INTÉNTALO!   Completa estas oraciones con la forma correcta del verbo.

1. Dudo que ellos __trabajen__ (trabajar).
2. Es cierto que él __come__ (comer) mucho.
3. Es imposible que ellos __salgan__ (salir).
4. Es probable que ustedes __ganen__ (ganar).
5. No creo que ella __vuelva__ (volver).
6. Es posible que nosotros __vayamos__ (ir).
7. Dudamos que tú __recicles__ (reciclar).
8. Creo que ellos __juegan__ (jugar) al fútbol.
9. No niego que ustedes __estudian__ (estudiar).
10. Es posible que ella no __venga__ (venir) a casa.
11. Es probable que Lucio y Carmen __duerman__ (dormir).
12. Es posible que mi prima Marta __llame__ (llamar). (to us)
13. Tal vez Juan no nos __oiga__ (oír).
14. No es cierto que Paco y Daniel nos __ayuden__ (ayudar). to us

recursos

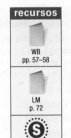

WB
pp. 57–58

LM
p. 72

Ⓢ
vhlcentral.com
Lección 1

Lección 1

Práctica

1 **Escoger** Escoge las respuestas correctas para completar el diálogo. Luego dramatiza el diálogo con un(a) compañero/a.

RAÚL Ustedes dudan que yo realmente (1)_____ (estudio/estudie). No niego que a veces me (2)_____ (divierto/divierta) demasiado, pero no cabe duda de que (3)_____ (tomo/tome) mis estudios en serio. Estoy seguro de que cuando me vean graduarme van a pensar de manera diferente. Creo que no (4)_____ (tienen/tengan) razón con sus críticas.

PAPÁ Es posible que tu mamá y yo no (5)_____ (tenemos/tengamos) razón. Es cierto que a veces (6)_____ (dudamos/dudemos) de ti. Pero no hay duda de que te (7)_____ (pasas/pases) toda la noche en Internet y oyendo música. No es nada seguro que (8)_____ (estás/estés) estudiando.

RAÚL Es verdad que (9)_____ (uso/use) mucho la computadora pero, ¡piensen! ¿No es posible que (10)_____ (es/sea) para buscar información para mis clases? ¡No hay duda de que Internet (11)_____ (es/sea) el mejor recurso del mundo! Es obvio que ustedes (12)_____ (piensan/piensen) que no hago nada, pero no es cierto.

PAPÁ No dudo que esta conversación nos (13)_____ (va/vaya) a ayudar. Pero tal vez esta noche (14)_____ (puedes/puedas) trabajar sin música. ¿Está bien?

2 **Dudas** Carolina es una chica que siempre miente. Expresa tus dudas sobre lo que Carolina está diciendo ahora. Usa las expresiones entre paréntesis para tus respuestas.

> **modelo**
>
> El próximo año Marta y yo vamos de vacaciones por diez meses. (dudar)
> ¡Ja! Dudo que vayan de vacaciones por ese tiempo. ¡Ustedes no son ricas!

1. Estoy escribiendo una novela en español. (no creer)

2. Mi tía es la directora de PETA. (no ser verdad)

3. Dos profesores míos juegan para los Osos (*Bears*) de Chicago. (ser imposible)

4. Mi mejor amiga conoce al chef Bobby Flay. (no ser cierto)

5. Mi padre es dueño del Centro Rockefeller. (no ser posible)

6. Yo ya tengo un doctorado (*doctorate*) en lenguas. (ser improbable)

AYUDA

Here are some useful expressions to say that you don't believe someone.

¡Qué va!
¡Imposible!
¡No te creo!
¡Es mentira!

Practice more at **vhlcentral.com**.

Comunicación

3

Entrevista En parejas, imaginen que trabajan para un periódico y que tienen que hacerle una entrevista a la ecologista Mary Axtmann, quien colaboró en la fundación de la organización Ciudadanos Pro Bosque San Patricio, en Puerto Rico. Escriban seis preguntas para la entrevista ▶ después de leer las declaraciones de Mary Axtmann. Al final, inventen las respuestas de Axtmann.

La asociación de **Mary Axtmann** trabaja para la conservación del Bosque San Patricio. También ofrece conferencias sobre temas ambientales, hace un censo anual de pájaros y tiene un grupo de guías voluntarios. La comunidad hace todo el trabajo; la asociación no recibe ninguna ayuda del gobierno.

Declaraciones de Mary Axtmann:

"... que el bosque es un recurso ecológico educativo para la comunidad."

"El Bosque San Patricio es un pulmón (lung) que produce oxígeno para la ciudad."

"El Bosque San Patricio está en medio de la ciudad de San Juan. Por eso digo que este bosque es una esmeralda (emerald) en un mar de concreto."

"El bosque pertenece (belongs) a la comunidad."

"Nosotros salvamos este bosque mediante la propuesta (proposal) y no la protesta."

4

Adivinar Escribe cinco oraciones sobre tu vida presente y futura. Cuatro deben ser falsas y sólo una debe ser cierta. Presenta tus oraciones al grupo. El grupo adivina cuál es la oración cierta y expresa sus dudas sobre las oraciones falsas.

AYUDA

Here are some useful verbs for talking about plans.

esperar → to hope
querer → to want
pretender → to intend
pensar → to plan

Note that **pretender** and *pretend* are false cognates. To express *to pretend*, use the verb **fingir**.

modelo

▶

Estudiante 1: Quiero irme un año a la selva a trabajar.
Estudiante 2: Dudo que te guste vivir en la selva.
Estudiante 3: En cinco años voy a ser presidente de los Estados Unidos.
Estudiante 2: No creo que seas presidente de los Estados Unidos en cinco años. ¡Tal vez en treinta!

Síntesis

5

Intercambiar En grupos, escriban un párrafo sobre los problemas del medio ambiente en su estado o en su comunidad. Compartan su párrafo con otro grupo, que va a ofrecer opiniones y soluciones. Luego presenten su párrafo, con las opiniones y soluciones del otro grupo, a la clase.

Lección 1

1.3 The subjunctive with conjunctions Tutorial

ANTE TODO Conjunctions are words or phrases that connect other words and clauses in sentences. Certain conjunctions commonly introduce adverbial clauses, which describe *how, why, when,* and *where* an action takes place.

Main clause	Conjunction	Adverbial clause
Vamos a visitar a Carlos	**antes de que**	**regrese** a California.

> Muchos animales van a estar en peligro de extinción, a menos que los protejamos.

> Marissa habla con Jimena antes de que lleguen los chicos.

▶ With certain conjunctions, the subjunctive is used to express a hypothetical situation, uncertainty as to whether an action or event will take place, or a condition that may or may not be fulfilled.

Voy a dejar un recado **en caso de que Gustavo me llame**.
I'm going to leave a message in case Gustavo calls me.

Voy al supermercado **para que tengas** algo de comer.
I'm going to the store so that you'll have something to eat.

▶ Here is a list of the conjunctions that always require the subjunctive.

Conjunctions that require the subjunctive

a menos que	*unless*	**en caso (de) que**	*in case (that)*
antes (de) que	*before*	**para que**	*so that*
con tal (de) que	*provided that*	**sin que**	*without*

Algunos animales van a morir **a menos que** haya leyes para protegerlos.
Some animals are going to die unless there are laws to protect them.

Ellos nos llevan a la selva **para que** veamos las plantas tropicales.
They are taking us to the jungle so that we may see the tropical plants.

▶ The infinitive, not **que** + [*subjunctive*], is used after the prepositions **antes de, para**, and **sin** when there is no change of subject. **¡Atención!** While you may use a present participle with the English equivalent of these conjunctions, in Spanish you cannot.

Te llamamos **antes de salir** de la casa.
We will call you before leaving the house.

Te llamamos mañana **antes de que salgas**.
We will call you tomorrow before you leave.

Conjunctions with subjunctive or indicative

Voy a formar un club de ecología tan pronto como vuelva al D.F.

Cuando veo basura, la recojo.

Conjunctions used with subjunctive or indicative

cuando	*when*	**hasta que**	*until*
después de que	*after*	**tan pronto como**	*as soon as*
en cuanto	*as soon as*		

▶ With the conjunctions above, use the subjunctive in the subordinate clause if the main clause expresses a future action or command.

Vamos a resolver el problema **cuando desarrollemos** nuevas tecnologías.
We are going to solve the problem when we develop new technologies.

Después de que ustedes **tomen** sus refrescos, reciclen las botellas.
After you drink your soft drinks, recycle the bottles.

▶ With these conjunctions, the indicative is used in the subordinate clause if the verb in the main clause expresses an action that habitually happens, or that happened in the past.

Contaminan los ríos **cuando construyen** nuevos edificios.
They pollute the rivers when they build new buildings.

Contaminaron el río **cuando construyeron** ese edificio.
They polluted the river when they built that building.

¡INTÉNTALO!   Completa las oraciones con las formas correctas de los verbos.

1. Voy a estudiar ecología cuando <u>vuelva</u> (volver) a la universidad.
2. No podemos evitar el cambio climático, a menos que todos _____ (trabajar) juntos.
3. No podemos conducir sin _____ (contaminar) el aire.
4. Siempre recogemos mucha basura cuando _____ (ir) al parque.
5. Elisa habló con el presidente del Club de Ecología después de que _____ (terminar) la reunión.
6. Vamos de excursión para _____ (observar) los animales y las plantas.
7. La contaminación va a ser un problema muy serio hasta que nosotros _____ (cambiar) nuestros sistemas de producción y transporte.
8. El gobierno debe crear más parques nacionales antes de que los bosques y ríos _____ (estar) completamente contaminados.
9. La gente recicla con tal de que no _____ (ser) díficil.

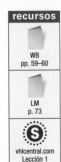

Práctica

1

Completar La señora Montero habla de una excursión que quiere hacer con su familia. Completa las oraciones con la forma correcta de cada verbo.

1. Voy a llevar a mis hijos al parque para que _aprendan_ (aprender) sobre la naturaleza.
2. Voy a pasar todo el día allí a menos que _haga_ (hacer) mucho frío.
3. Podemos explorar el parque en bicicleta sin _caminar_ (caminar) demasiado.
4. Vamos a bajar al cráter con tal de que no se _prohíba_ (prohibir).
5. Siempre llevamos al perro cuando _____ (ir) al parque.
6. No pensamos ir muy lejos en caso de que _llueva_ (llover).
7. Vamos a almorzar a la orilla (*shore*) del río cuando nosotros _____ (terminar) de preparar la comida.
8. Mis hijos van a dejar todo limpio antes de _salir_ (salir) del parque.

^No que

2

Frases Completa estas frases de una manera lógica.

1. No podemos controlar la contaminación del aire a menos que...
2. Voy a reciclar los productos de papel y de vidrio en cuanto...
3. Debemos comprar coches eléctricos tan pronto como...
4. Protegemos los animales en peligro de extinción para que...
5. Mis amigos y yo vamos a recoger la basura de la universidad después de que...
6. No podemos desarrollar nuevas fuentes (*sources*) de energía sin...
7. Hay que eliminar la contaminación del agua para...
8. No podemos proteger la naturaleza sin que...

3

Organizaciones colombianas En parejas, lean las descripciones de las organizaciones de conservación. Luego expresen en sus propias (*own*) palabras las opiniones de cada organización.

◄ **AYUDA**

Here are some expressions you can use as you complete **Actividad 3**.

Se puede evitar...
con tal de que...

Es necesario...
para que...

Debemos prohibir...
antes de que...

No es posible...
sin que...

Vamos a... tan
pronto como...

A menos que... no
vamos a...

Organización:
Fundación Río Orinoco

Problema:
La destrucción de
los ríos

Solución:
Programa para limpiar las
orillas de los ríos y reducir
la erosión y así proteger
los ríos

Organización:
Oficina de Turismo
Internacional

Problema:
Necesidad de mejorar
la imagen del país en
el mercado turístico
internacional

Solución:
Plan para promover el
ecoturismo en los 54
parques nacionales, usando
agencias de publicidad e
implementando un plan
agresivo de conservación

Organización:
Asociación
Nabusimake-Pico Colón

Problema:
Un lugar turístico popular
en la Sierra Nevada de
Santa Marta necesita
mejor mantenimiento

Solución:
Programa de voluntarios
para limpiar y mejorar
los senderos

Comunicación

Lección 1

4

Preguntas En parejas, túrnense para hacerse estas preguntas.

1. ¿Qué haces cada noche antes de acostarte?
2. ¿Qué haces después de salir de la universidad?
3. ¿Qué hace tu familia para que puedas asistir a la universidad?
4. ¿Qué piensas hacer tan pronto como te gradúes?
5. ¿Qué quieres hacer mañana, a menos que haga mal tiempo?
6. ¿Qué haces en tus clases sin que los profesores lo sepan?

5

Comparar En parejas, comparen una actividad rutinaria que ustedes hacen con algo que van a hacer en el futuro. Usen palabras de la lista.

antes de	después de que	hasta que	sin (que)
antes de que	en caso de que	para (que)	tan pronto como

modelo

Estudiante 1: El sábado vamos al lago. Tan pronto como volvamos, vamos a estudiar para el examen.

Estudiante 2: Todos los sábados llevo a mi primo al parque para que juegue. Pero el sábado que viene, con tal de que no llueva, lo voy a llevar a las montañas.

Síntesis

6

Tres en raya (*Tic-Tac-Toe*) Formen dos equipos. Con el vocabulario de esta lección, una persona comienza una frase y otra persona de su equipo la termina usando palabras de la gráfica. El primer equipo que forme tres oraciones seguidas (*in a row*) gana el tres en raya. Hay que usar la
▶ conjunción o la preposición y el verbo correctamente. Si no, ¡no cuenta!

¡LENGUA VIVA!

Tic-Tac-Toe has various names in the Spanish-speaking world, including **tres en raya, tres en línea, ta-te-ti, gato, la vieja,** and **triqui-triqui.**

modelo

Equipo 1
Estudiante 1: Dudo que podamos eliminar la deforestación...
Estudiante 2: sin que nos ayude el gobierno.
Equipo 2
Estudiante 1: Creo que podemos conservar nuestros recursos naturales...
Estudiante 2: con tal de que todos hagamos algo para ayudar.

cuando	con tal de que	para que
antes de que	para	sin que
hasta que	en caso de que	antes de

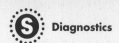

Recapitulación

S Diagnostics

Completa estas actividades para repasar los conceptos de gramática que aprendiste en esta lección.

1

Subjuntivo con conjunciones Escoge la forma correcta del verbo para completar las oraciones. **8 pts.**

1. En cuanto (empiecen/empiezan) las vacaciones, vamos a viajar.
2. Por favor, llámeme a las siete y media en caso de que no (me despierto/me despierte).
3. Toni va a usar su bicicleta hasta que los coches híbridos (cuesten/cuestan) menos dinero.
4. Tan pronto como supe la noticia (*news*) (te llamé/te llame).
5. Debemos conservar el agua antes de que no (queda/quede) nada para beber.
6. ¿Siempre recoges la basura después de que (terminas/termines) de comer en un picnic?
7. Siempre quiero vender mi camioneta (*SUV*) cuando (*yo*) (piense/pienso) en la contaminación.
8. Estudiantes, pueden entrar al parque natural con tal de que no (tocan/toquen) las plantas.

2

Creer o no creer Completa estos diálogos con la forma correcta del presente de indicativo o de subjuntivo, según el contexto. **8 pts.**

CAROLA Creo que (1) _____ (nosotras, deber) escribir nuestra presentación sobre el reciclaje.

MÓNICA Hmm, no estoy segura de que el reciclaje (2) _____ (ser) un buen tema. No hay duda de que la gente ya (3) _____ (saber) reciclar.

CAROLA Sí, pero dudo que todos lo (4) _____ (practicar).

• • •

PACO ¿Sabes, Néstor? El sábado voy a ir a limpiar el río con un grupo de voluntarios. ¿Quieres venir?

NÉSTOR No es seguro que (5) _____ (yo, poder) ir. El lunes hay un examen y tengo que estudiar.

PACO ¿Estás seguro de que no (6) _____ (tener) tiempo? Es imposible que (7) _____ (ir) a estudiar todo el fin de semana.

NÉSTOR Pues sí, pero es muy probable que (8) _____ (llover).

RESUMEN GRAMATICAL

1.1 The subjunctive with verbs of emotion
pp. 30–31

Verbs and expressions of emotion	
alegrarse (de)	tener miedo (de)
esperar	es extraño
gustar	es una lástima
molestar	es ridículo
sentir (e:ie)	es terrible
sorprender	es triste
temer	ojalá (que)

Main clause		Subordinate clause
Marta espera	que	yo **vaya** al lago mañana.
Ojalá		**comamos** en casa.

1.2 The subjunctive with doubt, disbelief, and denial
pp. 34–35

Expressions of doubt, disbelief, or denial (used with subjunctive)	
dudar	no es verdad
negar (e:ie)	es imposible
no creer	es improbable
no estar seguro/a (de)	(no) es posible
no es cierto	(no) es probable
no es seguro	

Expressions of certainty (used with indicative)	
no dudar	estar seguro/a (de)
no cabe duda de	es cierto
no hay duda de	es seguro
no negar (e:ie)	es verdad
creer	es obvio

► The infinitive is used after these expressions when there is no change of subject.

1.3 The subjunctive with conjunctions
pp. 38–39

Conjunctions that require the subjunctive	
a menos que	en caso (de) que
antes (de) que	para que
con tal (de) que	sin que

► The infinitive is used after the prepositions **antes de**, **para**, and **sin** when there is no change of subject.

Te llamamos **antes de salir** de casa.

Te llamamos mañana **antes de que salgas**.

Conjunctions used with subjunctive or indicative	
cuando	hasta que
después de que	tan pronto como
en cuanto	

3 **Reacciones** Reacciona a estas oraciones según las pistas (*clues*). Sigue el modelo. **10 pts.**

> **modelo**
>
> Tú casi nunca reciclas nada.
> (yo, molestar)
> *A mí me molesta que tú casi nunca*
> *recicles nada.*

1. La Ciudad de México tiene un problema grave de contaminación. (ser una lástima)
2. En ese safari permiten tocar a los animales. (ser extraño)
3. Julia y Víctor no pueden ir a las montañas. (yo, sentir)
4. El nuevo programa de reciclaje es un éxito. (nosotros, esperar)
5. A María no le gustan los perros. (ser una lástima)
6. Existen leyes ecológicas en este país. (Juan, alegrarse de)
7. El gobierno no busca soluciones. (ellos, temer)
8. La mayoría de la población no cuida el medio ambiente. (ser triste)
9. Muchas personas cazan animales en esta región. (yo, sorprender)
10. La situación mejora día a día. (ojalá que)

4 **Oraciones** Forma oraciones con estos elementos. Usa el subjuntivo cuando sea necesario. **10 pts.**

1. ser ridículo / los coches / contaminar tanto
2. no caber duda de / tú y yo / poder / hacer mucho más
3. los ecologistas / temer / los recursos naturales / desaparecer / poco a poco
4. yo / alegrarse de / en mi ciudad / reciclarse / el plástico, el vidrio y el aluminio
5. todos (nosotros) / ir a respirar / mejor / cuando / (nosotros) llegar / a la montaña

5 **Escribir** Escribe un diálogo de al menos siete oraciones en el que un(a) amigo/a hace comentarios pesimistas sobre la situación del medio ambiente en tu región y tú respondes con comentarios optimistas. Usa verbos y expresiones de esta lección. **14 pts.**

6 **Canción** Completa estos versos de una canción de Juan Luis Guerra. **¡2 puntos EXTRA!**

> **❝** Ojalá que _____ (llover)
> café en el campo.
> Pa'° que todos los niños
> _____ (cantar) en el campo. **❞**

Pa' *short for* Para

 Practice more at **vhlcentral.com**.

Lectura

Antes de leer

Estrategia

Recognizing the purpose of a text

When you are faced with an unfamiliar text, it is important to determine the writer's purpose. If you are reading an editorial in a newspaper, for example, you know that the journalist's objective is to persuade you of his or her point of view. Identifying the purpose of a text will help you better comprehend its meaning.

Examinar los textos

Primero, utiliza la estrategia de lectura para familiarizarte con los textos. Después contesta estas preguntas y compara tus respuestas con las de un(a) compañero/a.

- ¿De qué tratan los textos?°
- ¿Son fábulas°, poemas, artículos de periódico…?
- ¿Cómo lo sabes?

Predicciones

Lee estas predicciones sobre la lectura e indica si estás de acuerdo° con ellas. Después compara tus opiniones con las de un(a) compañero/a.

1. Los textos son del género° de ficción.
2. Los personajes son animales.
3. La acción de los textos tiene lugar en un zoológico.
4. Hay alguna moraleja°.

Determinar el propósito

Con un(a) compañero/a, hablen de los posibles propósitos° de los textos. Consideren estas preguntas:

- ¿Qué te dice el género de los textos sobre los posibles propósitos de los textos?
- ¿Piensas que los textos pueden tener más de un propósito? ¿Por qué?

¿De qué tratan los textos? *What are the texts about?*
fábulas *fables* estás de acuerdo *you agree*
género *genre* moraleja *moral* propósitos *purposes*

 Practice more at **vhlcentral.com**.

Sobre los autores

Félix María Samaniego (1745–1801) nació en España y escribió las *Fábulas morales* que ilustran de manera humorística el carácter humano. Los protagonistas de muchas de sus fábulas son animales que hablan.

El perro y el cocodrilo

Bebiendo un perro en el Nilo°,
al mismo tiempo corría.
"Bebe quieto°" , le decía
un taimado° cocodrilo.

Díjole° el perro prudente:
"Dañoso° es beber y andar°;
pero ¿es sano el aguardar
a que me claves el diente°? "

¡Oh qué docto° perro viejo!
Yo venero° su sentir°
en esto de no seguir
del enemigo el consejo.

Tomás de Iriarte (1750–1791) nació en las islas Canarias y tuvo gran éxito° con su libro *Fábulas literarias*. Su tendencia a representar la lógica a través de° símbolos de la naturaleza fue de gran influencia para muchos autores de su época°.

El pato° y la serpiente

A orillas° de un estanque°,

diciendo estaba un pato:

"¿A qué animal dio el cielo°

los dones que me ha dado°?

"Soy de agua, tierra y aire:

cuando de andar me canso°,

si se me antoja, vuelo°;

si se me antoja, nado".

Una serpiente astuta

que le estaba escuchando,

le llamó con un silbo°,

y le dijo "¡Seo° guapo!

"No hay que echar tantas plantas°;

pues ni anda como el gamo°,

ni vuela como el sacre°,

ni nada como el barbo°;

"y así tenga sabido

que lo importante y raro°

no es entender de todo,

sino ser diestro° en algo".

Nilo *Nile* quieto *in peace* taimado *sly* Díjole *Said to him* Dañoso *Harmful* andar *to walk* ¿es sano... diente? *Is it good for me to wait for you to sink your teeth into me?* docto *wise* venero *revere* sentir *wisdom* éxito *success* a través de *through* época *time* pato *duck* orillas *banks* estanque *pond* cielo *heaven* los dones... dado *the gifts that it has given me* me canso *I get tired* si se... vuelo *if I feel like it, I fly* silbo *hiss* Seo *Señor* No hay... plantas *There's no reason to boast* gamo *deer* sacre *falcon* barbo *barbel (a type of fish)* raro *rare* diestro *skillful*

Después de leer

Comprensión

Escoge la mejor opción para completar cada oración.

1. El cocodrilo _____ perro.
   a. está preocupado por el   b. quiere comerse al
   c. tiene miedo del

2. El perro _____ cocodrilo.
   a. tiene miedo del   b. es amigo del
   c. quiere quedarse con el

3. El pato cree que es un animal _____.
   a. muy famoso   b. muy hermoso
   c. de muchos talentos

4. La serpiente cree que el pato es _____.
   a. muy inteligente   b. muy tonto   c. muy feo

Preguntas

Responde a las preguntas.

1. ¿Qué representa el cocodrilo?
   _____

2. ¿Qué representa el pato?
   _____

3. ¿Cuál es la moraleja (*moral*) de "El perro y el cocodrilo"?
   _____

4. ¿Cuál es la moraleja de "El pato y la serpiente"?
   _____

Coméntalo

En parejas, túrnense para hacerse estas preguntas. ¿Estás de acuerdo con las moralejas de estas fábulas? ¿Por qué? ¿Cuál de estas fábulas te gusta más? ¿Por qué? ¿Conoces otras fábulas? ¿Cuál es su propósito?

Escribir

Escribe una fábula para compartir con la clase. Puedes escoger algunos animales de la lista o escoger otros. ¿Qué características deben tener estos animales?

- una abeja (*bee*)
- un gato
- un mono
- un burro
- un perro
- una tortuga
- un águila (*eagle*)
- un pavo real (*peacock*)

Escritura

Estrategia

Considering audience and purpose

Writing always has a specific purpose. During the planning stages, a writer must determine to whom he or she is addressing the piece, and what he or she wants to express to the reader. Once you have defined both your audience and your purpose, you will be able to decide which genre, vocabulary, and grammatical structures will best serve your literary composition.

Let's say you want to share your thoughts on local traffic problems. Your audience can be either the local government or the community. You could choose to write a newspaper article, a letter to the editor, or a letter to the city's governing board. But first you should ask yourself these questions:

1. Are you going to comment on traffic problems in general, or are you going to point out several specific problems?

2. Are you simply intending to register a complaint?

3. Are you simply intending to inform others and increase public awareness of the problems?

4. Are you hoping to persuade others to adopt your point of view?

5. Are you hoping to inspire others to take concrete actions?

The answers to these questions will help you establish the purpose of your writing and determine your audience. Of course, your writing can have more than one purpose. For example, you may intend for your writing to both inform others of a problem and inspire them to take action.

Tema

Escribir una carta o un artículo

Escoge uno de estos temas. Luego decide si vas a escribir una carta a un(a) amigo/a, una carta a un periódico, un artículo de periódico o de revista, etc.

1. Escribe sobre los programas que existen para proteger la naturaleza en tu comunidad. ¿Funcionan bien? ¿Participan todos los vecinos de tu comunidad en los programas? ¿Tienes dudas sobre la eficacia° de estos programas?

2. Describe uno de los atractivos naturales de tu región. ¿Te sientes optimista sobre el futuro del medio ambiente en tu región? ¿Qué están haciendo el gobierno y los ciudadanos° de tu región para proteger la naturaleza? ¿Es necesario hacer más?

3. Escribe sobre algún programa para la protección del medio ambiente a nivel° nacional. ¿Es un programa del gobierno o de una empresa° privada°? ¿Cómo funciona? ¿Quiénes participan? ¿Tienes dudas sobre el programa? ¿Crees que debe cambiarse o mejorarse? ¿Cómo?

eficacia *effectiveness* ciudadanos *citizens* nivel *level* empresa *company* privada *private*

Escuchar Audio

Lección 1

Estrategia

**Using background knowledge/
Guessing meaning from context**

Listening for the general idea, or gist, can help you follow what someone is saying even if you can't hear or understand some of the words. When you listen for the gist, you simply try to capture the essence of what you hear without focusing on individual words.

 To practice these strategies, you will listen to a paragraph written by Jaime Urbinas, an urban planner. Before listening to the paragraph, write down what you think it will be about, based on Jaime Urbinas' profession. As you listen to the paragraph, jot down any words or expressions you don't know and use context clues to guess their meanings.

Preparación

Mira el dibujo. ¿Qué pistas° te da sobre el tema del discurso° de Soledad Morales?

Ahora escucha

Vas a escuchar un discurso de Soledad Morales, una activista preocupada por el medio ambiente. Antes de escuchar, marca las palabras y frases que tú crees que ella va a usar en su discurso. Después marca las palabras y frases que escuchaste.

Palabras	Antes de escuchar	Después de escuchar
el futuro	_____	_____
el cine	_____	_____
los recursos naturales	_____	_____
el aire	_____	_____
los ríos	_____	_____
la contaminación	_____	_____
el reciclaje	_____	_____
las diversiones	_____	_____

Comprensión

Escoger

Subraya° el equivalente correcto de cada palabra.
1. patrimonio (fatherland, heritage, acrimony)
2. ancianos (elderly, ancient, antiques)
3. entrelazadas (destined, interrupted, intertwined)
4. aguantar (to hold back, to destroy, to pollute)
5. apreciar (to value, to imitate, to consider)
6. tala (planting, cutting, watering)

Ahora ustedes

Trabaja con un(a) compañero/a. Escriban seis recomendaciones que creen que la señora Morales va a darle al gobierno colombiano para mejorar los problemas del medio ambiente.

1. _____
2. _____
3. _____
4. _____
5. _____
6. _____

pistas *clues* discurso *speech* Subraya *Underline*

Practice more at **vhlcentral.com**.

En pantalla

En 1990, el periodista argentino Víctor Sueiro vio "un túnel oscuro°", una luz blanca intensa que se hizo más fuerte°" y sintió "una paz° total". Durante cuarenta segundos, una muerte clínica° causada por un paro cardíaco° lo llevó a tener esa famosa visión. Después de "volver de la muerte", se dedicó° a escribir sobre el fin de la vida, los ángeles y misterios similares, y sus libros tuvieron gran éxito. A continuación vas a ver a Sueiro en un anuncio que, con humor, nos hace una invitación ecológica.

Vocabulario útil	
derrochando	*wasting*
energía eléctrica	*electric energy*
el más allá	*the afterlife*
una luz blanca	*a white light*

Preparación

¿Conoces a alguien a quien le ocurrió algo que parecía sobrenatural (*supernatural*)? Explica qué ocurrió (*what happened*), si es posible...

Preguntas

Contesta las preguntas con oraciones completas.

1. ¿Qué vio Víctor Sueiro cuando fue al más allá?

2. ¿Qué le piden que haga? ¿Por qué?

3. ¿Por qué es importante que apague la luz?

4. ¿Qué hace Víctor Sueiro cuando se despierta?

Creencias

Víctor Sueiro estuvo clínicamente muerto por 40 segundos. Luego escribió un libro que decía que no debíamos tener miedo del más allá porque hay una luz hermosa al final. ¿Qué opinas de su historia? Usa el subjuntivo en tus respuestas.

modelo

No creo que recuerde lo que vio...

oscuro *dark* más fuerte *stronger* paz *peace* muerte clínica *clinical death* paro cardíaco *cardiac arrest* se dedicó *he devoted himself*

Tenemos información de que usted fue al más allá y volvió. ¿Es correcto?

¿Qué me está pidiendo?

¿Qué hacemos?

 Video: TV Clip

 Practice more at **vhlcentral.com**.

Centroamérica es una región con un gran crecimiento° en el turismo, especialmente ecológico, y no por pocas razones°. Con solamente el uno por ciento° de la superficie terrestre°, esta zona tiene el ocho por ciento de las reservas naturales del planeta. Algunas de estas maravillas son la isla Coiba en Panamá, la Reserva de la Biosfera Maya en Guatemala, el volcán Mombacho en Nicaragua, el parque El Imposible en El Salvador y Pico Bonito en Honduras. En este episodio de *Flash cultura* vas a conocer más tesoros° naturales en un país ecológico por tradición: Costa Rica.

Vocabulario útil

aguas termales	*hot springs*
hace erupción	*erupts*
los poderes curativos	*healing powers*
rocas incandescentes	*incandescent rocks*

Preparación

¿Qué sabes de los volcanes de Costa Rica? ¿Y de sus aguas termales? Si no sabes nada, escribe tres predicciones sobre cada tema.

¿Cierto o falso?

Indica si estas oraciones son **ciertas** o **falsas**.

1. Centroamérica es una zona de pocos volcanes.

2. El volcán Arenal está en un parque nacional.

3. El volcán Arenal hace erupción pocas veces.

4. Las aguas termales cerca del volcán vienen del mar.

5. Cuando Alberto sale del agua, tiene calor.

6. Se pueden ver las rocas incandescentes desde algunos hoteles.

crecimiento *growth* razones *reasons* por ciento *percent* superficie terrestre *earth's surface* tesoros *treasures* rugido *roar*

Naturaleza en Costa Rica

Aquí existen más de cien volcanes. Hoy visitaremos el Parque Nacional Volcán Arenal.

En los alrededores del volcán [...] nacen aguas termales de origen volcánico...

Puedes escuchar cada rugido° del volcán Arenal...

Ⓢ **Video:** *Flash cultura*

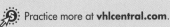 Practice more at **vhlcentral.com**.

recursos	
VM pp. 67–68	vhlcentral.com Lección 1

Video: *Panorama cultural*
Interactive map

Colombia

El país en cifras

▶ **Área:** 1.138.910 km² (439.734 millas²), *tres veces el área de Montana*

▶ **Población:** 49.385.000

De todos los países de habla hispana, sólo México tiene más habitantes que Colombia. Casi toda la población colombiana vive en las áreas montañosas y la costa occidental° del país. Aproximadamente el 55% de la superficie° del país está sin poblar°.

▶ **Capital:** Bogotá —9.521.000

▶ **Ciudades principales:** Medellín —4.019.000, Cali —2.627.000, Barranquilla —2.015.000, Cartagena —1.076.000

SOURCE: Population Division, UN Secretariat

Medellín

▶ **Moneda:** peso colombiano

▶ **Idiomas:** español (oficial); lenguas indígenas, criollas y gitanas

Bandera de Colombia

Colombianos célebres

▶ **Edgar Negret,** escultor°, pintor (1920–2012)
▶ **Juan Pablo Montoya,** automovilista (1975–)
▶ **Fernando Botero,** pintor, escultor (1932–)
▶ **Shakira,** cantante (1977–)

occidental *western* superficie *surface* sin poblar *unpopulated*
escultor *sculptor* dioses *gods* arrojaban *threw* oro *gold*
cacique *chief* llevó *led*

Palacio de San Francisco, Bogotá

Baile típico de Cartagena

Barranquilla

Cartagena

Mar Caribe

PANAMÁ

Sierra Nevada de Santa Marta

VENEZUELA

Río Magdalena

Cordillera Occidental de los Andes

Medellín

Cordillera Central de los Andes

Río Meta

Cali

Volcán Nevado del Huila

Bogotá

Cordillera Oriental de los Andes

Océano Pacífico

ESTADOS UNIDOS

OCÉANO ATLÁNTICO

COLOMBIA

OCÉANO PACÍFICO

AMÉRICA DEL SUR

Cultivo de caña de azúcar cerca de Cali

ECUADOR

PERÚ

recursos

WB pp. 61–62

VM pp. 65–66

vhlcentral.com Lección 1

¡Increíble pero cierto!

En el siglo XVI los exploradores españoles oyeron la leyenda de El Dorado. Esta leyenda cuenta que los indios, como parte de un ritual en honor a los dioses°, arrojaban° oro° a la laguna de Guatavita y el cacique° se sumergía en sus aguas cubierto de oro. Aunque esto era cierto, muy pronto la exageración llevó° al mito de una ciudad de oro.

Laguna de Guatavita

Lugares • El Museo del Oro

El famoso Museo del Oro del Banco de la República fue fundado° en Bogotá en 1939 para preservar las piezas de orfebrería° de la época precolombina. Tiene más de 30.000 piezas de oro y otros materiales; en él se pueden ver joyas°, ornamentos religiosos y figuras que representaban ídolos. El cuidado con el que se hicieron los objetos de oro refleja la creencia° de las tribus indígenas de que el oro era la expresión física de la energía creadora° de los dioses.

Literatura • Gabriel García Márquez (1928–)

Gabriel García Márquez, ganador del Premio Nobel de Literatura en 1982, es uno de los escritores contemporáneos más importantes del mundo. García Márquez publicó su primer cuento° en 1947, cuando era estudiante universitario. Su libro más conocido, *Cien años de soledad*, está escrito en el estilo° literario llamado "realismo mágico", un estilo que mezcla° la realidad con lo irreal y lo mítico°.

Historia • Cartagena de Indias

Los españoles fundaron la ciudad de Cartagena de Indias en 1533 y construyeron a su lado la fortaleza° más grande de las Américas, el Castillo de San Felipe de Barajas. En la ciudad de Cartagena se conservan muchos edificios de la época colonial, como iglesias, monasterios, palacios y mansiones. Cartagena es conocida también por el Festival Internacional de Música y su prestigioso Festival Internacional de Cine.

Costumbres • El Carnaval

Durante el Carnaval de Barranquilla, la ciudad vive casi exclusivamente para esta fiesta. Este festival es una fusión de las culturas que han llegado° a las costas caribeñas de Colombia y de sus grupos autóctonos°. El evento más importante es la Batalla° de las Flores, un desfile° de carrozas° decoradas con flores. En 2003, la UNESCO declaró este carnaval como Patrimonio de la Humanidad°.

BRASIL

¿Qué aprendiste? Responde a cada pregunta con una oración completa.

1. ¿Cuáles son las principales ciudades de Colombia?
2. ¿Qué país de habla hispana tiene más habitantes que Colombia?
3. ¿Quién era Edgar Negret?
4. ¿Cuándo oyeron los españoles la leyenda de El Dorado?
5. ¿Para qué fue fundado el Museo del Oro?
6. ¿Quién ganó el Premio Nobel de Literatura en 1982?
7. ¿Qué construyeron los españoles al lado de la ciudad de Cartagena de Indias?
8. ¿Cuál es el evento más importante del Carnaval de Barranquilla?

Conexión Internet Investiga estos temas en **vhlcentral.com**.

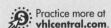
Practice more at **vhlcentral.com**.

1. Busca información sobre las ciudades más grandes de Colombia. ¿Qué lugares de interés hay en estas ciudades? ¿Qué puede hacer un(a) turista en estas ciudades?
2. Busca información sobre pintores y escultores colombianos como Edgar Negret, Débora Arango o Fernando Botero. ¿Cuáles son algunas de sus obras más conocidas? ¿Cuáles son sus temas?

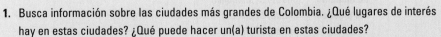
fundado *founded* orfebrería *goldsmithing* joyas *jewelry* creencia *belief* creadora *creative* cuento *story* estilo *style* mezcla *mixes* mítico *mythical* fortaleza *fortress* han llegado *have arrived* autóctonos *indigenous* Batalla *Battle* desfile *parade* carrozas *floats* Patrimonio de la Humanidad *World Heritage*

La naturaleza

el árbol	tree
el bosque (tropical)	(tropical; rain) forest
el cielo	sky
el cráter	crater
el desierto	desert
la estrella	star
la flor	flower
la hierba	grass
el lago	lake
la luna	moon
la naturaleza	nature
la nube	cloud
la piedra	stone
la planta	plant
el río	river
la selva, la jungla	jungle
el sendero	trail; path
el sol	sun
la tierra	land; soil
el valle	valley
el volcán	volcano

Los animales

el animal	animal
el ave, el pájaro	bird
la ballena	whale
el gato	cat
el mono	monkey
el perro	dog
el pez (sing.), los peces (pl.)	fish
la tortuga (marina)	(sea) turtle
la vaca	cow

El medio ambiente

el calentamiento global	global warming
el cambio climático	climate change
la conservación	conservation
la contaminación (del aire; del agua)	(air; water) pollution
la deforestación	deforestation
la ecología	ecology
el/la ecologista	ecologist
el ecoturismo	ecotourism
la energía (nuclear, solar)	(nuclear, solar) energy
el envase	container
la extinción	extinction
la fábrica	factory
el gobierno	government
la lata	(tin) can
la ley	law
el medio ambiente	environment
el peligro	danger
la (sobre)población	(over)population
el reciclaje	recycling
el recurso natural	natural resource
la solución	solution
cazar	to hunt
conservar	to conserve
contaminar	to pollute
controlar	to control
cuidar	to take care of
dejar de (+ *inf.*)	to stop (doing something)
desarrollar	to develop
descubrir	to discover
destruir	to destroy
estar afectado/a (por)	to be affected (by)
estar contaminado/a	to be polluted
evitar	to avoid
mejorar	to improve
proteger	to protect
reciclar	to recycle
recoger	to pick up
reducir	to reduce
resolver (o:ue)	to resolve; to solve
respirar	to breathe
de aluminio	(made) of aluminum
de plástico	(made) of plastic
de vidrio	(made) of glass
ecológico/a	ecological
puro/a	pure
renovableá	renewable

Las emociones

alegrarse (de)	to be happy
esperar	to hope; to wish
sentir (e:ie)	to be sorry; to regret
temer	to fear
es extraño	it's strange
es una lástima	it's a shame
es ridículo	it's ridiculous
es terrible	it's terrible
es triste	it's sad
ojalá (que)	I hope (that); I wish (that)

Las dudas y certezas

(no) creer	(not) to believe
(no) dudar	(not) to doubt
(no) negar (e:ie)	(not) to deny
es imposible	it's impossible
es improbable	it's improbable
es obvio	it's obvious
No cabe duda de	There is no doubt that…
No hay duda de	There is no doubt that…
(no) es cierto	it's (not) certain
(no) es posible	it's (not) possible
(no) es probable	it's (not) probable
(no) es seguro	it's (not) certain
(no) es verdad	it's (not) true

Conjunciones

a menos que	unless
antes (de) que	before
con tal (de) que	provided (that)
cuando	when
después de que	after
en caso (de) que	in case (that)
en cuanto	as soon as
hasta que	until
para que	so that
sin que	without
tan pronto como	as soon as

Expresiones útiles	See page 25.

Audio: Vocabulary Flashcards

recursos

LM
p. 73

vhlcentral.com
Lección 1

contextos   Lección 1

1 **La naturaleza** Complete the sentences with the appropriate nature-related words.

1. La luna, las estrellas, el sol y las nubes están en el _____.

2. El _____ es un lugar donde no llueve y hace mucho calor.

3. Una montaña que tiene un cráter es un _____.

4. La región llana (*flat*) que hay entre dos montañas es un _____.

5. La _____ es un bosque tropical, lo que significa que está cerca del ecuador.

6. Para ir a pasear por las montañas, es importante seguir un _____.

2 **Problema y solución** Match each problem with its solution. Then write a sentence with each pair, providing a solution to the problem.

Problemas	Soluciones
1. la deforestación de los bosques	controlar las emisiones de los coches
2. la erosión de las montañas	plantar muchos árboles
3. la falta (*lack*) de recursos naturales	prohibir que se corten (*cut down*) los árboles en algunas regiones
4. la contaminación del aire en las ciudades	reciclar los envases y latas
5. la contaminación nuclear	desarrollar fuentes (*sources*) de energía renovable

modelo

la extinción de plantas y animales / proteger las especies en peligro
Para resolver el problema de la extinción de plantas y animales,
tenemos que proteger las especies en peligro.

1. _____

2. _____

3. _____

4. _____

5. _____

3 **Sinónimos y antónimos** Fill in the blanks with the correct verbs from the word bank.

conservar	contaminar	dejar de	evitar	mejorar	reducir

1. gastar ≠ _____   4. usar más ≠ _____

2. permitir ≠ _____   5. continuar ≠ _____

3. hacerse mejor = _____   6. limpiar ≠ _____

4 **Nuestra madre** Fill in the blanks with the correct terms. Then, read the word formed vertically to complete the final sentence.

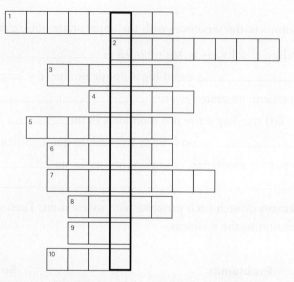

1. El lugar donde vivimos es nuestro medio _____.

2. Un bosque tiene muchos tipos de árboles y _____.

3. Un volcán tiene un _____ en la parte de arriba.

4. Cuando el cielo está nublado, hay muchas _____.

5. Las _____ son rocas (*rocks*) más pequeñas.

6. Otra palabra para *ave* es _____.

7. La _____ es el estudio de los animales y plantas en su medio ambiente.

8. En el _____ están el sol, la luna y las estrellas.

9. El salmón es un tipo de _____.

10. El satélite que se ve desde la Tierra es la _____.

Todas estas cosas forman parte de la _____.

5 **Carta de un lector** Complete this letter to the editor with items from the word bank.

árboles	deforestación	evitar	población	reducir
conservar	dejar de	ley	reciclar	resolver
contaminación	envase	mejorar	recurso natural	respiramos

Creo que la (1) _____ del aire es un problema que se tiene que

(2) _____ muy pronto. Cada día hay más carros que contaminan el aire que

nosotros (3) _____. Además, la (4) _____ en las regiones cerca de

la ciudad elimina una gran parte del oxígeno que los (5) _____ le proveían

(*provided*) a la (6) _____ de la ciudad. Es importante (7) _____

las condiciones de las calles para que las personas puedan pasear en bicicleta para ir al trabajo. Así,

todos pueden (8) _____ el petróleo, que es un (9) _____

que no va a durar (*last*). El uso de bicicletas en la ciudad es una de las mejores ideas para

(10) _____ el uso de los carros. Debemos (11) _____ pensar

que el carro es un objeto necesario y buscar otras maneras de transportarnos. Quizás algún día

podamos (12) _____ los problemas que nos causa la contaminación.

estructura

1.1 The subjunctive with verbs of emotion

1 **Emociones** Complete the sentences with the subjunctive of the verbs in parentheses.

1. A mis padres les molesta que los vecinos _____ (quitar) los árboles.

2. Julio se alegra de que _____ (haber) muchos pájaros en el jardín de su casa.

3. Siento que Teresa y Lola _____ (estar) enfermas.

4. Liliana tiene miedo de que sus padres _____ (decidir) mudarse a otra ciudad.

5. A ti te sorprende que la deforestación _____ (ser) un problema tan grande.

6. Rubén espera que el gobierno _____ (mejorar) las leyes que protegen la naturaleza.

2 **Comentarios de Manuel** Your friend Manuel is talking about his opinions on the environment. Combine his statements, using the subjunctive.

> **modelo**
> En algunos países cazan ballenas. Es terrible.
> Es terrible que en algunos países cacen ballenas.

1. Muchos ríos están contaminados. Es triste.

_____

2. Algunas personas evitan reciclar. Es ridículo.

_____

3. Los turistas no recogen la basura (*garbage*). Es una lástima.

_____

4. La gente destruye el medio ambiente. Es extraño.

_____

3 **Ojalá...** Manuel is still hopeful about the environment. Express his opinions using the elements provided. Start the sentences with **Ojalá que**.

1. los países / conservar sus recursos naturales

_____

2. este sendero / llevarnos al cráter del volcán

_____

3. la población / querer cambiar las leyes de deforestación

_____

4. las personas / reducir el uso de los carros en las ciudades

_____

5. todos nosotros / saber resolver el problema del calentamiento global

_____

4 **Lo que sea** Change the subject of the second verb in each sentence to the subject in parentheses. Then complete the new sentence with the new subject, using the subjunctive.

> **modelo**
>
> Pablo se alegra de ver a Ricardo. (su madre)
> *Pablo se alegra de que su madre vea a Ricardo.*

1. Me gusta salir los fines de semana. (mi hermana)

   Me gusta que _____.

2. José y tú esperan salir bien en el examen. (yo)

   José y tú esperan que _____.

3. Es ridículo contaminar el mundo en que vivimos. (la gente)

   Es ridículo que _____.

4. Carla y Patricia temen separarse del sendero. (sus amigos)

   Carla y Patricia temen que _____.

5. Te molesta esperar mucho al ir de compras. (tu novio)

   Te molesta que _____.

6. Es terrible usar más agua de la necesaria. (las personas)

   Es terrible que _____.

7. Es triste no saber leer. (Roberto)

   Es triste que _____.

8. Es una lástima encontrar animales abandonados. (los vecinos)

   Es una lástima que _____.

5 **Emociones** Describe the characters' feelings about the environment using the elements provided and the present subjunctive.

1. Miguel / alegrarse / sus amigos / reciclar los periódicos y los envases

   _____

2. los turistas / sorprenderse / el país / proteger tanto los parques naturales

   _____

3. Maru / temer / algunas personas / cazar animales en peligro de extinción

   _____

4. don Diego / sentir / las playas de la ciudad / estar contaminadas

   _____

5. Felipe y sus amigos / esperar / el gobierno / desarrollar nuevos sistemas de energía

   _____

6. a Jimena / gustar / mi primo / recoger y cuidar animales abandonados

   _____

1.2 The subjunctive with doubt, disbelief, and denial

1 **No es probable** Complete the sentences with the subjunctive of the verbs in parentheses.

1. No es verdad que Luis _____ (ser) un mal científico.

2. Es probable que Carla y yo _____ (hacer) ecoturismo en el bosque nacional.

3. Lina no está segura de que el guía _____ (saber) dónde estamos.

4. No es seguro que Martín _____ (llegar) antes del viernes.

5. Es posible que Daniel y Nico _____ (venir) a visitarnos hoy.

6. No es probable que la agencia les _____ (pagar) mal a sus empleados.

2 **Es posible que pase** A group of hikers is asking their guide about the environment, but he isn't always sure what to tell them. Answer their questions, using the words in parentheses.

> **modelo**
>
> ¿Hay mucha contaminación en las ciudades? (probable)
> **Es probable que haya mucha contaminación en las ciudades.**

1. ¿Hay muchas vacas en los campos de la región? (probable)

_____

2. ¿El agua de esos ríos está contaminada? (posible)

_____

3. ¿Ese sendero nos lleva al lago? (quizás)

_____

4. ¿Protege el gobierno todos los peces del océano? (imposible)

_____

5. ¿La población reduce el uso de envases de plástico? (improbable)

_____

6. ¿El desierto es un lugar mejor para visitar en invierno? (tal vez)

_____

3 **¿Estás seguro?** Complete the sentences with the indicative or subjunctive form of the verbs in parentheses.

1. No dudo que Manuel _____ (ser) la mejor persona para hacer el trabajo.

2. El conductor no niega que _____ (tener) poca experiencia por estas carreteras.

3. Ricardo duda que Mirella _____ (decir) siempre toda la verdad.

4. Sé que es verdad que nosotros _____ (deber) cuidar el medio ambiente.

5. Lina no está segura de que sus amigos _____ (poder) venir a la fiesta.

6. Claudia y Julio niegan que tú _____ (querer) mudarte a otro barrio.

7. No es probable que ella _____ (buscar) un trabajo de secretaria.

4 **¿Es o no es?** Choose the correct phrase in parentheses to rewrite each sentence, based on the verb.

1. (Estoy seguro, No estoy seguro) de que a Mónica le gusten los perros.

   _____

2. (Es verdad, No es verdad) que Ramón duerme muchas horas todos los días.

   _____

3. Rita y Rosa (niegan, no niegan) que gaste mucho cuando voy de compras.

   _____

4. (No cabe duda de, Dudas) que el aire que respiramos está contaminado.

   _____

5. (No es cierto, Es obvio) que a Martín y a Viviana les encanta viajar.

   _____

6. (Es probable, No hay duda de) que tengamos que reciclar todos los envases.

   _____

5 **Desacuerdos** Your roommate often contradicts you. Write your roommate's responses to your statements, using the words in parentheses. Use the indicative or subjunctive form as appropriate.

1. Las matemáticas son muy difíciles. (no es cierto)

   _____

2. El problema del cambio climático es bastante complicado. (el presidente no niega)

   _____

3. Él va a terminar el trabajo a tiempo. (Ana duda)

   _____

4. Esa película es excelente. (mis amigos están seguros de)

   _____

5. El español se usa más y más cada día. (no cabe duda de)

   _____

6. Lourdes y yo podemos ir a ayudarte esta tarde. (no es seguro)

   _____

7. Marcos escribe muy bien en francés. (el maestro no cree)

   _____

8. Pedro y Virginia nunca comen carne. (no es verdad)

   _____

1.3 The subjunctive with conjunctions

1 **Las conjunciones** Complete the sentences with the subjunctive form of the verbs in parentheses.

1. Lucas debe terminar el trabajo antes de que su jefe (*boss*) _____ (llegar).

2. ¿Qué tenemos que hacer en caso de que _____ (haber) una emergencia?

3. Ellos van a pintar su casa con tal de que (tú) los _____ (ayudar).

4. No puedo ir al museo a menos que Juan _____ (venir) por mí.

5. Alejandro siempre va a casa de Carmen sin que ella lo _____ (invitar).

6. Tu madre te va a prestar dinero para que te _____ (comprar) un coche usado.

7. No quiero que ustedes se vayan sin que tu esposo _____ (ver) mi computadora nueva.

8. Pilar no puede irse de vacaciones a menos que (ellos) le _____ (dar) más días en el trabajo.

9. Andrés va a llegar antes de que Rocío y yo _____ (leer) el correo electrónico.

10. Miguel lo va a hacer con tal de que tú se lo _____ (sugerir).

2 **¿Hasta cuándo?** Your gossipy coworker is always in everyone else's business. Answer his questions in complete sentences, using the words in parentheses.

1. ¿Hasta cuándo vas a ponerte ese abrigo? (hasta que / el jefe / decirme algo)

   _____

2. ¿Cuándo va Rubén a buscar a Marta? (tan pronto como / salir de clase)

   _____

3. ¿Cuándo se van de viaje Juan y Susana? (en cuanto / tener vacaciones)

   _____

4. ¿Cuándo van ellos a invitarnos a su casa? (después de que / nosotros / invitarlos)

   _____

5. ¿Hasta cuándo va a trabajar aquí Ramón? (hasta que / su esposa / graduarse)

   _____

6. ¿Cuándo puede mi hermana pasar por tu casa? (cuando / querer)

   _____

7. ¿Hasta cuándo vas a tomar las pastillas? (hasta que / yo / sentirme mejor)

   _____

8. ¿Cuándo va Julia a reciclar estos envases? (tan pronto como / regresar de vacaciones)

   _____

3 **Siempre llegas tarde** Complete this conversation, using the subjunctive and the indicative as appropriate.

MARIO Hola, Lilia. Ven a buscarme en cuanto (yo) (1) _____ (salir) de clase.

LILIA Voy a buscarte tan pronto como la clase (2) _____ (terminar), pero no quiero esperar como ayer.

MARIO Cuando iba a salir, (yo) me (3) _____ (encontrar) con mi profesora de química, y hablé con ella del examen.

LILIA No quiero esperarte otra vez hasta que (4) _____ (ser) demasiado tarde para almorzar.

MARIO Hoy voy a estar esperándote en cuanto (tú) (5) _____ (llegar) a buscarme.

LILIA Después de que (yo) te (6) _____ (recoger), podemos ir a comer a la cafetería.

MARIO En cuanto (tú) (7) _____ (entrar) en el estacionamiento, me vas a ver allí, esperándote.

LILIA No lo voy a creer hasta que (yo) lo (8) _____ (ver).

MARIO Recuerda que cuando (yo) te (9) _____ (ir) a buscar al laboratorio la semana pasada, te tuve que esperar media hora.

LILIA Tienes razón. ¡Pero llega allí tan pronto como (tú) (10) _____ (poder)!

Síntesis

Write an opinion article about oil spills (**los derrames de petróleo**) and their impact on the environment. Use verbs and expressions of emotion, doubt, disbelief, denial, and certainty that you learned in this lesson to describe your own and other people's opinions about the effects of oil spills on the environment.

_____

_____

_____

_____

_____

_____

_____

panorama

Colombia

1 **¿Cierto o falso?** Indicate whether each statement is **cierto** or **falso**. Then correct the false statements.

1. Más de la mitad de la superficie de Colombia está sin poblar.

_____

2. La moneda de Colombia es el dólar estadounidense.

_____

3. El Museo del Oro preserva orfebrería de la época de los españoles.

_____

4. El evento más importante del Carnaval de Barranquilla es la Batalla de las Flores.

_____

5. El Castillo de San Felipe de Barajas es la fortaleza más grande de las Américas.

_____

6. Medellín se conoce por el Festival Internacional de Música y el Festival Internacional de Cine.

_____

2 **Consejos** Give advice to a friend who is going to visit Colombia by completing these sentences with the subjunctive of the verb in parentheses and information from **Panorama**.

1. Es importante que _____ (cambiar) los dólares a _____.

2. Ojalá que _____ (conducir) desde _____, la capital, hasta Cartagena.

3. En Cartagena, espero que _____ (nadar) en las playas del mar _____.

4. En Cartagena, también es posible que _____ (ver) edificios antiguos como _____ y _____.

5. Cuando _____ (volver) a Bogotá, vas a ver una parte de la cordillera de _____.

6. Te recomiendo que _____ (visitar) el Museo del Oro en Bogotá para ver las piezas de _____.

7. Me alegro de que _____ (conocer) las esculturas de Fernando _____.

8. Espero que _____ (leer) algún libro de Gabriel _____.

3 **Ciudades colombianas** Label each picture.

1. _____ 2. _____

3. _____ 4. _____

4 **Preguntas sobre Colombia** Answer the questions about Colombia with complete sentences.

1. ¿Cómo se compara el área de Colombia con el área de Montana?

_____

2. ¿Qué país conecta a Colombia con Centroamérica?

_____

3. Menciona a dos artistas colombianos que conozcas.

_____

4. ¿Qué creencia tenían las tribus indígenas sobre el oro?

_____

5. ¿Cuál es el libro más conocido de Gabriel García Márquez?

_____

6. ¿De qué época son las iglesias, monasterios, palacios y mansiones que se conservan en Cartagena?

_____

Aventuras en la naturaleza

Lección 1
Fotonovela

Antes de ver el video

1 **En Tulum** Marissa and Jimena visit a turtle sanctuary while Felipe and Juan Carlos take a tour through the jungle. What do you think the four friends will talk about when they are back together?

_____

_____

_____

_____

_____

_____

_____

Mientras ves el video

2 **Opiniones** Watch **Aventuras en la naturaleza** and place a check mark beside each opinion that is expressed.

____ 1. Necesitamos aprobar leyes para proteger a las tortugas.

____ 2. A menos que protejamos a los animales, muchos van a estar en peligro de extinción.

____ 3. No es posible hacer mucho para proteger el medio ambiente.

____ 4. Hoy estamos en Tulum, ¡y el paisaje es espectacular!

____ 5. El mar está muy contaminado.

3 **La aventura en la selva** As you watch Felipe and Juan Carlos' flashback about their adventure in the jungle, place a check mark beside what you see.

____ 1. un volcán

____ 2. unos árboles

____ 3. unas plantas

____ 4. un desierto

____ 5. un teléfono celular

____ 6. una cámara

4 **¿Quién lo dijo?** Say who makes each statement, and fill in the blanks.

_____ 1. Espero que Felipe y Juan Carlos no estén perdidos en la _____...

_____ 2. No lo van a _____.

_____ 3. Estábamos muy emocionados porque íbamos a aprender sobre los _____.

_____ 4. Por favor, síganme y eviten pisar las _____.

_____ 5. Decidí seguir un _____ que estaba cerca.

Después de ver el video

5 **¿Cierto o falso?** Indicate whether each sentence is **cierto** or **falso**. If an item is false, rewrite it so it is correct.

1. Marissa dice que el paisaje de Tulum es espectacular.

_____

2. A Jimena le gustaría viajar a Wisconsin para visitar a Marissa.

_____

3. Según la guía, hay compañías que cuidaron la selva.

_____

4. Felipe y Juan Carlos estaban muy aburridos porque iban a conocer la selva.

_____

5. Marissa y Jimena aprendieron las normas que existen para cazar tortugas.

_____

6 **Preguntas** Answer the following questions in Spanish.

1. ¿Por qué cree Jimena que ése es el último viaje del año que todos hacen juntos?

_____

_____

2. ¿Por qué estaban emocionados Juan Carlos y Felipe antes de visitar la selva?

_____

_____

3. ¿Por qué se separaron del grupo Juan Carlos y Felipe?

_____

_____

4. ¿Marissa cree la historia de Felipe?

_____

_____

5. Según Jimena, ¿qué pasa ahora con la población de tortugas?

_____

_____

_____

7 **Describir** List a few things that people can do to protect your community's environment.

_____

_____

_____

_____

_____

Panorama: Colombia

Lección 1
Panorama cultural

Antes de ver el video

1 **Más vocabulario** Look over these useful words and expressions before you watch the video.

Vocabulario útil	
alrededores *surrounding area*	**delfín** *dolphin*
belleza natural *natural beauty*	**desfile** *parade*
campesinos *country/rural people*	**disfrutar (de)** *enjoy*
carroza *float*	**feria** *fair; festival*
cordillera *mountain range*	**fiesta** *festival*
costas *coasts*	**orquídea** *orchid*

Mientras ves el video

2 **Preguntas** Answer the questions about these video stills. Use complete sentences.

¿Cómo se llama esta celebración?

1. _____

_____

_____

¿Dónde vive este animal?

2. _____

_____

_____

Después de ver el video

3 **Emparejar** Find the items in the second column that correspond to the ones in the first.

_____ 1. El grano colombiano que se exporta mucho.   a. el café

_____ 2. el Carnaval de Barranquilla   b. Río Amazonas

_____ 3. En Colombia crecen muchas.   c. un desfile de carrozas decoradas

_____ 4. Aquí vive el delfín rosado.   d. orquídeas

_____ 5. desfile de los silleteros   e. Feria de las Flores

_____ 6. Aquí vive el cóndor.   f. Nevado del Huila

4 **Completar** Complete the sentences with words from the list.

Amazonas	carrozas	el cóndor	flor
campesinos	celebra	encuentra	reserva

1. En el Parque de Orquídeas hay más de tres mil especies de esta _____.

2. En los alrededores del Parque Nevado del Huila vive _____.

3. El río _____ está al sur de Colombia.

4. El Parque Amaracayu es una _____ natural.

5. Los _____ participan en el desfile de los silleteros.

6. El domingo de carnaval se hace un desfile con _____ decoradas.

5 **Responder** Answer these questions in Spanish. Use complete sentences.

1. ¿Qué es lo primero que piensas cuando oyes la palabra "carnaval"?

_____

_____

_____

2. ¿Cuál crees que es el carnaval más famoso del mundo? ¿Por qué?

_____

_____

_____

3. ¿Cuál es el carnaval más famoso de tu país? ¿Cómo se celebra?

_____

_____

_____

Naturaleza en Costa Rica

Lección 1
Flash cultura

Antes de ver el video

1 **Más vocabulario** Look over these useful words before you watch the video.

Vocabulario útil		
el balneario *spa*	las faldas *foot (of a*	el piso *ground*
el Cinturón de Fuego	*mountain or volcano)*	la profundidad *depth*
Ring of Fire	lanzar *to throw*	refrescarse *to refresh oneself*
cuidadoso/a *careful*	mantenerse fuera *to keep outside*	el rugido *roar*
derramado/a *spilled*	el milagro *miracle*	el ruido *noise*

2 **Emparejar** Complete this paragraph about volcanoes in Central America.

Los países centroamericanos crearon "La Ruta Colonial y de los volcanes" para atraer turismo cultural y ecológico a esta región. El recorrido (*tour*) de los volcanes es el itinerario favorito de los visitantes, ya que éstos pueden escuchar los (1) _____ volcánicos y sentir el (2) _____ vibrando cuando caminan cerca. Es posible caminar por las (3) _____ de los volcanes que no están activos y observar la lava (4)_____ en antiguas erupciones. ¡Centroamérica es un (5)_____ de la naturaleza!

3 **¡En español!** Look at the video still. Imagine what Alberto will say about volcanoes and hot springs in Costa Rica and write a two- or three-sentence introduction to this episode.

Alberto Cuadra, Costa Rica

¡Bienvenidos a Costa Rica! Hoy vamos a visitar… _____

_____

_____

_____

_____

Mientras ves el video

4 **¿Qué ves?** Identify the items you see in the video.

___ 1. cuatro monos juntos

___ 2. las montañas

___ 3. un volcán

___ 4. una tortuga marina

___ 5. el mar

___ 6. dos ballenas

___ 7. las aguas termales

___ 8. muchos pumas

5 **Completar** Complete this conversation between Alberto and the guide.

ALBERTO ¿Qué tan activo es el (1) _____ Arenal?

GUÍA El volcán Arenal se encuentra dentro de los volcanes más (2) _____ en el mundo. Se pueden observar las (3) _____ incandescentes, sobre todo en la noche… y en este momento, el sonido que (4) _____ es efecto de la actividad activa del volcán.

ALBERTO ¿Por qué es que el volcán produce ese sonido?

GUÍA Bueno, es el efecto de las erupciones; la combinación también del aire, del (5) _____; cuando la (6) _____ sale y tiene el contacto con la parte externa.

Después de ver el video

6 **Ordenar** Put Alberto's actions in the correct order.

_____ a. Se cubrió con una toalla porque tenía frío.

_____ b. Caminó hasta el Parque Nacional Volcán Arenal.

_____ c. Vio caer las rocas incandescentes desde la ventana de su hotel.

_____ d. Cuando sintió que se movía el piso, tuvo miedo y salió corriendo.

_____ e. Se bañó en las aguas termales de origen volcánico.

_____ f. Conversó sobre el volcán con el guía.

7 **¡Defendamos el volcán!** Imagine that you are a forest ranger at the **volcán Arenal** park and you just learned that a highly-polluting company plans to move its plant near the park. Write a conversation between you and your colleagues at work in which you try to convince them to take action to prevent it.

_____

_____

_____

_____

_____

_____

8 **Ecoturismo** Alberto says that ecotourism represents the fastest growing subsector of the tourist industry. Identify the positive and negative aspects of ecotourism and then write a brief paragraph about it. You may use examples from the video.

Aspectos positivos	Aspectos negativos

contextos

Lección 1

1 **¿Lógico o ilógico?** You will hear some questions and the responses. Decide if they are **lógico** or **ilógico**.

1. Lógico   Ilógico
2. Lógico   Ilógico
3. Lógico   Ilógico

4. Lógico   Ilógico
5. Lógico   Ilógico
6. Lógico   Ilógico

2 **Eslóganes** You will hear some slogans created by environmentalists. Write the number of each slogan next to the ecological problem it addresses.

_____ a. la contaminación del aire
_____ b. la deforestación urbana
_____ c. la extinción de animales

_____ d. la contaminación del agua
_____ e. el ecoturismo
_____ f. la basura en las calles

3 **Preguntas** Look at the drawings and answer each question you hear. Repeat the correct response after the speaker.

1.

2.

3.

4.

4 **Completar** Listen to this radio advertisement and write the missing words in your lab manual.

Para los que gustan del (1) _____, la agencia Eco-Guías los invita a viajar a la

(2) _____ amazónica. Estar en el Amazonas es convivir (*to coexist*) con la

(3) _____. Venga y (4) _____ los misterios del

(5) _____. Admire de cerca las diferentes (6) _____ y

(7) _____ mientras navega por un (8) _____ que parece

mar. Duerma bajo un (9) _____ lleno de (10) _____.

pronunciación

l, ll, and y

In Spanish, the letter **l** is pronounced much like the *l* sound in the English word *lemon*.

cie**l**o   **l**ago   **l**ata   **l**una

In Lesson 2, you learned that most Spanish speakers pronounce the letter **ll** like the *y* in the English word *yes*. The letter **y** is often pronounced in the same manner.

estre**ll**a   va**ll**e   ma**y**o   pla**y**a

When the letter **y** occurs at the end of a syllable or by itself, it is pronounced like the Spanish letter **i**.

le**y**   mu**y**   vo**y**   **y**

1 **Práctica** Repeat each word after the speaker focusing on the **l**, **ll**, and **y** sounds.

1. lluvia
2. desarrollar
3. animal
4. reciclar
5. llegar
6. pasillo
7. limón
8. raya
9. resolver
10. pantalla
11. yogur
12. estoy
13. taller
14. hay
15. mayor

2 **Oraciones** When you hear the number, read the corresponding sentence aloud. Then listen to the speaker and repeat the sentence.

1. Ayer por la mañana Leonor se lavó el pelo y se maquilló.
2. Ella tomó café con leche y desayunó pan con mantequilla.
3. Después su yerno vino a su casa para ayudarla.
4. Pero él se cayó en las escaleras del altillo y se lastimó la rodilla.
5. Leonor lo llevó al hospital.
6. Allí le dieron unas pastillas para el dolor.

3 **Refranes** Repeat each saying after the speaker to practice the **l**, **ll**, and **y** sounds.

1. Quien no oye consejo no llega a viejo.[1]
2. A caballo regalado, no le mires el diente.[2]

4 **Dictado** You will hear five sentences. Each will be said twice. Listen carefully and write what you hear.

1. _____

2. _____

3. _____

4. _____

5. _____

[1] *He who doesn't listen to advice doesn't reach old age.*
[2] *Don't look a gift horse in the mouth.*

estructura

1.1 The subjunctive with verbs of emotion

1 **Escoger** Listen to each statement and, in your lab manual, choose the most logical response.

1. a. Ojalá que se mejore pronto.
   b. Me alegro de que esté bien.
2. a. Espero que podamos ir a nadar mañana.
   b. Es una lástima que ya no lo podamos usar.
3. a. Me sorprende que venga temprano.
   b. Siento que se pierda la película.
4. a. Temo que el río esté contaminado.
   b. Me alegro de que vea bien.

5. a. Es ridículo que el gobierno controle cuándo nos bañamos.
   b. Me gusta cepillarme los dientes.
6. a. Es triste que la gente cuide las playas.
   b. Me molesta que no hagamos nada para mejorar la situación.

2 **Transformar** Change each sentence you hear to the subjunctive mood using the expression in your lab manual. Repeat the correct answer after the speaker.

> **modelo**
> *You hear:* Cada año hay menos árboles en el mundo.
> *You see:* Es una lástima.
> *You say:* Es una lástima que cada año haya menos árboles en el mundo.

1. Es triste.
2. Es extraño.
3. Es terrible.
4. Es ridículo.
5. Es una lástima.
6. Me molesta.

3 **Preguntas** Answer each question you hear using the cues in your lab manual. Repeat the correct response after the speaker.

> **modelo**
> *You hear:* ¿De qué tienes miedo?
> *You see:* nosotros / no resolver la crisis de energía
> *You say:* Tengo miedo de que nosotros no resolvamos la crisis de energía.

1. Ricardo / estudiar ecología
2. muchas personas / no preocuparse por el medio ambiente
3. tú / hacer un viaje a la selva
4. el gobierno / controlar el uso de la energía nuclear
5. los turistas / recoger las flores
6. haber / tantas plantas en el desierto

4 **El Club de Ecología** Listen to this conversation. Then read the statements in your lab manual and decide whether they are **cierto** or **falso**.

	Cierto	Falso
1. Carmen se alegra de que la presidenta del club empiece un programa de reciclaje.	O	O
2. Héctor espera que Carmen se enoje con la presidenta.	O	O
3. Carmen teme que los otros miembros (*members*) quieran limpiar las playas.	O	O
4. A Carmen le gusta ir a la playa.	O	O
5. A Héctor le sorprende que Carmen abandone (*resigns from*) el club.	O	O
6. Carmen cree que la presidenta va a cambiar de idea.	O	O

1.2 The subjunctive with doubt, disbelief, and denial

1 **Identificar** Listen to each sentence and decide whether you hear a verb in the indicative or the subjunctive in the subordinate clause. Mark an **X** in the appropriate column.

> **modelo**
>
> *You hear:* Creo que Nicolás va de excursión.
> *You mark:* an **X** under *indicative* because you heard **va**.

	indicative	*subjunctive*
Modelo	X	
1.		
2.		
3.		
4.		
5.		
6.		
7.		

2 **Cambiar** Change each sentence you hear to the negative. Repeat the correct answer after the speaker. (*7 items*)

> **modelo**
>
> Dudo que haga frío en Bogotá.
> *No dudo que hace frío en Bogotá.*

3 **Te ruego** Listen to this conversation between a father and daughter. Then choose the word or phrase in your lab manual that best completes each sentence.

1. Juanita quiere ir a la selva amazónica para...

   a. vivir con los indios.   b. estudiar las aves tropicales.   c. estudiar las plantas tropicales.

2. Ella _____ que quiere ir.

   a. está segura de   b. no está segura de   c. niega

3. Su papá _____ que se enferme de malaria.

   a. está seguro   b. teme   c. niega

4. Juanita _____ que se enferme.

   a. duda   b. no duda   c. cree

5. _____ que el papá no quiera que ella vaya.

   a. Es cierto   b. No es cierto   c. No hay duda de

6. El papá dice que _____ que la selva amazónica es un lugar fantástico.

   a. es improbable   b. es imposible   c. no cabe duda de

7. _____ Juanita va a la selva amazónica.

   a. Es seguro que   b. Tal vez   c. No es probable que

8. Juanita _____ que su papá es el mejor papá del mundo.

   a. duda   b. no cree   c. cree

1.3 The subjunctive with conjunctions

1 **¿Lógico o ilógico?** You will hear some sentences. Decide if they are **lógico** or **ilógico**.

1. Lógico   Ilógico   4. Lógico   Ilógico
2. Lógico   Ilógico   5. Lógico   Ilógico
3. Lógico   Ilógico   6. Lógico   Ilógico

2 **A la entrada del parque** Listen to the park ranger's instructions. Then number the drawings in your lab manual in the correct order.

a. _____

b. _____

c. _____

d. _____

3 **Identificar** Listen to each sentence and mark an **X** in the appropriate column to indicate whether the subordinate clause expresses a future action, a habitual action, or a past action.

> **modelo**
>
> *You hear:* Voy a ir a caminar por el sendero tan pronto como llegues a casa.
> *You mark:* an **X** under *future action*.

	future action	habitual action	past action
Modelo	X	_____	_____
1.	_____	_____	_____
2.	_____	_____	_____
3.	_____	_____	_____
4.	_____	_____	_____
5.	_____	_____	_____
6.	_____	_____	_____

vocabulario

You will now hear the vocabulary found in your textbook on the last page of this lesson. Listen and repeat each Spanish word or phrase after the speaker.

Additional Vocabulary

Additional Vocabulary

Notes

Notes

En la ciudad

Communicative Goals

2

You will learn how to:

- **Give advice to others**
- **Give and receive directions**
- **Discuss daily errands and city life**

A PRIMERA VISTA

- ¿Viven estas personas en un bosque, un pueblo o una ciudad?
- ¿Dónde están, en una calle o en un sendero?
- ¿Es posible que estén afectadas por la contaminación? ¿Por qué?
- ¿Está limpio o sucio el lugar donde están?

En la ciudad

Más vocabulario

la frutería	*fruit store*
la heladería	*ice cream shop*
la pastelería	*pastry shop*
la pescadería	*fish market*
la cuadra	*(city) block*
la dirección	*address*
la esquina	*corner*
el estacionamiento	*parking lot*
derecho	*straight (ahead)*
enfrente de	*opposite; facing*
hacia	*toward*
cruzar	*to cross*
doblar	*to turn*
hacer diligencias	*to run errands*
quedar	*to be located*
el cheque (de viajero)	*(traveler's) check*
la cuenta corriente	*checking account*
la cuenta de ahorros	*savings account*
ahorrar	*to save (money)*
cobrar	*to cash (a check)*
depositar	*to deposit*
firmar	*to sign*
llenar (un formulario)	*to fill out (a form)*
pagar a plazos	*to pay in installments*
pagar al contado/ en efectivo	*to pay in cash*
pedir prestado/a	*to borrow*
pedir un préstamo	*to apply for a loan*
ser gratis	*to be free of charge*

Variación léxica

cuadra	⟷	manzana (*Esp.*)
estacionamiento	⟷	aparcamiento (Esp.)
doblar	⟷	girar; virar; dar vuelta
hacer diligencias	⟷	hacer mandados

la peluquería, el salón de belleza

el banco

el supermercado

la panadería

la joyería

el cajero automático

Indica cómo llegar. (indicar)

Está perdida. (estar)

Práctica

el letrero

la carnicería

la zapatería

la lavandería

1 **Escuchar** Mira el dibujo. Luego escucha las oraciones e indica si lo que dice cada una es **cierto** o **falso**.

	Cierto	Falso		Cierto	Falso
1.	○	⊗	6.	⊗	○
2.	○	⊗	7.	○	⊗
3.	○	⊗	8.	○	⊗
4.	○	⊗	9.	○	⊗
5.	⊗	○	10.	⊗	○

2 **¿Quién la hizo?** Escucha la conversación entre Telma y Armando. Escribe el nombre de la persona que hizo cada diligencia o una X si nadie la hizo. Una diligencia la hicieron los dos.

1. abrir una cuenta corriente
2. abrir una cuenta de ahorros
3. ir al banco
4. ir a la panadería
5. ir a la peluquería
6. ir al supermercado

3 **Seleccionar** Indica dónde haces estas diligencias.

banco	joyería	pescadería
carnicería	lavandería	salón de belleza
frutería	pastelería	zapatería

1. comprar galletas
2. comprar manzanas
3. lavar la ropa
4. comprar mariscos
5. comprar pollo
6. comprar sandalias

4 **Completar** Completa las oraciones con las palabras más adecuadas.

1. El banco me regaló un reloj. Fue _gratis_.
2. Me gusta _ahorrar_ dinero, pero no me molesta gastarlo.
3. La cajera me dijo que tenía que _firmar_ el cheque en el dorso (*on the back*) para cobrarlo.
4. Para pagar con un cheque, necesito tener dinero en mi _cuenta corriente_
5. Mi madre va a un ~~banco~~ _cajero automático_ para obtener dinero en efectivo cuando el banco está cerrado.
6. Cada viernes, Julio lleva su cheque al banco y lo _cobra_ para tener dinero en efectivo.
7. Ana _deposita_ su cheque en su cuenta de ahorros.
8. Cuando viajas, es buena idea llevar cheques _de viajero_

¡LENGUA VIVA!

Note that **correo** can mean either *mail* or *post office*. Other ways to say *post office* are **la oficina de correos** and **correos**.

Manda/Envía un paquete. (mandar, enviar)

la estampilla, el sello

Hacen cola. (hacer)

Echa una carta al buzón. (echar)

el sobre

el cartero

el correo

En el correo

5

Conversación Completa la conversación entre Juanita y el cartero con las palabras más adecuadas.

CARTERO Buenas tardes, ¿es usted la señorita Ramírez? Le traigo un (1) _____

JUANITA Sí, soy yo. ¿Quién lo envía?

CARTERO La señora Brito. Y también tiene dos (2) _____.

JUANITA Ay, pero ¡ninguna es de mi novio! ¿No llegó nada de Manuel Fuentes?

CARTERO Sí, pero él echó la carta al (3) _____ sin poner un (4) _____ en el sobre.

JUANITA Entonces, ¿qué recomienda usted que haga?

CARTERO Sugiero que vaya al (5) _____. Con tal de que pague el costo del sello, se le puede dar la carta sin ningún problema.

JUANITA Uy, otra diligencia, y no tengo mucho tiempo esta tarde para (6) _____ cola en el correo, pero voy enseguida. ¡Ojalá que sea una carta de amor!

¡LENGUA VIVA!

In Spanish, **Soy yo** means *That's me* or *It's me*. **¿Eres tú?/ ¿Es usted?** means *Is that you?*

6

En el banco Tú eres un(a) empleado/a de banco y tu compañero/a es un(a) estudiante universitario/a que necesita abrir una cuenta corriente. En parejas, hagan una lista de las palabras que pueden necesitar para la conversación. Después lean estas situaciones y modifiquen su lista original según la situación.

- una pareja de recién casados quiere pedir un préstamo para comprar una casa
- una persona quiere información de los servicios que ofrece el banco
- un(a) estudiante va a estudiar al extranjero (*abroad*) y quiere saber qué tiene que hacer para llevar su dinero de una forma segura
- una persona acaba de ganar 50 millones de dólares en la lotería y quiere saber cómo invertirlos (*invest them*)

Ahora, escojan una de las cuatro situaciones y represéntenla para la clase.

Comunicación

7

Diligencias En parejas, decidan quién va a hacer cada diligencia y cuál es la manera más rápida de llegar a los diferentes lugares desde el campus.

> **modelo**
>
> cobrar unos cheques
> **Estudiante 1:** *Yo voy a cobrar unos cheques. ¿Cómo llego al banco?*
> **Estudiante 2:** *Conduce hacia el norte hasta cruzar la calle Oak. El banco queda en la esquina a la izquierda.*

1. enviar un paquete
2. comprar botas nuevas
3. comprar un pastel de cumpleaños
4. lavar unas camisas
5. comprar helado
6. cortarse (*to cut*) el pelo

8

El Hatillo Trabajen en parejas para representar los papeles de un(a) turista que está perdido/a en El Hatillo y de un(a) residente de la ciudad que quiere ayudarlo/la.

Plaza Bolívar
Plaza Sucre
banco
Casa de la Cultura
farmacia
iglesia
terminal
escuela
estacionamiento
joyería
zapatería
café Primavera

El Hatillo

calle Miranda · calle 2 de Mayo · calle Escalona · calle La Paz · calle Sta. Rosalía · calle Bolívar · calle Sucre · calle Bella Vista · calle Comercio · calle El Matadero

> **modelo**
>
> Plaza Sucre, café Primavera
> **Estudiante 1:** *Perdón, ¿por dónde queda la Plaza Sucre?*
> **Estudiante 2:** *Del café Primavera, camine derecho por la calle Sucre hasta cruzar la calle Comercio…*

1. Plaza Bolívar, farmacia
2. Casa de la Cultura, Plaza Sucre
3. banco, terminal
4. estacionamiento (este), escuela
4. Plaza Sucre, estacionamiento (oeste)
5. joyería, banco
6. farmacia, joyería
8. zapatería, iglesia

9

Cómo llegar En grupos, escriban un minidrama en el que unos/as turistas están preguntando cómo llegar a diferentes sitios de la comunidad en la que ustedes viven.

Lección 2

Corriendo por la ciudad

Maru necesita entregar unos documentos en el Museo de Antropología.

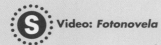 **Video:** *Fotonovela*

MARU Miguel, ¿estás seguro de que tu coche está estacionado en la calle de Independencia? Estoy en la esquina de Zaragoza y Francisco Sosa. OK. Estoy enfrente del salón de belleza.

MIGUEL Dobla a la avenida Hidalgo. Luego cruza la calle Independencia y dobla a la derecha. El coche está enfrente de la pastelería.

MARU ¡Ahí está! Gracias, cariño. Hablamos luego.

MARU Vamos, arranca. Pensé que podías aguantar unos kilómetros más. Necesito un coche que funcione bien. (*en el teléfono*) Miguel, tu coche está descompuesto. Voy a pasar al banco porque necesito dinero, y luego me voy en taxi al museo.

MARU Hola, Moni. Lo siento, tengo que ir a entregar un paquete y todavía tengo que ir a un cajero.

MÓNICA ¡Uf! Y la cola está súper larga.

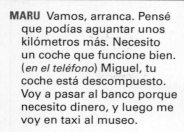

MARU ¿Me puedes prestar algo de dinero?

MÓNICA Déjame ver cuánto tengo. Estoy haciendo diligencias, y me gasté casi todo el efectivo en la carnicería y en la panadería y en la frutería.

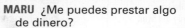

MÓNICA ¿Estás bien? Te ves pálida. Sentémonos un minuto.

MARU ¡No tengo tiempo! Tengo que llegar al Museo de Antropología. Necesito entregar...

MÓNICA ¡Ah, sí, tu proyecto!

MÓNICA

Lección 2

MÓNICA ¿Puedes mandarlo por correo? El correo está muy cerca de aquí.

MARU El plazo para mandarlo por correo se venció la semana pasada. Tengo que entregarlo personalmente.

MARU ¿Me podrías prestar tu coche?

MÓNICA Estás muy nerviosa para manejar con este tráfico. Te acompaño. ¡No!, mejor, yo te llevo. Mi coche está en el estacionamiento de la calle Constitución.

MARU En esta esquina dobla a la derecha. En el semáforo, a la izquierda y sigue derecho.

MÓNICA Hay demasiado tráfico. No sé si podemos...

MARU Hola, Miguel. No, no hubo más problemas. Lo entregué justo a tiempo. Nos vemos más tarde. (*a Mónica*) ¡Vamos a celebrar!

recursos

VM
pp. 117–118

vhlcentral.com
Lección 2

Expresiones útiles

Getting/giving directions

Estoy en la esquina de Zaragoza y Francisco Sosa.
I'm at the corner of Zaragoza and Francisco Sosa.
Dobla a la avenida Hidalgo.
Turn on Hidalgo Avenue.
Luego cruza la calle Independencia y dobla a la derecha.
Then cross Independencia Street and turn right.
El coche está enfrente de la pastelería.
The car is in front of the bakery.
En el semáforo, a la izquierda y sigue derecho.
Left at the light, then straight ahead.

Talking about errands

Voy a pasar al banco porque necesito dinero.
I'm going to the bank because I need money.
No tengo tiempo.
I don't have time.
Estoy haciendo diligencias, y me gasté casi todo el efectivo.
I'm running errands, and I spent most of my cash.

Asking for a favor

¿Me puedes prestar algo de dinero?
Could you lend me some money?
¿Me podrías prestar tu coche?
Could I borrow your car?

Talking about deadlines

Tengo que entregar mi proyecto.
I have to turn in my project.
El plazo para mandarlo por correo se venció la semana pasada.
The deadline to mail it in passed last week.

Additional vocabulary

acompañar *to accompany*
aguantar *to endure, to hold up*
ándale *come on*
pálido/a *pale*
¿Qué onda? *What's up?*

¿Qué pasó?

1 **¿Cierto o falso?** Decide si lo que dicen estas oraciones es **cierto** o **falso**. Corrige las oraciones falsas.

	Cierto	Falso
1. Miguel dice que su coche está estacionado enfrente de la carnicería.	○	○
2. Maru necesita pasar al banco porque necesita dinero.	○	○
3. Mónica gastó el efectivo en la joyería y el supermercado.	○	○
4. Maru puede mandar el paquete por correo.	○	○

2 **Ordenar** Pon los sucesos de la **Fotonovela** en el orden correcto.

a. Maru le pide dinero prestado a Mónica. _____

b. Maru entregó el paquete justo a tiempo (*just in time*). _____

c. Mónica dice que hay una cola súper larga en el banco. _____

d. Mónica lleva a Maru en su coche. _____

e. Maru dice que se va a ir en taxi al museo. _____

f. Maru le dice a Mónica que doble a la derecha en la esquina. _____

3 **Otras diligencias** En parejas, hagan una lista de las diligencias que Miguel, Maru y Mónica necesitan hacer para completar estas actividades.

1. enviar un paquete por correo
2. pedir una beca (*scholarship*)
3. visitar una nueva ciudad
4. abrir una cuenta corriente
5. celebrar el cumpleaños de Mónica
6. comprar una nueva computadora portátil

MARU

MIGUEL   MÓNICA

4 **Conversación** Un(a) compañero/a y tú son vecinos/as. Uno/a de ustedes acaba de mudarse y necesita ayuda porque no conoce la ciudad. Los/Las dos tienen que hacer algunas diligencias y deciden hacerlas juntos/as. Preparen una conversación breve incluyendo planes para ir a estos lugares.

> **modelo**
>
> **Estudiante 1:** *Necesito lavar mi ropa. ¿Sabes dónde queda una lavandería?*
> **Estudiante 2:** *Sí. Aquí a dos cuadras hay una. También tengo que lavar mi ropa. ¿Qué te parece si vamos juntos?*

▶ un banco

▶ una lavandería

▶ un supermercado

▶ una heladería

▶ una panadería

AYUDA

primero *first*
luego *then*
¿Sabes dónde queda…?
Do you know where…is?
¿Qué te parece?
What do you think?
¡Cómo no!
But of course!

 Practice more at **vhlcentral.com**.

Ortografía Audio

Las abreviaturas

In Spanish, as in English, abbreviations are often used in order to save space and time while writing. Here are some of the most commonly used abbreviations in Spanish.

---

usted ⟶ Ud.   ustedes ⟶ Uds.

As you have already learned, the subject pronouns **usted** and **ustedes** are often abbreviated.

---

don ⟶ D.   doña ⟶ Dña.   doctor(a) ⟶ Dr(a).

señor ⟶ Sr.   señora ⟶ Sra.   señorita ⟶ Srta.

These titles are frequently abbreviated.

---

centímetro ⟶ cm   metro ⟶ m   kilómetro ⟶ km

litro ⟶ l   gramo ⟶ g, gr   kilogramo ⟶ kg

The abbreviations for these units of measurement are often used, but without periods.

---

por ejemplo ⟶ p. ej.   página(s) ⟶ pág(s).

These abbreviations are often seen in books.

---

derecha ⟶ dcha.   izquierda ⟶ izq., izqda.

código postal ⟶ C.P.   número ⟶ n.°

These abbreviations are often used in mailing addresses.

Sra. Emilia F. Bazán
Cía. Romero, S.A.
3336
Calle Lozano, n.° 37
Caracas, Venezuela

Banco ⟶ Bco.   Compañía ⟶ Cía.

cuenta corriente ⟶ c/c. Sociedad Anónima (*Inc.*) ⟶ S.A.

These abbreviations are frequently used in the business world.

Práctica Escribe otra vez esta información usando las abreviaturas adecuadas.

1. doña María
2. señora Pérez
3. Compañía Mexicana de Inversiones
4. usted

5. Banco de Santander
6. doctor Medina
7. Código Postal 03697
8. cuenta corriente número 20-453

Emparejar En la tabla hay nueve abreviaturas. Empareja los cuadros necesarios para formarlas.

S.	c.	C.	c	co.	U
B	c/	Sr	A.	D	dc
ta.	P.	ña.	ha.	m	d.

recursos

LM
p. 124

vhlcentral.com
Lección 2

Lección 2

Additional Reading

Paseando en metro

Hoy es el primer día de Teresa en la Ciudad de México. Debe tomar el metro para ir del centro de la ciudad a Coyoacán, en el sur. Llega a la estación Zócalo y compra un pasaje por el equivalente a veinticinco centavos° de dólar, ¡qué ganga! Con este pasaje puede ir a cualquier° parte de la ciudad o del área metropolitana.

No sólo en México, sino también en ciudades de Venezuela, Chile, Argentina y España, hay sistemas de transporte público eficientes y muy económicos. También suele haber° varios tipos de transporte: autobús, metro, tranvía°, microbús y tren. Generalmente se pueden comprar abonos° de uno o varios días para un determinado tipo de transporte. En algunas ciudades también existen abonos de transporte combinados que permiten usar, por ejemplo, el metro y el autobús o el autobús y el tren. En estas ciudades, los metros, autobuses y trenes pasan con mucha frecuencia. Las paradas° y estaciones están bien señalizadas°.

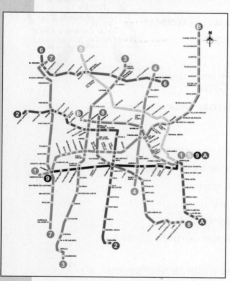

Vaya°, Teresa ya está llegando a Coyoacán. Con lo que ahorró en el pasaje del metro, puede comprarse un helado de mango y unos esquites° en el jardín Centenario.

El metro

El primer metro de Suramérica que se abrió al público fue el de Buenos Aires, Argentina (1913); el último, el de Lima, Perú (2011).

Ciudad	Pasajeros/Día (aprox.)
México D.F., México	4.500.000
Madrid, España	2.500.000
Santiago, Chile	2.500.000
Buenos Aires, Argentina	1.700.000
Caracas, Venezuela	1.650.000
Medellín, Colombia	500.000
Guadalajara, México	165.000

centavos *cents* cualquier *any* suele haber *there usually are* tranvía *streetcar* abonos *passes* paradas *stops* señalizadas *labeled* Vaya *Well* esquites *toasted corn kernels*

1 **¿Cierto o falso?** Indica si lo que dice cada oración es cierto o falso. Corrige la información falsa.

1. En la Ciudad de México, el pasaje de metro cuesta 25 dólares.
2. En México, un pasaje se puede usar sólo para ir al centro de la ciudad.
3. En Chile hay varios tipos de transporte público.
4. En ningún caso los abonos de transporte sirven para más de un tipo de transporte.
5. Los trenes, autobuses y metros pasan con mucha frecuencia.
6. Hay pocos letreros en las paradas y estaciones.
7. Los servicios de metro de México y España son los que mayor cantidad de viajeros transporta cada día.
8. La ciudad de Buenos Aires tiene el sistema de metro más viejo de Latinoamérica.
9. El metro que lleva menos tiempo en servicio es el de la ciudad de Medellín, Colombia.

ASÍ SE DICE

En la ciudad

el parqueadero (Col., Pan.) el parqueo (Bol., Cuba, Amér. C.)	el estacionamiento
dar un aventón (Méx.); dar botella (Cuba)	to give (someone) a ride
el subterráneo, el subte (Arg.)	el metro

EL MUNDO HISPANO

Apodos de ciudades

Así como Nueva York es la Gran Manzana, muchas ciudades hispanas tienen un apodo°.

- **La tacita de plata°** A Cádiz, España, se le llama así por sus edificios blancos de estilo árabe.

- **Ciudad de la eterna primavera** Arica, Chile; Cuernavaca, México, y Medellín, Colombia, llevan este sobrenombre por su clima templado° durante todo el año.

- **La docta°** Así se conoce a la ciudad argentina de Córdoba por su gran tradición universitaria.

- **La ciudad de los reyes** Así se conoce Lima, Perú, porque fue la capital del Virreinato° del Perú y allí vivían los virreyes°.

- **La arenosa** Barranquilla, Colombia, se le llama así por sus orillas del río cubiertas° de arena.

apodo *nickname* plata *silver* templado *mild* docta *erudite* Virreinato *Viceroyalty* virreyes *viceroys* cubiertas *covered*

PERFIL

Luis Barragán: arquitectura y emoción

Para el arquitecto mexicano **Luis Barragán** (1902–1988) los sentimientos° y emociones que despiertan sus diseños eran muy importantes. Afirmaba° que la arquitectura tiene una dimensión espiritual. Para él, era belleza, inspiración, magia°, serenidad, misterio, silencio, privacidad, asombro°...

Las obras de Barragán muestran un suave° equilibrio entre la naturaleza y la creación humana. Su estilo también combina la arquitectura tradicional mexicana con conceptos modernos. Una característica de sus casas son las paredes

Casa Barragán, Ciudad de México, 1947-1948

envolventes° de diferentes colores con muy pocas ventanas.

En 1980, Barragán obtuvo° el Premio Pritzker, algo así como el Premio Nobel de Arquitectura. Está claro que este artista logró° que sus casas transmitieran sentimientos especiales.

sentimientos *feelings* Afirmaba *He stated* magia *magic* asombro *amazement* suave *smooth* envolventes *enveloping* obtuvo *received* logró *managed*

Conexión Internet

¿Qué otros arquitectos combinan las construcciones con la naturaleza?	Go to **vhlcentral.com** to find more cultural information related to this **Cultura** section.

ACTIVIDADES

2 **Comprensión** Responde a las preguntas.

1. ¿En qué país estás si te dicen "Dame botella al parqueo"?
2. ¿Qué ciudades tienen clima templado todo el año?
3. ¿Qué es más importante en los diseños de Barragán: la naturaleza o la creación humana?
4. ¿Qué premio obtuvo Barragán y cuándo?

3 **¿Qué ciudad te gusta?** Escribe un párrafo breve sobre el sentimiento que despiertan las construcciones que hay en una ciudad o un pueblo que te guste mucho. Explica cómo es y cómo te sientes cuando estás allí. Inventa un apodo para este lugar.

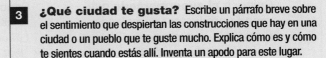 Practice more at **vhlcentral.com**.

2.1 The subjunctive in adjective clauses

(S) Tutorial

ANTE TODO In **Lección 1**, you learned that the subjunctive is used in adverbial clauses after certain conjunctions. You will now learn how the subjunctive can be used in adjective clauses to express that the existence of someone or something is uncertain or indefinite.

¿Conoces una joyería que esté cerca?

No, no conozco ninguna joyería que esté cerca de aquí.

▶ The subjunctive is used in an adjective (or subordinate) clause that refers to a person, place, thing, or idea that either does not exist or whose existence is uncertain or indefinite. In the examples below, compare the differences in meaning between the statements using the indicative and those using the subjunctive.

Indicative	Subjunctive
Necesito **el libro** que **tiene** información sobre Venezuela. *I need **the book** that has information about Venezuela.*	Necesito **un libro** que **tenga** información sobre Venezuela. *I need **a book** that has information about Venezuela.*
Quiero vivir en **esta casa** que **tiene** jardín. *I want to live in **this house** that has a garden.*	Quiero vivir en **una casa** que **tenga** jardín. *I want to live in **a house** that has a garden.*
En mi barrio, hay **una heladería** que **vende** helado de mango. *In my neighborhood, **there's an ice cream shop** that sells mango ice cream.*	En mi barrio no hay **ninguna heladería** que **venda** helado de mango. *In my neighborhood, **there is no ice cream shop** that sells mango ice cream.*

▶ When the adjective clause refers to a person, place, thing, or idea that is clearly known, certain, or definite, the indicative is used.

Quiero ir **al supermercado** que **vende** productos venezolanos.
I want to go to the supermarket that sells Venezuelan products.

Busco **al profesor** que **enseña** japonés.
I'm looking for the professor who teaches Japanese.

Conozco **a alguien** que **va** a esa peluquería.
I know someone who goes to that beauty salon.

Tengo **un amigo** que **vive** cerca de mi casa.
I have a friend who lives near my house.

Lección 2

▶ The personal **a** is not used with direct objects that are hypothetical people. However, as you learned in *¡ADELANTE!* DOS **Lección 1**, **alguien** and **nadie** are always preceded by the personal **a** when they function as direct objects.

Necesitamos **un empleado** que
sepa usar computadoras.
We need an employee who knows
how to use computers.

Necesitamos **al empleado** que
sabe usar computadoras.
We need the employee who knows how
to use computers.

Buscamos **a alguien** que
pueda cocinar.
We're looking for someone who
can cook.

No conocemos **a nadie** que
pueda cocinar.
We don't know anyone who
can cook.

▶ The subjunctive is commonly used in questions with adjective clauses when the speaker is trying to find out information about which he or she is uncertain. However, if the person who responds to the question knows the information, the indicative is used.

—¿Hay un parque que **esté** cerca de
nuestro hotel?
Is there a park that's near our hotel?

—Sí, hay un parque que **está** muy
cerca del hotel.
Yes, there's a park that's very near the hotel.

▶ **¡Atención!** Here are some verbs which are commonly followed by adjective clauses in the subjunctive:

Verbs commonly used with subjunctive	
buscar	haber
conocer	necesitar
encontrar	querer

SECCIÓN AMARILLA

Busque cualquier
información que
necesite.

¡INTÉNTALO! Escoge entre el subjuntivo y el indicativo para completar cada oración.

1. Necesito una persona que __pueda__ (puede/pueda) cantar bien.
2. Buscamos a alguien que __tenga__ (tiene/tenga) paciencia.
3. ¿Hay restaurantes aquí que __sirvan__ (sirven/sirvan) comida japonesa?
4. Tengo una amiga que __saca__ (saca/saque) fotografías muy bonitas.
5. Hay una carnicería que __está__ (está/esté) cerca de aquí.
6. No vemos ningún apartamento que nos __interese__ (interesa/interese).
7. Conozco a un estudiante que _____ (come/coma) hamburguesas todos los días.
8. ¿Hay alguien que _____ (dice/diga) la verdad?

Práctica

1

Completar Completa estas oraciones con la forma correcta del indicativo o del subjuntivo de los verbos entre paréntesis.

1. Buscamos un hotel que _tenga_ (tener) piscina.
2. ¿Sabe usted dónde _queda_ (quedar) el Correo Central?
3. ¿Hay algún buzón por aquí donde yo _pueda_ (poder) echar una carta?
4. Ana quiere ir a la carnicería que _está_ (estar) en la avenida Lecuna.
5. Encontramos un restaurante que _sirve_ (servir) comida típica venezolana.
6. ¿Conoces a alguien que _sepa_ (saber) mandar un *fax* por computadora?
7. Llamas al empleado que _entiende_ (entender) este nuevo programa de computación.
8. No hay nada en este mundo que _sea_ (ser) gratis.

2

Oraciones Marta está haciendo diligencias en Caracas con una amiga. Forma oraciones con estos elementos, usando el presente de indicativo o de subjuntivo. Haz los cambios que sean necesarios.

1. yo / conocer / un / panadería / que / vender / pan / cubano
2. ¿hay / alguien / que / saber / dirección / de / un / buen / carnicería?
3. yo / querer / comprarle / mi / hija / un / zapatos / que / gustar
4. ella / no / encontrar / nada / que / gustar / en / ese / zapatería
5. ¿tener / dependientas / algo / que / ser / más / barato?
6. ¿conocer / tú / alguno / banco / que / ofrecer / cuentas / corrientes / gratis?
7. nosotras / no / conocer / nadie / que / hacer / tanto / diligencias / como / nosotras
8. nosotras / necesitar / un / línea / de / metro / que / nos / llevar / a / casa

3

Anuncios clasificados En parejas, lean estos anuncios y luego describan el tipo de persona u objeto que se busca.

CLASIFICADOS

VENDEDOR(A) Se necesita persona dinámica y responsable con buena presencia. Experiencia mínima de un año. Horario de trabajo flexible. Llamar a Joyería Aurora de 10 a 13h y de 16 a 18h. Tel: 263-7553

PELUQUERÍA UNISEX Se busca persona con experiencia en peluquería y maquillaje para trabajar tiempo completo. Llamar de 9 a 13: 30h. Tel: 261-3548

COMPARTIR APARTAMENTO Se necesita compañera para compartir apartamento de 2 alcobas en el Chaco. Alquiler $500 por mes. No fumar. Llamar al 951-3642 entre 19 y 22h.

CLASES DE INGLÉS Profesor de Inglaterra con diez años de experiencia ofrece clases para grupos o instrucción privada para individuos. Llamar al 933-4110 de 16:30 a 18:30.

SE BUSCA CONDOMINIO Se busca condominio en Sabana Grande con 3 alcobas, 2 baños, sala, comedor y aire acondicionado. Tel: 977-2018.

EJECUTIVO DE CUENTAS Se requiere joven profesional con al menos dos años de experiencia en el sector financiero. Se ofrecen beneficios excelentes. Enviar currículum vitae al Banco Unión, Avda. Urdaneta 263, Caracas.

Comunicación

4

Subjuntivo Completa estas frases de una manera lógica. Luego, con un(a) compañero/a, túrnense para comparar sus respuestas.

> **Estudiante 1:** Tengo una novia que sabe bailar tango. ¿Y tú?
> **Estudiante 2:** Yo tengo un novio que habla alemán.

1. Deseo un trabajo (*job*) que…
2. Algún día espero tener un apartamento/una casa que…
3. Mis padres buscan un carro que…, pero yo quiero un carro que…
4. Tengo un(a) novio/a que…
5. Un(a) consejero/a (*advisor*) debe ser una persona que…
6. Me gustaría (*I would like*) conocer a alguien que…
7. En esta clase no hay nadie que…
8. No tengo ningún profesor que…

5

Encuesta Tu profesor(a) va a darte una hoja de actividades. Circula por la clase y pregúntales a tus compañeros/as si conocen a alguien que haga cada actividad de la lista. Si responden que sí, pregúntales quién es y anota sus respuestas. Luego informa a la clase de los resultados de tu encuesta.

6

¿Compatibles? Vas a mudarte a un apartamento con dos dormitorios. Como no quieres pagar la renta tú solo/a, estás buscando a un(a) compañero/a para que viva contigo. Escribe un anuncio buscando a alguien con cuatro características que consideres importantes y pégalo en la pared de la clase. Puedes usar algunas de estas opciones u otras en tu anuncio y no olvides usar el subjuntivo.

- cocinar
- escuchar hip-hop
- estar informado/a
- gustarle la política/el arte/los deportes

- llevarse bien con los animales
- ser vegetariano/a / limpio/a / optimista
- tener paciencia

> **modelo**
> Busco a alguien a quien no le guste el fútbol, que sea vegetariano, juegue videojuegos y le fascine la ciencia ficción.

Luego lee los anuncios de tus compañeros/as. ¿Con quién(es) podrías compartir tu apartamento? Busca tres candidatos/as y entrevístalos/las en dos minutos. Túrnate para entrevistar y ser entrevistado. ¿Encontraste a la persona ideal para que viva contigo?

Síntesis

7

Busca los cuatro Tu profesor(a) te va a dar una hoja con ocho anuncios clasificados y a tu compañero/a otra hoja con ocho anuncios distintos a los tuyos. Háganse preguntas para encontrar los cuatro anuncios de cada hoja que tienen su respuesta en la otra.

 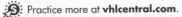 Practice more at **vhlcentral.com**.

2.2 Nosotros/as commands  Tutorial

ANTE TODO You have already learned familiar (**tú**) commands and formal (**usted/ustedes**) commands. You will now learn **nosotros/as** commands, which are used to give orders or suggestions that include yourself and other people.

▶ **Nosotros/as** commands correspond to the English *Let's*.

▶ Both affirmative and negative **nosotros/as** commands are generally formed by using the first-person plural form of the present subjunctive.

Crucemos la calle.	**No crucemos** la calle.
Let's cross the street.	*Let's not cross the street.*

▶ The affirmative *Let's* + [*verb*] command may also be expressed with **vamos a** + [*infinitive*]. However, remember that **vamos a** + [*infinitive*] can also mean *we are going to (do something)*. Context and tone of voice determine which meaning is being expressed.

Vamos a cruzar la calle.	**Vamos a trabajar** mucho.
Let's cross the street.	*We're going to work a lot.*

▶ To express *Let's go*, the present indicative form of **ir** (**vamos**) is used, not the subjunctive. For the negative command, however, the subjunctive is used.

Vamos a la pescadería.	No **vayamos** a la pescadería.

Pensemos, ¿adónde fuiste hoy?

¡Eso es! ¡El carro de Miguel! Vamos.

▶ Object pronouns are always attached to affirmative **nosotros/as** commands. A written accent is added to maintain the original stress.

Firmemos el cheque.	**Escribamos** a Ana y Raúl.
Firmémoslo.	**Escribámosles**.

▶ Object pronouns are placed in front of negative **nosotros/as** commands.

No **les paguemos** el préstamo.	No **se lo digamos** a ellos.

CONSULTA

Remember that stem-changing **-ir** verbs have an additional stem change in the **nosotros/as** and **vosotros/as** forms of the present subjunctive. To review these forms, see *¡ADELANTE!* **DOS** **Estructura 6.3**, p. 337.

¡ATENCIÓN!

When **nos** or **se** is attached to an affirmative **nosotros/as** command, the final **-s** is dropped from the verb ending.

Sentémonos allí.
Démoselo a ella.
Mandémoselo a ellos.

• • •

The **nosotros/as** command form of **irse** is **vámonos**. Its negative form is **no nos vayamos**.

recursos

WB
pp. 111–112

LM
p. 126

S
vhlcentral.com
Lección 2

 **¡INTÉNTALO!** Indica los mandatos afirmativos y negativos de la primera persona del plural (**nosotros/as**) de estos verbos.

1. estudiar _estudiemos, no estudiemos_
2. cenar _____
3. leer _____
4. decidir _____
5. decir _____
6. cerrar _____
7. levantarse _____
8. irse _____

Práctica

1

Completar Completa esta conversación con mandatos de **nosotros/as**. Luego, representa la conversación con un(a) compañero/a.

MARÍA Sergio, ¿quieres hacer diligencias ahora o por la tarde?

SERGIO No (1)_____ (dejarlas) para más tarde. (2)_____ (Hacerlas) ahora. ¿Qué tenemos que hacer?

MARÍA Necesito comprar sellos.

SERGIO Yo también. (3)_____ (Ir) al correo.

MARÍA Pues, antes de ir al correo, necesito sacar dinero de mi cuenta corriente.

SERGIO Bueno, (4)_____ (buscar) un cajero automático.

MARÍA ¿Tienes hambre?

SERGIO Sí. (5)_____ (Cruzar) la calle y (6)_____ (entrar) en ese café.

MARÍA Buena idea.

SERGIO ¿Nos sentamos aquí?

MARÍA No, no (7)_____ (sentarse) aquí; (8)_____ (sentarse) enfrente de la ventana.

SERGIO ¿Qué pedimos?

MARÍA (9)_____ (Pedir) café y pan dulce.

2

Responder Responde a cada mandato de **nosotros/as** según las indicaciones entre paréntesis. Sustituye los sustantivos por los objetos directos e indirectos.

> **modelo**
>
> Vamos a vender el carro.
> Sí, vendámoslo./No, no lo vendamos.

1. Vamos a levantarnos a las seis. (sí)

2. Vamos a enviar los paquetes. (no)

3. Vamos a depositar el cheque. (sí)

4. Vamos al supermercado. (no)

5. Vamos a mandar esta postal a nuestros amigos. (no)

6. Vamos a limpiar la habitación. (sí)

7. Vamos a mirar la televisión. (no)

8. Vamos a bailar. (sí)

9. Vamos a pintar la sala. (no)

10. Vamos a comprar estampillas. (sí)

 Practice more at **vhlcentral.com**.

Lección 2

Comunicación

3

Preguntar Tú y tu compañero/a están de vacaciones en Caracas y se hacen sugerencias para resolver las situaciones que se presentan. Inventen mandatos afirmativos o negativos de **nosotros/as**.

> **modelo**
>
> Se nos olvidaron las tarjetas de crédito.
>
> *Paguemos en efectivo./No compremos más regalos.*

A

1. El museo está a sólo una cuadra de aquí.
2. Tenemos hambre.
3. Hay una cola larga en el cine.

B

1. Tenemos muchos cheques de viajero.
2. Tenemos prisa para llegar al cine.
3. Estamos cansados y queremos dormir.

4

Decisiones Trabajen en grupos pequeños. Ustedes están en Caracas por dos días. Lean esta página de una guía turística sobre la ciudad y decidan qué van a hacer hoy por la mañana, por la tarde y por la noche. Hagan oraciones con mandatos afirmativos o negativos de **nosotros/as**.

> **modelo**
>
> *Visitemos el Museo de Arte Contemporáneo Sofía Imber esta tarde. Quiero ver las esculturas de Jesús Rafael Soto.*

GUÍA DE Caracas

MUSEOS

- **Museo de Arte Colonial** Avenida Panteón
- **Museo de Arte Contemporáneo Sofía Imber** Parque Central. Esculturas de Jesús Rafael Soto y pinturas de Miró, Chagall y Picasso.
- **Galería de Arte Nacional** Parque Central. Colección de más de 4.000 obras de arte venezolano.

SITIOS DE INTERÉS

- **Plaza Bolívar**
- **Jardín Botánico** Avenida Interna UCV. De 8:00 a 5:00.
- **Parque del Este** Avenida Francisco de Miranda. Parque más grande de la ciudad con terrario.
- **Casa Natal de Simón Bolívar** Esquina de Sociedad de la avenida Universitaria. Casa colonial donde nació El Libertador.

RESTAURANTES

- **El Barquero** Avenida Luis Roche
- **Restaurante El Coyuco** Avenida Urdaneta
- **Restaurante Sorrento** Avenida Francisco Solano
- **Café Tonino** Avenida Andrés Bello

Síntesis

5

Situación Tú y un(a) compañero/a viven juntos/as en un apartamento y tienen problemas económicos. Describan los problemas y sugieran algunas soluciones. Hagan oraciones con mandatos afirmativos o negativos de **nosotros/as**.

> **modelo**
>
> *Hagamos un presupuesto (budget).*
>
> *Es importante que no gastemos tanto dinero.*

2.3 Past participles used as adjectives Tutorial

ANTE TODO   In *¡ADELANTE!* **UNO** **Lección 5**, you learned about present participles (**estudiando**). Both Spanish and English have past participles. The past participles of English verbs often end in **-ed** (*to turn* → *turned*), but many are also irregular (*to buy* → *bought; to drive* → *driven*).

▶ In Spanish, regular **-ar** verbs form the past participle with **-ado**. Regular **-er** and **-ir** verbs form the past participle with **-ido**.

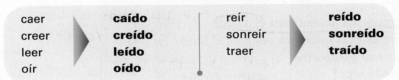

INFINITIVE	STEM	PAST PARTICIPLE
bailar	bail-	**bailado**
comer	com-	**comido**
vivir	viv-	**vivido**

▶ **¡Atención!** The past participles of **-er** and **-ir** verbs whose stems end in **-a, -e,** or **-o** carry a written accent mark on the **i** of the **-ido** ending.

caer	**caído**	reír	**reído**
creer	**creído**	sonreír	**sonreído**
leer	**leído**	traer	**traído**
oír	**oído**		

Irregular past participles

abrir	**abierto**	morir	**muerto**
decir	**dicho**	poner	**puesto**
describir	**descrito**	resolver	**resuelto**
descubrir	**descubierto**	romper	**roto**
escribir	**escrito**	ver	**visto**
hacer	**hecho**	volver	**vuelto**

▶ In Spanish, as in English, past participles can be used as adjectives. They are often used with the verb **estar** to describe a condition or state that results from an action. Like other Spanish adjectives, they must agree in gender and number with the nouns they modify.

En la entrada hay algunos letreros
escritos en español.
*In the entrance, there are some signs
written in Spanish.*

Tenemos la mesa **puesta** y la
cena **hecha**.
*We have the table set and
dinner made.*

AYUDA

You already know several past participles used as adjectives: **aburrido, interesado, nublado, perdido,** etc.

• • •

Note that all irregular past participles except **dicho** and **hecho** end in **-to**.

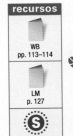

recursos

WB
pp. 113–114

LM
p. 127

vhlcentral.com
Lección 2

¡INTÉNTALO!   Indica la forma correcta del participio pasado de estos verbos.

1. hablar _hablado_
2. beber _____
3. decidir _____
4. romper _____

5. escribir _____
6. cantar _____
7. oír _____
8. traer _____

9. correr _____
10. leer _____
11. ver _____
12. hacer _____

Lección 2

Práctica

1

Completar Completa las oraciones con la forma adecuada del participio pasado del verbo que está entre paréntesis.

1. Hoy mi peluquería favorita está _cerrada_ (cerrar).
2. Por eso, voy a otro salón de belleza que está _abierto_ (abrir) todos los días.
3. Queda en la Plaza Bolívar, una plaza muy _conocida_ (conocer).
4. Todos los productos y servicios de esta tienda están _descubiertos_ (describir) en un catálogo.
5. El nombre del salón está _escrito_ (escribir) en el letrero y en la acera (*sidewalk*).
6. Cuando la tarea esté _hecha_ (hacer), necesito pasar por el banco.

2

Preparativos Tú y tu compañero/a van a hacer un viaje. Túrnense para hacerse estas preguntas sobre los preparativos (*preparations*). Respondan afirmativamente y usen el participio pasado en sus respuestas.

> **modelo**
>
> **Estudiante 1:** ¿Firmaste el cheque de viajero?
> **Estudiante 2:** Sí, el cheque de viajero ya está firmado.

1. ¿Compraste los pasajes para el avión?   Sí, los pasajes están comprados.
2. ¿Confirmaste las reservaciones para el hotel?   Sí, las reservaciones están confirmadas.
3. ¿Firmaste tu pasaporte?   Sí, mi pasaporte está firmado.
4. ¿Lavaste la ropa?   Sí, la ropa está se lavada.
5. ¿Resolviste el problema con el banco?   Sí, el problema está resolvido.
6. ¿Pagaste todas las cuentas?   Sí, las cuentas están pagadas.
7. ¿Hiciste todas las diligencias?   Sí, las diligencias están hechas.
8. ¿Hiciste las maletas?   Sí, las maletas están hechas

3

El estudiante competitivo En parejas, túrnense para hacer el papel de un(a) estudiante que es muy competitivo/a y siempre quiere ser mejor que los demás. Usen los participios pasados de los verbos subrayados.

> **modelo**
>
> **Estudiante 1:** A veces se me _daña_ la computadora.
> **Estudiante 2:** Yo sé mucho de computadoras. Mi computadora nunca está _dañada_.

1. Yo no _hago_ la cama todos los días.
2. Casi nunca _resuelvo_ mis problemas.
3. Nunca _guardo_ mis documentos importantes.
4. Es difícil para mí _terminar_ mis tareas.
5. Siempre se me olvida _firmar_ mis tarjetas de crédito.
6. Nunca _pongo_ la mesa cuando ceno.
7. No quiero _escribir_ la composición para mañana.
8. Casi nunca _lavo_ mi carro.

Comunicación

4

Preguntas En parejas, túrnense para hacerse estas preguntas.

1. ¿Dejas alguna luz prendida en tu casa por la noche?
2. ¿Está ordenado tu cuarto?
3. ¿Prefieres comprar libros usados o nuevos? ¿Por qué?
4. ¿Tienes mucho dinero ahorrado?
5. ¿Necesitas pedirles dinero prestado a tus padres?
6. ¿Estás preocupado/a por el medio ambiente?
7. ¿Qué haces cuando no estás preparado/a para una clase?
8. ¿Qué haces cuando estás perdido/a en una ciudad?

5

Describir Tú y un(a) compañero/a son agentes de policía y tienen que investigar un crimen. Miren el dibujo y describan lo que encontraron en la habitación del señor Villalonga. Usen el participio pasado en la descripción. Luego, comparen su descripción con la de otra pareja.

> **modelo**
>
> La puerta del baño no estaba cerrada.

AYUDA

You may want to use the past participles of these verbs to describe the illustration: **abrir, desordenar, hacer, poner, tirar** (*to throw*).

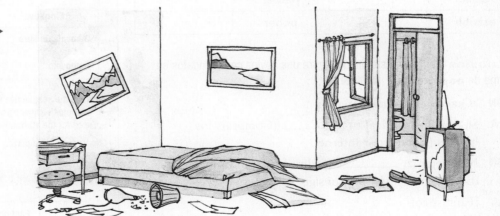

Síntesis

6

Entre líneas En parejas, representen una conversación entre un empleado de banco y una clienta. Usen las primeras dos líneas del diálogo para empezar y la última para terminar, pero inventen las líneas del medio (*middle*). Usen participios pasados.

EMPLEADO Buenos días, señora Ibáñez. ¿En qué la puedo ayudar?

CLIENTA Tengo un problema con este banco. ¡Todavía no está resuelto!

…

CLIENTA ¡No vuelvo nunca a este banco!

Lección 2

Recapitulación

SUBJECT
Javier
CONJUGATED FORM
empiezo
Main clause
Dudan

 Diagnostics

Completa estas actividades para repasar los conceptos de gramática que aprendiste en esta lección.

1 **Completar** Completa la tabla con la forma correcta de los verbos. **8 pts.**

Infinitivo	Participio	Infinitivo	Participio
completar	completada	hacer	
corregir		pagar	pagado
cubrir		pedir	
decir		perder	
escribir		poner	

2 **Los novios** Completa este diálogo entre dos novios con mandatos en la forma de **nosotros/as.** **10 pts.**

SIMÓN ¿Quieres ir al cine mañana?

CARLA Sí, ¡qué buena idea! (1) _____ (Comprar) los boletos (*tickets*) por Internet.

SIMÓN No, mejor (2) _____ (pedírselos) a mi prima, quien trabaja en el cine y los consigue gratis.

CARLA ¡Fantástico!

SIMÓN Y también quiero visitar la nueva galería de arte el fin de semana que viene.

CARLA ¿Por qué esperar? (3) _____ (Visitarla) esta tarde.

SIMÓN Bueno, pero primero tengo que limpiar mi apartamento.

CARLA No hay problema. (4) _____ (Limpiarlo) juntos.

SIMÓN Muy bien. ¿Y tú no tienes que hacer diligencias hoy? (5) _____ (Hacerlas) también.

CARLA Sí, tengo que ir al correo y al banco. (6) _____ (Ir) al banco hoy, pero no (7) _____ (ir) al correo todavía. Antes tengo que escribir una carta.

SIMÓN ¿Una carta misteriosa? (8) _____ (Escribirla) ahora.

CARLA No, mejor no (9) _____ (escribirla) hasta que regresemos de la galería donde venden un papel reciclado muy lindo (*cute*).

SIMÓN ¿Papel lindo? Pues, ¿para quién es la carta?

CARLA No importa. (10) _____ (Empezar) a limpiar.

RESUMEN GRAMATICAL

2.1 **The subjunctive in adjective clauses** *pp. 86–87*

▶ When adjective clauses refer to something that is known, certain, or definite, the indicative is used.

Necesito el **libro** que **tiene** fotos.

▶ When adjective clauses refer to something that is uncertain or indefinite, the subjunctive is used.

Necesito un **libro** que **tenga** fotos.

2.2 **Nosotros/as commands** *p. 90*

▶ Same as **nosotros/as** form of present subjunctive.

Affirmative	Negative
Démosle un libro a Lola.	No le demos un libro a Lola.
Démoselo.	No se lo demos.

▶ While the subjunctive form of the verb **ir** is used for the negative **nosotros/as** command, the indicative is used for the affirmative command.

No **vayamos** a la plaza.   **Vamos** a la plaza.

2.3 **Past participles used as adjectives** *p. 93*

Past participles		
Infinitive	Stem	Past participle
bailar	bail-	**bail**ado
comer	com-	**com**ido
vivir	viv-	**viv**ido

Irregular past participles			
abrir	**abierto**	morir	**muerto**
decir	**dicho**	poner	**puesto**
describir	**descrito**	resolver	**resuelto**
descubrir	**descubierto**	romper	**roto**
escribir	**escrito**	ver	**visto**
hacer	**hecho**	volver	**vuelto**

▶ Like common adjectives, past participles must agree with the noun they modify.

Hay unos letreros **escritos** en español.

3 **Verbos** Escribe los verbos en el presente de indicativo o de subjuntivo. `10 pts.`

1. —¿Sabes dónde hay un restaurante donde nosotros (1) _____ (poder) comer paella valenciana? —No, no conozco ninguno que (2) _____ (servir) paella, pero conozco uno que (3) _____ (especializarse) en tapas españolas.

2. Busco vendedores que (4) _____ (ser) bilingües. No estoy seguro de conocer a alguien que (5) _____ (tener) esa característica. Pero ahora que lo pienso, ¡sí! Tengo dos amigos que (6) _____ (trabajar) en el almacén Excelencia. Los voy a llamar. Debo decirles que necesitamos que (ellos) (7) _____ (saber) hablar inglés.

3. Se busca apartamento que (8) _____ (estar) bien situado, que (9) _____ (costar) menos de $800 al mes y que (10) _____ (permitir) tener perros.

4 **La mamá de Pedro** Completa las respuestas de Pedro a las preguntas de su mamá. `10 pts.`

> **modelo**
>
> **MAMÁ:** ¿Te ayudo a guardar la ropa?
> **PEDRO:** La ropa ya *está guardada.*

1. **MAMÁ** ¿Cuándo se van a vestir tú y tu hermano para la fiesta?
   PEDRO Nosotros ya _____ _____.

2. **MAMÁ** Hijo, ¿puedes ordenar tu habitación?
   PEDRO La habitación ya _____ _____.

3. **MAMÁ** ¿Ya se murieron tus peces?
   PEDRO No, todavía no _____ _____.

4. **MAMÁ** ¿Te ayudo a hacer tus diligencias?
   PEDRO Gracias, mamá, pero las diligencias ya _____ _____.

5. **MAMÁ** ¿Cuándo terminas tu proyecto?
   PEDRO El proyecto ya _____ _____.

5 **La ciudad ideal** Escribe un párrafo de al menos seis oraciones describiendo cómo es la comunidad ideal donde te gustaría (*you would like*) vivir en el futuro y compárala con la comunidad donde vives ahora. Usa cláusulas adjetivas y el vocabulario de esta lección. `12 pts.`

6 **Adivinanza** Completa la adivinanza y adivina la respuesta. `¡2 puntos EXTRA!`

66 Me llegan las cartas
y no sé_____ (*to read*)
y, aunque° me las como,
no mancho° el papel. **99**
¿Quién soy?_____

aunque *although* **no mancho** *I don't stain*

Practice more at **vhlcentral.com**.

Lectura

Antes de leer

Estrategia

Identifying point of view

You can understand a narrative more completely if you identify the point of view of the narrator. You can do this by simply asking yourself from whose perspective the story is being told. Some stories are narrated in the first person. That is, the narrator is a character in the story, and everything you read is filtered through that person's thoughts, emotions, and opinions. Other stories have an omniscient narrator who is not one of the story's characters and who reports the thoughts and actions of all the characters.

Examinar el texto

Lee brevemente este cuento escrito por Marco Denevi. ¿Crees que se narra en primera persona o tiene un narrador omnisciente? ¿Cómo lo sabes?

_____

_____

Punto de vista

Éstos son fragmentos de *Esquina peligrosa* en los que se cambió el punto de vista° a primera persona. Completa cada oración de manera lógica.

1. Le _____ a mi chofer que me condujese hasta aquel barrio...

2. Al doblar la esquina _____ el almacén, el mismo viejo y sombrío almacén donde _____ había trabajado como dependiente...

3. El recuerdo de _____ niñez me puso nostálgico. Se _____ humedecieron los ojos.

4. Yo _____ la canasta de mimbre, _____ llenándola con paquetes [...] y _____ a hacer el reparto.

punto de vista *point of view*

Practice more at **vhlcentral.com.**

Marco Denevi (1922–1998) fue un escritor y dramaturgo argentino. Estudió derecho y más tarde se convirtió en escritor. Algunas de sus obras, como *Rosaura a las diez*, han sido° llevadas al cine. Denevi se caracteriza por su gran creatividad e ingenio, que jamás dejan de sorprender al lector°.

Esquina peligrosa

Marco Denevi

El señor Epidídimus, el magnate de las finanzas°, uno de los hombres más ricos del mundo, sintió un día el vehemente deseo de visitar el barrio donde había vivido cuando era niño y trabajaba como dependiente de almacén.

Le ordenó a su chofer que lo condujese hasta aquel barrio humilde° y remoto. Pero el barrio estaba tan cambiado que el señor Epidídimus no lo reconoció. En lugar de calles de tierra había bulevares asfaltados°, y las míseras casitas de antaño° habían sido reemplazadas por torres de departamentos°.

Al doblar una esquina vio el almacén, el mismo viejo y sombrío° almacén donde él había trabajado como dependiente cuando tenía doce años.

—Deténgase aquí—le dijo al chofer. Descendió del automóvil y entró en el almacén. Todo se conservaba igual que en la época de su infancia: las estanterías, la anticuada caja registradora°, la balanza de pesas° y, alrededor, el mudo asedio° de la mercadería.

El señor Epidídimus percibió el mismo olor de sesenta años atrás: un olor picante y agridulce a jabón han sido *have been* lector *reader* finanzas *finance* humilde *humble, modest* asfaltados *paved with asphalt* antaño *yesteryear* torres de departamentos *apartment buildings* sombrío *somber* anticuada caja registradora *old-fashioned cash register* balanza de pesas *scale* mudo asedio *silent siege* aserrín *sawdust* acaroína *pesticide* penumbra del fondo *half-light from the back* reparto *delivery* lodazal *bog*

amarillo, a aserrín° húmedo, a vinagre, a aceitunas, a acaroína°. El recuerdo de su niñez lo puso nostálgico. Se le humedecieron los ojos. Le pareció que retrocedía en el tiempo.

Desde la penumbra del fondo° le llegó la voz ruda del patrón:

—¿Estas son horas de venir? Te quedaste dormido, como siempre.

El señor Epidídimus tomó la canasta de mimbre, fue llenándola con paquetes de azúcar, de yerba y de fideos, y salió a hacer el reparto°.

La noche anterior había llovido y las calles de tierra estaban convertidas en un lodazal°.

(1974)

❧

© Denevi, Marco, Cartas peligrosas y otros cuentos. Obras Completas, Tomo 5, Buenos Aires, Corregidor, L999, págs. L92–L93.

Después de leer

Comprensión

Indica si las oraciones son **ciertas** o **falsas**. Corrige las falsas.

Cierto	Falso	
——	——	1. El señor Epidídimus tiene una tienda con la que gana poco dinero.
——	——	2. Epidídimus vivía en un barrio humilde cuando era pequeño.
——	——	3. Epidídimus le ordenó al chofer que lo llevara a un barrio de gente con poco dinero.
——	——	4. Cuando Epidídimus entró al almacén se acordó de experiencias pasadas.
——	——	5. Epidídimus les dio órdenes a los empleados del almacén.

Interpretación

Responde a estas preguntas con oraciones completas.

1. ¿Es rico o pobre Epidídimus? ¿Cómo lo sabes?

2. ¿Por qué Epidídimus va al almacén?

3. ¿De quién es la voz "ruda" que Epidídimus escucha? ¿Qué orden crees que le dio a Epidídimus?

4. ¿Qué hace Epidídimus al final?

Coméntalo

En parejas, hablen de sus impresiones y conclusiones. Tomen como guía estas preguntas.

- ¿Te sorprendió el final de este cuento? ¿Por qué?
- ¿Qué va a hacer Epidídimus el resto del día?
- ¿Crees que Epidídimus niño estaba soñando o Epidídimus adulto estaba recordando?
- ¿Por qué crees que el cuento se llama *Esquina peligrosa*?

Lección 2

Escritura

Estrategia
Avoiding redundancies

Redundancy is the needless repetition of words or ideas. To avoid redundancy with verbs and nouns, consult a Spanish language thesaurus (**Diccionario de sinónimos**). You can also avoid redundancy by using object pronouns, possessive adjectives, demonstrative adjectives and pronouns, and relative pronouns. Remember that, in Spanish, subject pronouns are generally used only for clarification, emphasis, or contrast. Study the example below:

<u>Redundant:</u>

Susana quería visitar a su amiga. Susana estaba en la ciudad. Susana tomó el tren y perdió el mapa de la ciudad. Susana estaba perdida en la ciudad. Susana estaba nerviosa. Por fin, la amiga de Susana la llamó a Susana y le indicó cómo llegar.

<u>Improved:</u>

Susana, quien estaba en la ciudad, quería visitar a su amiga. Tomó el tren y perdió el mapa. Estaba perdida y nerviosa. Por fin, su amiga la llamó y le indicó cómo llegar.

Tema
Escribir un mensaje electrónico

Vas a visitar a un(a) amigo/a que vive en una ciudad que no conoces. Vas a pasar allí una semana y tienes que hacer también un trabajo para tu clase de literatura. Tienes planes de alquilar un carro, pero no sabes cómo llegar del aeropuerto a la casa de tu amigo/a.

Escríbele a tu amigo/a un mensaje electrónico describiendo lo que te interesa hacer allí y dale sugerencias de actividades que pueden hacer juntos/as. Menciona lo que necesitas para hacer tu trabajo. Puedes basarte en una visita real o imaginaria.

Considera esta lista de datos que puedes incluir:

▶ El nombre de la ciudad que vas a visitar

▶ Los lugares que más te interesa visitar

▶ Lo que necesitas para hacer tu trabajo:
   acceso a Internet
   saber cómo llegar a la biblioteca pública
   tiempo para estar solo/a
   libros para consultar

▶ Mandatos para las actividades que van a compartir

Escuchar Audio

Lección 2

Preparación

Describe la foto. Según la foto, ¿qué información específica piensas que vas a oír en el diálogo?

Ahora escucha

Lee estas frases y luego escucha la conversación entre Alberto y Eduardo. Indica si cada verbo se refiere a algo en el pasado, en el presente o en el futuro.

> **Acciones**

1. Demetrio / comprar en Macro _____

2. Alberto / comprar en Macro _____

3. Alberto / estudiar psicología _____

4. carro / tener frenos malos _____

5. Eduardo / comprar un anillo para Rebeca _____

6. Eduardo / estudiar _____

Comprensión

Descripciones

Marca las oraciones que describen correctamente a Alberto.

1. _____ Es organizado en sus estudios.

2. _____ Compró unas flores para su novia.

3. _____ No le gusta tomar el metro.

4. _____ No conoce bien la zona de Sabana Grande y Chacaíto.

5. _____ No tiene buen sentido de la orientación°.

6. _____ Le gusta ir a los lugares que están de moda.

Preguntas

1. ¿Por qué Alberto prefiere ir en metro a Macro?

2. ¿Crees que Alberto y Eduardo viven en una ciudad grande o en un pueblo? ¿Cómo lo sabes?

3. ¿Va Eduardo a acompañar a Alberto? ¿Por qué?

Conversación

En grupos pequeños, hablen de sus tiendas favoritas y de cómo llegar a ellas desde la universidad. ¿En qué lugares tienen la última moda? ¿Los mejores precios? ¿Hay buenas tiendas cerca de la universidad?

---

sentido de la orientación *sense of direction*

 Practice more at **vhlcentral.com**.

En pantalla

Son muchos los íconos de Buenos Aires. En La Boca, se viven dos pasiones: el tango y el fútbol. En los Bosques de Palermo, pasean los enamorados. En San Telmo, se compran antigüedades° y también se respira tango. En el cementerio de La Recoleta, turistas y cientos de gatos recorren las adornadas° tumbas y los elegantes mausoleos. Pero quizá el símbolo más famoso sea el Obelisco de Buenos Aires, ubicado en la intersección de las Avenidas Corrientes y 9 de Julio. Y ésta última° es el escenario del video que vas a ver a continuación°.

Vocabulario útil	
avanzar	to move forward
caminante	walker
detenerse	to stop
en el medio	in the middle
hombrecito blanco/rojo	little white/red man
peatones	pedestrians
plazoleta (Arg.)	traffic island
semáforos	traffic lights

Preparación

Imagina que vas a cruzar la avenida más ancha del mundo. ¿Qué instrucciones se necesitan?

Ordenar

Ordena los pasos (*steps*) para cruzar la avenida.

a. Avancemos cuando el hombrecito blanco nos protege.

b. Primero, detengámonos. Miremos las señales y los semáforos.

c. Dejemos pasar los autos.

d. Detengámonos en el medio cuando el hombrecito blanco nos abandona.

e. Ya llegamos, ¡corramos felices!

Instrucciones

En parejas, describan los siete pasos para hacer una de estas cuatro tareas. Utilicen mandatos con **tú**.

a. preparar una ensalada

b. ver una película en el cine

c. dormirse

d. llegar a la universidad

antigüedades *antiques* adornadas *decorated* última *last one* a continuación *next*

Cruzar 9 de Julio

Para ello necesitaremos: semáforos, dos pares...

El hombrecito blanco significa: Vé tranquilo caminante.

¡Debemos detenernos!

 Video: TV Clip

 Practice more at **vhlcentral.com**.

Lección 2

En una ciudad tan grande como el D.F., la vida es más fácil gracias al Sistema de Transporte Colectivo Metro y los viajes muchas veces pueden ser interesantes: en el metro se promueve° la cultura. Allí se construyó el primer museo del mundo en un transporte colectivo. También hay programas de préstamo de libros para motivar a los usuarios a leer en el tiempo muerto° que pasan dentro° del sistema. ¿Quieres saber más? Descubre qué hace tan especial al Metro del D.F. en este episodio de *Flash cultura*.

El Metro del D.F.

Viajando en el Metro... puedes conocer más acerca de la cultura de este país.

Para la gente... mayor de 60 años, es el transporte totalmente gratuito.

... el Metro [...] está conectado con los demás sistemas de transporte...

Vocabulario útil

concurrido	*busy, crowded*
se esconde	*is hidden*
transbordo	*transfer, change*
tranvía	*streetcar*

Preparación

Imagina que estás en México, D.F., una de las ciudades más grandes del mundo. ¿Qué transporte usas para ir de un lugar a otro? ¿Por qué?

Seleccionar

Selecciona la respuesta correcta.

1. El Bosque de Chapultepec es uno de los lugares más (solitarios/concurridos) de la ciudad.

2. En las estaciones (de transbordo/subterráneas) los pasajeros pueden cambiar de trenes para llegar fácilmente a su destino.

3. Algunas líneas del Metro no son subterráneas, sino superficiales, es decir, (paran/circulan) al nivel de la calle.

4. Dentro de algunas estaciones hay (danzas indígenas/exposiciones de arte).

 **Video:** *Flash cultura*

recursos

VM
pp. 121–122

vhlcentral.com
Lección 2

Video: *Panorama cultural*
Interactive map

Venezuela

El país en cifras

▸ **Área:** 912.050 km² (352.144 millas²),
aproximadamente dos veces el área de California

▸ **Población:** 31.292.000

▸ **Capital:** Caracas —3.292.000

▸ **Ciudades principales:** Maracaibo —2.357.000,
Valencia —1.905.000, Barquisimeto
—1.273.000, Maracay —1.138.000

SOURCE: Population Division, UN Secretariat

▸ **Moneda:** bolívar

▸ **Idiomas:** español (oficial), lenguas
indígenas (oficiales)

*El yanomami es uno de los idiomas indígenas
que se habla en Venezuela. La cultura de los
yanomami tiene su centro en el sur de Venezuela,
en el bosque tropical. Son cazadores° y agricultores
y viven en comunidades de hasta 400 miembros.*

Bandera de Venezuela

Venezolanos célebres

▸ **Teresa Carreño,** compositora y pianista
(1853–1917)

▸ **Rómulo Gallegos,** escritor y político
(1884–1969)

▸ **Andrés Eloy Blanco,** poeta (1897–1955)

▸ **Baruj Benacerraf,** científico (1920–2011)

*En 1980, Baruj Benacerraf, junto con dos de
sus colegas, recibió el Premio Nobel por sus
investigaciones en el campo° de la inmunología y
las enfermedades autoinmunes. Nacido en Caracas,
Benacerraf también vivió en París y los
Estados Unidos.*

cazadores *hunters* campo *field* caída *drop* Salto Ángel *Angel Falls*
catarata *waterfall* la dio a conocer *made it known*

Isla Margarita

Maracaibo

Lago de Maracaibo

Valencia

★ Caracas

Cordillera Central de la Costa

Río Orinoco

Macizo de las Guayanas

Río Orinoco

BRASIL

GUYANA

Vista de Caracas

Una piragua

ESTADOS UNIDOS

OCÉANO ATLÁNTICO

OCÉANO PACÍFICO

VENEZUELA

recursos

WB pp. 115–116	VM pp. 119–120	vhlcentral.com Lección 2

¡Increíble pero cierto!

Con una caída° de 979 metros (3.212 pies)
desde la meseta de Auyan Tepuy, Salto Ángel°,
en Venezuela, es la catarata° más alta del
mundo, ¡diecisiete veces más alta que las
cataratas del Niágara! James C. Angel la dio a
conocer° en 1935. Los indígenas de la zona la
denominan "Kerepakupai Merú".

Economía • **El petróleo**

La industria petrolera° es muy importante para la economía venezolana.
La mayor concentración de petróleo del país se encuentra debajo del lago
Maracaibo. En 1976 se nacionalizaron las empresas° petroleras y pasaron
a ser propiedad° del estado con el nombre de *Petróleos de Venezuela*. Este
producto representa más del 70% de las exportaciones del país, siendo los
Estados Unidos su principal comprador°.

Actualidades • **Caracas**

El *boom* petrolero de los años cincuenta transformó a Caracas en una ciudad
cosmopolita. Sus rascacielos° y excelentes sistemas de transporte la hacen una
de las ciudades más modernas de Latinoamérica. El metro, construido en 1983,
es uno de los más modernos del mundo y sus extensas carreteras y autopistas
conectan la ciudad con el interior del país. El corazón de la capital es el Parque
Central, una zona de centros comerciales, tiendas, restaurantes y clubes.

Historia • **Simón Bolívar (1783–1830)**

A principios del siglo° XIX, el territorio de la actual Venezuela, al igual que
gran parte de América, todavía estaba bajo el dominio de la Corona° española.
El general Simón Bolívar, nacido en Caracas, es llamado "El Libertador"
porque fue el líder del movimiento independentista suramericano en el área
que hoy es Venezuela, Colombia, Ecuador, Perú y Bolivia.

 ¿Qué aprendiste? Responde a cada pregunta con una oración completa.

1. ¿Cuál es la moneda de Venezuela?

2. ¿Quién fue Rómulo Gallegos?

3. ¿Cuándo se dio a conocer el Salto Ángel?

4. ¿Cuál es el producto más exportado de Venezuela?

5. ¿Qué ocurrió en 1976 con las empresas petroleras?

6. ¿Cómo se llama la capital de Venezuela?

7. ¿Qué hay en el Parque Central de Caracas?

8. ¿Por qué es conocido Simón Bolívar como "El Libertador"?

Sombreros y hamacas
en Ciudad Bolívar

 Conexión Internet Investiga estos temas en **vhlcentral.com**.

1. Busca información sobre Simón Bolívar. ¿Cuáles son algunos de los episodios más importantes de su vida?
   ¿Crees que Bolívar fue un estadista (*statesman*) de primera categoría? ¿Por qué?

2. Prepara un plan para un viaje de ecoturismo por el Orinoco. ¿Qué quieres ver y hacer durante la excursión?

 Practice more at **vhlcentral.com**.

....

industria petrolera *oil industry* **empresas** *companies* **propiedad** *property* **comprador** *buyer* **rascacielos** *skyscrapers*
siglo *century* **Corona** *Crown*

En la ciudad

el banco	bank
la carnicería	butcher shop
el correo	post office
el estacionamiento	parking lot
la frutería	fruit store
la heladería	ice cream shop
la joyería	jewelry store
la lavandería	laundromat
la panadería	bakery
la pastelería	pastry shop
la peluquería, el salón de belleza	beauty salon
la pescadería	fish market
el supermercado	supermarket
la zapatería	shoe store
hacer cola	to stand in line
hacer diligencias	to run errands

En el banco

el cajero automático	ATM
el cheque (de viajero)	(traveler's) check
la cuenta corriente	checking account
la cuenta de ahorros	savings account
ahorrar	to save (money)
cobrar	to cash (a check)
depositar	to deposit
firmar	to sign
llenar (un formulario)	to fill out (a form)
pagar a plazos	to pay in installments
pagar al contado/ en efectivo	to pay in cash
pedir prestado/a	to borrow
pedir un préstamo	to apply for a loan
ser gratis	to be free of charge

Cómo llegar

la cuadra	(city) block
la dirección	address
la esquina	corner
el letrero	sign
cruzar	to cross
doblar	to turn
estar perdido/a	to be lost
indicar cómo llegar	to give directions
quedar	to be located
(al) este	(to the) east
(al) norte	(to the) north
(al) oeste	(to the) west
(al) sur	(to the) south
derecho	straight (ahead)
enfrente de	opposite; facing
hacia	toward

En el correo

el cartero	mail carrier
el correo	mail; post office
la estampilla, el sello	stamp
el paquete	package
el sobre	envelope
echar (una carta) al buzón	to put (a letter) in the mailbox; to mail
enviar, mandar	to send; to mail

Past participles used as adjectives	See page 93.
Expresiones útiles	See page 81.

Audio: Vocabulary Flashcards

contextos

Lección 2

1 **El dinero** Complete the sentences with the correct banking-related words.

1. Necesito sacar dinero en efectivo. Voy al _____.

2. Quiero ahorrar para comprar una casa. Pongo el dinero en una _____.

3. Voy a pagar, pero no tengo efectivo ni tarjeta de crédito. Puedo usar un _____.

4. Cuando uso un cheque, el dinero sale de mi _____.

5. Para cobrar un cheque a mi nombre, lo tengo que _____ por detrás.

6. Para ahorrar, pienso _____ $200 en mi cuenta de ahorros todos los meses.

2 **¿Qué clase (*kind*) de tienda es ésta?** You are running errands, and you can't find the things you're looking for. Fill in the blanks with the names of the places you go.

1. ¿No tienen manzanas? ¿Qué clase de _____ es ésta?

2. ¿No tienen una chuleta de cerdo? ¿Qué clase de _____ es ésta?

3. ¿No tienen detergente? ¿Qué clase de _____ es ésta?

4. ¿No tienen dinero? ¿Qué clase de _____ es éste?

5. ¿No tienen diamantes (*diamonds*)? ¿Qué clase de _____ es ésta?

6. ¿No tienen estampillas? ¿Qué clase de _____ es éste?

7. ¿No tienen botas? ¿Qué clase de _____ es ésta?

8. ¿No tienen aceite vegetal? ¿Qué clase de _____ es éste?

3 **¿Cómo pagas?** Fill in the blank with the most likely form of payment for each item.

a plazos	con un préstamo
al contado	gratis

1. un refrigerador _____

2. una camisa _____

3. un coche nuevo _____

4. las servilletas en un restaurante _____

5. una computadora _____

6. un vaso de agua _____

7. una hamburguesa _____

8. una cámara digital _____

9. la universidad _____

10. unos sellos _____

4 **Tu empresa** Fill in the blanks with the type of store each slogan would promote.

1. "Compre aquí para toda la semana y ahorre en alimentos para toda la familia." _____

2. "Deliciosos filetes de salmón en oferta especial." _____

3. "Recién (*Just*) salido del horno." _____

4. "Naranjas y manzanas a dos dólares el kilo." _____

5. "Tráiganos su ropa más fina. ¡Va a quedar como nueva!" _____

6. "51 sabrosas variedades para el calor del verano." _____

7. "¡Reserva el pastel de cumpleaños de tu hijo hoy!" _____

8. "Un diamante es para siempre." _____

9. "Salchichas, jamón y chuletas de cerdo." _____

10. "Arréglese las uñas y péinese hoy por un precio económico." _____

5 **¿Cómo llego?** Identify the final destination for each set of directions.

1. De la Plaza Sucre, camine derecho en dirección oeste por la calle Comercio. Doble a la derecha en la calle La Paz hasta la calle Escalona. Doble a la izquierda y al final de la calle va a verlo.

_____

2. Del banco, camine en dirección este por la calle Escalona. Cuando llegue a la calle Sucre, doble a la derecha. Siga por dos cuadras hasta la calle Comercio. Doble a la izquierda. El lugar queda al cruzar la calle Bella Vista.

_____

3. Del estacionamiento de la calle Bella Vista, camine derecho por la calle Sta. Rosalía hasta la calle Bolívar. Cruce la calle Bolívar, y a la derecha en esa cuadra la va a encontrar.

_____

4. De la joyería, camine por la calle Comercio hasta la calle Bolívar. Doble a la derecha y cruce la calle Sta. Rosalía, la calle Escalona y la calle 2 de Mayo. Al norte en esa esquina la va a ver.

_____

El Hatillo

Plaza Bolívar · Farmacia · Joyería
Plaza Sucre · Iglesia · Zapatería
Banco · Terminal · Café Primavera
Casa de la Cultura · Escuela · Estacionamiento

estructura

2.1 The subjunctive in adjective clauses

1 **El futuro de las computadoras** Complete the paragraph with the subjunctive of the verbs in parentheses.

¿Alguna vez ha pensado en una computadora del tamaño de un celular que (1) _____ (tener) una imagen virtual que usted (2) _____ (poder) manipular? En nuestra compañía queremos desarrollar un programa que (3) _____ (mostrar) el contenido de una computadora en forma de holograma 3D sobre cualquier superficie (*surface*). Y que (4) _____ (funcionar) ¡sin necesidad de gafas especiales! Para desarrollar esta tecnología, se necesita una combinación de electrónica, óptica y un programa que (5) _____ (servir) para convertir una imagen de 2D en 3D. Es posible, por ejemplo, que se (6) _____ (usar) estas computadoras de manera cotidiana y que en el futuro (7) _____ (ser) normales los mensajes con las imágenes y la voz de la persona que los grabó, ¡justo como en la *Guerra de las Galaxias* (*Star Wars*)! Probablemente esta tecnología sea tan común que todos (nosotros) la (8) _____ (encontrar) en cualquier lugar de la ciudad.

2 **Completar** Complete the sentences with the indicative or the subjunctive of the verbs in parentheses.

(ser)

1. Inés quiere comprar una falda que _____ larga y elegante.

2. A María le gusta la falda que _____ verde y negra.

(estar)

3. Nunca estuvieron en el hotel que _____ al lado del aeropuerto.

4. No conocemos ningún hotel que _____ cerca de su casa.

(quedar)

5. Hay un banco en el edificio que _____ en la esquina.

6. Deben poner un banco en un edificio que _____ más cerca.

(tener)

7. Silvia quiere un apartamento que _____ balcón y piscina.

8. Ayer ellos vieron un apartamento que _____ tres baños.

(ir)

9. Hay muchas personas que _____ a Venezuela de vacaciones.

10. Raúl no conoce a nadie que _____ a Venezuela este verano.

3 **Fotonovela** Rewrite the sentences to make them negative, using the subjunctive where appropriate.

1. Maru conoce a un chico que estudia medicina.

   _____

2. Los padres de Miguel cuidan a un perro que protege su casa.

   _____

3. Juan Carlos tiene un pariente que escribe poemas.

   _____

4. Los Díaz usan coches que son baratos.

   _____

5. Don Diego trabaja con unas personas que conocen a su padre.

   _____

6. Jimena hace un plato mexicano que es delicioso.

   _____

4 **Paseando en Caracas** Answer these questions positively or negatively, as indicated. Use the subjunctive where appropriate.

1. ¿Hay algún buzón que esté en la Plaza Bolívar?

   Sí, _____.

2. ¿Conoces a alguien que sea abogado de inmigración?

   No, _____.

3. ¿Ves a alguien aquí que estudie contigo en la universidad?

   Sí, _____.

4. ¿Hay alguna panadería que venda pan caliente (*hot*) cerca de aquí?

   No, _____.

5. ¿Tienes alguna compañera que vaya a ese gimnasio?

   Sí, _____.

6. ¿Conoces a alguien en la oficina que haga envíos a otros países?

   No, _____.

5 **Une las frases** Complete the sentences with the most logical endings from the word bank. Use the indicative or subjunctive forms of the infinitive verbs as appropriate.

abrir hasta las doce de la noche	gustarle mucho	siempre decirnos la verdad
no manejar en carretera	ser cómoda y barata	tener muchos museos

1. Rolando tiene un auto que _____.

2. Todos buscamos amigos que _____.

3. Irene y José viven en una ciudad que _____.

4. ¿Hay una farmacia que _____?

2.2 Nosotros/as commands

1

Hagamos eso Rewrite these sentences, using the **nosotros/as** command forms of the verbs in italics.

> **modelo**
>
> Tenemos que *terminar* el trabajo antes de las cinco.
> **Terminemos el trabajo antes de las cinco.**

1. Hay que *limpiar* la casa hoy.

   _____

2. Tenemos que *ir* al dentista esta semana.

   _____

3. Debemos *depositar* el dinero en el banco.

   _____

4. Podemos *viajar* a Venezuela este invierno.

   _____

5. Queremos *salir* a bailar este sábado.

   _____

6. Deseamos *invitar* a los amigos de Ana.

   _____

2

¡Sí! ¡No! You and your roommate disagree about everything. Write affirmative and negative **nosotros/as** commands for these actions.

> **modelo**
>
> abrir las ventanas
> tú: **Abramos las ventanas.**
> tu compañero/a: **No abramos las ventanas.**

1. pasar la aspiradora hoy

   tú: _____

   tu compañero/a: _____

2. poner la televisión

   tú: _____

   tu compañero/a: _____

3. compartir la comida

   tú: _____

   tu compañero/a: _____

4. hacer las camas todos los días

   tú: _____

   tu compañero/a: _____

3 **Como Lina** Everyone likes Lina and they want to be like her. Using **nosotros/as** commands, write sentences telling your friends what you all should do to follow her lead.

1. Lina compra zapatos italianos en el centro.

_____

2. Lina conoce la historia del jazz.

_____

3. Lina se va de vacaciones a las montañas.

_____

4. Lina se corta el pelo en la peluquería de la calle Central.

_____

5. Lina hace pasteles para los cumpleaños de sus amigas.

_____

6. Lina no sale de fiesta todas las noches.

_____

7. Lina corre al lado del río todas las mañanas.

_____

8. Lina no gasta demasiado dinero en la ropa.

_____

4 **El préstamo** Claudia is thinking of everything that she and her fiancé, Ramón, should do to buy an apartment. Write what she will tell Ramón, using **nosotros/as** commands for verbs in the infinitive. The first sentence has been done for you.

Podemos pedir un préstamo para comprar un apartamento. Debemos llenar este formulario cuando solicitemos el préstamo. Tenemos que ahorrar dinero todos los meses hasta que paguemos el préstamo. No debemos cobrar los cheques que nos lleguen; debemos depositarlos en la cuenta corriente. Podemos depositar el dinero que nos regalen cuando nos casemos. Le debemos pedir prestado a mi padre un libro sobre cómo comprar una vivienda. Queremos buscar un apartamento que esté cerca de nuestros trabajos. No debemos ir al trabajo mañana por la mañana; debemos ir al banco a hablar con un empleado.

Pidamos un préstamo para comprar un apartamento. _____

_____

_____

_____

_____

_____

_____

_____

2.3 Past participles used as adjectives

1 **Completar** Complete the sentences with the correct past participle forms of these verbs.

1. Me voy de paseo junto al río en una bicicleta _____ (prestar).

2. Julián y yo tenemos las maletas _____ (abrir) por toda la sala.

3. Tu sobrino te regaló un barco _____ (hacer) de papel de periódico.

4. A la abuela de Gabriela le gusta recibir cartas _____ (escribir) a mano.

5. Para protegerse del sol, Rosa tiene un sombrero _____ (poner).

6. Lisa y David tienen bastante dinero _____ (ahorrar) en el banco.

7. Hay varios abrigos de invierno _____ (guardar) en el armario.

8. En Perú se descubrieron varias ciudades _____ (perder) cerca de Cuzco.

9. Natalia, José y Francisco son mis amigos _____ (preferir).

10. Miguel no puede caminar porque tiene el tobillo _____ (torcer).

2 **Las consecuencias** Complete the sentences with **estar** and the correct past participle.

> **modelo**
> La señora Gómez cerró la farmacia.
> *La farmacia está cerrada.*

1. Rafael resolvió los problemas. Los problemas _____.

2. Julia se preparó para el examen. Julia _____.

3. Le vendimos esa aspiradora a un cliente. Esa aspiradora _____.

4. Se prohíbe nadar en ese río. Nadar en ese río _____.

5. La agente de viajes confirmó la reservación. La reservación _____.

6. Carlos y Luis se aburrieron durante la película. Carlos y Luis _____.

3 **¿Cómo están?** Label each drawing with a complete sentence, using the nouns provided with **estar** and the past participle of the verbs.

1. pavo / servir _____

2. dormitorio / desordenar _____

3. cama / hace _____

4. niñas / dormir _____

4 **El misterio** Complete this paragraph with the correct past participle forms of the verbs in the word bank. Use each verb only once.

abrir	desordenar	hacer	poner	romper	ver
cubrir	escribir	morir	resolver	sorprender	volver

El detective llegó al hotel con el número de la habitación (1) _____ en un papel.

Entró en la habitación. La cama estaba (2) _____ y la puerta del baño estaba

(3) _____. Vio a un hombre que parecía estar (4) _____

porque no movía ni un dedo. El hombre tenía la cara (5) _____ con un periódico

y no tenía zapatos (6) _____. El espejo estaba (7) _____ y

el baño estaba (8) _____. De repente, el hombre se levantó y salió corriendo sin

sus zapatos. El detective se quedó muy (9) _____ y el misterio nunca fue

(10) _____.

Síntesis

Imagine you have a friend who lives in an exciting place you have never visited: New York City, Mexico, etc. You are about to visit your friend for the first time; you are very excited and have many things you want to do, but you also have a lot of questions. On a separate sheet of paper, write an e-mail to your friend to prepare for your trip. Your message should include the following:

- Statements about the preparations you have made for your trip, using past participles as adjectives.
- **Nosotros/as** commands that describe the preparations you need to complete in order to do certain activities.
- Questions about the logistics of banking, communications, shopping, etc. in the city or country, using the subjunctive in adjective clauses.

modelo

Hola, Maribel. Estoy muy emocionada porque acabo de comprar el pasaje para visitarte en Madrid. ¡Las maletas ya están hechas! Intentemos planearlo todo esta semana: consigamos la reservación para la cena de Nochevieja (*New Year's Eve*), llamemos a tus amigos para quedar con (*meet up with*) ellos y compremos ropa nueva para ir a la disco. A propósito, ¿hay muchas tiendas que acepten tarjeta de crédito? ¿Y hay restaurantes que sirvan comida vegetariana? ¿Tienes algún amigo guapo que no tenga novia? ¡Hasta pronto!

Sarah

panorama

Venezuela

1   **En Venezuela** Complete the sentences with information from **Panorama**.

1. Los _____ viven en comunidades de hasta 400 miembros.

2. El inmunólogo venezolano que ganó el Premio Nobel es _____.

3. La mayor concentración del petróleo en Venezuela se encuentra debajo del _____.

4. El principal país comprador del petróleo venezolano es _____.

5. El *boom* petrolero convirtió a Caracas en una ciudad _____.

6. El corazón de Caracas es la zona del _____.

7. A principios del siglo XIX, la actual Venezuela todavía estaba bajo el dominio de

    _____.

8. Simón Bolívar fue el líder del movimiento _____ suramericano.

2   **Datos venezolanos** Complete the chart with the indicated information.

Venezolanos famosos	Principales ciudades venezolanas	Idiomas que se hablan en Venezuela	Países del área liberada por Simón Bolívar

3   **¿Quién soy?** Identify the person or type of person who could make each statement.

1. "Soy parte de una tribu que vive en el sur de Venezuela."

    _____

2. "Compuse música y toqué (*played*) el piano durante parte de los siglos XIX y XX."

    _____

3. "Fui un general que contribuyó a formar el destino de América."

    _____

4. "Di a conocer el Salto Ángel en 1935."

    _____

Después de ver el video

5 **Seleccionar** Write the letter of the word or words that complete each sentence.

1. Maru le dice a Miguel que está enfrente ___.

   a. del salón de belleza   b. de la panadería   c. de la joyería

2. Maru decide irse en taxi al ___.

   a. banco   b. correo   c. museo

3. Maru le ___ a Mónica porque no tiene efectivo.

   a. paga a plazos   b. pide dinero prestado   c. paga al contado

4. Mónica gastó el efectivo en la carnicería, la frutería y ___.

   a. al supermercado   b. el salón de belleza   c. la panadería

5. ___ de Maru estaba en el coche de Miguel.

   a. El paquete   b. El efectivo   c. La bolsa

6. Mónica ___ a la izquierda en el semáforo.

   a. hizo cola   b. dobló   c. cruzó

6 **Escribir** Write a summary of today's events from Maru's point of view.

_____

_____

_____

_____

_____

_____

7 **Las diligencias** Write a paragraph describing some of the errands you ran last week. What did they involve, and what places in your community did you visit?

_____

_____

_____

_____

_____

_____

_____

Panorama: Venezuela

Antes de ver el video

1   **Más vocabulario** Look over these useful words before you watch the video.

<table>
<tr><td colspan="3" align="center">**Vocabulario útil**</td></tr>
<tr><td>**castillo** *castle*</td><td>**fuerte** *fort*</td><td>**plana** *flat*</td></tr>
<tr><td>**catarata** *waterfall*</td><td>**maravilla** *wonder*</td><td>**según** *according to*</td></tr>
<tr><td>**cima** *top*</td><td>**medir** *measure*</td><td>**teleférico** *cable railway*</td></tr>
</table>

2   **Preferencias** In this video you are going to learn about two of the most famous tourist attractions in Venezuela: its mountains and beaches. In preparation for watching the video, complete these sentences.

1. Me gusta/No me gusta ir a la playa porque _____

_____

_____

2. Me gusta/No me gusta ir de excursión a las montañas porque _____

_____

_____

Mientras ves el video

3   **Marcar** Check off the cognates you hear while watching the video.

_____ 1. animales

_____ 2. arquitectura

_____ 3. construcción

_____ 4. diversa

_____ 5. famoso

_____ 6. geológicas

_____ 7. horizontales

_____ 8. marina

_____ 9. mitología

_____ 10. naturales

_____ 11. plantas

_____ 12. verticales

Después de ver el video

4 **¿Cierto o falso?** Indicate whether each statement is **cierto** or **falso**. Correct the false statements.

1. El Fortín Solano es la capital comercial de isla Margarita.

   _____

2. "Tepuyes" es el nombre que los indígenas piaroas le dan a las montañas.

   _____

3. Se cree que en el Parque Nacional Canaima hay muchas especies de plantas y animales que nunca han sido clasificadas.

   _____

4. El Salto Ángel es la catarata más alta del mundo.

   _____

5. Según la mitología de los piaroas, el tepuy Autana representa la muerte.

   _____

6. La isla Margarita es conocida como la Perla del Amazonas.

   _____

5 **Completar** Complete the sentences with words from the word bank. Some words will not be used.

clase	islas	metros	río	verticales
fuertes	marina	planas	teleférico	

1. En Venezuela hay castillos y _____ que sirvieron para proteger al país hace muchos años.

2. En Venezuela hay más de 311 _____.

3. La isla Margarita tiene una fauna _____ muy diversa.

4. Los hoteles de isla Margarita son de primera _____.

5. El Parque Nacional Canaima tiene 38 grandes montañas de paredes _____ y cimas _____.

6. Venezuela también tiene el _____ más largo del mundo.

6 **Escribir** In Spanish, list the three things you found most interesting in this video and explain your choices. Use complete sentences.

_____

_____

_____

_____

_____

El Metro del D.F.

Antes de ver el video

1 **Más vocabulario** Look over these useful words before you watch the video.

Vocabulario útil

ancho/a *wide*	**contar con** *to have, to offer*	**repartido/a** *spread*
el boleto *ticket*	**debajo** *underneath*	**el siglo** *century*
el camión *bus (Mexico)*	**gratuito/a** *free*	**superado/a** *surpassed*
el castillo *castle*	**imponente** *imposing, impressive*	**la superficie** *surface*
construido/a *built*	**recorrer** *to cover (traveling)*	**ubicado/a** *located*

2 **Completar** Complete these sentences.

1. En México se le dice _____ a un autobús.
2. Los autobuses _____ distintos puntos de México, D.F.
3. El Metro tiene estaciones _____ por toda la ciudad.
4. El Bosque de Chapultepec está _____ en el centro de México, D.F.
5. El Metro es un servicio _____ para personas de más de 60 años.

3 **¡En español!** Look at the video still. Imagine what Carlos will say about **el Metro** in Mexico City and write a two- or three-sentence introduction to this episode.

Carlos López, México

¡Hola! Hoy vamos a hablar de… _____

_____

_____

_____

_____

Mientras ves el video

4 **¿Qué les gusta?** Identify what each of these passengers likes about **el Metro**.

1. __

2. __

3. __

a. Es útil para ir a la escuela y visitar a mis compañeros.
c. Es un transporte seguro, rápido y cómodo.
e. Hay mucha variedad de gente.

b. Hay una parada (*stop*) cerca de mi casa.
d. Es barato y siempre me dan un descuento.

5 **¿Qué dice?** Identify the places Carlos mentions in the video.

_____ 1. una joyería del siglo pasado

_____ 2. las estaciones de metro superficiales

_____ 3. la Catedral Metropolitana

_____ 4. una panadería

_____ 5. un castillo construido en un cerro (*hill*)

_____ 6. el correo

_____ 7. un zoológico

_____ 8. un bosque en el centro de la ciudad

Después de ver el video

6 **¿Cierto o falso?** Indicate whether these statements are **cierto** or **falso**.

1. Carlos dice que el Metrobús es el sistema favorito de los ciudadanos. _____

2. Los tranvías circulan bajo la superficie de la ciudad. _____

3. En el Metro puedes recorrer los principales atractivos de México, D.F. _____

4. El Zócalo es la plaza principal de la capital mexicana. _____

7 **¿Cómo llego?** Imagine that you are in Mexico City. You want to go to **Ciudad Azteca** and decided to take the subway, but got confused and end up in **Barranca del Muerto**, the other end of the city! On a separate piece of paper, write a conversation in which you ask a person for directions to help you get to your destination. Use some of these expressions. You can also find a map of the **Metro** online.

cambiar de tren
las estaciones
    de transbordo
estar perdido
hasta
al norte
seguir derecho

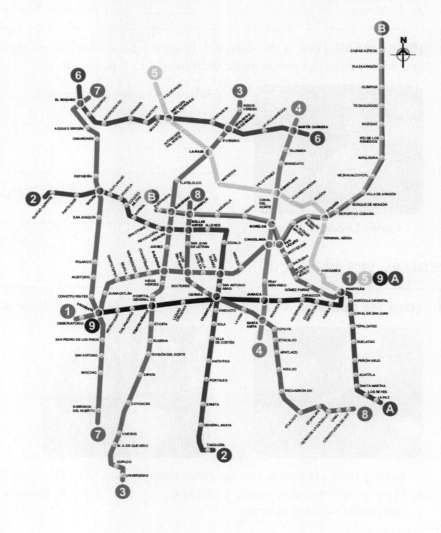

contextos

1 **¿Lógico o ilógico?** You will hear some questions and the responses. Decide if they are **lógico** or **ilógico**.

1. Lógico Ilógico   3. Lógico Ilógico   5. Lógico Ilógico   7. Lógico Ilógico

2. Lógico Ilógico   4. Lógico Ilógico   6. Lógico Ilógico   8. Lógico Ilógico

2 **Hacer diligencias** Look at the drawing in your lab manual and listen to Sofía's description of her day. During each pause, write the name of the place she went. The first one has been done for you.

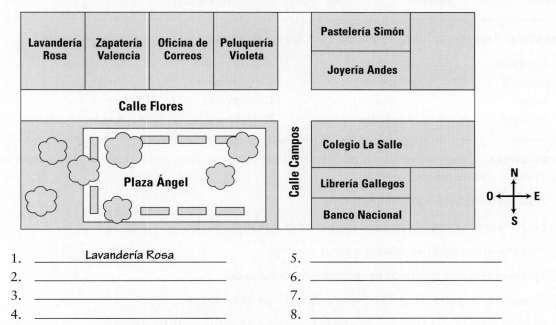

1. _____Lavandería Rosa_____   5. _____

2. _____   6. _____

3. _____   7. _____

4. _____   8. _____

3 **Preguntas** Look once again at the drawing in activity 2 in your lab manual and answer each question you hear with the correct information. Repeat the correct response after the speaker. (*5 items*)

> **modelo**
>
> La joyería está al norte de la plaza, ¿verdad?
> No, la joyería está al *este de* la plaza.

4 **Perdidos en el centro** Listen to Carlos and Victoria's conversation and answer the questions in your lab manual.

1. ¿Qué buscan Carlos y Victoria? _____

2. ¿Quién les indica cómo llegar? _____

3. ¿Qué deben hacer en el semáforo? _____

4. ¿A cuántas cuadras está el lugar del semáforo? _____

pronunciación

m and n

The letter **m** is pronounced like the *m* in the English word *made*.

mamá **m**arzo **m**andar **m**esa

The letter **n** is pronounced like the *n* in the English word *none*.

Norte **n**adie **n**unca **n**ieto

When **n** is followed by the letter **v**, the **n** is pronounced like the Spanish **m**.

e**nv**iar i**nv**ierno i**nv**itado co**n V**íctor

1 **Práctica** Repeat each word or phrase after the speaker to practice pronouncing **m** and **n**.

1. imposible	5. número	9. enamorado	13. matrimonio
2. mañana	6. invitar	10. monumento	14. confirmar
3. mano	7. moreno	11. empleado	15. con Víctor
4. manejar	8. envase	12. encima	16. ningún

2 **Oracioness** When you hear each number, read the corresponding sentence aloud. Then listen to the speaker and repeat the sentence.

1. A mí no me gustan nada los mariscos.

2. En el mercado compro naranjas, melocotones y manzanas.

3. Mañana invito a Mario Martín a cenar conmigo.

4. Mario es el mejor mecánico de motocicletas del mundo.

5. También le importa mucho la conservación del medio ambiente.

6. Siempre envía los envases de aluminio al centro de reciclaje en Valencia.

3 **Refranes** Repeat each saying after the speaker to practice pronouncing **m** and **n**.

1. Más vale poco y bueno que mucho y malo. [1]
2. Mala hierba nunca muere. [2]

4 **Dictado** You will hear a paragraph. Listen carefully and write what you hear during the pauses. The entire paragraph will then be repeated so that you can check your work.

_____

_____

_____

_____

_____

_____

[1] *Quality is more important than quantity.*
[2] *Like a bad penny, it just keeps turning up.* (lit. *Bad grass never dies.*)

estructura

2.1 The subjunctive in adjective clauses

1 **Identificar** Listen to each statement or question. If it refers to a person, place, or thing that clearly exists or is known, mark an **X** in the **Sí** row. If it refers to a person, place, or thing that either does not exist or whose existence is uncertain, mark an **X** in the **No** row.

> **modelo**
> *You hear:* Buscamos un hotel que tenga piscina.
> *You mark: an* **X** *in the* **No** *row because the existence of the hotel is uncertain.*

	Modelo	1.	2.	3.	4.	5.	6.
Sí	_____	_____	_____	_____	_____	_____	_____
No	**X**	_____	_____	_____	_____	_____	_____

2 **Escoger** You will hear some sentences with a beep in place of the verb. Decide which verb best completes each sentence and circle it.

> **modelo**
> *You hear:* Tengo una cuenta corriente que (*beep*) gratis.
> *You mark:* **es** *because the existence of the* **cuenta corriente** *is not in doubt.*

1. tiene tenga   2. vende venda   3. vende venda   4. hacen hagan

3 **Cambiar** Change each sentence you hear into the negative. Repeat the correct answer after the speaker. (*6 items*)

> **modelo**
> Hay un restaurante aquí que sirve comida venezolana.
> *No hay ningún restaurante aquí que sirva comida venezolana.*

4 **Buscando amistad** Read the ads for pen pals found in your lab manual. Then listen to the four recorded personal ads. In your lab manual, write the name of the person whose written ad best suits each recorded personal ad.

Nombre: Gustavo Carrasquillo
Dirección: Casilla 204, La Paz, Bolivia
Edad: 20 años
Pasatiempos: Ver películas en inglés, leer revistas de política, escalar montañas, esquiar y hacer amistad con jóvenes de todo el mundo. Me pueden escribir en inglés o alemán.

Nombre: Claudia Morales
Dirección: Calle 4–14, Guatemala, Guatemala
Edad: 18 años
Pasatiempos: Ir a conciertos de rock, escuchar la radio, ver películas extranjeras, mandar y recibir correo electrónico.

Nombre: Alicia Duque
Dirección: Avenida Gran Capitán 26, Córdoba, España
Edad: 18 años
Pasatiempos: Ir al cine, a fiestas, bailar, hablar por teléfono y escribir canciones de amor. Pueden escribirme en francés.

Nombre: Antonio Ávila
Dirección: Apartado Postal 3007, Panamá, Panamá
Edad: 21 años

Pasatiempos: Entre mis pasatiempos están escribir cartas a amigos de todas partes del mundo, escuchar la radio, practicar deportes y leer revistas.

Nombre: Rosalinda Guerrero
Dirección: Calle 408 #3, Hatillo, Puerto Rico
Edad: 19 años
Pasatiempos: Navegar por Internet, leer sobre política, ir a conciertos y visitar museos de arte.

1. _____   3. _____

2. _____   4. _____

2.2 Nosotros/as commands

1

Identificar Listen to each statement. Mark an **X** in the **Sí** row if it is a command. Mark an **X** in the **No** row if it is not.

> **modelo**
>
> *You hear:* Abramos la tienda.
> *You mark: an* **X** *next to* **Sí**.

	Modelo	1.	2.	3.	4.	5.	6.
Sí	X						
No							

2

Cambiar Change each sentence you hear to a **nosotros/as** command. Repeat the correct answer after the speaker. (*8 items*)

> **modelo**
>
> Vamos a visitar la Plaza Bolívar.
> **Visitemos la Plaza Bolívar.**

3

Preguntas Answer each question you hear negatively. Then make another suggestion using the cue in your lab manual and a **nosotros/as** command.

> **modelo**
>
> *You hear:* ¿Cocinamos esta noche?
> *You see:* comer en el Restaurante Cambur
> *You say:* **No, no cocinemos esta noche. Comamos en el Restaurante Cambur.**

1. jugar a las cartas
2. esquiarla

3. ir a la biblioteca
4. limpiar el sótano

4

¿Cierto o falso? Listen to Manuel and Elisa's conversation. Then read the statements in your lab manual and decide whether they are **cierto** or **falso**.

	Cierto	Falso
1. Manuel está muy ocupado.	○	○
2. Manuel va a acompañar a Elisa a hacer diligencias.	○	○
3. Primero van a ir al correo para comprar sellos.	○	○
4. Elisa quiere depositar el cheque primero.	○	○
5. Manuel y Elisa van a comprar el postre antes de ir al banco.	○	○
6. Elisa sugiere cortarse el pelo después de hacer todo lo demás.	○	○

2.3 Past participles used as adjectives

1 **Identificar** Listen to each sentence and write the past participle that is being used as an adjective.

> **modelo**
> *You hear:* Los programas musicales son divertidos.
> *You write:* divertidos

1. _____   5. _____
2. _____   6. _____
3. _____   7. _____
4. _____   8. _____

2 **Preguntas** It has been a very bad day. Answer each question using the cue in your lab manual. Repeat the correct response after the speaker.

> **modelo**
> *You hear:* ¿Dónde está el libro?
> *You see:* perder
> *You say:* El libro está perdido.

1. rompe   3. divorciar   5. caer   7. abrir   9. vender
2. morir   4. gastar   6. comer   8. dañar

3 **¿Cierto o falso?** Look at the drawing in your lab manual and listen to each statement. Indicate whether each statement is **cierto** or **falso**.

	Cierto	Falso
1.	○	○
2.	○	○
3.	○	○
4.	○	○
5.	○	○
6.	○	○

vocabulario

You will now hear the vocabulary found in your textbook on the last page of this lesson. Listen and repeat each Spanish word or phrase after the speaker.

Additional Vocabulary

Additional Vocabulary

Notes

Notes

Notes

El bienestar

3

Communicative Goals

You will learn how to:

- **Talk about health, well-being, and nutrition**
- **Talk about physical activities**

A PRIMERA VISTA

- ¿Está la chica en un gimnasio o en un lugar al aire libre?
- ¿Practica ella deportes frecuentemente?
- ¿Es activa o sedentaria?
- ¿Es probable que le importe su salud?

Más práctica

Tutorials

El bienestar

Más vocabulario

adelgazar	to lose weight; to slim down
aliviar el estrés	to reduce stress
aliviar la tensión	to reduce tension
apurarse, darse prisa	to hurry; to rush
aumentar de peso, engordar	to gain weight
calentarse (e:ie)	to warm up
disfrutar (de)	to enjoy; to reap the benefits (of)
entrenarse	to practice; to train
estar a dieta	to be on a diet
estar en buena forma	to be in good shape
hacer gimnasia	to work out
llevar una vida sana	to lead a healthy lifestyle
mantenerse en forma	to stay in shape
sufrir muchas presiones	to be under a lot of pressure
tratar de (+ *inf.*)	to try (to do something)
la droga	drug
el/la drogadicto/a	drug addict
activo/a	active
débil	weak
en exceso	in excess; too much
flexible	flexible
fuerte	strong
sedentario/a	sedentary; related to sitting
tranquilo/a	calm; quiet
el bienestar	well-being

Variación léxica

hacer ejercicios aeróbicos ⟷ hacer aeróbic (*Esp.*)

el/la entrenador(a) ⟷ el/la monitor(a)

el teleadicto

GIMNASIO SUCRE

Hace ejercicios de estiramiento. (hacer)

la clase de ejercicios aeróbicos

Suda. (sudar)

Hace ejercicio. (hacer)

el entrenador

el músculo

la cinta caminadora

No fumar.

el masaje

Hacen ejercicios aeróbicos.
(hacer)

Levanta pesas.
(levantar)

Lección 3

Práctica

1 **Escuchar** 🎧 Mira el dibujo. Luego escucha las oraciones e indica si lo que se dice en cada oración es **cierto** o **falso**.

	Cierto	Falso			Cierto	Falso
1.	○	⊗		6.	○	⊗
2.	⊗	⊗		7.	○	⊗
3.	⊗	○		8.	⊗	○
4.	⊗	○		9.	○	⊗
5.	○	⊗		10.	○	⊗

2 **Seleccionar** 🎧 Escucha el anuncio del gimnasio Sucre. Marca con una **X** los servicios que se ofrecen.

_____ 1. dietas para adelgazar
_____ 2. programa para aumentar de peso
_____ 3. clases de gimnasia
_____ 4. entrenador personal
_____ 5. masajes
_____ 6. programa para dejar de fumar

3 **Identificar** Identifica el antónimo (*antonym*) de cada palabra.

apurarse	fuerte
disfrutar	mantenerse en forma
engordar	sedentario
estar enfermo	sufrir muchas presiones
flexible	tranquilo

1. activo
2. adelgazar
3. aliviar el estrés
4. débil
5. ir despacio
6. estar sano
7. nervioso
8. ser teleadicto

4 **Combinar** Combina elementos de cada columna para formar ocho oraciones lógicas sobre el bienestar.

1. David levanta pesas
2. Estás en buena forma
3. Felipe se lastimó
4. José y Rafael
5. Mi hermano
6. Sara hace ejercicios de
7. Mis primas están a dieta
8. Para llevar una vida sana,

a. aumentó de peso.
b. estiramiento.
c. porque quieren adelgazar.
d. porque haces ejercicio.
e. sudan mucho en el gimnasio.
f. un músculo de la pierna.
g. no se debe fumar.
h. y corre mucho.

la proteína

la grasa

el colesterol

los minerales

las vitaminas

La nutrición

Más vocabulario

la bebida alcohólica	alcoholic beverage
la cafeína	caffeine
la caloría	calorie
la merienda	afternoon snack
la nutrición	nutrition
el/la nutricionista	nutritionist
comer una dieta equilibrada	to eat a balanced diet
consumir alcohol	to consume alcohol
descafeinado/a	decaffeinated

5

Completar Completa cada oración con la palabra adecuada.

1. Después de hacer ejercicio, como pollo o bistec porque contienen_____.
   a. drogas   b. proteínas   c. grasa
2. Para _____, es necesario consumir comidas de todos los grupos alimenticios (*nutrition groups*).
   a. aliviar el estrés   b. correr   c. comer una dieta equilibrada
3. Mis primas _____ una buena comida.
   a. disfrutan de   b. tratan de   c. sudan
4. Mi entrenador no come queso ni papas fritas porque contienen_____.
   a. dietas   b. vitaminas   c. mucha grasa
5. Mi padre no come mantequilla porque él necesita reducir_____.
   a. la nutrición   b. el colesterol   c. el bienestar
6. Mi novio cuenta_____porque está a dieta.
   a. las pesas   b. los músculos   c. las calorías

CONSULTA

To review what you have learned about food groups, see **¡ADELANTE! DOS Contextos, Lección 2**, pp. 80–83.

6

La nutrición En parejas, hablen de los tipos de comida que comen y las consecuencias que tienen para su salud. Luego compartan la información con la clase.

1. ¿Cuántas comidas con mucha grasa comes regularmente? ¿Piensas que debes comer menos comidas de este tipo? ¿Por qué?
2. ¿Compras comidas con muchos minerales y vitaminas? ¿Necesitas consumir más comidas que los contienen? ¿Por qué?
3. ¿Algún miembro de tu familia tiene problemas con el colesterol? ¿Qué haces para evitar problemas con el colesterol?
4. ¿Eres vegetariano/a? ¿Conoces a alguien que sea vegetariano/a? ¿Qué piensas de la idea de no comer carne u otros productos animales? ¿Es posible comer una dieta equilibrada sin comer carne? Explica.
5. ¿Tomas cafeína en exceso? ¿Qué ventajas (*advantages*) y desventajas tiene la cafeína? Da ejemplos de productos que contienen cafeína y de productos descafeinados.
6. ¿Llevas una vida sana? ¿Y tus amigos? ¿Crees que, en general, los estudiantes llevan una vida sana? ¿Por qué?

AYUDA

Some useful words:
sano = saludable
en general = por lo general
estricto
normalmente
muchas veces
a veces
de vez en cuando

Practice more at **vhlcentral.com**.

Comunicación

7

Un anuncio En grupos de cuatro, imaginen que son dueños/as de un gimnasio con un equipo (*equipment*) moderno, entrenadores cualificados y un(a) nutricionista. Preparen y presenten un anuncio para la televisión que hable del gimnasio y atraiga (*attracts*) a una gran variedad de nuevos clientes. No se olviden de presentar esta información:

▶ las ventajas de estar en buena forma
▶ el equipo que tienen
▶ los servicios y clases que ofrecen
▶ las características únicas
▶ la dirección y el teléfono
▶ el precio para los socios (*members*)

8

Recomendaciones para la salud En parejas, imaginen que están preocupados/as por los malos hábitos de un(a) amigo/a que no está bien últimamente (*lately*). Escriban y representen una conversación en la cual hablen de lo que está pasando en la vida de su amigo/a y los cambios que necesita hacer para llevar una vida sana.

9

El teleadicto Con un(a) compañero/a, representen los papeles de un(a) nutricionista y un(a) teleadicto/a. La persona sedentaria habla de sus malos hábitos para la comida y de que no hace ejercicio. También dice que toma demasiado café y que siente mucho estrés. El/La nutricionista le sugiere una dieta equilibrada con bebidas descafeinadas y una rutina para mantenerse en buena forma. El/La teleadicto/a le da las gracias por su ayuda.

10

El gimnasio perfecto Tú y tu compañero/a quieren encontrar el gimnasio perfecto. Su profesor(a) les va a dar a cada uno/a de ustedes el anuncio de un gimnasio. Túrnense para hacerse preguntas sobre las actividades que se ofrecen en cada uno. Al final, decidan cuál es el mejor gimnasio y compartan su decisión con la clase.

11

¿Quién es? Trabajen en grupos. Cada uno/a de ustedes va a elegir a una persona famosa por temas de salud y bienestar. Los demás miembros del grupo deben hacer preguntas hasta descubrir a quién eligió cada quien. Recuerden usar el vocabulario de la lección.

modelo

Estudiante 1: ¿Haces ejercicio todos los días?
Estudiante 2: Sí, sobre todo hago ejercicios aeróbicos. ¡Me encanta la música!
Estudiante 3: ¿Comes una dieta equilibrada?
Estudiante 2: Sí, y hace más de 40 años que perdí más de 100 libras (*pounds*) de peso.
Estudiante 1: ¡Ya sé! ¡Eres Richard Simmons!

Chichén Itzá

Los chicos exploran Chichén Itzá y se relajan en un spa.

PERSONAJES

MARISSA

FELIPE

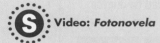
Video: *Fotonovela*

MARISSA ¡Chichén Itzá es impresionante! Qué lástima que Maru y Miguel no hayan podido venir. Sobre todo Maru.

FELIPE Ha estado bajo mucha presión.

MARISSA ¿Ustedes ya habían venido antes?

FELIPE Sí. Nuestros papás nos trajeron cuando éramos niños.

FELIPE El otro día le gané a Juan Carlos en el parque.

JUAN CARLOS Estaba mirando hacia otro lado, cuando me di cuenta, Felipe ya había empezado a correr.

(*en otro lugar de las ruinas*)

JUAN CARLOS ¡Hace calor!

JIMENA ¡Sí! Hay que estar en buena forma para recorrer las ruinas.

JUAN CARLOS Siempre había llevado una vida sana antes de entrar a la universidad.

JIMENA Tienes razón. La universidad hace que seamos muy sedentarios.

JUAN CARLOS ¡Busquemos a Felipe y a Marissa!

FELIPE ¡Gané!

JIMENA Qué calor. Tengo una idea. Vamos.

Lección 3

JUAN CARLOS **JIMENA** **EMPLEADA**

EMPLEADA Ofrecemos varios servicios para aliviar el estrés: masajes, saunas...

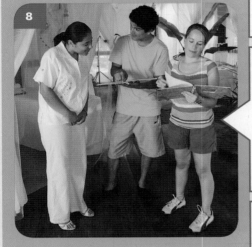

FELIPE Me gustaría un masaje.

MARISSA Yo prefiero un baño mineral.

JUAN CARLOS ¿Crees que tienes un poco de tiempo libre la semana que viene? Me gustaría invitarte a salir.

JIMENA ¿Sin Felipe?

JUAN CARLOS Sin Felipe.

EMPLEADA ¿Ya tomaron una decisión?

JIMENA Sí.

recursos

VM
pp. 173–174

vhlcentral.com
Lección 3

Expresiones útiles

Wishing a friend were with you

Qué lástima que no hayan podido venir.
What a shame that they were not able to come.
Sobre todo Maru.
Especially Maru.
Él/Ella ha estado bajo mucha presión.
He/She has been under a lot of pressure.
Creo que ellos ya habían venido antes.
I think they had already come (here) before.

Talking about trips

¿Ustedes ya habían venido antes?
Had you been (here) before?
Sí. He querido regresar desde que leí el *Chilam Balam*.
Yes. I have wanted to come back ever since I read the Chilam Balam.
¿Recuerdas cuando nos trajo papá?
Remember when Dad brought us?
Al llegar a la cima, comenzaste a llorar.
When we got to the top, you started to cry.

Talking about well-being

Siempre había llevado una vida sana antes de entrar a la universidad.
I had always maintained a healthy lifestyle before starting college.
Ofrecemos varios servicios para aliviar el estrés.
We offer many services to relieve stress.
Me gustaría un masaje.
I would like a massage.

Additional vocabulary

la cima *top, peak*
el escalón *step*
el muro *wall*
tomar una decisión *to make a decision*

¿Qué pasó?

1 **Seleccionar** Selecciona la respuesta que completa mejor cada oración.

1. Felipe y Marissa piensan que Maru _____.
   a. debe hacer ejercicio b. aumentó de peso c. ha estado bajo mucha presión
2. Felipe y Jimena visitaron Chichén Itzá _____.
   a. para aliviar el estrés b. cuando eran niños c. para llevar una vida sana
3. Jimena dice que la universidad hace a los estudiantes _____.
   a. comer una dieta equilibrada b. ser sedentarios c. levantar pesas
4. En el spa ofrecen servicios para _____.
   a. sudar b. aliviar el estrés c. ser flexibles
5. Felipe elige que le den un _____.
   a. baño mineral b. almuerzo c. masaje

2 **Identificar** Identifica quién puede decir estas oraciones.

1. No me di cuenta (*I didn't realize*) de que habías empezado a correr, por eso ganaste.
2. Miguel y Maru no visitaron Chichén Itzá, ¡qué lástima que no hayan podido venir!
3. Se necesita estar en buena forma para visitar este tipo de lugares.
4. Los masajes, saunas y baños minerales que ofrecemos alivian la tensión.
5. Si salimos, no invites a Felipe.
6. Yo corro más rápido que Juan Carlos.

MARISSA **FELIPE**

JIMENA

JUAN CARLOS **EMPLEADA**

3 **Inventar** En parejas, hagan descripciones de los personajes de la **Fotonovela**. Utilicen las oraciones, la lista de palabras y otras expresiones que sepan.

aliviar el estrés	hacer ejercicios de estiramiento	masaje
bienestar	llevar una vida sana	teleadicto/a
grasa	mantenerse en forma	vitamina

modelo

Estudiante 1: Felipe es activo, flexible y fuerte.

Estudiante 2: Marissa siempre hace ejercicios de estiramiento. Está en buena forma y lleva una vida muy sana...

1. A Juan Carlos le duelen los músculos después de hacer gimnasia.
2. Maru a veces sufre presiones y estrés en la universidad.
3. A Jimena le encanta salir con amigos o leer un buen libro.
4. Felipe trata de comer una dieta equilibrada.
5. Juan Carlos no es muy flexible.

Ortografía Audio

Las letras **b** y **v**

Since there is no difference in pronunciation between the Spanish letters **b** and **v**, spelling words that contain these letters can be tricky. Here are some tips.

---

nombre	blusa	absoluto	descubrir

The letter **b** is always used before consonants.

---

bonita	botella	buscar	bienestar

At the beginning of words, the letter **b** is usually used when it is followed by the letter combinations **-on**, **-or**, **-ot**, **-u**, **-ur**, **-us**, **-ien**, and **-ene**.

---

adelgazaba	disfrutaban	ibas	íbamos

The letter **b** is used in the verb endings of the imperfect tense for **-ar** verbs and the verb **ir**.

---

voy	vamos	estuvo	tuvieron

The letter **v** is used in the present-tense forms of **ir** and in the preterite forms of **estar** and **tener**.

---

octavo	huevo	activa	grave

The letter **v** is used in these noun and adjective endings: **-avo/a**, **-evo/a**, **-ivo/a**, **-ave**, **-eve**.

Práctica Completa las palabras con las letras **b** o **v**.

1. Una __ez me lastimé el __razo cuando esta__a __uceando.
2. Manuela ol__idó sus li__ros en el auto__ús.
3. Ernesto tomó el __orrador y se puso todo __lanco de tiza.
4. Para tener una __ida sana y saluda__le, necesitas tomar __itaminas.
5. En mi pue__lo hay un __ule__ar que tiene muchos ár__oles.

El ahorcado (*Hangman*) Juega al ahorcado para adivinar las palabras.

1. __ __ u __ __ __ s   Están en el cielo.

2. __ __ u __ __ __ n   Relacionado con el correo

3. __ __ o __ e __ __ __ a   Está llena de líquido.

4. __ __ i __ __ __ e   Fenómeno meteorológico

5. __ __ e __ __ __ __ __ s   Los "ojos" de la casa

recursos

LM
p. 180

vhlcentral.com
Lección 3

Additional Reading

Spas naturales

¿Hay algo mejor que un buen baño° para descansar y aliviar la tensión? Y si el baño se toma en una terma°, el beneficio° es mayor. Los tratamientos con agua y lodo° para mejorar la salud y el bienestar son populares en las Américas desde hace muchos siglos°. Las termas son manantiales° naturales de agua caliente. La temperatura facilita la absorción de minerales y otros elementos que contiene el agua y que son buenos para la salud. El agua de las termas se usa en piscinas, baños y duchas o en el sitio natural en el que surge°: pozas°, estanques° o cuevas°.

Ecotermales en Arenal, Costa Rica

En Baños de San Vicente, en Ecuador, son muy populares los tratamientos° con lodo volcánico.

El lodo caliente se extiende por el cuerpo; así la piel° absorbe los minerales

Volcán de lodo El Totumo, Colombia

beneficiosos para la salud; también se usa para dar masajes. La lodoterapia es útil para tratar varias enfermedades, además hace que la piel se vea radiante.

En Costa Rica, la actividad volcánica también ha dado° origen a fuentes° y pozas termales. Si te gusta cuidarte y amas la naturaleza, recuerda estos nombres: Las Hornillas y Las Pailas. Son pozas naturales de aguas termales que están cerca del volcán Rincón de la Vieja. Un baño termal en medio de un paisaje tan hermoso es una experiencia única.

Otros balnearios°

Todos ofrecen piscinas, baños, pozas y duchas de aguas termales y además...

Lugar	Servicios
El Edén y Yanasara, Curgos (Perú)	cascadas° de aguas termales
Montbrió del Camp, Tarragona (España)	baños de algas°
Puyuhuapi (Chile)	duchas de agua de mar; baños de algas
Termas de Río Hondo, Santiago del Estero (Argentina)	baños de lodo
Tepoztlán, Morelos (México)	temazcales° aztecas
Uyuni, Potosí (Bolivia)	baños de sal

baño *bath* **terma** *hot spring* **beneficio** *benefit* **lodo** *mud*
siglos *centuries* **manantiales** *springs* **surge** *springs forth*
pozas *small pools* **estanques** *ponds* **cuevas** *caves*
tratamientos *treatments* **piel** *skin* **ha dado** *has given*
fuentes *springs* **balnearios** *spas* **cascadas** *waterfalls*
algas *seaweed* **temazcales** *steam and medicinal herb baths*

ACTIVIDADES

1 **¿Cierto o falso?** Indica si lo que dicen las oraciones es **cierto** o **falso**. Corrige la información falsa.

1. Las aguas termales son beneficiosas para algunas enfermedades, incluido el estrés.

2. Los tratamientos con agua y lodo se conocen sólo desde hace pocos años.

3. Las termas son manantiales naturales de agua caliente.

4. La lodoterapia es un tratamiento con barro.

5. La temperatura de las aguas termales no afecta la absorción de los minerales.

6. Mucha gente va a Baños de San Vicente, Ecuador, por sus playas.

7. Las Hornillas son pozas de aguas termales en Costa Rica.

8. Montbrió del Camp ofrece baños de sal.

9. Es posible ver aguas termales en forma de cascadas.

10. Tepoztlán ofrece temazcales aztecas.

ASÍ SE DICE

El ejercicio

los abdominales	sit-ups
la bicicleta estática	stationary bicycle
el calambre muscular	(muscular) cramp
el (fisi)culturismo; la musculación (Esp.)	bodybuilding
las flexiones de pecho; las lagartijas (Méx.; Col.); las planchas (Esp.)	push-ups
la cinta (trotadora) (Arg.; Chile)	la cinta caminadora

EL MUNDO HISPANO

Creencias° sobre la salud

- **Colombia** Como algunos suelos son de baldosas°, se cree que si uno anda descalzo° se enfrían° los pies y esto puede causar un resfriado o artritis.

- **Cuba** Por la mañana, muchas madres sacan a sus bebés a los patios y a las puertas de las casas. La creencia es que unos cinco minutos de sol ayudan a fijar° el calcio en los huesos y aumentan la inmunidad contra las enfermedades.

- **México** Muchas personas tienen la costumbre de tomar a diario un vaso de jugo del cactus conocido como "nopal". Se dice que es bueno para reducir el colesterol y el azúcar en la sangre y que ayuda a adelgazar.

Creencias *Beliefs* baldosas *tiles* anda descalzo *walks barefoot* se enfrían *get cold* fijar *to set*

PERFIL

Las frutas y la salud

Desde hace muchos años se conocen las propiedades de la papaya para tratar problemas digestivos. Esta fruta originaria de las Américas contiene una enzima, la papaína, que actúa de forma semejante° a como lo hacen los jugos gástricos. Una porción de papaya o un vaso de jugo de esta fruta ayuda a la digestión. La papaya también es rica en vitaminas A y C.

La piña° también es una fruta natural de las Américas que es buena para la digestión. La piña contiene bromelina, una enzima que, como la papaína, ayuda a digerir° las proteínas. Esta deliciosa fruta contiene también ácido cítrico, vitaminas y minerales. Además, tiene efectos diuréticos y antiinflamatorios que pueden aliviar las enfermedades reumáticas. La piña ofrece una ayuda fácil y sabrosa para perder peso por su contenido en fibra y su efecto diurético. Una rodaja° o un vaso de jugo de piña fresca antes de comer

puede ayudar en cualquier° dieta para adelgazar.

semejante *similar* piña *pineapple* digerir *to digest* rodaja *slice* cualquier *any*

 Conexión Internet

¿Qué sistemas de ejercicio son más populares entre los hispanos?

Go to **vhlcentral.com** to find more cultural information related to this **Cultura** section.

ACTIVIDADES

2 **Comprensión** Responde a las preguntas.

1. Una argentina te dice: "Voy a usar la cinta." ¿Qué va a hacer?
2. Según los colombianos, ¿qué efectos negativos tiene el no usar zapatos en casa?
3. ¿Cómo se llama la enzima de la papaya que ayuda a la digestión?
4. ¿Cómo se aconseja consumir la piña en dietas de adelgazamiento?

3 **Para sentirte mejor** Entrevista a un(a) compañero/a sobre las cosas que hace todos los días y las cosas que hace al menos una o dos veces a la semana para sentirse mejor. Hablen sobre actividades deportivas, la alimentación y lo que hacen en sus ratos libres.

 Practice more at **vhlcentral.com**.

3.1 The present perfect  Tutorial

ANTE TODO In **Lección 2**, you learned how to form past participles. You will now learn how to form the present perfect indicative (**el pretérito perfecto de indicativo**), a compound tense that uses the past participle. The present perfect is used to talk about what someone *has done*. In Spanish, it is formed with the present tense of the auxiliary verb **haber** and a past participle.

Maru ha estado bajo mucha presión.

He querido regresar desde que leí el *Chilam Balam*.

NOTA CULTURAL

El *Chilam Balam* es un grupo de libros sobre la civilización maya. Hablan sobre historia, rituales, medicina, astronomía y literatura, entre otros temas. Fueron escritos en diferentes épocas (*times*) por autores anónimos y en lengua maya.

Present indicative of haber

Singular forms		Plural forms	
yo	**he**	nosotros/as	**hemos**
tú	**has**	vosotros/as	**habéis**
Ud./él/ella	**ha**	Uds./ellos/ellas	**han**

Tú no **has aumentado** de peso.
You haven't gained weight.

Yo ya **he leído** esos libros.
I've already read those books.

¿**Ha asistido** Juan a la clase de yoga?
Has Juan attended the yoga class?

Hemos conocido al entrenador.
We have met the trainer.

CONSULTA

To review what you have learned about past participles, see **Estructura 2.3**, p. 93.

▶ The past participle does not change in form when it is part of the present perfect tense; it only changes in form when it is used as an adjective.

Clara **ha abierto** las ventanas.
Clara has opened the windows.

Yo **he cerrado** la puerta del gimnasio.
I've closed the door to the gym.

Las ventanas están **abiertas**.
The windows are open.

La puerta del gimnasio está **cerrada**.
The door to the gym is closed.

▶ In Spanish, the present perfect indicative generally is used just as in English: to talk about what someone has done or what has occurred. It usually refers to the recent past.

He trabajado cuarenta horas esta semana.
I have worked forty hours this week.

¿Cuál es el último libro que **has leído**?
What is the last book that you have read?

CONSULTA

Remember that the Spanish equivalent of the English *to have just* (*done something*) is **acabar de** + [*infinitive*]. Do not use the present perfect to express that English structure.

Juan acaba de llegar.

Juan has just arrived.
See *¡ADELANTE!* **UNO** **Estructura 6.3**, p. 323.

▶ In English, the auxiliary verb and the past participle are often separated. In Spanish, however, these two elements—**haber** and the past participle—cannot be separated by any word.

Siempre **hemos vivido** en Bolivia.
We have always lived in Bolivia.

Usted nunca **ha venido** a mi oficina.
You have never come to my office.

¿Y Juan Carlos todavía no te ha invitado a salir?

Últimamente hemos sufrido muchas presiones en la universidad.

▶ The word **no** and any object or reflexive pronouns are placed immediately before **haber**.

Yo **no he comido** la merienda.
I haven't eaten the snack.

¿Por qué **no la has comido**?
Why haven't you eaten it?

Susana ya **se ha entrenado**.
Susana has already practiced.

Ellos **no lo han terminado**.
They haven't finished it.

▶ Note that *to have* can be either a main verb or an auxiliary verb in English. As a main verb, it corresponds to **tener,** while as an auxiliary, it corresponds to **haber**.

Tengo muchos amigos.
I have a lot of friends.

He tenido mucho éxito.
I have had a lot of success.

▶ To form the present perfect of **hay,** use the third-person singular of **haber (ha) + habido**.

Ha habido muchos problemas con el nuevo profesor.
There have been a lot of problems with the new professor.

Ha habido un accidente en la calle Central.
There has been an accident on Central Street.

¡INTÉNTALO! Indica el pretérito perfecto de indicativo de estos verbos.

1. (disfrutar, comer, vivir) yo _he disfrutado, he comido, he vivido_
2. (traer, adelgazar, compartir) tú _____
3. (venir, estar, correr) usted _____
4. (leer, resolver, poner) ella _____
5. (decir, romper, hacer) ellos _____
6. (mantenerse, dormirse) nosotros _____
7. (estar, escribir, ver) yo _____
8. (vivir, correr, morir) él _____

Práctica

1

Completar Estas oraciones describen cómo es la vida de unos estudiantes. Completa las oraciones con el pretérito perfecto de indicativo de los verbos de la lista.

> *adelgazado   comido*
>
> | adelgazar | comer | ~~llevar~~ | *llevado* |
> |-----------|-------|------------|-----------|
> | ~~aumentar~~ | ~~hacer~~ | ~~sufrir~~ | *sufrido* |
>
> *aumentado   hecho*

1. Luisa _ha sufrido_ muchas presiones este año.
2. Juan y Raúl _han aumentado_ de peso porque no hacen ejercicio.
3. Pero María y yo _hamos adelgazado_ porque trabajamos en exceso y nos olvidamos de comer.
4. Desde siempre, yo _he llevado_ una vida muy sana.
5. Pero tú y yo no _hemos hecho_ gimnasia este semestre.

2

¿Qué has hecho? Indica si has hecho lo siguiente.

> **modelo**
>
> escalar una montaña
>
> *Sí, he escalado varias montañas./No, no he escalado nunca una montaña.*

1. jugar al baloncesto
2. viajar a Bolivia
3. conocer a una persona famosa
4. levantar pesas
5. comer un insecto
6. recibir un masaje
7. aprender varios idiomas
8. bailar salsa
9. ver una película en español
10. escuchar música latina
11. estar despierto/a 24 horas
12. bucear

> **AYUDA**
>
> You may use some of these expressions in your answers:
>
> **una vez** *once*
> **un par de veces** *a couple of times*
> **algunas veces** *a few times*
> **varias veces** *several times*
> **muchas veces** *many times, often*

3

La vida sana En parejas, túrnense para hacer preguntas sobre el tema de la vida sana. Sean creativos.

> **modelo**
>
> encontrar un gimnasio
>
> **Estudiante 1:** *¿Has encontrado un buen gimnasio cerca de tu casa?*
> **Estudiante 2:** *Yo no he encontrado un gimnasio, pero sé que debo buscar uno.*

1. tratar de estar en forma
2. estar a dieta los últimos dos meses
3. dejar de tomar refrescos
4. hacerse una prueba del colesterol
5. entrenarse cinco días a la semana
6. cambiar de una vida sedentaria a una vida activa
7. tomar vitaminas por las noches y por las mañanas
8. hacer ejercicio para aliviar la tensión
9. consumir mucha proteína
10. dejar de fumar

Lección 3

Comunicación

4

Descripción En parejas, describan lo que han hecho y no han hecho estas personas. Usen la imaginación.

1. Jorge y Raúl *han llevando pesos.*

2. Luisa *ha montado a caballo.*

3. Jacobo *No ha mantenido su coche.*

4. Natalia y Diego *han mirado el televisión no han hecho excercicios*

5. Ricardo *ha manejado*

6. Carmen *ha esquiado*

5

Describir En parejas, identifiquen a una persona que lleva una vida muy sana. Puede ser una persona que conocen o un personaje que aparece en una película o programa de televisión. Entre los dos, escriban una descripción de lo que esta persona ha hecho para llevar una vida sana.

> **modelo**
>
> Mario López siempre ha hecho todo lo posible para mantenerse en forma. Él...

Síntesis

6

Situación Trabajen en parejas para representar una conversación entre un(a) enfermero/a de la clínica de la universidad y un(a) estudiante.

- El/La estudiante no se siente nada bien.
- El/La enfermero/a debe averiguar de dónde viene el problema e investigar los hábitos del/de la estudiante.
- El/La estudiante le explica lo que ha hecho en los últimos meses y cómo se ha sentido.
- Luego el/la enfermero/a le da recomendaciones de cómo llevar una vida más sana.

3.2 The past perfect (S) Tutorial

ANTE TODO   The past perfect indicative (**el pretérito pluscuamperfecto de indicativo**) is used to talk about what someone *had done* or what *had occurred* before another past action, event, or state. Like the present perfect, the past perfect uses a form of **haber**—in this case, the imperfect—plus the past participle.

Past perfect indicative

		cerrar	perder	asistir
SINGULAR FORMS	yo	**había** cerrado	**había** perdido	**había** asistido
	tú	**habías** cerrado	**habías** perdido	**habías** asistido
	Ud./él/ella	**había** cerrado	**había** perdido	**había** asistido
PLURAL FORMS	nosotros/as	**habíamos** cerrado	**habíamos** perdido	**habíamos** asistido
	vosotros/as	**habíais** cerrado	**habíais** perdido	**habíais** asistido
	Uds./ellos/ellas	**habían** cerrado	**habían** perdido	**habían** asistido

Antes de 2010, **había vivido** en La Paz.
Before 2010, I had lived in La Paz.

Cuando llegamos, Luis ya **había salido**.
When we arrived, Luis had already left.

▶ The past perfect is often used with the word **ya** (*already*) to indicate that an action, event, or state had already occurred before another. Remember that, unlike its English equivalent, **ya** cannot be placed between **haber** and the past participle.

Ella **ya había salido** cuando llamaron.
She had already left when they called.

Cuando llegué, Raúl **ya se había acostado**.
When I arrived, Raúl had already gone to bed.

▶ **¡Atención!** The past perfect is often used in conjunction with **antes de** + [*noun*] or **antes de** + [*infinitive*] to describe when the action(s) occurred.

Antes de este año, nunca **había estudiado español**.
Before this year, I had never studied Spanish.

Luis **me había llamado antes de venir**.
Luis had called me before he came.

¡INTÉNTALO!   Indica el pretérito pluscuamperfecto de indicativo de cada verbo.

1. Nosotros ya ___habíamos cenado___ (cenar) cuando nos llamaron.
2. Antes de tomar esta clase, yo no _había estudiado_ (estudiar) nunca el español.
3. Antes de ir a México, ellos nunca _habían ido_ (ir) a otro país.
4. Eduardo nunca _se había entrenado_ (entrenarse) tanto en invierno.
5. Tú siempre _habías llevado_ (llevar) una vida sana antes del año pasado.
6. Antes de conocerte, yo ya te _había visto_ (ver) muchas veces.

recursos

WB
pp. 167–168

LM
p. 182

(S)
vhlcentral.com
Lección 3

Práctica

1

Completar Completa los minidiálogos con las formas correctas del pretérito pluscuamperfecto de indicativo.

1.   **SARA** Antes de cumplir los 15 años, ¿_Habías estudiado_ (estudiar) tú otra lengua?
     JOSÉ Sí, _había tomado_ (yo) (tomar) clases de inglés y de italiano.

▶ 2.   **DOLORES** Antes de ir a Argentina, ¿_Habían probado_ (probar) tú y tu familia el mate?
     TOMÁS Sí, ya _habíamos tomado_ (tomar) mate muchas veces.

3.   **ANTONIO** Antes de este año, ¿_Había corrido_ (correr) usted en un maratón?
     SRA. VERA No, nunca lo _había hecho_ (hacer).

4.   **SOFÍA** Antes de su enfermedad, ¿_Había sufrido_ (sufrir) muchas presiones tu tío?
     IRENE Sí... y él nunca _se había mantenido_ (mantenerse) en forma.

2

Quehaceres Indica lo que ya había hecho cada miembro de la familia antes de la llegada de la madre, la señora Ferrer.

su suegra · Teresa · el señor Ferrer · Armando · Carmen · Tomás

3

Tu vida Indica si ya habías hecho estas cosas antes de cumplir los dieciséis años.

1. hacer un viaje en avión
2. escalar una montaña
3. escribir un poema
4. filmar un video
5. enamorarte
6. tomar clases de ejercicios aeróbicos
7. montar a caballo
8. ir de pesca
9. manejar un carro
10. cantar frente a 50 o más personas

Lección 3

Comunicación

4 **Lo dudo** Tu profesor(a) va a darte una hoja de actividades. Escribe cinco oraciones, algunas ciertas y algunas falsas, de cosas que habías hecho antes de venir a la universidad. Luego, en grupos, túrnense para leer sus oraciones. Cada miembro del grupo debe decir "es cierto" o "lo dudo" después de cada una. Escribe la reacción de cada compañero/a en la columna apropiada. ¿Quién obtuvo más respuestas ciertas?

Oraciones	Miguel	Ana	Beatriz
1. Cuando tenía 10 años, ya había manejado el carro de mi papá.	Lo dudo.	Es cierto.	Lo dudo.
2.			
3.			
4.			
5.			

Síntesis

5 **Gimnasio Olímpico** En parejas, lean el anuncio y contesten las preguntas.

Hasta el año pasado, siempre había mirado la tele sentado en el sofá durante mis ratos libres. ¡Era sedentario y teleadicto! Jamás había practicado ningún deporte y había aumentado mucho de peso.

Este año, he empezado a llevar una dieta equilibrada y voy al gimnasio todos los días. He comenzado a ser una persona muy activa y he adelgazado. Disfruto de una vida sana. ¡Me siento muy feliz!

Manténgase en forma.

¡Acabo de descubrir una nueva vida!

¡Venga al Gimnasio Olímpico hoy mismo!

1. Identifiquen los elementos del pretérito pluscuamperfecto de indicativo en el anuncio.
2. ¿Cómo era la vida del hombre cuando llevaba una vida sedentaria? ¿Cómo es ahora?
3. ¿Se identifican ustedes con algunos de los hábitos, presentes o pasados, de este hombre? ¿Con cuáles?
4. ¿Qué les recomienda el hombre del anuncio a los lectores? ¿Creen que les da buenos consejos?

3.3 The present perfect subjunctive Tutorial

Lección 3

ANTE TODO　The present perfect subjunctive (**el pretérito perfecto de subjuntivo**), like the present perfect indicative, is used to talk about what *has happened*. The present perfect subjunctive is formed using the present subjunctive of the auxiliary verb **haber** and a past participle.

Present perfect indicative		Present perfect subjunctive	
PRESENT INDICATIVE OF **HABER**	PAST PARTICIPLE	PRESENT SUBJUNCTIVE OF **HABER**	PAST PARTICIPLE
yo　**he**	**hablado**	yo　**haya**	**hablado**

Present perfect subjunctive

		cerrar	**perder**	**asistir**
SINGULAR FORMS	yo	**haya** cerrado	**haya** perdido	**haya** asistido
	tú	**hayas** cerrado	**hayas** perdido	**hayas** asistido
	Ud./él/ella	**haya** cerrado	**haya** perdido	**haya** asistido
PLURAL FORMS	nosotros/as	**hayamos** cerrado	**hayamos** perdido	**hayamos** asistido
	vosotros/as	**hayáis** cerrado	**hayáis** perdido	**hayáis** asistido
	Uds./ellos/ellas	**hayan** cerrado	**hayan** perdido	**hayan** asistido

▶ The same conditions which trigger the use of the present subjunctive apply to the present perfect subjunctive.

Present subjunctive	Present perfect subjunctive
Espero que **duermas** bien.	Espero que **hayas dormido** bien.
I hope that you sleep well.	*I hope that you have slept well.*
No creo que **aumente** de peso.	No creo que **haya aumentado** de peso.
I don't think he will gain weight.	*I don't think he has gained weight.*

▶ The action expressed by the present perfect subjunctive is seen as occurring before the action expressed in the main clause.

Me alegro de que ustedes **se hayan reído** tanto esta tarde.
I'm glad that you have laughed so much this afternoon.

Dudo que tú **te hayas divertido** mucho con tu suegra.
I doubt that you have enjoyed yourself much with your mother-in-law.

¡ATENCIÓN!

In Spanish the present perfect subjunctive is used to express a recent action.

No creo que lo **hayas dicho** bien.
I don't think that you have said it right.

Espero que él **haya llegado**.
I hope that he has arrived.

¡INTÉNTALO!　Indica el pretérito perfecto de subjuntivo de los verbos entre paréntesis.

1. Me gusta que ustedes ___*hayan dicho*___ (decir) la verdad.
2. No creo que tú _____ (comer) tanto.
3. Es imposible que usted _____ (poder) hacer tal (*such a*) cosa.
4. Me alegro de que tú y yo _____ (merendar) juntas.
5. Es posible que yo _____ (adelgazar) un poco esta semana.
6. Espero que ellas _____ (sentirse) mejor después de la clase.

recursos

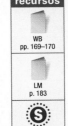

WB
pp. 169–170

LM
p. 183

vhlcentral.com
Lección 3

Práctica

1

Completar Laura está preocupada por su familia y sus amigos/as. Completa las oraciones con la forma correcta del pretérito perfecto de subjuntivo de los verbos entre paréntesis.

1. ¡Qué lástima que Julio _____ (sentirse) tan mal en la competencia! Dudo que _____ (entrenarse) lo suficiente.

2. No creo que Lourdes y su amiga _____ (irse) de ese trabajo donde siempre tienen tantos problemas. Espero que Lourdes _____ (aprender) a aliviar el estrés.

3. Es triste que Nuria y yo _____ (perder) el partido. Esperamos que los entrenadores del gimnasio nos _____ (preparar) un buen programa para ponernos en forma.

4. No estoy segura de que Samuel _____ (llevar) una vida sana. Es bueno que él _____ (decidir) mejorar su dieta.

5. Me preocupa mucho que Ana y Rosa _____ (fumar) tanto de jóvenes. Es increíble que ellas no _____ (enfermarse).

6. Me alegro de que mi abuela _____ (disfrutar) de buena salud toda su vida. Es maravilloso que ella _____ (cumplir) noventa años.

2

Describir Usa el pretérito perfecto de subjuntivo para hacer dos comentarios sobre cada dibujo. Usa expresiones como **no creo que, dudo que, es probable que, me alegro de que, espero que** y **siento que**.

CONSULTA

To review verbs of will and influence, see **¡ADELANTE! DOS Estructura 6.4**, p. 340. To review expressions of doubt, disbelief, and denial, see **Estructura 1.2**, p. 34.

> **modelo**
>
> Es probable que Javier haya levantado pesas durante muchos años.
> Me alegro de que Javier se haya mantenido en forma.

Javier

1. Rosa y Sandra   2. Roberto   3. Mariela

4. Lorena y su amigo   5. la señora Matos   6. Sonia y René

 Practice more at **vhlcentral.com**.

Comunicación

3 **¿Sí o no?** En parejas, comenten estas afirmaciones (*statements*) usando las expresiones de la lista.

Dudo que…	Es imposible que…	Me alegro de que (no)…
Es bueno que (no)…	Espero que (no)…	No creo que…

modelo

Estudiante 1: Ya llegó el fin del año escolar.
Estudiante 2: Es imposible que haya llegado el fin del año escolar.

1. Recibí una A en la clase de español.
2. Tu mejor amigo/a aumentó de peso recientemente.
3. Lady Gaga dio un concierto ayer con Andrea Bocelli.
4. Mis padres ganaron un millón de dólares.
5. He aprendido a hablar japonés.
6. Nuestro/a profesor(a) nació en Bolivia.
7. Salí anoche con…
8. El año pasado mi familia y yo fuimos de excursión a…

4 **Viaje por Bolivia** Imaginen que sus amigos, Luis y Julia, están viajando por Bolivia y que les han mandado postales a ustedes. En grupos, lean las postales y conversen de lo que les han escrito Luis y Julia. Usen expresiones como **dudo que, espero que, me alegro de que, temo que, siento que** y **es posible que**.

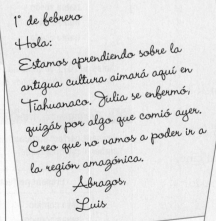

1° de febrero
Hola:
Estamos aprendiendo sobre la antigua cultura aimará aquí en Tiahuanaco. Julia se enfermó, quizás por algo que comió ayer. Creo que no vamos a poder ir a la región amazónica.
Abrazos,
Luis

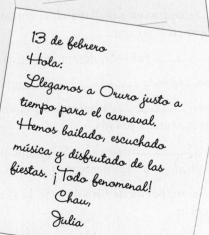

13 de febrero
Hola:
Llegamos a Oruro justo a tiempo para el carnaval. Hemos bailado, escuchado música y disfrutado de las fiestas. ¡Todo fenomenal!
Chau,
Julia

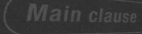

Recapitulación

  Diagnostics

Completa estas actividades para repasar los conceptos de gramática que aprendiste en esta lección.

1 **Completar** Completa cada tabla con el pretérito pluscuamperfecto de indicativo y el pretérito perfecto de subjuntivo de los verbos. `12 pts.`

PRETÉRITO PLUSCUAMPERFECTO

Infinitivo	tú	nosotros	ustedes
disfrutar			
apurarse			

PRETÉRITO PERFECTO DE SUBJUNTIVO

Infinitivo	yo	él	ellas
tratar			
entrenarse			

2 **Preguntas** Completa las preguntas para estas respuestas usando el pretérito perfecto de indicativo. `8 pts.`

modelo
—¿Has llamado a tus padres? —Sí, los llamé ayer.

1. —¿Tú _____ ejercicio esta mañana en el gimnasio?
   —No, hice ejercicio en el parque.

2. —Y ustedes, ¿_____ ya? —Sí, desayunamos en el hotel.

3. —Y Juan y Felipe, ¿adónde _____? —Fueron al cine.

4. —Paco, ¿(nosotros) _____ la cuenta del gimnasio?
   —Sí, la recibimos la semana pasada.

5. —Señor Martín, ¿_____ algo ya? —Sí, pesqué uno grande. Ya me puedo ir a casa contento.

6. —Inés, ¿_____ mi pelota de fútbol? —Sí, la vi esta mañana en el coche.

7. —Yo no _____ café todavía. ¿Alguien quiere acompañarme? —No, gracias. Yo ya tomé mi café en casa.

8. —¿Ya te _____ el doctor que puedes comer chocolate?
   —Sí, me lo dijo ayer.

RESUMEN GRAMATICAL

3.1 **The present perfect** *pp. 140–141*

Present indicative of haber	
he	hemos
has	habéis
ha	han

Present perfect: present tense of **haber** + past participle

Present perfect indicative	
he empezado	hemos empezado
has empezado	habéis empezado
ha empezado	han empezado

He empezado a ir al gimnasio con regularidad.
I have begun to go to the gym regularly.

3.2 **The past perfect** *p. 144*

Past perfect: imperfect tense of **haber** + past participle

Past perfect indicative	
había vivido	habíamos vivido
habías vivido	habíais vivido
había vivido	habían vivido

Antes de 2013, yo ya había vivido en tres países diferentes.
Before 2013, I had already lived in three different countries.

3.3 **The present perfect subjunctive** *p. 147*

Present perfect subjunctive: present subjunctive of **haber** + past participle

Present perfect subjunctive	
haya comido	hayamos comido
hayas comido	hayáis comido
haya comido	hayan comido

Espero que **hayas comido** bien.
*I hope that **you have eaten** well.*

Lección 3

3 **Oraciones** Forma oraciones completas con los elementos dados. Usa el pretérito pluscuamperfecto de indicativo y haz todos los cambios necesarios. Sigue el modelo. **8 pts.**

> **modelo**
> yo / ya / conocer / muchos amigos *Yo ya había conocido a muchos amigos.*

1. tú / todavía no / aprender / mantenerse en forma
2. los hermanos Falcón / todavía no / perder / partido de vóleibol
3. Elías / ya / entrenarse / para / maratón
4. nosotros / siempre / sufrir / muchas presiones

4 **Una carta** Completa esta carta con el pretérito perfecto de indicativo o de subjuntivo. **12 pts.**

Queridos papá y mamá:

¿Cómo (1) _____ (estar)? Mamá, espero que no (2) _____ (tú, enfermarse) otra vez. Yo sé que (3) _____ (tú, seguir) los consejos del doctor, pero estoy preocupada.

Y en mi vida, ¿qué (4) _____ (pasar) últimamente (lately)? Pues, nada nuevo, sólo trabajo. Los problemas en la compañía, yo los (5) _____ (resolver) casi todos. Pero estoy bien. Es verdad que (6) _____ (yo, adelgazar) un poco, pero no creo que (7) _____ (ser) a causa del estrés. Espero que no (8) _____ (ustedes, sentirse) mal porque no pude visitarlos. Es extraño que no (9) _____ (recibir) mis cartas. Tengo miedo de que (10) _____ (las cartas, perderse).

Me alegro de que papá (11) _____ (tomar) vacaciones para venir a visitarme. ¡Es increíble que nosotros no (12) _____ (verse) en casi un año!

Un abrazo y hasta muy pronto,

Belén

5 **Manteniéndote en forma** Escribe al menos cinco oraciones para describir cómo te has mantenido en forma este semestre. Di qué cosas han cambiado este semestre en relación con el año pasado. Usa las formas verbales que aprendiste en esta lección. **10 pts.**

6 **Poema** Completa este fragmento de un poema de Nezahualcóyotl con el pretérito perfecto de indicativo de los verbos. **¡2 puntos EXTRA!**

" _____ (Llegar) aquí,
soy Yoyontzin.
Sólo busco las flores
sobre la tierra, _____ (venir)
a cortarlas. "

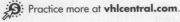 Practice more at **vhlcentral.com**.

Lectura

Antes de leer

Estrategia
Making inferences

For dramatic effect and to achieve a smoother writing style, authors often do not explicitly supply the reader with all the details of a story or poem. Clues in the text can help you infer those things the writer chooses not to state in a direct manner. You simply "read between the lines" to fill in the missing information and draw conclusions. To practice making inferences, read these statements:

A Liliana le encanta ir al gimnasio. Hace años que empezó a levantar pesas.

Based on this statement alone, what inferences can you draw about Liliana?

El autor

Ve a la página 51 de tu libro y lee la biografía de Gabriel García Márquez.

El título

Sin leer el texto del cuento (*story*), lee el título. Escribe cinco oraciones que empiecen con la frase "Un día de éstos".

El cuento

Éstas son algunas palabras que vas a encontrar al leer *Un día de éstos*. Busca su significado en el diccionario. Según estas palabras, ¿de qué piensas que trata (*is about*) el cuento?

alcalde — *Governer*
dentadura postiza — *dentures*
displicente — *indifferent*
enjuto — *lean indifferent*
guerrera — *guerrera*

lágrimas — *tears*
muela — *molar*
pañuelo — *hanker*
rencor — *resentment*
teniente

Un día de éstos

Gabriel García Márquez

El lunes amaneció tibio° y sin lluvia. Don Aurelio Escovar, dentista sin título y buen madrugador°, abrió su gabinete° a las seis. Sacó de la vidriera° una dentadura postiza° montada aún° en el molde de yeso° y puso sobre la mesa un puñado° de instrumentos que ordenó de mayor a menor, como en una exposición. Llevaba una camisa a rayas, sin cuello, cerrada arriba con un botón dorado°, y los pantalones sostenidos con cargadores° elásticos. Era rígido, enjuto, con una mirada que raras veces correspondía a la situación, como la mirada de los sordos°.

Cuando tuvo las cosas dispuestas sobre la mesa rodó la fresa° hacia el sillón de resortes y se sentó a pulir° la dentadura postiza. Parecía no pensar en lo que hacía, pero trabajaba con obstinación, pedaleando en la fresa incluso cuando no se servía de ella.

Después de las ocho hizo una pausa para mirar el cielo por la ventana y vio dos gallinazos° pensativos que se secaban al sol en el caballete° de la casa vecina. Siguió trabajando con la idea de que antes del almuerzo volvería a llover°. La voz destemplada° de su hijo de once años lo sacó de su abstracción.

—Papá.

—Qué.

—Dice el alcalde que si le sacas una muela.

—Dile que no estoy aquí.

Estaba puliendo un diente de oro°. Lo retiró a la distancia del brazo y lo examinó con los ojos a medio cerrar. En la salita de espera volvió a gritar su hijo.

—Dice que sí estás porque te está oyendo.

El dentista siguió examinando el diente. Sólo cuando lo puso en la mesa con los trabajos terminados, dijo:

---

amaneció tibio *dawn broke warm* madrugador *early riser* gabinete *office* vidriera *glass cabinet* dentadura postiza *dentures* montada aún *still set* yeso *plaster* puñado *handful* dorado *gold* sostenidos con cargadores *held by suspenders* sordos *deaf* rodó la fresa *he turned the drill* pulir *to polish* gallinazos *vultures* caballete *ridge* volvería a llover *it would rain again* voz destemplada *harsh voice* oro *gold* cajita de cartón *small cardboard box* puente *bridge* te pega un tiro *he will shoot you* Sin apresurarse *Without haste* gaveta *drawer* Hizo girar *He turned* apoyada *resting* umbral *threshold* mejilla *cheek* hinchada *swollen* barba *beard* marchitos *faded* hervían *were boiling* pomos de loza *china bottles* cancel de tela *cloth screen* se acercaba *was approaching* talones *heels* mandíbula *jaw* cautelosa *cautious* cacerola *saucepan* pinzas *pliers* escupidera *spittoon* aguamanil *washstand* cordal *wisdom tooth* gatillo *pliers* se aferró *clung* barras *arms* descargó *unloaded* vacío helado *icy hollowness* riñones *kidneys* no soltó un suspiro *he didn't let out a sigh* muñeca *wrist* amarga ternura *bitter tenderness* teniente *lieutenant* crujido *crunch* a través de *through* sudoroso *sweaty* jadeante *panting* se desabotonó *he unbuttoned* a tientas *blindly* bolsillo *pocket* trapo *cloth* cielorraso desfondado *ceiling with the paint sagging* telaraña polvorienta *dusty spiderweb* haga buches de *rinse your mouth out with* vaina *thing*

Lección 3

—Mejor.

Volvió a operar la fresa. De una cajita de cartón° donde guardaba las cosas por hacer, sacó un puente° de varias piezas y empezó a pulir el oro.

—Papá.

—Qué.

Aún no había cambiado de expresión.

—Dice que si no le sacas la muela te pega un tiro°.

Sin apresurarse°, con un movimiento extremadamente tranquilo, dejó de pedalear en la fresa, la retiró del sillón y abrió por completo la gaveta° inferior de la mesa. Allí estaba el revólver.

—Bueno —dijo—. Dile que venga a pegármelo.

Hizo girar° el sillón hasta quedar de frente a la puerta, la mano apoyada° en el borde de la gaveta. El alcalde apareció en el umbral°. Se había afeitado la mejilla° izquierda, pero en la otra, hinchada° y dolorida, tenía una barba° de cinco días. El dentista vio en sus ojos marchitos° muchas noches de desesperación. Cerró la gaveta con la punta de los dedos y dijo suavemente:

—Siéntese.

—Buenos días —dijo el alcalde.

—Buenos —dijo el dentista.

Mientras hervían° los instrumentos, el alcalde apoyó el cráneo en el cabezal de la silla y se sintió mejor. Respiraba un olor glacial. Era un gabinete pobre: una vieja silla de madera, la fresa de pedal y una vidriera con pomos de loza°. Frente a la silla, una ventana con un cancel de tela° hasta la altura de un hombre. Cuando sintió que el dentista se acercaba°, el alcalde afirmó los talones° y abrió la boca.

Don Aurelio Escovar le movió la cabeza hacia la luz. Después de observar la muela dañada, ajustó la mandíbula° con una presión cautelosa° de los dedos.

—Tiene que ser sin anestesia —dijo.

—¿Por qué?

—Porque tiene un absceso.

El alcalde lo miró en los ojos.

—Está bien —dijo, y trató de sonreír. El dentista no le correspondió. Llevó a la mesa de trabajo la cacerola° con los instrumentos hervidos y los sacó del agua con unas pinzas° frías, todavía sin apresurarse. Después rodó la escupidera° con la punta del zapato y fue a lavarse las manos en el aguamanil°. Hizo todo sin mirar al alcalde. Pero el alcalde no lo perdió de vista.

Era una cordal° inferior. El dentista abrió las piernas y apretó la muela con el gatillo° caliente. El alcalde se aferró° a las barras° de la silla, descargó° toda su fuerza en los pies y sintió un vacío helado° en los riñones°, pero no soltó un suspiro°. El dentista sólo movió la muñeca°. Sin rencor, más bien con una amarga ternura°, dijo:

—Aquí nos paga veinte muertos, teniente°.

El alcalde sintió un crujido° de huesos en la mandíbula y sus ojos se llenaron de lágrimas. Pero no suspiró hasta que no sintió salir la muela. Entonces la vio a través de° las lágrimas. Le pareció tan extraña a su dolor, que no pudo entender la tortura de sus cinco noches anteriores. Inclinado sobre la escupidera, sudoroso°, jadeante°, se desabotonó° la guerrera y buscó a tientas° el pañuelo en el bolsillo° del pantalón. El dentista le dio un trapo° limpio.

—Séquese las lágrimas —dijo.

El alcalde lo hizo. Estaba temblando. Mientras el dentista se lavaba las manos, vio el cielorraso desfondado° y una telaraña polvorienta° con huevos de araña e insectos muertos. El dentista regresó secándose. "Acuéstese —dijo— y haga buches de° agua de sal." El alcalde se puso de pie, se despidió con un displicente saludo militar, y se dirigió a la puerta estirando las piernas, sin abotonarse la guerrera.

—Me pasa la cuenta —dijo.

—¿A usted o al municipio?

El alcalde no lo miró. Cerró la puerta, y dijo, a través de la red metálica:

—Es la misma vaina°.

Después de leer

Comprensión

Completa las oraciones con la palabra o expresión correcta.

1. Don Aurelio Escovar es _____ sin título.
2. Al alcalde le duele _____.
3. Aurelio Escovar y el alcalde se llevan _____.
4. El alcalde amenaza (*threatens*) al dentista con pegarle un _____.
5. Finalmente, Aurelio Escovar _____ la muela al alcalde.
6. El alcalde llevaba varias noches sin _____.

Interpretación

En parejas, respondan a estas preguntas. Luego comparen sus respuestas con las de otra pareja.

1. ¿Cómo reacciona don Aurelio cuando escucha que el alcalde amenaza con pegarle un tiro? ¿Qué les dice esta actitud sobre las personalidades del dentista y del alcalde?
2. ¿Por qué creen que don Aurelio y el alcalde no se llevan bien?
3. ¿Creen que era realmente necesario no usar anestesia?
4. ¿Qué piensan que significa el comentario "aquí nos paga veinte muertos, teniente"? ¿Qué les dice esto del alcalde y su autoridad en el pueblo?
5. ¿Cómo se puede interpretar el saludo militar y la frase final del alcalde "es la misma vaina"?

Escritura

Estrategia
Organizing information logically

Many times a written piece may require you to include a great deal of information. You might want to organize your information in one of three different ways:

▶ chronologically (e.g., events in the history of a country)

▶ sequentially (e.g., steps in a recipe)

▶ in order of importance

Organizing your information beforehand will make both your writing and your message clearer to your readers. If you were writing a piece on weight reduction, for example, you would need to organize your ideas about two general areas: eating right and exercise. You would need to decide which of the two is more important according to your purpose in writing the piece. If your main idea is that eating right is the key to losing weight, you might want to start your piece with a discussion of good eating habits. You might want to discuss the following aspects of eating right in order of their importance:

▶ quantities of food

▶ selecting appropriate foods

▶ healthy recipes

▶ percentage of fat in each meal

▶ calorie count

▶ percentage of carbohydrates in each meal

▶ frequency of meals

You would then complete the piece by following the same process to discuss the various aspects of the importance of getting exercise.

Tema
Escribir un plan personal de bienestar

Desarrolla un plan personal para mejorar tu bienestar, tanto físico como emocional. Tu plan debe describir:

1. lo que has hecho para mejorar tu bienestar y llevar una vida sana
2. lo que no has podido hacer todavía
3. las actividades que debes hacer en los próximos meses

Considera también estas preguntas:

La nutrición

▶ ¿Comes una dieta equilibrada?

▶ ¿Consumes suficientes vitaminas y minerales?

▶ ¿Consumes demasiada grasa?

▶ ¿Quieres aumentar de peso o adelgazar?

▶ ¿Qué puedes hacer para mejorar tu dieta?

El ejercicio

▶ ¿Haces ejercicio? ¿Con qué frecuencia?

▶ ¿Vas al gimnasio? ¿Qué tipo de ejercicios haces allí?

▶ ¿Practicas algún deporte?

▶ ¿Qué puedes hacer para mejorar tu bienestar físico?

El estrés

▶ ¿Sufres muchas presiones?

▶ ¿Qué actividades o problemas te causan estrés?

▶ ¿Qué haces (o debes hacer) para aliviar el estrés y sentirte más tranquilo/a?

▶ ¿Qué puedes hacer para mejorar tu bienestar emocional?

Escuchar Audio

Estrategia

Listening for the gist/
Listening for cognates

Combining these two strategies is an easy way to get a good sense of what you hear. When you listen for the gist, you get the general idea of what you're hearing, which allows you to interpret cognates and other words in a meaningful context. Similarly, the cognates give you information about the details of the story that you might not have understood when listening for the gist.

 To practice these strategies, you will listen to a short paragraph. Write down the gist of what you hear and jot down a few cognates. Based on the gist and the cognates, what conclusions can you draw about what you heard?

Preparación

Mira la foto. ¿Qué pistas° te da de lo que vas a oír?

Ahora escucha

Escucha lo que dice Ofelia Cortez de Bauer. Anota algunos de los cognados que escuchas y también la idea general del discurso°.

_____

_____

_____

Idea general: _____

Ahora contesta las siguientes preguntas.

1. ¿Cuál es el género° del discurso?
2. ¿Cuál es el tema?
3. ¿Cuál es el propósito°?

pistas *clues* discurso *speech* género *genre* propósito *purpose*
público *audience* debía haber incluido *should have included*

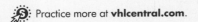 Practice more at **vhlcentral.com**.

Comprensión

¿Cierto o falso?

Indica si lo que dicen estas oraciones es **cierto** o **falso**. Corrige las oraciones falsas.

	Cierto	Falso
1. La señora Bauer habla de la importancia de estar en buena forma y de hacer ejercicio.	O	O
2. Según ella, lo más importante es que lleves el programa sugerido por los expertos.	O	O
3. La señora Bauer participa en actividades individuales y de grupo.	O	O
4. El único objetivo del tipo de programa que ella sugiere es adelgazar.	O	O

Preguntas

Responde a las preguntas.

1. Imagina que el programa de radio sigue. Según las pistas que ella dio, ¿qué vas a oír en la segunda parte?
2. ¿A qué tipo de público° le interesa el tema del que habla la señora Bauer?
3. ¿Sigues los consejos de la señora Bauer? Explica tu respuesta.
4. ¿Qué piensas de los consejos que ella da? ¿Hay otra información que ella debía haber incluido°?

En pantalla

Para Iker, cada persona se parece a un animal. Por ejemplo, su papá es un oso°. A Iker le habría gustado° ser un oso también, pero él es otro animal. Y eso es algo que nadie sabe en la escuela. Iker ha conseguido mantenerlo así gracias a algunos trucos°, pero tiene miedo de que los demás lo sepan. ¿Qué podría° pasar si° sus compañeros descubren el secreto de Iker?

Preparación

¿Cierto o falso?

Lee la lista de **Expresiones útiles** e indica si lo que dice cada oración es **cierto** o **falso**. Corrige las oraciones falsas.

_____ 1. Me prestaste tu balón (*ball*) y yo te lo tengo que devolver.

_____ 2. Si (*If*) quiero disimular algo, se lo digo a todos.

_____ 3. Es común que una hija salga igual a su madre.

_____ 4. Para hacerme un peinado especial, voy al salón de belleza.

_____ 5. Para cocinar el pan, lo meto en el congelador.

_____ 6. Si no hago ejercicios de estiramiento, me siento tieso.

Rasgos de familia

En parejas, túrnense para hacerse estas preguntas.

1. ¿Tienes rasgos particulares? ¿Cuáles son de tu apariencia física (*physical appearance*)? ¿Cuáles son de tu personalidad?

2. ¿Cuáles de tus rasgos son buenos? ¿Cuáles son malos? ¿Cómo determinas que son buenos o malos?

3. ¿Cuáles de tus rasgos particulares, buenos y malos, te hacen una persona única?

4. ¿Es común alguno de esos rasgos en tu familia? ¿Ha pasado de generación en generación?

5. ¿Tienes compañeros que comparten tus mismos rasgos? ¿Qué tienen en común ustedes?

6. ¿Qué animal crees que serías (*you would be*) según (*according to*) tus rasgos? Explica tu respuesta.

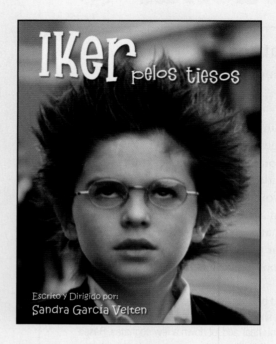

Iker pelos tiesos

Escrito y Dirigido por: Sandra García Velten

Expresiones útiles

devolver	*to return, to give back*
disimular	*to hide, to disguise*
me hubiera gustado	*I would have liked*
meter	*to put (something) in, to introduce*
el peinado	*hairstyle*
salir (igual) a	*to take after*
si supieran	*if they knew*
tieso/a	*stiff*

Para hablar del corto

burlarse (de)	*to make fun (of)*
esconder(se)	*to hide (onself)*
la fuerza	*strength*
orgulloso/a	*proud*
pelear(se)	*to fight (with one another)*
el rasgo	*feature, characteristic*
sentirse cohibido/a	*to feel self-conscious*

oso *bear* le habría gustado *he would have liked* trucos *tricks* podría *could* si *if*

S Video: Short Film

Lección 3

Escenas: Iker pelos tiesos

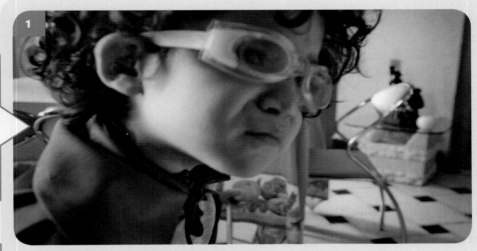

IKER: Tito es un mosquito; de esos que nunca dejan de molestar... ni en las noches.

IKER: Mi mamá es un perico (*parrot*), como todas las mamás.

NIÑO 3: Ey, no hay paso. (*Hey, there's no way through.*)

IKER: Pero, ¿por qué?

IKER: ... [yo] salí igual a mi abuelo... soy un puercoespín (*porcupine*).

IKER: ¿Qué me dirían si supieran mi secreto?

IKER: ¿Y por qué ese niño está pasando?

NIÑO 5: Porque éste es nuestro territorio.

Comprensión

Escoger

Escoge la opción que completa mejor cada oración.

1. Iker siempre _____ su pelo tieso.
   - a. muestra
   - b. corta
   - c. disimula

2. En la familia de Iker, _____ el mismo rasgo.
   - a. no hay dos personas con
   - b. él y su abuelo comparten
   - c. el abuelo y Tito tienen

3. Para Iker, su _____ es un perico.
   - a. hermana
   - b. mamá
   - c. maestra (*teacher*)

4. Para Iker, es probable que sus compañeros _____ si saben su secreto.
   - a. lo acepten
   - b. se burlen de él
   - c. se escondan

5. Iker se sintió _____ cuando su compañero le dijo que le gustaba su peinado.
   - a. aliviado (*relieved*)
   - b. cohibido
   - c. enojado

6. Al final, Iker estaba _____ de mostrar su peinado natural.
   - a. avergonzado
   - b. nervioso
   - c. orgulloso

Preguntas

En parejas, respondan a estas preguntas con oraciones completas.

1. ¿En qué situaciones se le pone el pelo tieso a Iker?

2. ¿Por qué esconde Iker su peinado natural?

3. ¿Cómo se sintió Iker después de pelearse con los niños en el patio?

4. ¿Se han sentido ustedes cohibidos/as alguna vez?

5. ¿Cuáles son las consecuencias positivas de presentarse ante el mundo tal y como son?

6. ¿Creen que la percepción que tienen de ustedes mismos/as influye en (*influences*) la manera en que ven a los demás? Expliquen su respuesta.

Superhéroes

A. Imagina que un día descubres que tienes un superpoder (*superpower*). Escribe un párrafo donde describas tu experiencia. No te olvides de presentar esta información:

- ▶ cuál es tu superpoder
- ▶ cómo y cuándo lo descubriste
- ▶ quién, además de ti, sabe que tienes ese superpoder
- ▶ qué características positivas y negativas implica (*involves*) tener ese superpoder
- ▶ cómo has usado tu superpoder para ayudar a otros
- ▶ si has decidido usar tu superpoder para mejorar el mundo
- ▶ cuál es tu nombre de superhéroe/superheroína

> **modelo**
>
> Puedo saltar (*leap*) muros de hasta cinco metros de alto. Lo supe un día que mi gato quedó atrapado en el techo de un edificio...

B. En grupos pequeños, compartan sus párrafos. Conversen para decidir quiénes tienen los mejores superpoderes, los más divertidos, los más útiles (*useful*), etc., y quién escogió el mejor nombre de superhéroe/superheroína.

 Practice more at **vhlcentral.com**.

¿Cómo sobrevivir° en la selva de concreto de una gran ciudad hispana? Sin duda, los parques públicos son la respuesta cuando se busca un oasis. Los Bosques de Palermo en Buenos Aires, el Bosque de Chapultepec en la Ciudad de México, el Parque Quinta Vergara en Viña del Mar o la Casa de Campo en Madrid son vitales para la salud física y mental de sus habitantes. Unos tienen museos, lagos y zoológicos, otros hasta parques de diversiones° y jardines. En ellos siempre vas a ver gente haciendo ejercicio, relajándose o reunida con familiares y amigos. A continuación conocerás uno de los muchos parques de Madrid, El Retiro, y vas a ver cómo se relajan los madrileños.

Vocabulario útil	
árabe	*Moorish, Arab*
el bullicio	*hustle and bustle*
combatir el estrés	*to fight stress*
el ruido	*noise*

Preparación

¿Sufres de estrés? ¿Qué situaciones te producen estrés? ¿Qué haces para combatirlo?

¿Cierto o falso?

Indica si las oraciones son **ciertas** o **falsas**.

1. Madrid es la segunda ciudad más grande de España, después de Barcelona.

2. Madrid es una ciudad muy poco congestionada (*congested*) gracias a los policías de tráfico.

3. Un turista estadounidense intenta saltearse la cola (*cut the line*) para conseguir unos boletos para un espectáculo.

4. En el Parque del Retiro, puedes descansar, hacer gimnasia, etc.

5. Los baños termales Medina Mayrit son de influencia cristiana.

6. En Medina Mayrit es posible bañarse en aguas termales, tomar el té y hasta comer.

sobrevivir *to survive* parques de diversiones *amusement parks*

¿Estrés? ¿Qué estrés?

El tráfico, el ruido de las calles... Todos quieren llegar al trabajo a tiempo.

... es un lugar donde la gente viene a "retirarse", a escapar del estrés y el bullicio de la ciudad.

... en pleno centro de Madrid, encontramos los Baños Árabes [...]

Lección 3

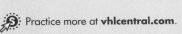 **Video:** *Flash cultura*

Practice more at **vhlcentral.com.**

recursos

VM
pp. 177–178

vhlcentral.com
Lección 3

Bolivia

El país en cifras

▶ **Área:** 1.098.580 km² (424.162 millas²), *equivalente al área total de Francia y España*

▶ **Población:** 10.854.000

Los indígenas quechua y aimará constituyen más de la mitad° de la población de Bolivia. Estos grupos indígenas han mantenido sus culturas y lenguas tradicionales. Las personas de ascendencia° indígena y europea representan la tercera parte de la población. Los demás son de ascendencia europea nacida en Latinoamérica. Una gran mayoría de los bolivianos, más o menos el 70%, vive en el altiplano°.

▶ **Capital:** La Paz, sede° del gobierno, capital administrativa—1.840.000; Sucre, sede del Tribunal Supremo, capital constitucional y judicial

▶ **Ciudades principales:** Santa Cruz de la Sierra—1.916.000, Cochabamba, Oruro, Potosí

SOURCE: Population Division, UN Secretariat

▶ **Moneda:** peso boliviano

▶ **Idiomas:** español (oficial), aimará (oficial), quechua (oficial)

Bandera de Bolivia

Bolivianos célebres

▶ **Jesús Lara,** escritor (1898–1980)
▶ **Víctor Paz Estenssoro,** político y presidente (1907–2001)
▶ **María Luisa Pacheco,** pintora (1919–1982)
▶ **Matilde Casazola,** poeta (1942–)

mitad *half* ascendencia *descent* altiplano *high plateau* sede *seat*
paraguas *umbrella* cascada *waterfall*

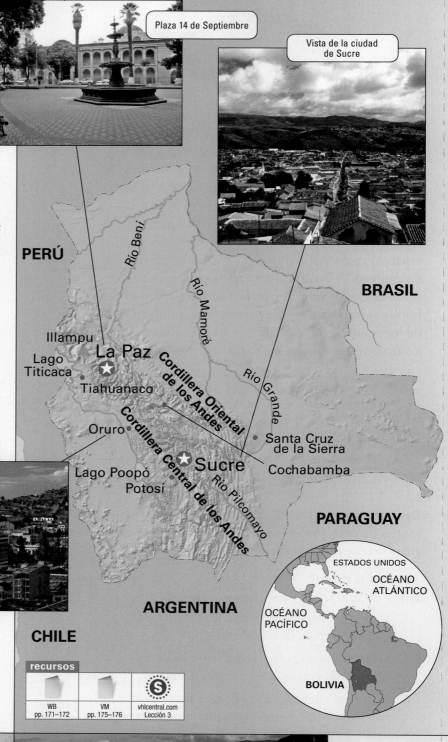

Plaza 14 de Septiembre

Vista de la ciudad de Sucre

PERÚ

Río Beni

Río Mamoré

BRASIL

Illampu

Lago Titicaca

La Paz

Tiahuanaco

Cordillera Oriental de los Andes

Río Grande

Oruro

Cordillera Central de los Andes

Santa Cruz de la Sierra

Lago Poopó

Sucre

Cochabamba

Potosí

Río Pilcomayo

PARAGUAY

Vista de la ciudad de Oruro

ARGENTINA

CHILE

ESTADOS UNIDOS

OCÉANO ATLÁNTICO

OCÉANO PACÍFICO

BOLIVIA

recursos		
WB pp. 171–172	VM pp. 175–176	vhlcentral.com Lección 3

¡Increíble pero cierto!

La Paz es la capital más alta del mundo. Su aeropuerto está situado a una altitud de 4.061 metros (13.325 pies). Ah, y si viajas en carro hasta La Paz, ¡no te olvides del paraguas°! En la carretera, que cruza 9.000 metros de densa selva, te encontrarás con una cascada°.

Lugares • El lago Titicaca

Titicaca, situado en los Andes de Bolivia y Perú, es el lago navegable más alto del mundo, a una altitud de 3.810 metros (12.500 pies). Con un área de más de 8.300 kilómetros² (3.200 millas²), también es el segundo lago más grande de Suramérica, después del lago de Maracaibo (Venezuela). La mitología inca cuenta que los hijos del dios° Sol emergieron de las profundas aguas del lago Titicaca para fundar su imperio°.

Artes • La música andina

La música andina, compartida por Bolivia, Perú, Ecuador, Chile y Argentina, es el aspecto más conocido de su folclore. Hay muchos conjuntos° profesionales que dan a conocer° esta música popular, de origen indígena, alrededor° del mundo. Algunos de los grupos más importantes y que llevan más de treinta años actuando en escenarios internacionales son Los Kjarkas (Bolivia), Inti Illimani (Chile), Los Chaskis (Argentina) e Illapu (Chile).

Historia • Tiahuanaco

Tiahuanaco, que significa "Ciudad de los dioses", es un sitio arqueológico de ruinas preincaicas situado cerca de La Paz y del lago Titicaca. Se piensa que los antepasados° de los indígenas aimará fundaron este centro ceremonial hace unos 15.000 años. En el año 1100, la ciudad tenía unos 60.000 habitantes. En este sitio se pueden ver el Templo de Kalasasaya, el Monolito Ponce, el Templete Subterráneo, la Puerta del Sol y la Puerta de la Luna. La Puerta del Sol es un impresionante monumento que tiene tres metros de alto y cuatro de ancho° y que pesa unas 10 toneladas.

¿Qué aprendiste? Responde a las preguntas con una oración completa.

1. ¿Qué idiomas se hablan en Bolivia?
2. ¿Dónde vive la mayoría de los bolivianos?
3. ¿Cuál es la capital administrativa de Bolivia?
4. Según la mitología inca, ¿qué ocurrió en el lago Titicaca?
5. ¿De qué países es la música andina?
6. ¿Qué origen tiene esta música?
7. ¿Cómo se llama el sitio arqueológico situado cerca de La Paz y el lago Titicaca?
8. ¿Qué es la Puerta del Sol?

Conexión Internet Investiga estos temas en **vhlcentral.com**.

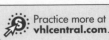
Practice more at **vhlcentral.com**.

1. Busca información sobre un(a) boliviano/a célebre. ¿Cuáles son algunos de los episodios más importantes de su vida? ¿Qué ha hecho esta persona? ¿Por qué es célebre?
2. Busca información sobre Tiahuanaco u otro sitio arqueológico en Bolivia. ¿Qué han descubierto los arqueólogos en ese sitio?

....

dios *god* **imperio** *empire* **conjuntos** *groups* **dan a conocer** *make known* **alrededor** *around* **antepasados** *ancestors* **ancho** *wide*

El bienestar

el bienestar	well-being
la droga	drug
el/la drogadicto/a	drug addict
el masaje	massage
el/la teleadicto/a	couch potato
adelgazar	to lose weight; to slim down
aliviar el estrés	to reduce stress
aliviar la tensión	to reduce tension
apurarse, darse prisa	to hurry; to rush
aumentar de peso, engordar	to gain weight
disfrutar (de)	to enjoy; to reap the benefits (of)
estar a dieta	to be on a diet
(no) fumar	(not) to smoke
llevar una vida sana	to lead a healthy lifestyle
sufrir muchas presiones	to be under a lot of pressure
tratar de (+ *inf.*)	to try (to do something)
activo/a	active
débil	weak
en exceso	in excess; too much
flexible	flexible
fuerte	strong
sedentario/a	sedentary; related to sitting
tranquilo/a	calm; quiet

En el gimnasio

la cinta caminadora	treadmill
la clase de ejercicios aeróbicos	aerobics class
el/la entrenador(a)	trainer
el músculo	muscle
calentarse (e:ie)	to warm up
entrenarse	to practice; to train
estar en buena forma	to be in good shape
hacer ejercicio	to exercise
hacer ejercicios aeróbicos	to do aerobics
hacer ejercicios de estiramiento	to do stretching exercises
hacer gimnasia	to work out
levantar pesas	to lift weights
mantenerse en forma	to stay in shape
sudar	to sweat

La nutrición

la bebida alcohólica	alcoholic beverage
la cafeína	caffeine
la caloría	calorie
el colesterol	cholesterol
la grasa	fat
la merienda	afternoon snack
el mineral	mineral
la nutrición	nutrition
el/la nutricionista	nutritionist
la proteína	protein
la vitamina	vitamin
comer una dieta equilibrada	to eat a balanced diet
consumir alcohol	to consume alcohol
descafeinado/a	decaffeinated

Expresiones útiles	*See page 135.*

 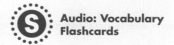

Audio: Vocabulary Flashcards

contextos

1 **Lo opuesto** Fill in the blanks with the terms that mean the opposite of the descriptions.

1. sedentario _____

2. con cafeína _____

3. fuerte _____

4. adelgazar _____

5. comer en exceso _____

6. con estrés _____

7. sufrir muchas presiones _____

8. fuera (*out*) de forma _____

2 **Vida sana** Complete the sentences with the correct terms.

1. Antes de correr, es importante hacer ejercicios de _____ para calentarse.

2. Para dormir bien por las noches, es importante tomar bebidas _____.

3. Para desarrollar músculos fuertes, es necesario _____.

4. Una persona que es muy sedentaria y ve mucha televisión es un _____.

5. _____ es bueno porque reduce la temperatura del cuerpo.

6. Para aliviar el estrés, es bueno hacer las cosas tranquilamente y sin _____.

7. Cuando tienes los músculos tensos, lo mejor es que te den un _____.

8. Las personas que dependen de las drogas son _____.

3 **Completar** Look at the drawings. Complete the sentences with the correct forms of the verbs from the word bank.

(no) apurarse	**(no) hacer ejercicios de estiramiento**
(no) consumir bebidas alcohólicas	**(no) llevar una vida sana**

1. Isabel debió _____.

2. Mi prima prefiere _____.

3. A Roberto no le gusta _____.

4. Adriana va a llegar tarde y tiene que _____.

4

¿Negativo o positivo? Categorize the terms in the word bank according to whether they are good or bad for one's health.

buena nutrición	consumir mucho	hacer ejercicios	llevar una
colesterol	alcohol	de estiramiento	vida sedentaria
comer comida	dieta equilibrada	hacer gimnasia	ser un drogadicto
sin grasa	entrenarse	levantar pesas	ser un teleadicto
comer en exceso	exceso de cafeína	llevar una	sufrir muchas
	fumar	vida sana	presiones
			tomar vitaminas

Bueno para la salud	**Malo para la salud**
_____	_____
_____	_____
_____	_____
_____	_____
_____	_____
_____	_____
_____	_____

5

El/La entrenador(a) You are a personal trainer, and your clients' goals are listed below. Give each one a different piece of advice, using familiar commands and expressions from **Contextos**.

1. "Quiero adelgazar." _____

2. "Quiero tener músculos bien definidos." _____

3. "Quiero quemar grasa." _____

4. "Quiero respirar sin problemas." _____

5. "Quiero correr una maratón." _____

6. "Quiero aumentar un poco de peso." _____

6

Los alimentos Write whether these food categories are rich in **vitaminas**, **minerales**, **proteínas**, or **grasas**.

1. carnes _____

2. agua mineral _____

3. mantequilla _____

4. frutas _____

5. huevos _____

6. aceite _____

7. vegetales _____

8. cereales enriquecidos (*fortified*) _____

estructura

3.1 The present perfect

1 **¿Qué han hecho?** Complete each sentence with the present perfect of the verb in parentheses.

> **modelo**
>
> Marcos y Felipe _____ (hacer) sus tareas de economía.
> Marcos y Felipe **han hecho** sus tareas de economía.

1. Gloria y Samuel _____ (comer) comida francesa.

2. (yo) _____ (ver) la última película de ese director.

3. Pablo y tú _____ (leer) novelas de García Márquez.

4. Liliana _____ (tomar) la clase de economía.

5. (nosotros) _____ (ir) a esa heladería antes.

6. Tú le _____ (escribir) un mensaje eléctronico al profesor.

2 **¿Qué han hecho esta tarde?** Write sentences that say what these people have done this afternoon. Use the present perfect.

1. Luis y Marta   2. Víctor   3. (tú)

_____   _____   _____

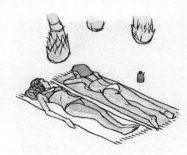

4. Ricardo   5. (yo)   6. Claudia y yo

_____   _____   _____

3 **Ha sido así** Rewrite the sentences, replacing the subject with the one in parentheses.

1. Hemos conocido a varios bolivianos este año. (tú)

   _____

2. Gilberto ha viajado por todos los Estados Unidos. (yo)

   _____

3. ¿Has ido al museo de arte de Boston? (ustedes)

   _____

4. Paula y Sonia han hecho trabajos muy buenos. (Virginia)

   _____

5. He asistido a tres conferencias de ese escritor. (los estudiantes)

   _____

6. Mi hermano ha puesto la mesa todos los días. (mi madre y yo)

   _____

4 **Todavía no** Rewrite the sentences to say that these things have not yet been done. Use the present perfect.

> **modelo**
>
> Su prima no va al gimnasio.
> Su prima todavía no ha ido al gimnasio.

1. Pedro y Natalia no nos dan las gracias.

   _____

2. Los estudiantes no contestan la pregunta.

   _____

3. Mi amigo Pablo no hace ejercicio.

   _____

4. Esas chicas no levantan pesas.

   _____

5. Tú no estás a dieta.

   _____

6. Rosa y yo no sufrimos muchas presiones.

   _____

3.2 The past perfect

1 **Vida nueva** Complete this paragraph with the past perfect forms of the verbs in parentheses.

Antes del accidente, mi vida (1) _____ (ser) tranquila y sedentaria. Hasta ese momento,

(yo) siempre (2) _____ (mirar) mucho la televisión y (3) _____

(comer) en exceso. Nada malo me (4) _____ (pasar) nunca. El día en que pasó el

accidente, mis amigos y yo nos (5) _____ (encontrar) para ir a nadar en un río.

Nunca antes (6) _____ (ir) a ese río. Cuando llegamos, entré de cabeza al río. (Yo)

No (7) _____ (ver) las rocas (*rocks*) que había debajo del agua. Me di con (*I hit*) las

rocas en la cabeza. Mi hermana, que (8) _____ (ir) con nosotros al río, me sacó del

agua. Todos mis amigos se (9) _____ (quedar) fuera del agua cuando vieron lo que me

pasó. Me llevaron al hospital. En el hospital, los médicos me dijeron que yo (10) _____

(tener) mucha suerte. (Yo) No me (11) _____ (lastimar) demasiado la espalda, pero

tuve que hacer terapia (*therapy*) física por muchos meses. (Yo) Nunca antes (12) _____

(preocuparse) por estar en buena forma, ni (13) _____ (querer) ir al gimnasio. Ahora

hago gimnasia y soy una persona activa, flexible y fuerte.

2 **Nunca antes** Rewrite the sentences to say that these people had never done these things before.

> **modelo**
>
> Julián se compró un coche nuevo.
> *Julián nunca antes se había comprado un coche nuevo.*

1. Tu novia fue al gimnasio por la mañana.

   _____

2. Carmen corrió en la maratón de la ciudad.

   _____

3. Visité los países de Suramérica.

   _____

4. Los estudiantes escribieron trabajos de veinte páginas.

   _____

5. Armando y Cecilia esquiaron en los Andes.

   _____

6. Luis y yo tenemos un perro en casa.

   _____

7. Condujiste el coche de tu papá.

   _____

8. Ramón y tú nos prepararon la cena.

   _____

3 **Ya había pasado** Combine the sentences, using the preterite and the past perfect tenses.

> modelo
>
> Elisa pone la televisión. Jorge ya se ha despertado.
> *Cuando Elisa puso la televisión, Jorge ya se había despertado.*

1. Lourdes llama a Carla. Carla ya ha salido.

   _____

2. Tu hermano vuelve a casa. Ya has terminado de cenar.

   _____

3. Llego a la escuela. La clase ya ha empezado.

   _____

4. Ustedes nos buscan en casa. Ya hemos salido.

   _____

5. Salimos a la calle. Ya ha empezado a nevar.

   _____

6. Ellos van al centro comercial. Las tiendas ya han cerrado.

   _____

7. Lilia y Juan encuentran las llaves. Raúl ya se ha ido.

   _____

8. Preparas el almuerzo. Yo ya he comido.

   _____

4 **Rafael Nadal** Write a paragraph about the things that Rafael Nadal had achieved by age 18. Use the phrases from the word bank with the past perfect. Start each sentence with **Ya**. The first one has been done for you.

empezar a jugar tenis profesionalmente	jugar en torneos del Grand Slam
ganar un torneo Masters Series	recibir miles de dólares
ingresar a la lista de los 100 mejores jugadores de la ATP	ser el campeón (*champion*) de la Copa Davis

Cuando tenía 18 años, Rafael Nadal ya había empezado a jugar tenis profesionalmente.

_____

_____

_____

_____

_____

_____

3.3 The present perfect subjunctive

1 **¡No estoy de acuerdo!** Your friend Lisa is contradicting everything you say. Using the present perfect subjunctive, complete her statements.

> **modelo**
>
> —He perdido las llaves muchas veces.
> —*No es verdad que hayas perdido las llaves muchas veces.*

1. —Éste ha sido tu mejor año. —No estoy segura _____.

2. —El ejercicio le ha aliviado el estrés. —Dudo _____.

3. —Rafael y tú han sufrido muchas presiones. —Niego _____.

4. —El gobierno ha estudiado el problema. —Es improbable _____.

5. —Ustedes han sido muy buenos amigos siempre. —No es cierto _____.

6. —Has hecho todo lo que pudiste. —No es seguro _____.

2 **De acuerdo** Lisa is in a better mood today and says everything you are thinking. Write her thoughts on these topics, using the expressions provided and the present perfect subjunctive.

> **modelo**
>
> Marina ha disfrutado de su dieta / improbable
> *Es improbable que Marina haya disfrutado de su dieta.*

1. Muchas niñas jóvenes han estado a dieta / terrible

   _____

2. Ustedes no han llevado una vida sana hasta ahora / triste

   _____

3. Los jugadores no han hecho ejercicios de estiramiento / una lástima

   _____

4. Nosotros hemos aumentado de peso este verano / probable

   _____

5. Algunos doctores del hospital han fumado en público / ridículo

   _____

6. Mi esposo no ha engordado más / me alegro de

   _____

7. Nunca he aliviado el estrés en mi trabajo / siento

   _____

8. Tú y tu amiga se han mantenido en buena forma / qué bueno

   _____

3 **La telenovela** Write a paragraph telling your best friend how glad you are that these things happened on the soap opera you both watch. Start each sentence with **Me alegro**. The first one has been done for you.

la vecina / poner la televisión	Alejandro y Leticia / ganar la lotería
Ligia Elena / separarse de Luis Javier	los padres de Juliana / encontrar la carta de amor
la boda de Gema y Fernando / ser tan elegante	(tú) / contarme lo que pasó ayer
Ricardo / conocer a Diana Carolina	(nosotros) / poder ver esta telenovela

Me alegro de que la vecina haya puesto la televisión. _____

_____

_____

_____

_____

_____

_____

_____

_____

_____

_____

Síntesis

On another sheet of paper, write an autobiographical essay about your time in school. Address:

- things that you have done that you are proud of and things you are embarrassed about. Use the present perfect.
- things that you had done by age eight and by age sixteen. Use the past perfect.

Use expressions such as **me alegro**, **me sorprende**, **siento**, **es una lástima**, **es triste**, **es extraño**, and **es ridículo** and the present perfect subjunctive. Cover such topics as academic and extracurricular achievements and failures, as well as achievements and failures in your social life.

panorama

Bolivia

1 **Información de Bolivia** Complete these sentences with information about Bolivia.

1. El área de Bolivia es igual al área total de _____.

2. Las personas de ascendencia indígena y europea representan _____.

3. Un 70% de la población boliviana vive en el _____.

4. La moneda de bolivia es el _____.

5. Los tres idiomas que se hablan en Bolivia son _____.

6. El lago navegable más alto del mundo es el _____.

7. El aeropuerto de La Paz se encuentra a _____ metros de altura.

8. Tiahuanaco es el nombre de unas ruinas y significa _____.

9. Se cree que Tiahuanaco fue fundado por los antepasados de _____.

10. _____ es un impresionante monumento que pesa unas 10 toneladas.

2 **¿Cierto o falso?** Indicate whether these statements are **cierto** or **falso**. Correct the false statements.

1. Bolivia tiene dos ciudades capitales diferentes.

_____

2. Jesús Lara fue un pintor y político boliviano.

_____

3. Bolivia tiene una costa en el océano Pacífico.

_____

4. El lago Titicaca es el lago más grande de Suramérica.

_____

5. Según la mitología aimará, los hijos del dios Sol fundaron su imperio.

_____

6. La música andina es el aspecto más conocido del folclore boliviano.

_____

7. Bolivia limita (*borders*) con Colombia, Perú y Brasil.

_____

8. Se piensa que los antepasados de los indígenas aimará fundaron Tiahuanaco hace 15.000 años.

_____

3 **Términos bolivianos** Fill in the blanks with the terms described.

1. _____ Son grupos indígenas que constituyen más de la mitad de la población de Bolivia.

2. _____ Es la sede del gobierno de Bolivia.

3. _____ Es la primera ciudad de Bolivia en número de habitantes.

4. _____ Fue político y presidente boliviano.

5. _____ Tipo de música compartida por Bolivia, Perú, Ecuador, Chile y Argentina. Es música popular de origen indígena.

6. _____ Es un grupo boliviano de música andina que lleva más de treinta años actuando en los escenarios internacionales.

4 **Letras desordenadas** Unscramble the words according to the clues.

1. IICTATCA _____
(el segundo lago más grande de Suramérica)

2. BHABCMOCAA _____
(ciudad boliviana)

3. AUQHCUE _____
(uno de los idiomas oficiales de Bolivia)

4. OLAZCSAA _____
(apellido de una poeta boliviana)

5. SOL HSSCKIA _____
(grupo argentino de música andina)

6. URECS _____
(ciudad sede del Tribunal Supremo)

7. AEOMNLERCI _____
(tipo de centro que fue Tiahuanaco)

8. AALSKAASAY _____
(templo de las ruinas de Tiahuanaco)

Chichén Itzá

Antes de ver el video

1 **Una excursión** List what you would probably do and say during a trip to an archaeological site.

_____

_____

_____

_____

_____

_____

_____

Mientras ves el video

2 **¿Quién?** As you watch this episode of the **Fotonovela**, indicate who said each sentence.

_____ 1. Chichén Itzá es impresionante.

_____ 2. Nuestros papás nos trajeron cuando éramos niños.

_____ 3. Hay que estar en buena forma para recorrer las ruinas.

_____ 4. Pues, a mí me gustan las gorditas.

_____ 5. Qué lástima que no dejen subir hasta la cima.

3 **Completar** Fill in the blanks in these sentences.

1. _____ bajo mucha presión.

2. La universidad hace que seamos _____.

3. ¿Y Juan Carlos todavía no te _____ a salir?

4. Ofrecemos varios servicios para _____.

5. Su _____ es muy importante para nosotros.

4 **Ordenar** Number the events from one to four, putting them in order.

____ a. Felipe y Juan Carlos corren.

____ b. Marissa y Felipe toman fotos del lugar.

____ c. Jimena y Juan Carlos se toman de las manos.

____ d. Una empleada explica a los chicos qué ofrecen en el spa.

Después de ver el video

5 **Palabra correcta** The underlined elements in these statements are incorrect. Write the correct word on the space provided.

1. El salar de Uyuni está al <u>norte</u> de Bolivia.

   La palabra correcta es: _____

2. La sal, sin exceso, es <u>mala</u> para las personas que sufren de enfermedades de los huesos.

   La palabra correcta es: _____

3. Los hoteles de esta región se hicieron con cuidado porque el contacto en exceso con la sal es <u>excelente</u> para la salud.

   La palabra correcta es: _____

4. Estos hoteles ofrecen a los huéspedes masajes y otros tratamientos para aliviar el <u>acné</u>.

   La palabra correcta es: _____

5. La sal se usa en Uyuni para <u>dañar</u> los alimentos.

   La palabra correcta es: _____

6. El salar de Uyuni parece un gran <u>parque</u> de color blanco.

   La palabra correcta es: _____

6 **Preferencias** Would you like to stay in a hotel where everything is made out of salt? In Spanish, give two reasons why you think you would like to stay in such a place and two more why you would not. Explain your reasons.

Razones por las que me gustaría:

_____

_____

_____

_____

_____

Razones por las que no me gustaría:

_____

_____

_____

_____

_____

¿Estrés? ¿Qué estrés?

Antes de ver el video

1 **Más vocabulario** Look over these useful words before you watch the video.

Vocabulario útil		
el ambiente *atmosphere*	el/la madrileño/a	remontarse *to go back (in time)*
el descanso *rest*	*person from Madrid*	retirarse *to retreat*
el espectáculo *show*	mantenerse sano/a	*(to a peaceful place)*
el estanque *pond*	*to stay healthy*	el retiro *retreat*
judío/a *Jewish*	el paseo *walk*	trotar *to jog*
llevadero/a *bearable*	remar *to row*	el vapor *steam*

2 **Completar** Complete this paragraph about **baños árabes**.

Madrid fue lugar de encuentro de tres culturas: musulmana, cristiana y (1) _____.
Los musulmanes, por ejemplo, introdujeron los famosos baños árabes, que eran lugares de
(2) _____ donde las personas iban a (3) _____ a lugares tranquilos
y a socializar. Aunque en la actualidad los (4) _____ continúan disfrutando de estos
baños, existen muchas otras alternativas para mantenerse sanos y sin estrés.

3 **¡En español!** Look at the video still. Imagine what Miguel Ángel will say about **el estrés** in
Madrid, and write a two- or three-sentence introduction to this episode.

Miguel Ángel Lagasca, España

¡Bienvenidos a Madrid! Hoy les quiero mostrar... _____

_____

_____

_____

_____

_____

_____

_____

Mientras ves el video

4 **Completar** Listen to a man talking about his dog, and complete the conversation.

HOMBRE Bueno, a mí me espera además un (1) _____. Yo tengo un perro que se
llama Curro, que es un fenómeno... Gracias a él, pues, aparte del (2) _____ de
Madrid, sirve para (3) _____ y dar un paseíto, ¿eh?, y resulta muy agradable.
Más (4) _____ [...] Yo insisto que lo mejor en Madrid es tener un perro, si es
(5) _____ que se llame Curro, y dar un (6) _____ con él, y es
muy divertido.

5 **¿Estrés en Madrid?** Being the capital of Spain, Madrid has the hustle and bustle of any big city. Identify why these **madrileños** are stressed out.

1. ___   2. ___   3. ___

a. Porque durmieron en el parque para conseguir boletos.

b. Porque hay mucho tráfico en la ciudad.

c. Porque hay personas que les quieren quitar el lugar en la cola.

d. Porque tiene un perro muy agresivo.

e. Porque tienen que hacer largas colas para todo, sobre todo para espectáculos culturales.

Después de ver el video

6 **Preguntas** Answer each of these questions.

1. ¿Qué problema tiene Madrid que es típico de una gran ciudad?

_____

2. Menciona dos lugares adonde los madrileños van para desestresarse.

_____

3. ¿Quién es Curro? ¿Qué opina su dueño de él?

_____

4. ¿Cuáles son tres actividades saludables que se pueden hacer en el Parque del Retiro?

_____

5. ¿Cuántas salas de baños árabes tiene el Medina Mayrit?

_____

7 **No hablo español** Remember the American who cut the line for the show? The couple behind him did not succeed in making him go at the end. What would you say to him? Write a conversation in which you tell him to go to the back of the line!

_____

_____

_____

_____

_____

_____

_____

_____

_____

contextos

1 **Identificar** You will hear a series of words or phrases. Write the word or phrase that does not belong in each group.

1. _____   3. _____   5. _____

2. _____   4. _____   6. _____

2 **Describir** For each drawing, you will hear a brief description. Indicate whether it is **cierto** or **falso** according to what you see.

1. Cierto   Falso   2. Cierto   Falso

3. Cierto   Falso   4. Cierto   Falso

3 **A entrenarse** Listen as Marisela describes her new fitness program. Then list the activities she plans to do each day in your lab manual.

lunes: _____

martes: _____

miércoles: _____

jueves: _____

viernes: _____

sábado: _____

domingo: _____

pronunciación

ch and p

In Spanish, the letter **ch** is pronounced like the *ch* sound in *church* and *chair*.

Co**ch**abamba   no**ch**e   mo**ch**ila   mu**ch**a**ch**o   que**ch**ua

In English, the letter *p* at the beginning of a word is pronounced with a puff of air. In contrast, the Spanish **p** is pronounced without the puff of air. It is somewhat like the *p* sound in *spin*. To check your pronunciation, hold the palm of your hand in front of your mouth as you say the following words. If you are making the **p** sound correctly, you should not feel a puff of air.

La **P**az   **p**eso   **p**iscina   a**p**urarse   **p**roteína

1 **Práctica** Repeat each word after the speaker, focusing on the **ch** and **p** sounds.

1. archivo
2. derecha
3. chau
4. lechuga
5. preocupado
6. operación
7. pie
8. cuerpo
9. computadora
10. chuleta
11. champiñón
12. leche

2 **Oraciones** When you hear the number, read the corresponding sentence aloud. Then listen to the speaker and repeat the sentence.

1. A muchos chicos les gusta el chocolate.
2. Te prohibieron comer chuletas por el colesterol.
3. ¿Has comprado el champán para la fiesta?
4. Chela perdió el cheque antes de depositarlo.
5. Levanto pesas para perder peso.
6. ¿Me prestas el champú?

3 **Refranes** Repeat each saying after the speaker to practice the **ch** and **p** sounds.

1. Del dicho al hecho, hay mucho trecho.[1]
2. A perro flaco todo son pulgas.[2]

4 **Dictado** You will hear eight sentences. Each will be said twice. Listen carefully and write what you hear.

1. _____
2. _____
3. _____
4. _____
5. _____
6. _____
7. _____
8. _____

[1] *It's easier said than done.*
[2] *It never rains, but it pours.*

estructura

3.1 The present perfect

1 **Identificar** Listen to each statement and mark an **X** in the column for the subject of the verb.

> **modelo**
>
> *You hear:* Nunca han hecho ejercicios aeróbicos.
> *You mark:* an **X** under **ellos**.

	yo	tú	él/ella	nosotros/as	ellos
Modelo	_____	_____	_____	_____	**X**
1.	_____	_____	_____	_____	_____
2.	_____	_____	_____	_____	_____
3.	_____	_____	_____	_____	_____
4.	_____	_____	_____	_____	_____
5.	_____	_____	_____	_____	_____
6.	_____	_____	_____	_____	_____

2 **Transformar** Change each sentence you hear from the present indicative to the present perfect indicative. Repeat the correct answer after the speaker. (*8 items*)

> **modelo**
>
> Pedro y Ernesto salen del gimnasio.
> *Pedro y Ernesto han salido del gimnasio.*

3 **Preguntas** Answer each question you hear using the cue in your lab manual. Repeat the correct response after the speaker.

> **modelo**
>
> *You hear:* ¿Ha adelgazado Miguel?
> *You see:* sí / un poco
> *You say:* Sí, Miguel ha adelgazado un poco.

1. sí   3. no   5. no

2. sí   4. sí   6. no / todavía

4 **Consejos de una amiga** Listen to this conversation between Eva and Manuel. Then choose the correct ending for each statement in your lab manual.

1. Ellos están hablando de…

    a. que fumar es malo.   b. la salud de Manuel.   c. los problemas con sus clases.

2. Manuel dice que sufre presiones cuando…

    a. tiene exámenes.   b. hace gimnasia.   c. no puede dormir y fuma mucho.

3. Eva dice que ella…

    a. estudia durante el día. b. ha estudiado poco.   c. también está nerviosa.

4. Eva le dice a Manuel que…

    a. deje de fumar.   b. estudie más.   c. ellos pueden estudiar juntos.

3.2 The past perfect

1 **¿Lógico o ilógico?** You will hear some brief conversations. Indicate if they are **lógico** or **ilógico**.

1. Lógico   Ilógico
2. Lógico   Ilógico
3. Lógico   Ilógico
4. Lógico   Ilógico
5. Lógico   Ilógico
6. Lógico   Ilógico

2 **Transformar** Change each sentence you hear from the preterite to the past perfect indicative. Repeat the correct answer after the speaker. (6 *items*)

> modelo
>
> Marta nunca sufrió muchas presiones.
> **Marta nunca había sufrido muchas presiones.**

3 **Describir** Using the cues in your lab manual, describe what you and your friends had already done before your parents arrived for a visit. Repeat the correct answer after the speaker.

> modelo
>
> *You see:* preparar la cena
> *You hear:* mis amigas
> *You say:* **Mis amigas ya habían preparado la cena.**

1. limpiar el baño y la sala
2. sacar la basura
3. sacudir los muebles
4. poner la mesa
5. hacer las camas
6. darle de comer al gato

4 **Completar** Listen to this conversation and write the missing words in your lab manual. Then answer the questions.

JORGE ¡Hola, chico! Ayer vi a Carmen y no me lo podía creer, me dijo que te (1) _____ (2) _____ en el gimnasio. ¡Tú, que siempre (3) _____ (4) _____ tan sedentario! ¿Es cierto?

RUBÉN Pues, sí. (5) _____ (6) _____ mucho de peso y me dolían las rodillas. Hacía dos años que el médico me (7) _____ (8) _____ que tenía que mantenerme en forma. Y finalmente, hace cuatro meses, decidí hacer gimnasia casi todos los días.

JORGE Te felicito (*I congratulate you*), amigo. Yo también (9) _____ (10) _____ hace un año a hacer gimnasia. ¿Qué días vas? Quizás nos podemos encontrar allí.

RUBÉN (11) _____ (12) _____ todos los días al salir del trabajo. ¿Y tú? ¿Vas con Carmen?

JORGE Siempre (13) _____ (14) _____ juntos hasta que compré mi propio carro. Ahora voy cuando quiero. Pero la semana que viene voy a tratar de ir después del trabajo para verte por allí.

15. ¿Por qué es extraño que Rubén esté en el gimnasio?

_____

16. ¿Qué le había dicho el médico a Rubén?

_____

17. ¿Por qué no va Jorge con Carmen al gimnasio?

_____

3.3 The present perfect subjunctive

1 **Identificar** Listen to each sentence and decide whether you hear a verb in the present perfect indicative, the past perfect indicative, or the present perfect subjunctive.

1. a. present perfect   b. past perfect   c. present perfect subjunctive
2. a. present perfect   b. past perfect   c. present perfect subjunctive
3. a. present perfect   b. past perfect   c. present perfect subjunctive
4. a. present perfect   b. past perfect   c. present perfect subjunctive
5. a. present perfect   b. past perfect   c. present perfect subjunctive
6. a. present perfect   b. past perfect   c. present perfect subjunctive
7. a. present perfect   b. past perfect   c. present perfect subjunctive
8. a. present perfect   b. past perfect   c. present perfect subjunctive

2 **Completar** Complete each sentence you hear using the cue in your lab manual and the present perfect subjunctive. Repeat the correct response after the speaker.

> **modelo**
>
> *You see:* usted / llegar muy tarde
> *You hear:* Temo que...
> *You say:* Temo que usted haya llegado muy tarde.

1. ella / estar enferma
2. tú / dejar de fumar
3. ellos / salir de casa ya
4. nosotros / entrenarnos lo suficiente
5. él / ir al gimnasio
6. yo / casarme

3 **En el Gimnasio Cosmos** Listen to this conversation between Eduardo and a personal trainer, then complete the form in your lab manual.

```
GIMNASIO COSMOS
Tel. 52-9023
Datos del cliente
Nombre: _____
Edad: _____
¿Cuándo fue la última vez que hizo ejercicio?
_____
¿Qué tipo de vida ha llevado últimamente: activa o pasiva?
_____
¿Consume alcohol?
_____
¿Fuma o ha fumado alguna vez?
_____
```

vocabulario

You will now hear the vocabulary found in your textbook on the last page of this lesson. Listen and repeat each Spanish word or phrase after the speaker.

Additional Vocabulary

Additional Vocabulary

Notes

Notes

Notes

Notes

El mundo del trabajo 4

Communicative Goals

You will learn how to:

- Talk about your future plans
- Talk about and discuss work
- Interview for a job
- Express agreement and disagreement

A PRIMERA VISTA

- ¿Están trabajando las personas en la foto?
- ¿Dibujan algo?
- ¿Llevan ropa profesional?
- ¿Están descansando o están ocupados?

El mundo del trabajo

Más vocabulario

el/la abogado/a	*lawyer*
el actor, la actriz	*actor*
el/la consejero/a	*counselor; advisor*
el/la contador(a)	*accountant*
el/la corredor(a) de bolsa	*stockbroker*
el/la diseñador(a)	*designer*
el/la electricista	*electrician*
el/la gerente	*manager*
el hombre/la mujer de negocios	*businessperson*
el/la jefe/a	*boss*
el/la maestro/a	*teacher*
el/la político/a	*politician*
el/la psicólogo/a	*psychologist*
el/la secretario/a	*secretary*
el/la técnico/a	*technician*
el ascenso	*promotion*
el aumento de sueldo	*raise*
la carrera	*career*
la compañía, la empresa	*company; firm*
el empleo	*job; employment*
los negocios	*business; commerce*
la ocupación	*occupation*
el oficio	*trade*
la profesión	*profession*
la reunión	*meeting*
el teletrabajo	*telecommuting*
el trabajo	*job; work*
la videoconferencia	*videoconference*
dejar	*to quit; to leave behind*
despedir (e:i)	*to fire*
invertir (e:ie)	*to invest*
renunciar (a)	*to resign (from)*
tener éxito	*to be successful*
comercial	*commercial; business-related*

Variación léxica

abogado/a ⟷ licenciado/a (*Amér. C.*)
contador(a) ⟷ contable (*Esp.*)

el carpintero

el pintor

el arquitecto

el peluquero

la arqueóloga

el científico

Práctica

el cocinero

el bombero

la reportera

1 **Escuchar** 🎧 Escucha la descripción que hace Juan Figueres de su profesión y luego completa las oraciones con las palabras adecuadas.

1. Juan Figueres es _____.
   a. actor   b. hombre de negocios   c. pintor
2. El Sr. Figueres es el _____ de una compañía multinacional.
   a. secretario   b. técnico   c. gerente
3. El Sr. Figueres quería _____ en la cual pudiera (*he could*) trabajar en otros países.
   a. una carrera   b. un ascenso   c. un aumento de sueldo
4. El Sr. Figueres viaja mucho porque _____.
   a. tiene reuniones en otros países   b. es político
   c. toma muchas vacaciones

2 **¿Cierto o falso?** 🎧 Escucha las descripciones de las profesiones de Ana y Marco. Indica si lo que dice cada oración es **cierto** o **falso**.

1. Ana es maestra de inglés.
2. Ana asiste a muchas reuniones.
3. Ana recibió un aumento de sueldo.
4. Marco hace muchos viajes.
5. Marco quiere dejar su empresa.
6. El jefe de Marco es cocinero.

3 **Escoger** Escoge la ocupación que corresponda a cada descripción.

la arquitecta	el científico	la electricista
el bombero	el corredor de bolsa	el maestro
la carpintera	el diseñador	la técnica

1. Desarrolla teorías de biología, química, física, etc. *el científico*
2. Nos ayuda a iluminar nuestras casas. *La electricista*
3. Combate los incendios (*fires*) que destruyen edificios. *el bombero*
4. Ayuda a la gente a invertir su dinero. *el corredor de bolsa*
5. Enseña a los niños. *el maestro*
6. Diseña ropa. *es diseñado*
7. Arregla las computadoras. *la técnia*
8. Diseña edificios. *La arquiteca*

4 **Asociaciones** ¿Qué profesiones asocias con estas palabras?

> **modelo**
>
> emociones *psicólogo/a*

1. pinturas   4. comida   7. pirámide
2. consejos   5. leyes   8. periódico
3. elecciones   6. teatro   9. pelo

5 **Conversación** Completa la entrevista con el nuevo vocabulario que se ofrece en la lista de la derecha.

ENTREVISTADOR Recibí la (1) _____ que usted llenó y vi que tiene mucha experiencia.

ASPIRANTE Por eso decidí mandar una copia de mi (2) _____ cuando vi su (3) _____ en el periódico.

ENTREVISTADOR Me alegro de que lo haya hecho. Pero dígame, ¿por qué dejó usted su (4) _____ anterior?

ASPIRANTE Lo dejé porque quiero un mejor (5) _____.

ENTREVISTADOR ¿Y cuánto quiere (6) _____ usted?

ASPIRANTE Pues, eso depende de los (7) _____ que me puedan ofrecer.

ENTREVISTADOR Muy bien. Pues, creo que usted tiene la experiencia necesaria, pero tengo que (8) _____ a dos aspirantes más. Le vamos a llamar la semana que viene.

ASPIRANTE Hasta pronto, y gracias por la (9) _____.

Más vocabulario

el anuncio	advertisement
el/la aspirante	candidate; applicant
los beneficios	benefits
el currículum	résumé
la entrevista	interview
el/la entrevistador(a)	interviewer
el puesto	position; job
el salario, el sueldo	salary
la solicitud (de trabajo)	(job) application
contratar	to hire
entrevistar	to interview
ganar	to earn
obtener	to obtain; to get
solicitar	to apply (for a job)

6 **Completar** Escoge la respuesta que completa cada oración.

1. Voy a _____ mi empleo.
   a. tener éxito   b. renunciar a   c. entrevistar
2. Quiero dejar mi _____ porque no me llevo bien con mi jefe.
   a. anuncio   b. gerente   c. puesto
3. Por eso, fui a una _____ con una consejera de carreras.
   a. profesión   b. reunión   c. ocupación
4. Ella me dijo que necesito revisar mi _____.
   a. currículum   b. compañía   c. aspirante
5. ¿Cuándo obtuviste _____ más reciente?, me preguntó.
   a. la reunión   b. la videoconferencia   c. el aumento de sueldo
6. Le dije que deseo trabajar en una empresa con excelentes _____.
   a. beneficios   b. entrevistas   c. solicitudes de trabajo
7. Y quiero tener la oportunidad de _____ en la nueva empresa.
   a. invertir   b. obtener   c. perder

◀ **¡LENGUA VIVA!**

Trabajo, empleo, and **puesto** all can translate as *job*, but each has additional meanings: **trabajo** means *work*, **empleo** means *employment*, and **puesto** means *position*.

7 **Preguntas** Responde a cada pregunta con una respuesta breve.

1. ¿Te gusta tu especialización?
2. ¿Lees los anuncios de empleo en el periódico o en Internet con regularidad?
3. ¿Piensas que una carrera que beneficia a otros es más importante que un empleo con un salario muy bueno? Explica tu respuesta.
4. ¿Obtienes siempre los puestos que quieres?
5. ¿Te preparas bien para las entrevistas?
6. ¿Crees que una persona debe renunciar a un puesto si no le ofrecen ascensos?
7. ¿Te gustaría (*Would you like*) más un teletrabajo o un trabajo tradicional en una oficina?
8. ¿Piensas que los jefes siempre tienen razón?
9. ¿Quieres crear tu propia empresa? ¿Por qué?
10. ¿Cuál es tu carrera ideal?

Comunicación

8

Una entrevista Trabaja con un(a) compañero/a para representar los papeles de un(a) aspirante a un puesto y un(a) entrevistador(a).

El/La entrevistador(a) debe describir…
▶ el puesto,
▶ las responsabilidades,
▶ el salario y
▶ los beneficios.

El/La aspirante debe…
▶ presentar su experiencia y
▶ obtener más información sobre el puesto.

Entonces…
▶ el/la entrevistador(a) debe decidir si va a contratar al/a la aspirante y
▶ el/la aspirante debe decidir si va a aceptar el puesto.

9

Un(a) consejero/a de carreras En parejas, representen los papeles de un(a) consejero/a de carreras y una persona que quiere saber cuál es la mejor ocupación para él/ella. El/La consejero/a debe hacerle preguntas sobre su educación, su experiencia y sus intereses y debe sugerir dos o tres profesiones posibles. Después, intercambien los papeles.

10

Una feria de trabajo La clase va a celebrar una feria (*fair*) de trabajo. Unos estudiantes van a ser representantes de compañías que buscan empleados y otros van a estar buscando empleo.

• Los representantes deben preparar carteles con el nombre de su compañía y los puestos que ofrecen.
• Los que buscan empleo deben circular por la clase y hablar con tres representantes sobre sus experiencias de trabajo y el tipo de trabajo que están buscando.
• Los entrevistadores deben describir los puestos y conseguir los nombres y las referencias de los solicitantes.

La entrevista de trabajo

Los chicos hablan de sus planes para el futuro. Y la Sra. Díaz prepara a Miguel para unas entrevistas de trabajo.

PERSONAJES

 MARISSA

 FELIPE

 Video: *Fotonovela*

MARISSA En menos de dos meses, ya habré regresado a mi casa en Wisconsin.

FELIPE No pensé que el año terminara tan pronto.

JIMENA ¡Todavía no se ha acabado! Tengo que escribir tres ensayos.

MARISSA ¿Qué piensas hacer después de graduarte, Felipe?

JUAN CARLOS Vamos a crear una compañía de asesores de negocios.

FELIPE Les enseñaremos a las empresas a disminuir la cantidad de contaminación que producen.

(*Mientras tanto, en la oficina de la Sra. Díaz*)

MIGUEL Gracias por recibirme hoy.

SRA. DÍAZ De nada, Miguel. Estoy muy feliz de poder ayudarte con las entrevistas de trabajo.

MARISSA Estoy segura de que tendrán mucho éxito.

FELIPE También me gustaría viajar. Me muero por ir a visitarte a los Estados Unidos.

JIMENA Pues date prisa. Pronto estará lejos trabajando como arqueóloga.

MARISSA No sé cómo vaya a ser mi vida a los 30 años. Probablemente me habré ido de Wisconsin y seré arqueóloga en un país exótico.

JUAN CARLOS (*a Jimena*) Para entonces ya serás doctora.

SRA. DÍAZ Durante la entrevista, tienes que convencer al entrevistador de que tú eres el mejor candidato. ¿Estás listo para comenzar?

MIGUEL Sí.

JIMENA

JUAN CARLOS

MIGUEL

SRA. DÍAZ

7

MIGUEL Mucho gusto. Soy Miguel Ángel Lagasca Martínez.

SRA. DÍAZ Encantada, Miguel. Veamos. Hábleme sobre su trabajo en el Museo Guggenheim de Bilbao.

MIGUEL Estuve allí seis meses en una práctica.

8

SRA. DÍAZ ¿Cuáles son sus planes para el futuro?

MIGUEL Seguir estudiando historia del arte, especialmente la española y la latinoamericana. Me encanta el arte moderno. En el futuro, quiero trabajar en un museo y ser un pintor famoso.

9

SRA. DÍAZ ¿Qué te hace especial, Miguel?

MIGUEL ¿Especial?

SRA. DÍAZ Bueno. Paremos un momento. Necesitas relajarte. Vamos a caminar.

10

MIGUEL Estamos esperando noticias del museo. (*al teléfono*) Hola. ¿Maru? ¡Genial! (*a la Sra. Díaz*) ¡La aceptaron!

SRA. DÍAZ Felicidades. Ahora quiero que tomes ese mismo entusiasmo y lo lleves a la entrevista.

Expresiones útiles

Talking about future plans

En menos de dos meses, ya habré regresado a mi casa en Wisconsin.
In less than two months, I'll have gone back home to Wisconsin.

¿Qué piensas hacer después de graduarte?
What do you think you'll be doing after graduation?

Vamos a crear una compañía de asesores de negocios.
We're going to open a consulting firm.

Les enseñaremos a las empresas a disminuir la cantidad de contaminación que producen.
We'll teach companies how to reduce the amount of pollution they produce.

No sé cómo vaya a ser mi vida a los treinta años.
I don't know what my life will be like when I am thirty.

Probablemente me habré ido de Wisconsin.
I'll probably have left Wisconsin.

Seré arqueóloga de un país exótico.
I'll be an archaeologist in some exotic country.

Reactions

Estoy seguro/a de que tendrán mucho éxito.
I'm sure you'll be very successful.
¡Genial!
Great!

Additional Vocabulary

ejercer *to practice/exercise (a degree/profession)*
enterarse *to find out*
establecer *to establish*
extrañar *to miss*
por el porvenir *for/to the future*
el título *title*

recursos

VM
pp. 231–232

(S)
vhlcentral.com
Lección 4

¿Qué pasó?

1

¿Cierto o falso? Indica si lo que dicen estas oraciones es **cierto** o **falso**. Corrige las oraciones falsas.

	Cierto	Falso
1. Juan Carlos y Felipe quieren crear su propia empresa.	○	○
2. En el futuro, Marissa va a viajar porque va a ser psicóloga.	○	○
3. La Sra. Díaz ayuda a Miguel con su currículum.	○	○
4. Miguel quiere seguir estudiando historia del arte.	○	○

2

Identificar Identifica quién puede decir estas oraciones.

1. Nosotros vamos a ayudar a que se reduzca la contaminación.
2. Me gustan los hospitales, por eso quiero ser doctora.
3. No imagino cómo será mi vida en el futuro.
4. Quiero ser un pintor famoso, como Salvador Dalí.
5. Lleva ese entusiasmo a la entrevista y serás el mejor candidato.

SRA. DÍAZ

MIGUEL

JIMENA

MARISSA

FELIPE

> **NOTA CULTURAL**
>
> El pintor español **Salvador Dalí** es uno de los máximos representantes del **surrealismo**, tendencia estética que refleja el subconsciente (*subconscious*) del artista. Las obras de Dalí están llenas de símbolos e imágenes fantásticas que muestran sus sueños y su interpretación de la realidad.

3

Profesiones Los protagonistas de la **Fotonovela** mencionan estas profesiones. En parejas, túrnense para definir cada profesión.

1. arqueólogo/a
2. doctor(a)
3. administrador(a) de empresas
4. artista
5. hombre/mujer de negocios
6. abogado/a
7. pintor(a)
8. profesor(a)

4

Mis planes En grupos, hablen de sus planes para el futuro. Utilicen estas preguntas y frases.

- ¿Qué piensas hacer después de graduarte?
- ¿Quieres saber cuáles son mis planes para el futuro?
- ¿Cuáles son tus planes?
- ¿Dónde trabajarás?
- El próximo año/verano, voy a...
- Seré...
- Trabajaré en...

> **AYUDA**
>
> Remember that the indefinite article is not used with professions, unless they are modified by an adjective.
> José es **pintor**.
> José es **un buen pintor**.

 Practice more at **vhlcentral.com**.

Ortografía Audio

Las letras **y**, **ll** y **h**

The letters **ll** and **y** were not pronounced alike in Old Spanish. Nowadays, however, **ll** and **y** have the same or similar pronunciations in many parts of the Spanish-speaking world. This results in frequent misspellings. The letter **h**, as you already know, is silent in Spanish, and it is often difficult to know whether words should be written with or without it. Here are some of the word groups that are spelled with each letter.

talla	**sello**	**botella**	**amarillo**

The letter **ll** is used in these endings: **-allo/a**, **-ello/a**, **-illo/a**.

llave	**llega**	**llorar**	**lluvia**

The letter **ll** is used at the beginning of words in these combinations: **lla-**, **lle-**, **llo-**, **llu-**.

cayendo	**leyeron**	**oye**	**incluye**

The letter **y** is used in some forms of the verbs **caer**, **leer**, and **oír** and in verbs ending in **-uir**.

hiperactivo	**hospital**	**hipopótamo**	**humor**

The letter **h** is used at the beginning of words in these combinations: **hiper-**, **hosp-**, **hidr-**, **hipo-**, **hum-**.

hiato	**hierba**	**hueso**	**huir**

The letter **h** is also used in words that begin with these combinations: **hia-**, **hie-**, **hue-**, **hui-**.

Práctica Llena los espacios con **h**, **ll** o **y**. Después escribe una oración con cada una de las palabras.

1. cuchi___o
2. ___ielo
3. cue___o
4. estampi___a
5. estre___a
6. ___uésped
7. destru___ó
8. pla___a

Adivinanza Aquí tienes una adivinanza (*riddle*). Intenta descubrir de qué se trata.

Una cajita chiquita, blanca como la nieve: todos la saben abrir, nadie la sabe cerrar.[1]

Pista: Es una comida.

[1] El huevo

Lección 4

Additional Reading

Beneficio
en los empleos

de jubilación público. Es decir, las personas no tenían que pagar directamente por su jubilación, sino que el Estado la administraba. Sin embargo, en los últimos años las cosas han cambiado en Hispanoamérica: desde hace más de una década, casi todos los países han incorporado el sistema privado° de jubilación, y en muchos países podemos encontrar los dos sistemas (público y privado) funcionando al mismo tiempo, como en Colombia, Perú o Costa Rica.

¿Qué piensas si te ofrecen un trabajo que te da treinta días de vacaciones pagadas? Los beneficios laborales° en los Estados Unidos, España e Hispanoamérica son diferentes en varios sentidos°. En España, por ejemplo, todos los empleados, por ley, tienen treinta días de vacaciones pagadas al año. Otro ejemplo lo hallamos en las licencias por maternidad°. En los Estados Unidos se otorgan° doce semanas, dependiendo de la empresa si esos días son pagados o no. En muchos países hispanoamericanos, sin embargo, las leyes dictan que esta licencia sea pagada. Países como Chile y Venezuela ofrecen a las madres trabajadoras° dieciocho semanas de licencia pagada.

Otra diferencia está en los sistemas de jubilación° de los países hispanoamericanos. Hasta la década de 1990, la mayoría de los países de Centroamérica y Suramérica tenía un sistema

El currículum vitae

- El currículum vitae contiene información personal y es fundamental que sea muy detallado°. En ocasiones, mientras más páginas tenga, mejor.

- Normalmente incluye° la educación completa del aspirante, todos los trabajos que ha tenido e incluso sus gustos personales y pasatiempos.

- Puede también incluir detalles que no se suelen incluir en los Estados Unidos: una foto del aspirante, su estado civil e incluso si tiene auto y de qué tipo.

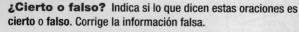

beneficios laborales *job benefits* varios sentidos *many ways*
licencias por maternidad *maternity leave* se otorga *is given*
madres trabajadoras *working mothers* jubilación *retirement*
privado *private* detallado *detailed* incluye *includes*

ACTIVIDADES

1 **¿Cierto o falso?** Indica si lo que dicen estas oraciones es cierto o falso. Corrige la información falsa.

1. Los trabajadores de los Estados Unidos y los de España tienen beneficios laborales diferentes.

2. La licencia por maternidad es igual en Hispanoamérica y los Estados Unidos.

3. En Venezuela, la licencia por maternidad es de cuatro meses y medio.

4. En España, los empleados tienen treinta días de vacaciones al año.

5. Hasta 1990, muchos países hispanoamericanos tenían un sistema de jubilación privado.

6. En Perú sólo tienen sistema de jubilación privado.

7. En general, el currículum vitae hispano y el estadounidense tienen contenido distinto.

8. En Hispanoamérica, es importante que el currículum vitae tenga pocas páginas.

ASÍ SE DICE

El trabajo

la chamba (Méx.);	el trabajo
el curro (Esp.);	
el laburo (Arg.);	
la pega (Chi.)	
el/la cirujano/a	*surgeon*
la huelga	*strike*
el/la niñero/a	*babysitter*
el impuesto	*tax*

EL MUNDO HISPANO

Igualdad° laboral

- **United Fruit Company** fue, por casi cien años, la mayor corporación estadounidense. Monopolizó las exportaciones de frutas de Hispanoamérica, e influenció enormemente la economía y la política de la región hasta 1970.

- **Fair Trade Coffee** trabaja para proteger a los agricultores° de café de los abusos de las grandes compañías multinacionales. Ahora, en lugares como Centroamérica, los agricultores pueden obtener mayores ganancias° a través del comercio directo y los precios justos°.

- **Oxfam International** trabaja en países como Guatemala, Ecuador, Nicaragua y Perú para concientizar a la opinión pública° de que la igualdad entre las personas es tan importante como el crecimiento° económico de las naciones.

Igualdad *Equality* agricultores *farmers* ganancias *profits* justos *fair* concientizar a la opinión pública *to make public opinion aware* crecimiento *growth*

PERFIL

César Chávez

César Estrada Chávez (1927–1993) nació cerca de Yuma, Arizona. De padres mexicanos, empezó a trabajar en el campo a los diez años de edad. Comenzó a luchar contra la discriminación en los años 40, mientras estaba en la Marina°. Fue en esos tiempos cuando se sentó en la sección para blancos en un cine segregacionista y se negó° a moverse.

Junto a su esposa, Helen Fabela, fundó° en 1962 la Asociación Nacional de Trabajadores del Campo° que después se convertiría en la coalición Trabajadores del Campo Unidos. Participó y organizó muchas huelgas en grandes compañías para lograr mejores condiciones laborales° y salarios más altos y justos para los trabajadores. Es considerado un héroe del movimiento laboral estadounidense. Desde el año 2000, la

fecha de su cumpleaños es un día festivo pagado° en California y otros estados.

Marina *Navy* se negó *he refused* fundó *he established* Trabajadores del Campo *Farm Workers* condiciones laborales *working conditions* día festivo pagado *paid holiday*

Conexión Internet

¿Qué industrias importantes hay en los países hispanos?

Go to **vhlcentral.com** to find more cultural information related to this **Cultura** section.

ACTIVIDADES

2 **Comprensión** Responde a las preguntas.

1. ¿Cómo dice un argentino "perdí mi trabajo"?
2. ¿Cuál es el principio fundamental del Fair Trade Coffee?
3. ¿Para qué César Chávez organizó huelgas contra grandes compañías?
4. ¿Qué día es un día festivo pagado en California?

3 **Sus ambiciones laborales** En parejas, hagan una lista con al menos tres ideas sobre las expectativas que tienen sobre su futuro como trabajadores/as. Pueden describir las ideas y ambiciones sobre el trabajo que quieren tener. ¿Conocen bien las reglas que deben seguir para conseguir un trabajo? ¿Les gustan? ¿Les disgustan? Luego van a exponer sus ideas ante la clase para un debate.

 Practice more at **vhlcentral.com**.

4.1 The future  Tutorial

ANTE TODO You have already learned ways of expressing the near future in Spanish. You will now learn how to form and use the future tense. Compare the different ways of expressing the future in Spanish and English.

Present indicative

Voy al cine mañana.
I'm going to the movies tomorrow.

Present subjunctive

Ojalá **vaya al cine** mañana.
I hope I will go to the movies tomorrow.

ir a + [*infinitive*]

Voy a ir al cine.
I'm going to go to the movies.

Future

Iré al cine.
I will go to the movies.

CONSULTA

To review **ir a** + [*infinitive*], see *¡ADELANTE!* **UNO** **Estructura 4.1**, p. 196.

▶ In Spanish, the future is a simple tense that consists of one word, whereas in English it is made up of the auxiliary verb *will* or *shall*, and the main verb.

Future tense

		estudiar	aprender	recibir
SINGULAR FORMS	yo	estudiar**é**	aprender**é**	recibir**é**
	tú	estudiar**ás**	aprender**ás**	recibir**ás**
	Ud./él/ella	estudiar**á**	aprender**á**	recibir**á**
PLURAL FORMS	nosotros/as	estudiar**emos**	aprender**emos**	recibir**emos**
	vosotros/as	estudiar**éis**	aprender**éis**	recibir**éis**
	Uds./ellos/ellas	estudiar**án**	aprender**án**	recibir**án**

▶ **¡Atención!** Note that all of the future endings have a written accent except the **nosotros/as** form.

¿Cuándo **recibirás** el ascenso?
*When **will you receive** the promotion?*

Mañana **aprenderemos** más.
*Tomorrow **we will learn** more.*

▶ The future endings are the same for regular and irregular verbs. For regular verbs, simply add the endings to the infinitive. For irregular verbs, add the endings to the irregular stem.

Irregular verbs in the future

INFINITIVE	STEM	FUTURE FORMS
decir	dir-	dir**é**
hacer	har-	har**é**
poder	podr-	podr**é**
poner	pondr-	pondr**é**
querer	querr-	querr**é**
saber	sabr-	sabr**é**
salir	saldr-	saldr**é**
tener	tendr-	tendr**é**
venir	vendr-	vendr**é**

▶ The future of **hay** (*inf.* **haber**) is **habrá** *(there will be)*.

La próxima semana **habrá** dos reuniones.
Next week there will be two meetings.

Habrá muchos gerentes en la videoconferencia.
There will be many managers at the videoconference.

▶ Although the English word *will* can refer to future time, it also refers to someone's willingness to do something. In this case, Spanish uses **querer** + [*infinitive*], not the future tense.

¿Quieres llamarme, por favor?
Will you please call me?

¿Quieren ustedes escucharnos, por favor?
Will you please listen to us?

COMPARE & CONTRAST

In Spanish, the future tense has an additional use: expressing conjecture or probability. English sentences involving expressions such as *I wonder, I bet, must be, may, might,* and *probably* are often translated into Spanish using the *future of probability*.

—¿Dónde **estarán** mis llaves?
I wonder where my keys are.

—¿Qué hora **será**?
What time can it be? (I wonder what time it is.)

—**Estarán** en la cocina.
They're probably in the kitchen.

—**Serán** las once o las doce.
It must be (It's probably) eleven or twelve.

Note that although the future tense is used, these verbs express conjecture about *present* conditions, events, or actions.

CONSULTA

To review these conjunctions of time, see **Estructura 1.3**, p. 39.

▶ The future may also be used in the main clause of sentences in which the present subjunctive follows a conjunction of time such as **cuando, después (de) que, en cuanto, hasta que,** and **tan pronto como**.

Cuando llegues a la oficina, **hablaremos**.
When you arrive at the office, we will talk.

Saldremos tan pronto como termine su trabajo.
We will leave as soon as you finish your work.

¡INTÉNTALO! Conjuga en futuro los verbos entre paréntesis.

1. (dejar, correr, invertir) yo _____ dejaré, correré, invertiré _____
2. (renunciar, beber, vivir) tú _____
3. (hacer, poner, venir) Lola _____
4. (tener, decir, querer) nosotros _____
5. (ir, ser, estar) ustedes _____
6. (solicitar, comer, repetir) usted _____
7. (saber, salir, poder) yo _____
8. (encontrar, jugar, servir) tú _____

recursos

WB pp. 223–224

LM p. 241

vhlcentral.com Lección 4

Práctica

1

Planes Celia está hablando de sus planes. Repite lo que dice, usando el tiempo futuro.

> **modelo**
>
> Voy a consultar el índice de Empresas 500 en la biblioteca.
> *Consultaré el índice de Empresas 500 en la biblioteca.*

1. Álvaro y yo nos vamos a casar pronto.
2. Julián me va a decir dónde puedo buscar trabajo.
3. Voy a buscar un puesto con un buen sueldo.
4. Voy a leer los anuncios clasificados todos los días.
5. Voy a obtener un puesto en mi especialización.
6. Mis amigos van a estar contentos por mí.

2

La predicción inolvidable Completa el párrafo con el futuro de los verbos.

asustarse	conseguir	estar	olvidar	tener
casarse	escribir	hacerse	ser	terminar

Nunca (1) _____ lo que me dijo la vidente (*clairvoyant*) antes de que se quedara sin batería mi teléfono celular: "En cinco años (2) _____ realidad todos tus deseos. (3) _____ tus estudios, (4) _____ un empleo rápidamente y tu éxito (5) _____ asombroso. (6) _____ con un hombre bueno y hermoso, del que (7) _____ enamorada. Pero en realidad (8) _____ una vida muy triste porque un día, cuando menos lo esperes..."

3

Preguntas Imaginen que han aceptado uno de los puestos de los anuncios. En parejas, túrnense para hablar sobre los detalles (*details*) del puesto. Usen las preguntas como guía y hagan también sus propias preguntas.

Laboratorios LUNA
Se busca científico con mucha imaginación para crear nuevos productos. Mínimo 3 años de experiencia. Puesto con buen sueldo y buenos beneficios.
Tel: 492-38-67

SE BUSCA CONTADOR(A)
Mínimo 5 años de experiencia. Debe hablar inglés, francés y alemán. Salario: 120.000 dólares al año. Envíen currículum por fax al: 924-90-34.

SE BUSCAN
Actores y actrices con experiencia para telenovela. Trabajarán por las noches. Salario: 40 dólares la hora. Soliciten puesto en persona. Calle El Lago n. 24, Managua.

SE NECESITAN
Jóvenes periodistas para el sitio web de un periódico nacional. Horario: 4:30 a 20:30. Comenzarán inmediatamente. Salario 20.000 dólares al año. Tel. contacto: 245-94-30.

1. ¿Cuál será el trabajo?
2. ¿Qué harás?
3. ¿Cuánto te pagarán?
4. ¿Sabes si te ofrecerán beneficios?
5. ¿Sabes el horario que tendrás? ¿Es importante saberlo?
6. ¿Crees que te gustará? ¿Por qué?
7. ¿Cuándo comenzarás a trabajar?
8. ¿Qué crees que aprenderás?

 Practice more at **vhlcentral.com**.

Comunicación

4

Conversar Tú y tu compañero/a viajarán a la República Dominicana por siete días. Indiquen lo que harán y no harán. Digan dónde, cómo, con quién o en qué fechas lo harán, usando el anuncio como guía. Pueden usar sus propias ideas también.

> **modelo**
>
> **Estudiante 1:** ¿Qué haremos el martes?
> **Estudiante 2:** Visitaremos el Jardín Botánico.
> **Estudiante 1:** Pues, tú visitarás el Jardín Botánico y yo
> caminaré por el Mercado Modelo.

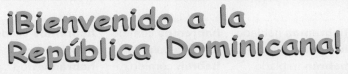

NOTA CULTURAL

En la **República Dominicana** están el punto más alto y el más bajo de las Antillas. El Pico Duarte mide (*measures*) 3.175 metros y el lago Enriquillo está a 45 metros bajo el nivel del mar (*sea level*).

¡Bienvenido a la República Dominicana!

Se divertirá desde el momento en que llegue al **Aeropuerto Internacional de las Américas**.

• Visite la ciudad colonial de **Santo Domingo** con su interesante arquitectura.
• Vaya al **Jardín Botánico** y disfrute de nuestra abundante naturaleza.
• En el **Mercado Modelo** no va a

poder resistir la tentación de comprar artesanías.
• No deje de escalar el **Pico Duarte** (se recomiendan 3 días).
• ¿Le gusta bucear? **Cabarete** tiene todo el equipo que usted necesita.
• ¿Desea nadar? **Punta Cana** le ofrece hermosas playas.

5

Planear En grupos pequeños, hagan planes para formar una empresa privada. Usen las preguntas como guía. Después presenten su plan a la clase.

1. ¿Cómo se llamará y qué tipo de empresa será?
2. ¿Cuántos empleados tendrá y cuáles serán sus oficios o profesiones?
3. ¿Qué tipo de beneficios se ofrecerán?
4. ¿Quién será el/la gerente y quién será el jefe/la jefa? ¿Por qué?
5. ¿Permitirá su empresa el teletrabajo? ¿Por qué?
6. ¿Dónde pondrán anuncios para conseguir empleados?

Síntesis

6

El futuro de Cristina Tu profesor(a) va a darte una serie incompleta de dibujos sobre el futuro de Cristina. Tú y tu compañero/a tienen dos series diferentes. Háganse preguntas y respondan de acuerdo a los dibujos para completar la historia.

> **modelo**
>
> **Estudiante 1:** ¿Qué hará Cristina en el año 2020?
> **Estudiante 2:** Ella se graduará en el año 2020.

4.2 The future perfect (S) Tutorial

ANTE TODO Like other compound tenses you have learned, the future perfect (**el futuro perfecto**) is formed with a form of **haber** and the past participle. It is used to talk about what will have happened by some future point in time.

Future perfect

		hablar	comer	vivir
SINGULAR FORMS	yo	**habré** hablado	**habré** comido	**habré** vivido
	tú	**habrás** hablado	**habrás** comido	**habrás** vivido
	Ud./él/ella	**habrá** hablado	**habrá** comido	**habrá** vivido
PLURAL FORMS	nosotros/as	**habremos** hablado	**habremos** comido	**habremos** vivido
	vosotros/as	**habréis** hablado	**habréis** comido	**habréis** vivido
	Uds./ellos/ellas	**habrán** hablado	**habrán** comido	**habrán** vivido

¡ATENCIÓN!

As with other compound tenses, the past participle never varies in the future perfect; it always ends in **-o**.

En dos meses, ya habré regresado a Wisconsin.

Tendremos una compañía muy exitosa.

Sí, porque muchas empresas habrán solicitado nuestros servicios.

▶ The phrases **para** + [*time expression*] and **dentro de** + [*time expression*] are used with the future perfect to talk about what will have happened by some future point in time.

Para el lunes, habré hecho todas las preparaciones.
By Monday, I will have made all the preparations.

Dentro de un año, habré renunciado a mi trabajo.
Within a year, I will have resigned from my job.

¡INTÉNTALO! Indica la forma apropiada del futuro perfecto.

1. Para el sábado, nosotros ___habremos obtenido___ (obtener) el dinero.
2. Yo _____ (terminar) el trabajo para cuando lleguen mis amigos.
3. Silvia _____ (hacer) todos los planes para el próximo fin de semana.
4. Para el cinco de junio, ustedes _____ (llegar) a Quito.
5. Para esa fecha, Ernesto y tú _____ (recibir) muchas ofertas.
6. Para el ocho de octubre, nosotros ya _____ (llegar) a Colombia.
7. Para entonces, yo _____ (volver) de la República Dominicana.
8. Para cuando yo te llame, ¿tú _____ (decidir) lo que vamos a hacer?
9. Para las nueve, mi hermana _____ (salir).
10. Para las ocho, tú y yo _____ (limpiar) el piso.

recursos

WB p. 225

LM p. 242

(S) vhlcentral.com Lección 4

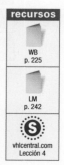

Práctica y Comunicación

1

¿Qué habrá pasado? Forma oraciones lógicas combinando ambas (*both*) columnas.

A

1. Para el año 2050, la población del mundo
2. Para la semana que viene, el profesor
3. Antes de cumplir los 40 años, yo
4. Dentro de una semana, ellos
5. Para cuando se dé cuenta, el científico
6. Para fin de año, las termitas

B

a. me habré jubilado.
b. habrá corregido los exámenes.
c. habrá aumentado un 47%.
d. habrán destruido su casa.
e. habrán atravesado el océano Pacífico.
f. habré escrito un libro, plantado un árbol y tenido tres hijos.
g. habrá hecho un gran daño a la humanidad.

2

Escoger Juan Luis habla de lo que habrá ocurrido en ciertos momentos del futuro. Escoge los verbos que mejor completen cada oración y ponlos en el futuro perfecto.

casarse	leer	solicitar
comprar	romperse	tomar
graduarse	ser	viajar

1. Para mañana por la tarde, yo ya _____ mi examen de economía.
2. Para la semana que viene, el profesor _____ nuestros exámenes.
3. Dentro de tres meses, Juan y Marisa _____ en Las Vegas.
4. Dentro de cinco meses, tú y yo _____ de la universidad.
5. Para finales (*end*) de mayo, yo _____ un trabajo en un banco.
6. Dentro de un año, tú _____ una casa nueva.
7. Antes de cumplir los 50 años, usted _____ a Europa.
8. Dentro de 25 años, Emilia ya _____ presidenta de los EE.UU.

3

Encuesta Tu profesor(a) te va a dar una hoja de actividades. Pregúntales a tres compañeros/as para cuándo habrán hecho las cosas relacionadas con sus futuras carreras que se mencionan en la lista. Toma nota de las respuestas y luego comparte con la clase la información que obtuviste.

Síntesis

4

Competir En parejas, preparen una conversación hipotética (8 líneas o más) que ocurra en una fiesta. Una persona dice lo que habrá hecho para algún momento del futuro; la otra responde, diciendo cada vez algo más exagerado. Prepárense para representar la conversación delante de la clase.

> **modelo**
>
> **Estudiante 1:** Cuando tenga 30 años, habré ganado un millón de dólares.
> **Estudiante 2:** Y yo habré llegado a ser multimillonaria.
> **Estudiante 1:** Para el 2025, me habrán escogido como la mejor escritora (*writer*) del país.
> **Estudiante 2:** Pues, yo habré ganado el Premio Nobel de Literatura.

 Practice more at **vhlcentral.com**.

4.3 The past subjunctive  Tutorial

ANTE TODO You will now learn how to form and use the past subjunctive (**el pretérito imperfecto de subjuntivo**), also called the imperfect subjunctive. Like the present subjunctive, the past subjunctive is used mainly in multiple-clause sentences which express states and conditions such as will, influence, emotion, commands, indefiniteness, and non-existence.

The past subjunctive

		estudiar	aprender	recibir
SINGULAR FORMS	yo	estudia**ra**	aprendie**ra**	recibie**ra**
	tú	estudia**ras**	aprendie**ras**	recibie**ras**
	Ud./él/ella	estudia**ra**	aprendie**ra**	recibie**ra**
PLURAL FORMS	nosotros/as	estudiá**ramos**	aprendié**ramos**	recibié**ramos**
	vosotros/as	estudia**rais**	aprendie**rais**	recibie**rais**
	Uds./ellos/ellas	estudia**ran**	aprendie**ran**	recibie**ran**

▶ The past subjunctive endings are the same for all verbs.

-ra	-ramos
-ras	-rais
-ra	-ran

▶ The past subjunctive is formed using the **Uds./ellos/ellas** form of the preterite. By dropping the **-ron** ending from this preterite form, you establish the stem of all the past subjunctive forms. To this stem you then add the past subjunctive endings.

INFINITIVE	PRETERITE FORM	PAST SUBJUNCTIVE
hablar	ellos habla~~ron~~	habla**ra**, habla**ras**, hablá**ramos**
beber	ellos bebie~~ron~~	bebie**ra**, bebie**ras**, bebié**ramos**
escribir	ellos escribie~~ron~~	escribie**ra**, escribie**ras**, escribié**ramos**

▶ For verbs with irregular preterites, add the past subjunctive endings to the irregular stem.

INFINITIVE	PRETERITE FORM	PAST SUBJUNCTIVE
dar	die~~ron~~	die**ra**, die**ras**, dié**ramos**
decir	dije~~ron~~	dije**ra**, dije**ras**, dijé**ramos**
estar	estuvie~~ron~~	estuvie**ra**, estuvie**ras**, estuvié**ramos**
hacer	hicie~~ron~~	hicie**ra**, hicie**ras**, hicié**ramos**
ir/ser	fue~~ron~~	fue**ra**, fue**ras**, fué**ramos**
poder	pudie~~ron~~	pudie**ra**, pudie**ras**, pudié**ramos**
poner	pusie~~ron~~	pusie**ra**, pusie**ras**, pusié**ramos**
querer	quisie~~ron~~	quisie**ra**, quisie**ras**, quisié**ramos**
saber	supie~~ron~~	supie**ra**, supie**ras**, supié**ramos**
tener	tuvie~~ron~~	tuvie**ra**, tuvie**ras**, tuvié**ramos**
venir	vinie~~ron~~	vinie**ra**, vinie**ras**, vinié**ramos**

¡ATENCIÓN!

Note that the **nosotros/as** form of the past subjunctive always has a written accent.

¡LENGUA VIVA!

The past subjunctive has another set of endings:

-se	-semos
-ses	-seis
-se	-sen

It's a good idea to learn to recognize these endings because they are sometimes used in literary and formal contexts.

Deseaba que mi esposo recibiese un ascenso.

¡LENGUA VIVA!

Quisiera, the past subjunctive form of **querer**, is often used to make polite requests.

Quisiera hablar con Marco, por favor.
I would like to speak to Marco, please.

¿Quisieran ustedes algo más?
Would you like anything else?

Lección 4

▶ **-Ir** stem-changing verbs and other verbs with spelling changes follow a similar process to form the past subjunctive.

INFINITIVE	PRETERITE FORM	PAST SUBJUNCTIVE
preferir	prefirie~~ron~~	prefirie**ra**, prefirie**ras**, prefirié**ramos**
repetir	repitie~~ron~~	repitie**ra**, repitie**ras**, repitié**ramos**
dormir	durmie~~ron~~	durmie**ra**, durmie**ras**, durmié**ramos**
conducir	conduje~~ron~~	conduje**ra**, conduje**ras**, condujé**ramos**
creer	creye~~ron~~	creye**ra**, creye**ras**, creyé**ramos**
destruir	destruye~~ron~~	destruye**ra**, destruye**ras**, destruyé**ramos**
oír	oye~~ron~~	oye**ra**, oye**ras**, oyé**ramos**

AYUDA

When a situation that triggers the subjunctive is involved, most cases follow these patterns:
*main verb in present indicative →
subordinate verb in present subjunctive*
Espero que María **venga** a la reunión.
*main verb in past indicative →
subordinate verb in past subjunctive*
Esperaba que María **viniera** a la reunión.

▶ The past subjunctive is used in the same contexts and situations as the present subjunctive and the present perfect subjunctive, except that it generally describes actions, events, or conditions that have already happened.

Me pidieron que no
 llegara tarde.
They asked me not to arrive late.

Me sorprendió que ustedes no
 vinieran a la cena.
*It surprised me that you didn't come
 to the dinner.*

Salió antes de que yo **pudiera**
 hablar contigo.
He left before I could talk to you.

Ellos querían que yo **escribiera**
 una novela romántica.
*They wanted me to write a
 romantic novel.*

Cuando llegaste, no creí
que tuviéramos muchas
cosas en común.

No pensé que el año
terminara tan pronto.

recursos

WB
pp. 226–227

LM
p. 243

Ⓢ
vhlcentral.com
Lección 4

 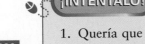

¡INTÉNTALO!   Indica la forma apropiada del pretérito imperfecto de subjuntivo de los verbos entre paréntesis.

1. Quería que tú ___vinieras___ (venir) más temprano.
2. Esperábamos que ustedes _____ (hablar) mucho más en la reunión.
3. No creían que yo _____ (poder) hacerlo.
4. No deseaba que nosotros _____ (invertir) el dinero.
5. Sentí mucho que ustedes no _____ (estar) con nosotros anoche.
6. No era necesario que ellas _____ (hacer) todo.
7. Me pareció increíble que tú _____ (saber) dónde encontrarlo.
8. No había nadie que _____ (creer) tu historia.
9. Mis padres insistieron en que yo _____ (ir) a la universidad.
10. Queríamos salir antes de que ustedes _____ (llegar).

Práctica

1

Diálogos Completa los diálogos con el pretérito imperfecto de subjuntivo de los verbos entre paréntesis. Después representa los diálogos con un(a) compañero/a.

1. —¿Qué le dijo el consejero a Andrés? Quisiera saberlo.
   —Le aconsejó que _____ (dejar) los estudios de arte y que _____ (estudiar) una carrera que _____ (pagar) mejor.
   —Siempre el dinero. ¿No se enojó Andrés de que le _____ (aconsejar) eso?
   —Sí, y le dijo que no creía que ninguna otra carrera le _____ (ir) a gustar más.

2. —Qué lástima que ellos no te _____ (ofrecer) el puesto de gerente.
   —Querían a alguien que _____ (tener) experiencia en el sector público.
   —Pero, ¿cómo? ¿Y tu maestría? ¿No te molestó que te _____ (decir) eso?
   —No, no tengo experiencia en esa área, pero les gustó mucho mi currículum. Me pidieron que _____ (volver) en un año y _____ (solicitar) el puesto otra vez. Para entonces habré obtenido la experiencia que necesito y podré conseguir el puesto que quiera.

3. —Cuánto me alegré de que tus hijas _____ (venir) ayer a visitarte. ¿Cuándo se van?
   —Bueno, yo esperaba que se _____ (quedar) dos semanas, pero no pueden. Ojalá _____ (poder). Hace mucho que no las veo.

2

Año nuevo, vida nueva El año pasado, Marta y Alberto querían cambiar de vida. Aquí tienen las listas con sus propósitos para el Año Nuevo (*New Year's resolutions*). Ellos no consiguieron hacer realidad ninguno. En parejas, lean las listas y escriban por qué creen que no los consiguieron. Usen el pretérito imperfecto de subjuntivo.

> **modelo**
>
> obtener un mejor puesto de trabajo
> Era difícil que Alberto consiguiera un mejor puesto porque su novia le pidió que no cambiara de empleo.

AYUDA

Puedes usar
estas expresiones:
No era verdad que…
Era difícil que…
Era imposible que…
No era cierto que…
**Su novio/a no
  quería que…**

Alberto
pedir un aumento de sueldo
tener una vida más sana
visitar más a su familia
dejar de fumar

Marta
querer mejorar su relación de pareja
terminar los estudios con buenas notas
cambiar de casa
ahorrar más

Lección 4

Comunicación

3

Reaccionar Manuel acaba de llegar de Nicaragua. Reacciona a lo que te dice usando el pretérito imperfecto de subjuntivo. Escribe las oraciones y luego compáralas con las de un(a) compañero/a.

> **modelo**
>
> El día que llegué, me esperaban mi abuela y tres primos.
> *¡Qué bien! Me alegré de que vieras a tu familia después de tantos años.*

1. Fuimos al volcán Masaya. ¡Y vimos la lava del volcán!
2. Visitamos la Catedral de Managua, que fue dañada por el terremoto (*earthquake*) de 1972.
3. No tuvimos tiempo de ir a la playa, pero pasamos unos días en el Hotel Dariense en Granada.
4. Fui a conocer el nuevo museo de arte y también fui al Teatro Rubén Darío.
5. Nos divertimos haciendo compras en Metrocentro.
6. Eché monedas (*I threw coins*) en la fuente (*fountain*) de la Plaza de la República y pedí un deseo.

Catedral de Managua, Nicaragua

NOTA CULTURAL

El nicaragüense **Rubén Darío** (1867–1916) es uno de los poetas más famosos de Latinoamérica. *Cantos de vida y esperanza* es una de sus obras.

4

Oraciones Escribe cinco oraciones sobre lo que otros esperaban de ti en el pasado y cinco más sobre lo que tú esperabas de ellos. Luego, en grupos, túrnense para compartir sus propias oraciones y para transformar las oraciones de sus compañeros/as. Sigan el modelo.

> **modelo**
>
> **Estudiante 1:** *Mi profesora quería que yo fuera a Granada para estudiar español.*
> **Estudiante 2:** *Su profesora quería que Mark fuera a Granada para estudiar español.*
> **Estudiante 3:** *Yo deseaba que mis padres me enviaran a España.*
> **Estudiante 4:** *Cecilia deseaba que sus padres la enviaran a España.*

Síntesis

5

¡Vaya fiesta! Dos amigos/as fueron a una fiesta y se enojaron. Uno/a quería irse temprano, pero el/la otro/a quería irse más tarde porque estaba hablando con el/la chico/a que le gustaba a su amigo/a. En parejas, inventen una conversación en la que esos/as amigos/as intentan arreglar todos los malentendidos (*misunderstandings*) que tuvieron en la fiesta. Usen el pretérito imperfecto de subjuntivo y después representen la conversación delante de la clase.

> **modelo**
>
> **Estudiante 1:** *¡Yo no pensaba que fueras tan aburrido/a!*
> **Estudiante 2:** *Yo no soy aburrido/a, sólo quería que nos fuéramos temprano.*

Recapitulación

Diagnostics

Completa estas actividades para repasar los conceptos de gramática que aprendiste en esta lección.

1 Completar Completa el cuadro con el futuro. `6 pts.`

Infinitivo	yo	ella	nosotros
decir	diré		
poner			pondremos
salir		saldrá	

2 Verbos Completa el cuadro con el pretérito imperfecto de subjuntivo. `6 pts.`

Infinitivo	tú	nosotros	ustedes
dar			dieran
saber		supiéramos	
ir	fueras		

3 La oficina de empleo La nueva oficina de empleo está un poco desorganizada. Completa los diálogos con expresiones de probabilidad, utilizando el futuro perfecto de los verbos. `10 pts.`

SR. PÉREZ   No encuentro el currículum de Mario Gómez.

SRA. MARÍN   (1) _____ (Tomarlo) la secretaria.

LAURA   ¿De dónde vienen estas ofertas de trabajo?

ROMÁN   No estoy seguro. (2) _____ (Salir) en el periódico de hoy.

ROMÁN   ¿Has visto la lista nueva de aspirantes?

LAURA   No, (3) _____ (tú, ponerla) en el archivo.

SR. PÉREZ   José Osorio todavía no ha recibido el informe.

LAURA   (4) _____ (Nosotros, olvidarse) de enviarlo por correo.

SRA. MARÍN   ¿Sabes dónde están las solicitudes de los aspirantes?

ROMÁN   (5) _____ (Yo, dejarlas) en mi carro.

RESUMEN GRAMATICAL

4.1 The future   *pp. 196–197*

Future tense of estudiar*

estudiaré	estudiaremos
estudiarás	estudiaréis
estudiará	estudiarán

*Same endings for -ar, -er, and -ir verbs.

Irregular verbs in the future

Infinitive	Stem	Future forms
decir	dir-	diré
hacer	har-	haré
poder	podr-	podré
poner	pondr-	pondré
querer	querr-	querré
saber	sabr-	sabré
salir	saldr-	saldré
tener	tendr-	tendré
venir	vendr-	vendré

► The future of **hay** is **habrá** (*there will be*).
► The future can also express conjecture or probability.

4.2 The future perfect   *p. 200*

Future perfect of vivir

habré vivido	habremos vivido
habrás vivido	habréis vivido
habrá vivido	habrán vivido

► The future perfect can also express probability in the past.

4.3 The past subjunctive   *pp. 202–203*

Past subjunctive of aprender*

aprendiera	aprendiéramos
aprendieras	aprendierais
aprendiera	aprendieran

*Same endings for -ar, -er, and -ir verbs.

Lección 4

Irregular verbs in the future		
Infinitive	**Preterite form**	**Past subjunctive**
dar	dieron	diera
decir	dijeron	dijera
estar	estuvieron	estuviera
hacer	hicieron	hiciera
ir/ser	fueron	fuera
poder	pudieron	pudiera
poner	pusieron	pusiera
querer	quisieron	quisiera
saber	supieron	supiera
tener	tuvieron	tuviera
venir	vinieron	viniera

4 **Una decisión difícil** Completa el párrafo con el pretérito imperfecto de subjuntivo de los verbos. **8 pts.**

aceptar	estudiar	ir
contratar	graduarse	poder
dejar	invertir	trabajar

Cuando yo tenía doce años, me gustaba mucho pintar y mi profesor de dibujo me aconsejó que (1) _____ a una escuela de arte cuando (2) _____ de la escuela secundaria. Mis padres, por el contrario, siempre quisieron que sus hijos (3) _____ en la empresa familiar, y me dijeron que (4) _____ el arte y que (5) _____ una carrera con más futuro. Ellos no querían que yo (6) _____ mi tiempo y mi juventud en el arte. Mi madre en particular nos sugirió a mi hermana y a mí la carrera de administración de empresas, para que los dos (7) _____ ayudarlos con los negocios en el futuro. No fue fácil que mis padres (8) _____ mi decisión de dedicarme a la pintura, pero están muy felices de tener mis obras en su sala de reuniones.

5 **La semana de Rita** Con el futuro de los verbos, completa la descripción que hace Rita de lo que hará la semana próxima. **10 pts.**

El lunes por la mañana (1) _____ (llegar) el traje que pedí por Internet y por la tarde Luis (2) _____ (invitar, a mí) a ir al cine. El martes mi consejero y yo (3) _____ (comer) en La Delicia y a las cuatro (yo) (4) _____ (tener) una entrevista de trabajo en Industrias Levonox. El miércoles por la mañana (5) _____ (ir) a mi clase de inglés y por la tarde (6) _____ (visitar) a Luis. El jueves por la mañana, los gerentes de Levonox (7) _____ (llamar, a mí) por teléfono para decirme si conseguí el puesto. Por la tarde (yo) (8) _____ (cuidar) a mi sobrino Héctor. El viernes Ana y Luis (9) _____ (venir) a casa para trabajar conmigo y el sábado por fin (yo) (10) _____ (descansar).

6 **El futuro** Escribe al menos cinco oraciones describiendo cómo será la vida de varias personas cercanas a ti dentro de diez años. Usa tu imaginación y verbos en futuro y en futuro perfecto. **10 pts**

7 **Canción** Escribe las palabras que faltan para completar este fragmento de la canción *Lo que pidas* de Julieta Venegas. **¡2 puntos EXTRA!**

daré	fuera	quisiera	saldré

“ Lo que más (1) _____ pedirte
es que te quedes conmigo,
niño te (2) _____ lo que pidas
sólo no te vayas nunca. ”

Practice more at **vhlcentral.com**.

Lectura

Antes de leer

Estrategia

Recognizing similes and metaphors

Similes and metaphors are figures of speech that are often used in literature to make descriptions more colorful and vivid.

In English, a simile (**símil**) makes a comparison using the words *as* or *like*. In Spanish, the words **como** and **parece** are most often used. Example: **Estoy tan feliz como un niño con zapatos nuevos.**

A metaphor (**metáfora**) is a figure of speech that identifies one thing with the attributes and qualities of another. Whereas a simile says one thing is like another, a metaphor says that one thing *is* another. In Spanish, **ser** is most often used in metaphors. Example: **La vida es sueño.** (*Life is a dream.*)

Examinar el texto

Lee el texto una vez usando las estrategias de lectura de las lecciones anteriores. ¿Qué te indican sobre el contenido de la lectura? Toma nota de las metáforas y los símiles que encuentres. ¿Qué significan? ¿Qué te dicen sobre el tema de la lectura?

¿Cómo son?

En parejas, hablen sobre las diferencias entre el **yo interior** de una persona y su **yo social**. ¿Hay muchas diferencias entre su forma de ser "privada" y su forma de ser cuando están con otras personas?

Las dos Fridas, de Frida Kahlo

A Julia de Burgos

Julia de Burgos

Julia de Burgos nació en 1914 en Carolina, Puerto Rico. Vivió también en La Habana, en Washington DC y en Nueva York, donde murió en 1953. Su poesía refleja temas como la muerte, la naturaleza, el amor y la patria°. Sus tres poemarios más conocidos se titulan *Poema en veinte surcos* (1938), *Canción de la verdad sencilla* (1939) y *El mar y tú* (publicado póstumamente).

Después de leer

Comprensión

Responde a las preguntas.

1. ¿Quiénes son las dos "Julias" presentes en el poema?

2. ¿Qué características tiene cada una?

3. ¿Quién es la que habla de las dos?

4. ¿Qué piensas que ella siente por la otra Julia?

5. ¿Qué diferencias hay en el aspecto físico de una y otra mujer? ¿Qué simboliza esto?

6. ¿Cuáles son los temas más importantes del poema?

 Practice more at **vhlcentral.com**.

Ya las gentes murmuran que yo soy tu enemiga
porque dicen que en verso doy al mundo tu yo.

Mienten°, Julia de Burgos. Mienten, Julia de Burgos.
La que se alza° en mis versos no es tu voz°: es mi voz;
5 porque tú eres ropaje° y la esencia soy yo;
y el más profundo abismo se tiende° entre las dos.

Tú eres fría muñeca° de mentira social,
y yo, viril destello° de la humana verdad.

Tú, miel° de cortesanas hipocresías; yo no;
10 que en todos mis poemas desnudo° el corazón.

Tú eres como tu mundo, egoísta; yo no;
que en todo me lo juego° a ser lo que soy yo.

Tú eres sólo la grave señora señorona°;
yo no; yo soy la vida, la fuerza°, la mujer.

15 Tú eres de tu marido, de tu amo°; yo no;
yo de nadie, o de todos, porque a todos, a todos,
en mi limpio sentir y en mi pensar me doy.

Tú te rizas° el pelo y te pintas°; yo no;
a mí me riza el viento; a mí me pinta el sol.

20 Tú eres dama casera°, resignada, sumisa,
atada° a los prejuicios de los hombres; yo no;
que yo soy Rocinante* corriendo desbocado°
olfateando° horizontes de justicia de Dios.

25 Tú en ti misma no mandas°; a ti todos te mandan;
en ti mandan tu esposo, tus padres, tus parientes,
el cura°, la modista°, el teatro, el casino,
el auto, las alhajas°, el banquete, el champán,
el cielo y el infierno, y el qué dirán social°.

30 En mí no, que en mí manda mi solo corazón,
mi solo pensamiento; quien manda en mí soy yo.

Tú, flor de aristocracia; y yo la flor del pueblo.
Tú en ti lo tienes todo y a todos se lo debes,
mientras que yo, mi nada a nadie se la debo.

35 Tú, clavada° al estático dividendo ancestral°,
y yo, un uno en la cifra° del divisor social,
somos el duelo a muerte° que se acerca° fatal.

Cuando las multitudes corran alborotadas°
dejando atrás cenizas° de injusticias quemadas,
40 y cuando con la tea° de las siete virtudes,
tras los siete pecados°, corran las multitudes,
contra ti, y contra todo lo injusto y lo inhumano,
yo iré en medio de ellas con la tea en la mano.

---

* **Rocinante:** El caballo de don Quijote, personaje literario
de fama universal que se relaciona con el idealismo y
el poder de la imaginación frente a la realidad.

patria *homeland* **Mienten** *They are lying* **se alza** *rises up* **voz**
voice **ropaje** *apparel* **se tiende** *lies* **muñeca** *doll* **destello**
sparkle **miel** *honey* **desnudo** *I uncover* **me lo juego** *I risk*
señorona *matronly* **fuerza** *strength* **amo** *master* **te rizas** *curl*
te pintas *put on makeup* **dama casera** *home-loving lady* **atada**
tied **desbocado** *wildly* **olfateando** *sniffing* **no mandas** *are
not the boss* **cura** *priest* **modista** *dressmaker* **alhajas** *jewelry*
el qué dirán social *what society would say* **clavada** *stuck*
ancestral *ancient* **cifra** *number* **duelo a muerte** *duel to the
death* **se acerca** *approaches* **alborotadas** *rowdy* **cenizas** *ashes*
tea *torch* **pecados** *sins*

Interpretación

Responde a las preguntas.

1. ¿Qué te resulta llamativo en el título de este poema?

2. ¿Por qué crees que se repite el "tú" y el "yo" en el poema? ¿Qué función tiene este desdoblamiento?

3. ¿Cómo interpretas los versos "tú eres fría muñeca de mentira social / y yo, viril destello de la humana verdad"? ¿Qué sustantivos (*nouns*) se contraponen en estos dos versos?

4. ¿Es positivo o negativo el comentario sobre la vida social: "miel de cortesanas hipocresías"?

5. Comenta la oposición entre "señorona" y "mujer" que aparece en los versos trece y catorce. ¿Podrías decir qué personas son las que dominan a la "señorona" y qué caracteriza, en cambio, a la mujer?

Monólogo

Imagina que eres un personaje famoso de la historia, la literatura o la vida actual. Escribe un monólogo breve para presentar en clase. Debes escribirlo en segunda persona. Para la representación necesitarás un espejo. Tus compañeros/as deben adivinar quién eres. Sigue el modelo.

modelo

Eres una mujer que vivió hace más de 150 años. La gente piensa que eres una gran poeta. Te gustaba escribir y pasar tiempo con tu familia y, además de poesías, escribías muchas cartas. Me gusta tu poesía porque es muy íntima y personal. (Emily Dickinson)

Escribe sobre estos temas:
▶ cómo lo/la ven las otras personas
▶ lo que te gusta y lo que no te gusta de él/ella
▶ lo que quieres o esperas que haga

Escritura

Estrategia

Using note cards

Note cards serve as valuable study aids in many different contexts. When you write, note cards can help you organize and sequence the information you wish to present.

Let's say you are going to write a personal narrative about a trip you took. You would jot down notes about each part of the trip on a different note card. Then you could easily arrange them in chronological order or use a different organization, such as the best parts and the worst parts, traveling and staying, before and after, etc.

Here are some helpful techniques for using note cards to prepare for your writing:

▶ Label the top of each card with a general subject, such as **el avión** or **el hotel**.

▶ Number the cards in each subject category in the upper right corner to help you organize them.

▶ Use only the front side of each note card so that you can easily flip through them to find information.

Study the following example of a note card used to prepare a composition:

> 3
>
> *En el aeropuerto de Santo Domingo*
>
> *Cuando llegamos al aeropuerto de Santo Domingo, después de siete horas de viaje, estábamos cansados pero felices. Hacía sol y viento.*

Tema

Escribir una composición

Escribe una composición sobre tus planes profesionales y personales para el futuro. Utiliza el tiempo futuro. No te olvides de hacer planes para estas áreas de tu vida:

Lugar

▶ ¿Dónde vivirás?

▶ ¿Vivirás en la misma ciudad siempre? ¿Te mudarás mucho?

Familia

▶ ¿Te casarás? ¿Con quién?

▶ ¿Tendrás hijos? ¿Cuántos?

Empleo

▶ ¿En qué profesión trabajarás?

▶ ¿Tendrás tu propia empresa?

Finanzas

▶ ¿Ganarás mucho dinero?

▶ ¿Ahorrarás mucho? ¿Lo invertirás?

Termina tu composición con una lista de metas profesionales, utilizando el futuro perfecto.

Por ejemplo: **Para el año 2025, habré empezado mi propio negocio. Para el año 2035, habré ganado más dinero que Bill Gates.**

Escuchar Audio

Estrategia

Using background knowledge/ Listening for specific information

If you know the subject of something you are going to hear, your background knowledge will help you anticipate words and phrases you're going to hear, and will help you identify important information that you should listen for.

 To practice these strategies, you will listen to a radio advertisement for the **Hotel El Retiro**. Before you listen, write down a list of the things you expect the advertisement to contain. Then make another list of important information you would listen for if you were a tourist considering staying at the hotel. After listening to the advertisement, look at your lists again. Did they help you anticipate the content of the advertisement and focus on key information? Explain your answer.

Preparación

Mira la foto. ¿De qué crees que van a hablar? Haz una lista de la información que esperas oír en este tipo de situación.

Ahora escucha

Ahora vas a oír una entrevista entre la señora Sánchez y Rafael Ventura Romero. Antes de escuchar la entrevista, haz una lista de la información que esperas oír según tu conocimiento previo° del tema.

1. _____
2. _____
3. _____
4. _____

Mientras escuchas la entrevista, llena el formulario con la información necesaria. Si no oyes un dato° que necesitas, escribe *Buscar en el currículum*. ¿Oíste toda la información que habías anotado en tu lista?

Comprensión

Puesto solicitado _____

Nombre y apellidos del solicitante _____

Dirección _____ **Tel.** _____

- -

Educación _____

Experiencia profesional: Puesto _____

Empresa _____

¿Cuánto tiempo? _____

Referencias:

Nombre _____

Dirección _____ **Tel.** _____

Nombre _____

Dirección _____ **Tel.** _____

Preguntas

1. ¿Cuántos años hace que Rafael Ventura trabaja para Dulces González?

2. ¿Cuántas referencias tiene Rafael?

3. ¿Cuándo se gradúa Rafael?

4. ¿Cuál es la profesión de Armando Carreño?

5. ¿Cómo sabes si los resultados de la entrevista han sido positivos para Rafael Ventura?

conocimiento previo *prior knowledge* dato *fact; piece of information*

 Practice more at **vhlcentral.com**.

En pantalla

Ésta es la historia de un espantapájaros que trabaja en un campo de trigo°. Es un trabajo fácil, aunque muy solitario, y los días se le hacen muy largos. Para entretenerse°, mira a los pájaros, que parecen tenerle miedo. Pero, ¿por qué, si él es inofensivo° y amigable°? Sin embargo, un día algo cambia en la vida del espantapájaros. Él tomará entonces una decisión que lo llevará a un final inesperado°.

Preparación

Completar

Completa cada oración con la palabra correcta de **Expresiones útiles**. Haz los cambios necesarios.

1. Me pongo una _____ cuando estoy enfermo.

2. Como dijo Shakespeare, el amor es _____.

3. En un incendio (*fire*), todo se _____ y sólo quedan las _____.

4. El trabajo de un espantapájaros es _____ a las aves.

5. El _____ es un pájaro muy hábil (*skillful*) para _____.

 ¿Son buenos o son malos?

En grupos pequeños, escojan una de estas ocupaciones y conversen sobre los puntos positivos y negativos de esa área de trabajo.

> **modelo**
>
> árbitro (*referee*)
> **Estudiante 1:** *Puede conocer a jugadores famosos.*
> **Estudiante 2:** *Y es quien hace que las reglas del juego se obedezcan (be obeyed).*
> **Estudiante 3:** *Sí, pero si hace algo mal, todos lo odian.*

- agente funerario (*mortician*)
- dentista
- ingeniero/a nuclear
- leñador(a) (*logger*)
- oficial de seguridad en un aeropuerto
- policía de tránsito (*traffic*)
- político/a
- recaudador(a) de impuestos (*tax collector*)

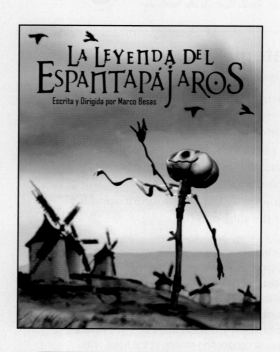

Expresiones útiles

asustar	*to scare*
la bufanda	*scarf*
las cenizas	*ashes*
ciego	*blind*
el cuervo	*crow*
érase una vez	*once upon a time*
el espantapájaros	*scarecrow*
quemar	*to burn*
salvar	*to save*
solitario/a	*lonely*
volar	*to fly*

Para hablar del corto

la calabaza	*pumpkin*
el estereotipo	*stereotype*
incomprendido/a	*misunderstood*
la leyenda	*legend*
el luto	*mourning*
el molino	*windmill*
prejuzgar	*to prejudge*

campo de trigo *wheat field* **entretenerse** *to amuse itself* **inofensivo** *harmless* **amigable** *friendly* **inesperado** *unexpected*

 Video: Short Film

Escenas: La leyenda del espantapájaros

Lección 4

NARRADOR Érase una vez un espantapájaros que no tenía amigos.

NARRADOR Cada vez que [los pájaros] pasaban, él los saludaba, pero ellos nunca le respondían.

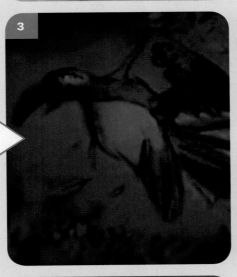

NARRADOR Y el cuervo explicó que el trabajo de los espantapájaros era asustar a los pobres pájaros que sólo querían comer.

NARRADOR Una noche fría, cayó a sus pies un cuervo ciego.

NARRADOR El espantapájaros preguntó por qué los pájaros nunca querían hacerse amigos de los espantapájaros.

NARRADOR Esa misma noche decidió cambiar su vida.

Comprensión

Ordenar 🌓S

Ordena las oraciones según (*as*) ocurrieron en el cortometraje.

_____ a. Los cuervos esparcieron (*scattered*) las cenizas del espantapájaros por toda la comarca (*region*).

_____ b. El amo (*owner*) se aterrorizó (*became terrified*) al ver que su espantapájaros hablaba.

_____ c. El cuervo ciego supo que lo había salvado un espantapájaros.

_____ d. El espantapájaros murió.

_____ e. Un cuervo ciego que tiritaba (*was shivering*) y moría de hambre cayó a los pies del espantapájaros.

_____ f. En memoria del espantapájaros, los cuervos decidieron vestirse de luto.

_____ g. Los vecinos quemaron el lugar donde estaba el espantapájaros.

_____ h. El amo pensó que si el espantapájaros podía hablar, era obra del diablo (*devil*).

_____ i. El espantapájaros quiso darle semillas (*seeds*) a un pájaro, pero éste no le hizo caso (*didn't pay attention to him*).

_____ j. Los cuervos quisieron salvar al espantapájaros.

_____ k. El espantapájaros se escondió (*hid*).

_____ l. El espantapájaros decidió que ya no quería trabajar asustando pájaros.

Preguntas

En parejas, respondan a estas preguntas con oraciones completas. Luego, compartan sus respuestas con la clase.

1. ¿Qué fue lo que siempre deseó el espantapájaros? ¿Por qué?
2. ¿Qué hizo el cuervo ciego al escuchar la confesión del espantapájaros? ¿Por qué?
3. Al final, ¿qué pensaron los cuervos del espantapájaros? ¿Qué cambió en su actitud (*attitude*)? ¿Por qué?
4. ¿Cómo se cumplió (*came true*) finalmente el eterno deseo (*wish*) del espantapájaros?
5. ¿Qué haces si una responsabilidad de tu trabajo va en contra de lo que tú eres, de tus principios (*principles*) o de tus deseos?
6. ¿Te has sentido víctima de los prejuicios de los demás? ¿Cómo manejas esas situaciones?
7. ¿Alguna vez has juzgado a alguien sin conocerlo/a y después descubriste que estabas equivocado/a?
8. ¿Qué haces cuando eres injusto/a con alguien? ¿Admites tu error o no le dices nada?

Un final diferente

En parejas, escriban un final diferente para la historia del espantapájaros. Luego, compártanlo con la clase.

Vocabulario útil

acercarse (a)	to approach	**la esperanza**	hope
las alas	wings	**el incendio**	fire
el amanecer	dawn	**llamar la atención**	to call attention
apagar (el fuego)	to put out (the fire)	**el monstruo**	monster
la armonía	harmony	**las plumas**	feathers
disfrazarse	to disguise oneself	**razonar**	to reason
escapar(se)	to escape	**transformarse (en)**	to turn (into)

Practice more at **vhlcentral.com**.

Viernes en la tarde, llega el esperado fin de semana… y si el lunes es día festivo°, ¡mejor aún!° En varios países hispanos, además de tener entre quince y treinta días de vacaciones pagadas, hay bastantes días festivos. Por ejemplo, Puerto Rico tiene veintiún feriados°, Colombia tiene dieciocho y Argentina, México y Chile tienen más de trece. Aunque parece que se trabaja menos, no siempre es el caso: las jornadas laborales° suelen ser más largas en Latinoamérica. Así que la gente aprovecha° los **puentes**° para descansar e incluso para hacer viajes cortos.

Vocabulario útil

el desarrollo	*development*
el horario	*schedule*
promover	*to promote*
las ventas	*sales*

Preparación

¿Trabajas? ¿Cuáles son tus metas (*goals*) profesionales?

Escoger 🖱️Ⓢ

Escoge la opción correcta de cada par de afirmaciones.

1. a. Todos los ecuatorianos son muy felices en su trabajo.
   b. En Ecuador, como en todos los países del mundo, hay personas que aman su trabajo y hay otras que lo odian.
2. a. El objetivo principal de la agencia Klein Tours es mostrar al mundo las maravillas de Ecuador.
   b. La agencia de viajes Klein Tours quiere mostrar al mundo que tiene los empleados más fieles y profesionales de toda Latinoamérica.

El mundo del trabajo

Gabriela, ¿qué es lo más difícil de ser una mujer policía?

Amo mi trabajo. Imagínate, tengo la sonrisa del mundo entre mis manos.

Nuestra principal estrategia de ventas es promover nuestra naturaleza...

Ⓢ **Video:** *Flash cultura*

 Practice more at **vhlcentral.com**.

recursos

VM
pp. 237–238

vhlcentral.com
Lección 4

Video: *Panorama cultural*
Interactive map

Nicaragua

El país en cifras

▶ **Área:** 129.494 km² (49.998 millas²), *aproximadamente el área de Nueva York. Nicaragua es el país más grande de Centroamérica. Su terreno es muy variado e incluye bosques tropicales, montañas, sabanas° y marismas°, además de unos 40 volcanes.*

▶ **Población:** 6.265.000

▶ **Capital:** Managua—1.015.000
Managua está en una región de una notable inestabilidad geográfica, con muchos volcanes y terremotos°. En décadas recientes, los nicaragüenses han decidido que no vale la pena° construir rascacielos° porque no resisten los terremotos.

▶ **Ciudades principales:** León, Masaya, Granada

SOURCE: Population Division, UN Secretariat

▶ **Moneda:** córdoba

▶ **Idiomas:** español (oficial); lenguas indígenas y criollas (oficiales); inglés

Bandera de Nicaragua

Nicaragüenses célebres

▶ **Rubén Darío,** poeta (1867–1916)

▶ **Violeta Barrios de Chamorro,** política y ex-presidenta (1929–)

▶ **Daniel Ortega,** político y presidente (1945–)

▶ **Gioconda Belli,** poeta (1948–)

sabanas *grasslands* marismas *marshes* terremotos *earthquakes*
no vale la pena *it's not worthwhile* rascacielos *skyscraper*s
agua dulce *fresh water* Surgió *Emerged* maravillas *wonders*

Iglesia en León

Calle en Granada

Teatro Nacional Rubén Darío en Managua

Río Coco

HONDURAS

Cordillera Isabelia

Chachagón

Saslaya
Piu

Río Tuma

Río Grande

Cordillera Dariense

Sierra Madre

León

Managua

Lago de Managua

Masaya

Océano Pacífico

Lago de Nicaragua

Granada

Isla Zapatera

Concepción

Maderas

Isla Ometepe

Río San Juan

Archipiélago de Solentiname

COSTA RICA

Violeta Barrios de Chamorro

ESTADOS UNIDOS

OCÉANO ATLÁNTICO

NICARAGUA

OCÉANO PACÍFICO

AMÉRICA DEL SUR

recursos

| WB p. 229 | VM pp. 233–234 | vhlcentral.com Lección 4 |

¡Increíble pero cierto!

Ometepe, que en náhuatl significa "dos montañas", es la isla más grande del mundo en un lago de agua dulce°. Surgió° en el Lago de Nicaragua por la actividad de los volcanes Maderas y Concepción. Por su valor natural y arqueológico, fue nominada para las siete nuevas maravillas° del mundo en 2009.

Historia • Las huellas° de Acahualinca

La región de Managua se caracteriza por tener un gran número de sitios prehistóricos. Las huellas de Acahualinca son uno de los restos° más famosos y antiguos°. Se formaron hace más de 6.000 años, a orillas° del lago de Managua. Las huellas, tanto de humanos como de animales, se dirigen° hacia una misma dirección, lo que ha hecho pensar a los expertos que éstos corrían hacia el lago para escapar de una erupción volcánica.

Artes • Ernesto Cardenal (1925–)

Ernesto Cardenal, poeta, escultor y sacerdote° católico, es uno de los escritores más famosos de Nicaragua, país conocido por sus grandes poetas. Ha escrito más de 35 libros y es considerado uno de los principales autores de Latinoamérica. Desde joven creyó en el poder de la poesía para mejorar la sociedad y trabajó por establecer la igualdad° y la justicia en su país. En los años 60, Cardenal estableció la comunidad artística del archipiélago de Solentiname en el lago de Nicaragua. Fue ministro de cultura del país desde 1979 hasta 1988 y participó en la fundación de Casa de los Tres Mundos, una organización creada para el intercambio cultural internacional.

Naturaleza • El lago de Nicaragua

El lago de Nicaragua, con un área de más de 8.000 km² (3.100 millas²), es el lago más grande de Centroamérica. Tiene más de 400 islas e islotes° de origen volcánico, entre ellas la isla Zapatera. Allí se han encontrado numerosos objetos de cerámica y estatuas prehispánicos. Se cree que la isla era un centro ceremonial indígena.

 ¿Qué aprendiste? Responde a cada pregunta con una oración completa.

1. ¿Por qué no hay muchos rascacielos en Managua?

2. Nombra dos poetas de Nicaragua.

3. Qué significa Ometepe en náhuatl?

4. ¿Cuál es una de las teorías sobre la formación de las huellas de Acahualinca?

5. ¿Por qué es famoso el archipiélago de Solentiname?

6. ¿Qué cree Ernesto Cardenal acerca de la poesía?

7. ¿Cómo se formaron las islas del lago de Nicaragua?

8. ¿Qué hay de interés arqueológico en la isla Zapatera?

 Conexión Internet Investiga estos temas en **vhlcentral.com**.

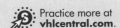 Practice more at **vhlcentral.com**.

1. ¿Dónde se habla inglés en Nicaragua y por qué?

2. ¿Qué información hay ahora sobre la economía y/o los derechos humanos en Nicaragua?

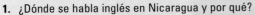

huellas *footprints* restos *remains* antiguos *ancient* orillas *shores* se dirigen *are headed* sacerdote *priest* igualdad *equality*
islotes *islets*

Lección 4

La República Dominicana

El país en cifras

▶ **Área:** 48.730 km² (18.815 millas²), *el área combinada de New Hampshire y Vermont*

▶ **Población:** 10.867.000

La isla La Española, llamada así tras° el primer viaje de Cristóbal Colón, estuvo bajo el completo dominio de la corona° española hasta 1697, cuando la parte oeste de la isla pasó a ser propiedad° francesa. Hoy día está dividida políticamente en dos países, la República Dominicana en la zona este y Haití en el oeste.

SOURCE: Population Division, UN Secretariat

▶ **Capital:** Santo Domingo—2.381.000

▶ **Ciudades principales:** Santiago de los Caballeros, La Vega, Puerto Plata, San Pedro de Macorís

▶ **Moneda:** peso dominicano

▶ **Idiomas:** español (oficial), criollo haitiano

Bandera de la
República Dominicana

Dominicanos célebres

▶ **Juan Pablo Duarte,** político y padre de la patria° (1813–1876)

▶ **Celeste Woss y Gil,** pintora (1891–1985)

▶ **Juan Luis Guerra,** compositor y cantante de merengue (1957–)

tras *after*   corona *crown*   propiedad *property*
padre de la patria *founding father*   restos *remains*
tumbas *graves*   navegante *sailor*   reemplazó *replaced*

Catedral de Santa María
la Menor

Hombres tocando los palos
en una misa en Nochebuena

Isla La Española

Océano
Atlántico

• Puerto Plata

Santiago •

Bahía
Escocesa

Río Yuna

Pico Duarte ▲

La Vega

HAITÍ

Cordillera
Central
Río San Juan

Sierra de
Neiba

San Pedro
de Macorís

★ Santo Domingo

Sierra de
Baoruco

Bahía de
Ocoa

Mar
Caribe

ESTADOS UNIDOS
**LA REPÚBLICA
DOMINICANA**

OCÉANO
PACÍFICO

OCÉANO
ATLÁNTICO

AMÉRICA DEL SUR

Trabajadores del campo
recogen la cosecha de ajos

recursos

WB p. 230	VM pp. 235–236	vhlcentral.com Lección 4

¡Increíble pero cierto!

Los restos° de Cristóbal Colón pasaron por varias ciudades desde su muerte en el siglo XVI hasta el siglo XIX. Por esto, se conocen dos tumbas° de este navegante°: una en la Catedral de Sevilla, España y otra en el Museo Faro a Colón en Santo Domingo, que reemplazó° la tumba inicial en la catedral de la capital dominicana.

Ciudades • Santo Domingo

La zona colonial de Santo Domingo, ciudad fundada en 1496, posee°
algunas de las construcciones más antiguas del hemisferio. Gracias a las
restauraciones°, la arquitectura de la ciudad es famosa no sólo por su belleza
sino también por el buen estado de sus edificios. Entre sus sitios más visitados
se cuentan° la Calle de las Damas, llamada así porque allí paseaban las
señoras de la corte del Virrey; el Alcázar de Colón, un palacio construido
entre 1510 y 1514 por Diego Colón, hijo de Cristóbal; y la Fortaleza Ozama,
la más vieja de las Américas, construida entre 1502 y 1508.

Deportes • El béisbol

El béisbol es un deporte muy practicado en el Caribe. Los primeros países
hispanos en tener una liga fueron Cuba y México, donde se empezó a jugar
al béisbol en el siglo° XIX. Hoy día este deporte es una afición° nacional en la
República Dominicana. Pedro Martínez (foto, derecha) y David Ortiz son sólo
dos de los muchísimos beisbolistas dominicanos que han alcanzado° enorme éxito
e inmensa popularidad entre los aficionados.

Artes • El merengue

El merengue, un ritmo originario de la República Dominicana, tiene sus raíces°
en el campo. Tradicionalmente las canciones hablaban de los problemas sociales de
los campesinos°. Sus instrumentos eran la guitarra, el acordeón, el guayano° y la
tambora, un tambor° característico del lugar. Entre 1930 y 1960, el merengue se
popularizó en las ciudades; adoptó un tono más urbano, en el que se incorporaron
instrumentos como el saxofón y el bajo°, y empezaron a formarse grandes
orquestas. Uno de los cantantes y compositores de merengue más famosos
es Juan Luis Guerra.

 ¿Qué aprendiste? Responde a cada pregunta con una oración completa.

1. ¿Quién es Juan Luis Guerra?

2. ¿Cuándo se fundó la ciudad de Santo Domingo?

3. ¿Qué es el Alcázar de Colón?

4. Nombra dos beisbolistas famosos de la República Dominicana.

5. ¿De qué hablaban las canciones de merengue tradicionales?

6. ¿Qué instrumentos se utilizaban para tocar (*play*) el merengue?

7. ¿Cuándo se transformó el merengue en un estilo urbano?

8. ¿Qué cantante ha ayudado a internacionalizar el merengue?

 Conexión Internet Investiga estos temas en **vhlcentral.com**.

 Practice more at **vhlcentral.com**.

1. Busca más información sobre la isla La Española. ¿Cómo son las relaciones entre
la República Dominicana y Haití?

2. Busca más información sobre la zona colonial de Santo Domingo: la Catedral de Santa María, la Casa de
Bastidas o el Panteón Nacional. ¿Cómo son estos edificios? ¿Te gustan? Explica tus respuestas.

posee *possesses* restauraciones *restorations* se cuentan *are included* siglo *century* afición *pastime* han alcanzado *have reached*
raíces *roots* campesinos *rural people* guayano *metal scraper* tambor *drum* bajo *bass*

Las ocupaciones

el/la abogado/a	lawyer
el actor, la actriz	actor
el/la arqueólogo/a	archaeologist
el/la arquitecto/a	architect
el/la bombero/a	firefighter
el/la carpintero/a	carpenter
el/la científico/a	scientist
el/la cocinero/a	cook; chef
el/la consejero/a	counselor; advisor
el/la contador(a)	accountant
el/la corredor(a) de bolsa	stockbroker
el/la diseñador(a)	designer
el/la electricista	electrician
el hombre/la mujer de negocios	businessperson
el/la maestro/a	teacher
el/la peluquero/a	hairdresser
el/la pintor(a)	painter
el/la político/a	politician
el/la psicólogo/a	psychologist
el/la reportero/a	reporter; journalist
el/la secretario/a	secretary
el/la técnico/a	technician

El mundo del trabajo

el ascenso	promotion
el aumento de sueldo	raise
la carrera	career
la compañía, la empresa	company; firm
el empleo	job; employment
el/la gerente	manager
el/la jefe/a	boss
los negocios	business; commerce
la ocupación	occupation
el oficio	trade
la profesión	profession
la reunión	meeting
el teletrabajo	telecommuting
el trabajo	job; work
la videoconferencia	videoconference
dejar	to quit; to leave behind
despedir (e:i)	to fire
invertir (e:ie)	to invest
renunciar (a)	to resign (from)
tener éxito	to be successful
comercial	commercial; business-related

La entrevista

el anuncio	advertisement
el/la aspirante	candidate; applicant
los beneficios	benefits
el currículum	résumé
la entrevista	interview
el/la entrevistador(a)	interviewer
el puesto	position; job
el salario, el sueldo	salary
la solicitud (de trabajo)	(job) application
contratar	to hire
entrevistar	to interview
ganar	to earn
obtener	to obtain; to get
solicitar	to apply (for a job)

Palabras adicionales

dentro de (diez años)	within (ten years)
en el futuro	in the future
el porvenir	the future
próximo/a	next

Expresiones útiles	See page 191.

Audio: Vocabulary Flashcards

recursos

LM p. 243

vhlcentral.com
Lección 4

contextos

Lección 4

1 **El anuncio** Answer the questions about this help-wanted ad, using complete sentences.

> **EMPRESA MULTINACIONAL BUSCA:**
> • Contador   • Gerente   • Secretario
>
> Salarios varían según la experiencia. Seguro[1] de salud, plan de jubilación (401k), dos semanas de vacaciones.
>
> Enviar currículum y carta de presentación por fax o por correo para concertar[2] una entrevista con el Sr. Martínez.
>
> [1]*insurance*   [2]*schedule*

1. ¿Cuántos puestos hay?

   _____

2. ¿Cuáles son los sueldos?

   _____

3. ¿Qué beneficios ofrece la empresa?

   _____

4. ¿Qué deben enviar los aspirantes?

   _____

5. ¿Quién es el señor Martínez?

   _____

6. ¿Dice el anuncio que hay que llenar una solicitud?

   _____

2 **Vida profesional** Complete the paragraph with items from the word bank.

anuncio	aspirante	currículum	entrevista	éxito	profesión	renunciar
ascenso	beneficios	empresa	entrevistadora	obtener	puesto	salario

Vi el (1) _____ en el periódico. Se necesitaban personas para un

(2) _____ de editora en una pequeña (3) _____ que se

encontraba en el centro de la ciudad. Preparé mi (4) _____ con mucha

atención y lo envié por *fax*. Esa tarde me llamó la (5) _____, que se llamaba

la señora Piñeda. Me dijo que el (6) _____ que ofrecían no era demasiado

alto, pero que los (7) _____, como el seguro de salud, eran excelentes.

Era una buena oportunidad para (8) _____ experiencia. Me pidió que

fuera a la oficina al día siguiente para hacerme una (9) _____. Había

otro (10) _____ en la sala de espera cuando llegué. Ese día decidí

(11) _____ a mi trabajo anterior (*previous*) y desde entonces ejerzo (*I practice*)

la (12) _____ de editora. ¡He tenido mucho (13) _____!

3 | **Una es diferente** Fill in the blanks with the words that don't belong in the groups.

1. ocupación, reunión, oficio, profesión, trabajo _____

2. pintor, psicólogo, maestro, consejero _____

3. arquitecta, diseñadora, pintora, bombera _____

4. invertir, currículum, corredor de bolsa, negocios _____

5. sueldo, beneficios, aumento, renunciar, ascenso _____

6. puesto, reunión, entrevista, videoconferencia _____

4 | **Las ocupaciones** Fill in the blanks with the profession of the person who would make each statement.

1. "Decido dónde poner los elementos gráficos de las páginas de una revista."

_____

2. "Ayudo a las personas a resolver sus problemas. Hablan conmigo y buscamos soluciones."

_____

3. "Defiendo a mis clientes y les doy consejos legales."

_____

4. "Investigo las cosas que pasan y escribo artículos sobre los eventos."

_____

5. "Les doy clases a los niños en la escuela."

_____

6. "Hago experimentos y publico los resultados en una revista."

_____

5 | **¿Quién lo usa?** Label each drawing with the profession associated with the objects.

1. _____   2. _____

3. _____   4. _____

estructura

4.1 The future

1

Preguntas Sabrina, your co-worker, needs some answers. Answer her questions with the future tense and the words in parentheses.

> **modelo**
>
> ¿Qué vas a hacer hoy? (el proyecto)
> Haré el proyecto hoy.

1. ¿Cuándo vamos a la reunión? (el jueves)

   _____

2. ¿Cuántas personas va a haber en la clase? (treinta)

   _____

3. ¿A qué hora vas a venir? (a las nueve)

   _____

4. ¿Quién va a ser el jefe de Delia? (Esteban)

   _____

5. ¿Dentro de cuánto va a salir Juan? (una hora)

   _____

6. ¿Quiénes van a estar en la fiesta del viernes? (muchos amigos)

   _____

2

A los 30 años Some friends in their late teens are talking about what they think they will be doing when they turn 30 years old. Complete the conversation with the correct form of the verbs in parentheses.

LETI   Cuando tenga 30 años (1) _____ (ser) una arqueóloga famosa. Para entonces, (2) _____ (haber) descubierto unas ruinas indígenas muy importantes.

SERGIO   Yo (3) _____ (tener) un programa de viajes en la televisión. Mi cámara de video y yo (4) _____ (visitar) lugares hermosos y muy interesantes.

SUSI   Entonces (tú) (5) _____ (venir) a visitarme a mi restaurante de comida caribeña que (6) _____ (abrir) en Santo Domingo, ¿verdad? *El Sabor Dominicano* (7) _____ (tener) los mejores platos tradicionales y otros creados (*created*) por mí.

SERGIO   Claro que sí, (8) _____ (ir) a comer las especialidades y (9) _____ (recomendarlo) a mis telespectadores (*viewers*). También (tú y yo) (10) _____ (poder) visitar a Leti en sus expediciones.

LETI   Sí, Susi (11) _____ (cocinar) platos exóticos en medio de la selva y todos (12) _____ (disfrutar) de su deliciosa comida.

4.3 The past subjunctive

1 **Si pudiera** Complete the sentences with the past subjunctive forms of the verbs in parentheses.

1. El arqueólogo se alegró de que todos _____ (hacer) tantas preguntas.

2. Mi madre siempre quiso que yo _____ (estudiar) arquitectura.

3. Te dije que cuando (tú) _____ (ir) a la entrevista, llevaras tu currículum.

4. Tal vez no fue una buena idea que nosotros le _____ (escribir) esa carta.

5. Era una lástima que su esposo _____ (tener) que trabajar tanto.

6. Luisa dudaba que ese empleo _____ (ser) su mejor alternativa.

7. Era probable que Francisco _____ (llevarse) mal con sus jefes.

8. Laura buscaba intérpretes que _____ (saber) hablar inglés.

9. Ustedes no estaban seguros de que el gerente _____ (conocer) al contador.

10. Fue extraño que Daniela y tú _____ (solicitar) el mismo puesto.

2 **Si...** Daniel is talking to himself about the things that would make him happier. Complete his statements with the past subjunctive form of the verbs in parentheses. Then draw a portrait of yourself and write five sentences describing things that would make you happier. Try to use as many singular and plural forms as you can.

Sería (*I would be*) más feliz si...

1. (yo) _____ (ver) a mi novia todos los días.

2. mis papás _____ (venir) a mi ciudad a visitarme.

3. mi novia _____ (querer) hacer un viaje conmigo.

4. (yo) _____ (tener) una computadora más moderna.

5. mis nuevos amigos y yo _____ (viajar) juntos otra vez.

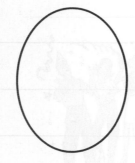

Sería más feliz si...

6. _____

7. _____

8. _____

9. _____

10. _____

3 **Chisme (*gossip*)** You overhear some coworkers gossiping about what's going on in the office, and they don't always agree. Complete their conversation so that the second sentence says the opposite of the first one.

> **modelo**
>
> Nadie dudaba que el candidato era muy bueno.
> Nadie *estaba seguro de que el candidato fuera muy bueno.*

1. Nadie dudaba de que el ascenso de Andrés fue justo (*fair*).

   No estabas seguro de que _____.

2. Era obvio que todos los participantes sabían usar las computadoras.

   No fue cierto que _____.

3. Raquel estaba segura de que las reuniones no servían para nada.

   Pablo dudaba que _____.

4. Fue cierto que Rosa tuvo que ahorrar mucho dinero para invertirlo.

   No fue verdad que _____.

5. No hubo duda de que la videoconferencia fue un desastre (*disaster*).

   Tito negó que _____.

6. No negamos que los maestros recibieron salarios bajos.

   La directora negó que _____.

4 **El trabajo** Complete the conversation with the past subjunctive, the preterite, or the imperfect of the verbs in parentheses as appropriate.

MARISOL ¡Hola, Pepe! Me alegré mucho de que (tú) (1) _____ (conseguir) el trabajo de arquitecto.

PEPE Sí, aunque fue una lástima que (yo) (2) _____ (tener) que renunciar a mi puesto anterior.

MARISOL No dudé de que (3) _____ (ser) una buena decisión.

PEPE No estaba seguro de que este puesto (4) _____ (ser) lo que quería, pero está muy bien.

MARISOL Estoy segura de que (tú) (5) _____ (hacer) muy bien la entrevista.

PEPE Me puse un poco nervioso, sin que eso (6) _____ (afectar) mis respuestas.

MARISOL Sé que ellos necesitaban a alguien que (7) _____ (tener) tu experiencia.

PEPE Es verdad que ellos (8) _____ (necesitar) a muchas personas para la oficina nueva.

Síntesis

Write a two-part plan for your future.

- For the first part, write all of the things that you plan or wish to do with your life, using the future tense. Decide which things you will have accomplished by what age. For example, "**A los veinticinco años, ya habré terminado la maestría** (*Master's degree*) **en negocios**".

- For the second part, imagine that you are elderly and reflecting on your life. What do you think of your accomplishments? At the time, what were you glad about, sorry about, scared about, annoyed about, and unsure about? What did you hope for and what did you deny yourself at the time? Use the preterite and the imperfect with the past subjunctive to write the story of your life.

panorama

Nicaragua

1

Datos nicaragüenses Complete the sentences with information about Nicaragua.

1. Nicaragua, del tamaño (*size*) de Nueva York, es el país más grande de _____.

2. Managua es inestable geográficamente, con muchos _____ y _____.

3. Las _____ de Acahualinca son uno de los restos prehistóricos más famosos y antiguos de Nicaragua.

4. Desde joven, Ernesto Cardenal trabajó por establecer la _____ y la _____ en su país.

5. En los años 60, Cardenal estableció la comunidad artística del archipiélago de _____.

6. Ernesto Cardenal participó en la fundación de la organización _____.

7. Se cree que la isla _____ era un centro ceremonial indígena.

8. El nombre de la isla _____ significa "dos montañas" en náhuatl.

2

El mapa Label the map of Nicaragua.

1. _____

2. _____

3. _____

4. _____

5. _____

6. _____

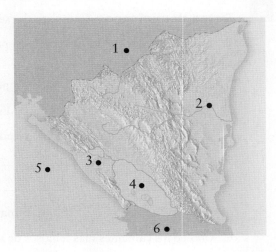

3

Datos rápidos Identify the items and people described.

1. capital de Nicaragua _____

2. moneda nicaragüense _____

3. idiomas oficiales de Nicaragua _____

4. poeta nicaragüense nacido en el siglo XIX _____

5. política y ex presidenta nicaragüense _____

6. político y presidente nicaragüense _____

7. mujer poeta nicaragüense del siglo veinte _____

8. poeta y sacerdote que fue ministro de cultura _____

panorama

La República Dominicana

4 **¿Cierto o falso?** Indicate if each statement is **cierto** or **falso**. Then correct the false statements.

1. La República Dominicana y Haití comparten la isla La Española.

   _____

2. La Fortaleza Ozama fue la tercera fortaleza construida en las Américas.

   _____

3. La República Dominicana fue el primer país hispano en tener una liga de béisbol.

   _____

4. Hoy día el béisbol es una afición nacional dominicana.

   _____

5. El merengue es un tipo de música de origen dominicano que tiene sus raíces en el campo.

   _____

6. El merengue siempre ha sido popular en las ciudades y ha tenido un tono urbano.

   _____

5 **Datos dominicanos** Complete the sentences with information about the Dominican Republic.

1. Los idiomas que se hablan en la República Dominicana son el _____ y
   el _____.

2. _____ fue un político dominicano y padre de la patria en el siglo XIX.

3. Las señoras de la corte del Virrey de España paseaban por la _____.

4. El béisbol es un deporte muy practicado en todos los países del mar _____.

5. _____ y David Ortiz son dos beisbolistas dominicanos exitosos.

6. La _____ es un tambor característico de la República Dominicana.

7. Entre los años 1930 y 1960 se formaron las grandes _____ del merengue.

8. Uno de los cantantes más famosos de merengue dominicano es _____.

6 **En imágenes** Label these photos appropriately.

1. _____   2. _____

La entrevista de trabajo

Lección 4
Fotonovela

Antes de ver el video

1 **Planes para el futuro** Marissa, Jimena, Felipe, and Juan Carlos discuss their future plans in this episode. What do you think they will say?

_____
_____
_____
_____
_____
_____
_____
_____
_____
_____

Mientras ves el video

2 **Planes y profesiones** Watch **La entrevista de trabajo**. Then indicate who makes each statement, and fill in the blanks with the missing words.

_____ 1. Cuando yo termine la carrera, a ti ya te habrán despedido de tu segundo _____.

_____ 2. Con el título de administrador de empresas seré _____.

_____ 3. Estoy muy feliz de poder ayudarte con _____.

_____ 4. Quiero trabajar en un museo y ser un _____ famoso.

_____ 5. Él será un excelente _____.

3 **Las profesiones** Place a check mark beside the professions mentioned.

____ 1. arqueóloga   ____ 4. hombre de negocios

____ 2. política   ____ 5. reportero

____ 3. doctora   ____ 6. pintor

4 **Ordenar** Number the following events from one to five, in the order they occur.

____ a. Marissa dice que no sabe cómo será su vida cuando tenga 30 años.

____ b. Miguel le da su currículum a la señora Díaz.

____ c. La señora Díaz dice que Miguel es un pintor talentoso y un excelente profesor.

____ d. Juan Carlos dice que estudia ciencias ambientales.

____ e. Marissa dice que Felipe será un excelente hombre de negocios.

Después de ver el video

5 **Preguntas** Answer the following questions in Spanish.

1. ¿Quiénes van a crear una compañía de asesores de negocios?

_____

2. ¿Qué será Jimena en el futuro?

_____

3. ¿Quién trabaja en el Palacio de Bellas Artes desde hace cinco años?

_____

4. ¿Quién quiere seguir estudiando historia del arte?

_____

5. ¿Quién fue aceptada en el Museo de Antropología?

_____

6 **En tu opinión** Answer the following questions in Spanish.

1. En tu opinión, ¿cuál de los personajes (*characters*) va a tener la profesión más interesante?
Explica tu respuesta. _____

_____

2. ¿Cuál de los personajes será el/la más rico/a? Explica tu opinión. _____

_____

3. ¿Cuál de los personajes será el/la más famoso/a? Explica tu opinión. _____

_____

4. ¿Cuál de los personajes será el/la más feliz? _____

_____

5. ¿Cuáles de los personajes van a lograr sus metas (*achieve their goals*)? Explica tu opinión.

_____

_____

7 **Tus planes** Write a description of what your life will be like in five years. Don't forget to mention your family, friends, residence, hobbies, and occupation.

_____

_____

_____

_____

_____

_____

_____

Panorama: Nicaragua

Antes de ver el video

1 **Más vocabulario** Look over these useful words and expressions before you watch the video.

Vocabulario útil		
artesanías *handicrafts, craft work*	**dioses** *gods*	**ofrendas** *offerings*
atractivos *attractions*	**laguna** *lagoon*	**venado** *deer*
burlarse de *to make fun of*	**obras artesanales** *handicrafts*	**venerar** *to worship*

2 **Categorías** Categorize the words listed in the word bank.

artesanales	creían	famosa	pueblo	significan
autoridades	deriva	habitantes	reciente	tradicionales
bailan	enojados	laguna	región	venden
capital	extensas	políticos		

Lugares	Personas	Verbos	Adjetivos

Mientras ves el video

3 **Marcar** Check off the verbs you hear while watching the video.

_____ 1. bailan   _____ 5. correr   _____ 9. jugar

_____ 2. burlan   _____ 6. creían   _____ 10. venden

_____ 3. calmar   _____ 7. deriva   _____ 11. veneraban

_____ 4. comer   _____ 8. estudiar   _____ 12. ver

Después de ver el video

4 **Emparejar** Find the items in the second column that correspond to the ones in the first.

_____ 1. erupciones del Volcán Masaya en los últimos 500 años

_____ 2. Los indígenas les daban esto a los dioses para calmar al volcán.

_____ 3. *mazalt* y *yan*

_____ 4. Pasaba cuando los dioses estaban enojados.

_____ 5. el Torovenado

a. una celebración

b. ofrendas

c. El volcán hacía erupción.

d. nombre *Masaya* en lengua indígena

e. diecinueve

5 **Respuestas** Answer the questions in Spanish. Use complete sentences.

1. ¿Cómo se llama el pueblo donde está situada la laguna de Masaya? _____

_____

2. ¿De dónde se deriva el nombre *Masaya*? _____

_____

3. ¿Cuál es la fiesta más importante que se celebra en Masaya? _____

_____

4. ¿De quiénes se burlan los habitantes en estas fiestas? _____

_____

5. ¿Por qué se le conoce a Masaya como la capital del folclor nicaragüense? _____

_____

6. ¿Qué venden en el mercado, además de frutas y verduras? _____

_____

6 **Escribir** Write a short summary of this video in Spanish.

_____

_____

_____

_____

_____

_____

_____

_____

_____

_____

_____

Panorama: República Dominicana

Antes de ver el video

1   **Más vocabulario** Look over these useful words and expressions before you watch the video.

Vocabulario útil	
crear *to create, to form*	**papel** *role*
emigrantes *emigrants*	**ritmos** *rhythms*
fiestas nacionales *national festivals*	**tocar (música)** *to play (music)*

2   **Preguntas** This video talks about two musical genres famous in the Dominican Republic. In preparation for watching the video, answer these questions.

1. ¿Cuál es el género (*genre*) musical estadounidense con más fama internacional? _____

_____

2. ¿Te gusta esta música? ¿Por qué? _____

_____

Mientras ves el video

3   **Marcar** Check off the activities and places you see in the video.

_____ 1. niños sonriendo   _____ 6. espectáculo de baile en teatro

_____ 2. mujer vendiendo ropa   _____ 7. bandera (*flag*) de la República Dominicana

_____ 3. parejas bailando   _____ 8. mujer peinándose

_____ 4. hombre tocando acordeón   _____ 9. bulevar (*boulevard*)

_____ 5. niño jugando al fútbol   _____ 10. playa

Después de ver el video

4   **Corregir** The underlined elements in the sentences are incorrect. Write the correct words in the spaces provided.

1. Uno de los mejores ejemplos de la mezcla (*mix*) de culturas en la República Dominicana es la <u>arquitectura</u>.

La palabra correcta es: _____

2. El Festival del Merengue se celebra en las <u>plazas</u> de Santo Domingo todos los veranos.

La palabra correcta es: _____

3. La música de la República Dominicana está influenciada por la música tradicional de <u>Asia</u>.

La palabra correcta es: _____

4. En todo el país hay discotecas donde se toca y se baila la bachata y el jazz.

   La palabra correcta es: _____

5. El veintisiete de febrero de cada año los dominicanos celebran el día de la madre.

   La palabra correcta es: _____

6. La bachata y el merengue son ritmos poco populares en la República Dominicana.

   La palabra correcta es: _____

5 **Emparejar** Find the items in the second column that correspond to the ones in the first.

_____ 1. Aquí la gente baila la bachata y el merengue.

_____ 2. Este músico recibió en 1966 la Medalla presidencial.

_____ 3. *El Bachatón*

_____ 4. Juan Luis Guerra, Johnny Ventura y Wilfredo Vargas

_____ 5. La música dominicana recibió la influencia de estas personas.

a. Johnny Pacheco

b. varios de los muchos músicos de bachata y merengue con fama internacional

c. los indígenas que vivían en la región

d. las discotecas de la ciudad

e. En este programa de televisión sólo se toca la bachata.

6 **Seleccionar** Select the sentence that best summarizes what you saw in this video.

_____ 1. Por muchos años, muchos emigrantes llegaron a la República Dominicana y crearon la actual cultura dominicana.

_____ 2. Todas las estaciones de radio tocan bachata y hay un programa de televisión muy popular dedicado exclusivamente a esta música, llamado *El Bachatón*.

_____ 3. Los ritmos más populares de la República Dominicana, la bachata y el merengue, son producto de varias culturas y forman parte integral de la vida de los dominicanos.

_____ 4. Una fiesta tradicional dominicana es el Festival del Merengue, que se celebra todos los veranos desde 1966 por las calles de Santo Domingo.

7 **Responder** Answer the questions in Spanish. Use complete sentences.

1. ¿Cuál es tu música favorita? ¿Por qué? _____

   _____

2. ¿Dónde escuchas esta música? ¿Cuándo? _____

   _____

3. ¿Quiénes son los intérpretes más famosos de esta música? ¿Cuál de ellos te gusta más? _____

   _____

4. ¿Te gusta bailar? ¿Qué tipo de música bailas? _____

   _____

5. ¿Es la música algo importante en tu vida? ¿Por qué? _____

   _____

El mundo del trabajo

Antes de ver el video

1 **Más vocabulario** Look over these useful words before you watch the video.

Vocabulario útil		
el desarrollo *development*	(ser) exitoso/a *(to be)*	la madera *wood*
el destino *destination*	*successful*	el nivel *level*
la elevación *height*	la fidelidad *loyalty*	la oportunidad *opportunity*

2 **Emparejar** Match each definition to the appropriate word.

_____ 1. Alguien o algo que tiene muy buena aceptación.   a. elevación

_____ 2. Meta, punto de llegada.   b. madera

_____ 3. Conveniencia de tiempo y de lugar.   c. desarrollo

_____ 4. Parte sólida de los árboles cubierta por la corteza (*bark*).   d. exitoso

_____ 5. Altura que algo alcanza, o a la que está colocado.   e. nivel

_____ 6. Distancia vertical de un punto de la tierra respecto al nivel del mar.   f. destino

_____ 7. Progresar, crecer económica, social, cultural o políticamente.   g. fidelidad

_____ 8. Lealtad que alguien debe a otra persona.   h. oportunidad

3 **¡En español!** Look at the video still. Imagine what Mónica will say about jobs in Ecuador and write a two- or three-sentence introduction to this episode.

Mónica, Ecuador

Hola, los saluda Mónica... _____

_____

_____

_____

_____

_____

_____

_____

Mientras ves el video

4 **¿Qué ves?** Check off what you see while watching the video.

_____ 1. vendedor de periódicos   _____ 6. hombre policía

_____ 2. payaso   _____ 7. médico

_____ 3. dentista   _____ 8. pintora

_____ 4. heladero   _____ 9. artesano

_____ 5. barrendera   _____ 10. mesero

5 **Impresiones** Listen to what these people say, and match the captions to the appropriate person.

1. ___   2. ___   3. ___

a. Claro que sí. Soy la jefa.

b. Odio mi trabajo. Me pagan poquísimo (*very little*) y aparte, mi jefa es súper fastidiosa...

c. Lo que más me gusta de trabajar en Klein Tours es que ayudamos al desarrollo de nuestro país.

d. Bueno, la persona que quiera estar conmigo deberá recibirme con mi profesión, ya que yo no tengo un horario de oficina normal.

Después de ver el video

6 **¿Cierto o falso?** Indicate whether each statement is **cierto** or **falso**. Correct the false statements.

1. Quito es una de las capitales de mayor elevación del mundo. _____

2. La mujer policía trabaja desde muy temprano en la mañana. _____

3. La peluquería de don Alfredo está ubicada en la calle García Moreno, debajo del Mercado Central en el centro de Quito. _____

4. La profesión de don Alfredo es una tradición familiar. _____

5. Klein Tours es una agencia de viajes especializada solamente en excursiones a las islas Galápagos.

_____

6. Las principales áreas de trabajo de Klein Tours son ventas, operaciones, *marketing* y el área administrativa. _____

7 **Escribir** Choose a profession that you would like to work in from the following list. Then, write three **ventajas** and three **desventajas** for that profession.

artista	enfermero/a	peluquero/a
barrendero/a	mesero/a	policía
dentista	payaso/a	vendedor/a

Ventajas	Desventajas
1. _____	1. _____
2. _____	2. _____
3. _____	3. _____

contextos

1 Identificar Listen to each description and then complete the sentence by identifying the person's occupation.

> **modelo**
>
> *You hear:* La señora Ortiz enseña a los estudiantes. Ella es...
> *You write:* maestra.

1. _____. 3. _____. 5. _____.

2. _____. 4. _____. 6. _____.

2 Anuncios clasificados Look at the ads and listen to each statement. Then decide if the statement is **cierto** or **falso**.

**EMPRESA
INTERNACIONAL**
Busca
CONTADOR

Requisitos:
• Tenga estudios de
  administración de empresas
• Hable español e inglés

Se ofrece:
• Horario flexible
• Salario semanal de 700
  córdobas
• Posibilidades de ascenso

Contacto: Sr. Flores
Tel.: 492 2043

SE BUSCA DISEÑADOR

• Se ofrece un salario anual de 250.000
  córdobas.
• Excelentes beneficios
• Debe tener cinco años de experiencia.

Si está interesado, envíe currículum a
EMPRESA LÓPEZ
Fax: 342 2396

	Cierto	Falso		Cierto	Falso		Cierto	Falso
1.	○	○	3.	○	○	5.	○	○
2.	○	○	4.	○	○	6.	○	○

3 Publicidad Listen to this radio advertisement and answer the questions in your lab manual.

1. ¿Qué tipo de empresa es Mano a Obra?

_____

2. ¿Qué hace esta empresa?

_____

3. ¿Cuál es la ocupación del señor Mendoza?

_____

4. ¿Qué le va a dar la empresa al señor Mendoza en un año?

_____

5. ¿En qué profesiones se especializa (*specializes*) Mano a Obra?

_____

pronunciación

Intonation

Intonation refers to the rise and fall in the pitch of a person's voice when speaking. Intonation patterns in Spanish are not the same as those in English, and they vary according to the type of sentence.

In normal statements, the pitch usually rises on the first stressed syllable.

A **mí** me ofrecieron un ascenso.   **Ca**da aspirante debe entregar una solicitud.

In exclamations, the pitch goes up on the first stressed syllable.

¡Oja**lá** venga!   ¡**Cla**ro que sí!

In questions with *yes* or *no* answers, the pitch rises to the highest level on the last stressed syllable.

¿Trajiste el cu**rrí**culum?   ¿Es usted arqui**tec**to?

In questions that request information, the pitch is highest on the stressed syllable of the interrogative word.

¿**Cuán**do renunciaste al trabajo?   ¿**Cuál** es su número de teléfono?

1

Práctica Repeat each sentence after the speaker, imitating the intonation.

1. ¿Vas a venir a la reunión?
2. ¿Dónde trabajaba anteriormente?
3. ¡Qué difícil!
4. Estoy buscando un nuevo trabajo.
5. Quiero cambiar de profesión.
6. ¿Te interesa el puesto?

2

Oraciones When you hear the number, say the speaker's lines in this dialogue aloud. Then listen to the speaker and repeat the sentences.

1. **REPARTIDOR (*DELIVERY MAN*)** Trabajo para la Compañía de Transportes Alba. ¿Es usted el nuevo jefe?
2. **JEFE** Sí. ¿Qué desea?
3. **REPARTIDOR** Aquí le traigo los muebles de oficina. ¿Dónde quiere que ponga el escritorio?
4. **JEFE** Allí delante, debajo de la ventana. ¡Tenga cuidado! ¿Quiere romper la computadora?
5. **REPARTIDOR** ¡Perdón! Ya es tarde y estoy muy cansado.
6. **JEFE** Perdone usted, yo estoy muy nervioso. Hoy es mi primer día en el trabajo.

3

Dictado You will hear a phone conversation. Listen carefully and write what you hear during the pauses. The entire conversation will then be repeated so that you can check your work.

PACO _____

_____

ISABEL _____

_____

PACO _____

_____

ISABEL _____

_____

PACO _____

_____

estructura

4.1 The future

1 **Identificar** Listen to each sentence and mark an **X** in the column for the subject of the verb.

> **modelo**
> *You hear:* Iré a la reunión.
> *You mark:* an **X** under **yo**.

	yo	tú	ella	nosotros	ustedes
Modelo	X				
1.					
2.					
3.					
4.					
5.					
6.					
7.					
8.					

2 **Cambiar** Change each sentence you hear to the future tense. Repeat the correct answer after the speaker. (*8 items*)

> **modelo**
> Ellos van a salir pronto.
> Ellos saldrán pronto.

3 **Preguntas** Answer each question you hear using the cues in your lab manual. Repeat the correct response after the speaker.

> **modelo**
> *You hear:* ¿Con quién saldrás esta noche?
> *You see:* Javier
> *You say:* Yo saldré con Javier.

1. no / nada
2. el lunes por la mañana
3. Santo Domingo
4. esta noche
5. 2:00 p.m.
6. sí
7. de periodista
8. la próxima semana

4 **Nos mudamos** Listen to this conversation between Fernando and Marisol. Then read the statements in your lab manual and decide whether they are **cierto** or **falso**.

	Cierto	Falso
1. Marisol y Emilio se mudarán a Granada.	○	○
2. Ellos saben cuándo se mudan.	○	○
3. Marisol y Emilio harán una excursión a la selva y las playas antes de que él empiece su nuevo trabajo.	○	○
4. Fernando no podrá visitarlos en Nicaragua en un futuro próximo.	○	○

4.2 The future perfect

1 **¿Lógico o ilógico?** You will hear some brief conversations. Indicate if they are **lógico** or **ilógico**.

	Lógico	Ilógico		Lógico	Ilógico
1.	○	○	5.	○	○
2.	○	○	6.	○	○
3.	○	○	7.	○	○
4.	○	○	8.	○	○

2 **Cambiar** Change each sentence from the future to the future perfect. Repeat the correct response after the speaker. (*8 items*)

> **modelo**
> Yo ganaré un millón de dólares.
> Yo habré ganado un millón de dólares.

3 **Preguntas** Look at the time line, which shows future events in Sofía's life, and answer each question you hear. Then repeat the correct response after the speaker. (*5 items*)

> **modelo**
> *You hear:* ¿Qué habrá hecho Sofía en el año 2020?
> *You see:* 2020 / graduarse
> *You say:* En el año 2020 Sofía se habrá graduado.

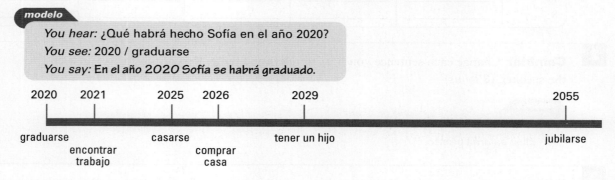

4 **Planes futuros** Listen to this conversation between Germán and Vivian. Then choose the correct answer for each question in your lab manual.

1. ¿Qué va a pasar dentro de un mes?
   a. Se habrá acabado el semestre.
   b. Germán se habrá puesto nervioso.

2. ¿Qué habrá hecho el novio de Vivian?
   a. Se habrá ido de viaje.
   b. Habrá hecho las reservaciones.

3. Normalmente, ¿qué hace Germán durante las vacaciones?
   a. Él trabaja en la empresa de su familia.
   b. Él se va a Santo Domingo.

4. ¿Qué puesto habrá conseguido Germán dentro de dos años?
   a. Él será jefe de arquitectos.
   b. Él será gerente de un banco.

5. ¿Por qué dice Vivian que Germán no debe pensar tanto en el futuro?
   a. Porque ahora necesita preocuparse por los exámenes.
   b. Porque en el futuro no tendrá tiempo para ir de vacaciones.

4.3 The past subjunctive

1 **Identificar** Listen to the following verbs. Mark **Sí** if the verb is in the past subjunctive and **No** if it is in another tense.

1.	Sí	No	7.	Sí	No
2.	Sí	No	8.	Sí	No
3.	Sí	No	9.	Sí	No
4.	Sí	No	10.	Sí	No
5.	Sí	No	11.	Sí	No
6.	Sí	No	12.	Sí	No

2 **Cambiar** Form a new sentence using the cue you hear. Repeat the correct answer after the speaker. (*8 items*)

> **modelo**
>
> Marisa quería que yo dejara el trabajo. (mi hermana)
> *Marisa quería que mi hermana dejara el trabajo.*

3 **Completar** Complete each phrase you hear using the cue in your lab manual and the past subjunctive. Repeat the correct response after the speaker.

> **modelo**
>
> *You hear:* Esperábamos que tú...
> *You see:* seguir otra carrera
> *You say:* **Esperábamos que tú siguieras otra carrera.**

1. ir a renunciar al puesto
2. darte el aumento
3. invertir en su empresa
4. saber la verdad
5. poner un anuncio en los periódicos
6. llegar temprano al trabajo
7. ofrecerles mejores beneficios
8. gastar menos dinero

4 **El mundo de los negocios** Listen to this conversation between two coworkers and answer the questions in your lab manual.

1. ¿Qué le pidió el jefe a Elisa cuando la llamó por teléfono? _____

_____

2. ¿Qué le pidió el jefe a la empleada cuando entró (*entered*) a su oficina? _____

_____

3. ¿Qué le preguntó el jefe a Elisa? _____

_____

4. ¿Qué le contestó Elisa? _____

_____

vocabulario

You will now hear the vocabulary found in your textbook on the last page of this lesson. Listen and repeat each Spanish word or phrase after the speaker.

Additional Vocabulary

Additional Vocabulary

Notes

Notes

Notes

Un festival de arte 5

Communicative Goals

You will learn how to:
- Talk about and discuss the arts
- Express what you would like to do
- Express hesitation

A PRIMERA VISTA
- ¿Estará trabajando el hombre de la foto?
- ¿Es artista o arquitecto?
- ¿Tendrá un oficio?
- ¿Será una persona creativa o no?

Más práctica
Workbook pages 279–288
Video Manual pages 289–296
Lab Manual pages 297–301

Un festival de arte

Más vocabulario

el/la compositor(a)	composer
el/la director(a)	director; (musical) conductor
el/la dramaturgo/a	playwright
el/la escritor(a)	writer
el personaje (principal)	(main) character
las bellas artes	(fine) arts
el boleto	ticket
la canción	song
la comedia	comedy; play
el cuento	short story
la cultura	culture
el drama	drama; play
el espectáculo	show
el festival	festival
la historia	history; story
la obra	work (of art, music, etc.)
la obra maestra	masterpiece
la ópera	opera
la orquesta	orchestra
aburrirse	to get bored
dirigir	to direct
presentar	to present; to put on (a performance)
publicar	to publish
artístico/a	artistic
clásico/a	classical
dramático/a	dramatic
extranjero/a	foreign
folclórico/a	folk
moderno/a	modern
musical	musical
romántico/a	romantic
talentoso/a	talented

Variación léxica

banda ⟷ grupo musical (Esp.)
boleto ⟷ entrada (Esp.)

recursos

| WB pp. 279–280 | LM p. 297 | vhlcentral.com Lección 5 |

Hace el papel de Romeo. (hacer)

el público

El Teatro

el tejido

La Tragedia de Romeo y Julieta

la estatua

Esculpe. (esculpir)

La Artesanía

el escultor

La Escultura

la bailarina

Aprecia. (apreciar)

el bailarín

Aplaude. (aplaudir)

El Ballet

La Pintura

Pinta. (pintar)

la cerámica

el poeta

el poema

La Poesía

El músico toca un instrumento. (tocar)

La banda da un concierto. (dar)

la cantante

el baile

La Música

Práctica

1 **Escuchar** Escucha la conversación y contesta las preguntas.

1. ¿Adónde fueron Ricardo y Juanita?
2. ¿Cuál fue el espectáculo que más le gustó a Ricardo?
3. ¿Qué le gustó más a Juanita?
4. ¿Qué dijo Ricardo del actor?
5. ¿Qué dijo Juanita del actor?
6. ¿Qué compró Juanita en el festival?
7. ¿Qué compró Ricardo?
8. ¿Qué poetas le interesaron a Ricardo?

2 **Artes** Escucha las oraciones y escribe el número de cada oración debajo del arte correspondiente.

teatro	artesanía	poesía
1 4 7	5	6

música	danza
7 3 8	2

3 **¿Cierto o falso?** Indica si lo que dice cada oración es **cierto** o **falso**.

	Cierto	Falso
1. Las bellas artes incluyen la pintura, la escultura, la música, el baile y el drama.	☒	○
2. Un boleto es un tipo de instrumento musical que se usa mucho en las óperas.	○	☒
3. El tejido es un tipo de música.	○	☒
4. Un cuento es una narración corta que puede ser oral o escrita.	☒	○
5. Un compositor es el personaje principal de una obra de teatro.	○	☒
6. Publicar es la acción de hablar en público a grandes grupos.	○	☒

Prep Fabricar

→ Publish

4 **Artistas** Indica la profesión de cada uno de estos artistas.

1. Javier Bardem   Actor
2. Frida Kahlo   Pintora
3. Gloria Estefan   Cantante
4. Octavio Paz   Escritor
5. William Shakespeare   el poeta dramaturgo
6. Miguel de Cervantes   Escritor
7. Joan Miró   Pintor
8. Leonard Bernstein   Compositor
9. Toni Morrison   Escritor
10. Fred Astaire   Bailarín

5 **Los favoritos** En parejas, túrnense para preguntarse cuál es su película o programa favorito de cada categoría.

> **modelo**
>
> película musical
> Mi *película musical favorita es Dreamgirls.*

1. película de ciencia ficción _____Star wars_____
2. programa de entrevistas _____
3. telenovela _____
4. película de horror _____Exorcism_____
5. película de acción _____Lord of the rings_____
6. concurso _____Jeopardy_____
7. programa de realidad _____
8. película de aventuras _____Hobit_____
9. documental _____
10. programa de dibujos animados _____Spongebob_____

El cine y la televisión

el canal	channel
el concurso	game show; contest
los dibujos animados	cartoons
el documental	documentary
la estrella (*m., f.*) de cine	movie star
el premio	prize; award
el programa de entrevistas/realidad	talk/reality show
la telenovela	soap opera
…de acción	action
…de aventuras	adventure
…de ciencia ficción	science fiction
…de horror	horror
…de vaqueros	western

6 **Completar** Completa las frases con las palabras adecuadas.

aburrirse	canal	estrella	musical
aplauden	de vaqueros	extranjera	romántica
artística	director	folclórica	talentosa

1. Una película que fue hecha en otro país es una película…
2. Si las personas que asisten a un espectáculo lo aprecian, ellos…
3. Una persona que puede hacer algo muy bien es una persona…
4. Una película que trata del amor y de las emociones es una película…
5. Una persona que pinta, esculpe y/o hace artesanía es una persona…
6. La música que refleja la cultura de una región o de un país es música…
7. Si la acción tiene lugar en el oeste de los EE.UU. durante el siglo XIX, probablemente es una película…
8. Una obra en la cual los actores presentan la historia por medio de (*by means of*) canciones y bailes es un drama…
9. Cuando una película no tiene una buena historia, el público empieza a…
10. Si quieres ver otro programa de televisión, es necesario que cambies de…

¡ATENCIÓN!

Apreciar means *to appreciate* only in the sense of evaluating what something is worth. Use **agradecer** to express the idea *to be thankful for.*

Ella **aprecia** la buena música.
She appreciates good music.

Le **agradezco** mucho su ayuda.
I thank you for your help.

7 **Analogías** En parejas, completen las analogías con las palabras adecuadas. Después, preparen una conversación utilizando al menos seis de las palabras que han encontrado.

1. alegre ⟷ triste ⊜ comedia ⟷
2. escultor ⟷ escultora ⊜ bailarín ⟷
3. drama ⟷ dramaturgo ⊜ pintura ⟷
4. *Los Simpson* ⟷ dibujos animados ⊜ *Jeopardy* ⟷
5. de entrevistas ⟷ programa ⊜ de vaqueros ⟷
6. aplaudir ⟷ público ⊜ hacer el papel ⟷
7. poema ⟷ literatura ⊜ tejido ⟷
8. músico ⟷ tocar ⊜ cantante ⟷

¡LENGUA VIVA!

Remember that, in Spanish, last names do not have a plural form, although **los** may be used with a family name.
Los Simpson
The Simpsons

 Practice more at **vhlcentral.com**.

Comunicación

8

Crucigrama Su profesor(a) les va a dar un crucigrama (*crossword puzzle*) incompleto. Tú tienes las palabras que necesita tu compañero/a y él/ella tiene las palabras que tú necesitas. Sin revelar las palabras, utilicen pistas (*clues*) que les permitan adivinar las respuestas.

> **modelo**
>
> **1 horizontal:** Fiesta popular que generalmente tiene lugar en las calles de las ciudades.
>
> **2 vertical:** Novelas que puedes ver en la televisión.

9

Preguntas Contesta estas preguntas sobre el arte en tu vida. Comparte tus respuestas con un(a) compañero/a de clase.

La música

1. ¿Qué tipo de música prefieres? ¿Por qué?
2. ¿Tocas un instrumento? ¿Cuál?
3. ¿Hay algún instrumento que quisieras aprender a tocar?

El cine

4. ¿Con qué frecuencia vas al cine?
5. ¿Qué tipos de películas prefieres?

Las bellas artes

6. ¿Qué haces que se puede considerar artístico? ¿Pintas, dibujas, esculpes, haces artesanías, actúas en dramas, tocas un instrumento, cantas o escribes poemas?
7. ¿Con qué frecuencia vas a un museo de arte o asistes a conciertos, al teatro o a lecturas públicas de poesía?
8. ¿Es el arte una parte importante de tu vida? ¿Por qué?

10

Programa Trabajen en grupos pequeños para crear un programa de televisión o un corto (*short film*) para el canal de televisión de la universidad.

AYUDA

el género *genre*
el propósito *purpose*

▶▶ Primero decidan el género y el propósito del programa o del corto. Cada grupo debe escoger un género distinto. Algunos de los géneros posibles: documental, concurso, programa de realidad, película de acción.

▶ Después, escriban el programa o el corto y preséntenlo a la clase.

LOS GEMELOS
LA HISTORIA DE UNA FAMILIA

Una producción de SARA SECADA Dirección CARLOS GARCÍA LLANES
Guión SARA SECADA/CARLOS GARCÍA LLANES/MERCEDES NORIEGA
Director de Fotografía JUAN VARELA Montaje HUMBERTO BLANCO
Música JORGE RODRÍGUEZ Sonido RUBÉN LÓPEZ Dirección de Arte JUANA VARGAS
Actores SILVIA GONZÁLEZ/MARTÍN HERNÁNDEZ/MARGARITA ISLAS

Lección 5

Una sorpresa para Maru

Miguel y Maru hacen una visita muy especial al Museo de Arte Popular. Por otra parte, Jimena y Juan Carlos hablan sobre arte.

PERSONAJES **JUAN CARLOS** **JIMENA**

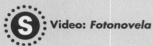 **Video:** *Fotonovela*

JUAN CARLOS Cuando era niño, iba con frecuencia a espectáculos culturales con mi mamá. A ella le gustan el teatro, los conciertos, la poesía y especialmente la danza.

JIMENA Mi mamá hubiera querido que tocara algún instrumento. Pero la verdad es que no tengo nada de talento musical, y Felipe tampoco.

JIMENA Aunque no tengamos talento artístico, mi mamá nos enseñó a apreciar la música.

JUAN CARLOS Creo que tu mamá y la mía se llevarían bien. Tal vez algún día lleguen a conocerse.

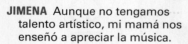

(*Mientras tanto, en el Museo de Arte Popular*)

MARU Siempre había querido venir aquí. Me encantan las artesanías de cerámica y sus tejidos. El arte folclórico nos cuenta la historia de su gente y su país.

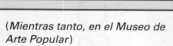

MARU ¿Todo bien, Miguel? ¿Qué tienes allí?

MIGUEL ¿Podría pedirte algo?

MARU Claro.

MIGUEL María Eugenia Castaño Ricaurte, ¿me harías el honor de casarte conmigo?

MIGUEL

MARU

FELIPE

(*Juan Carlos y Jimena hablan de los espectáculos que les gustan.*)

JUAN CARLOS ¿Qué clase de espectáculos te gustan?

JIMENA Me gusta la música en vivo y el teatro. Además, me encantan las películas.

JIMENA ¿Cuáles son tus películas favoritas?

JUAN CARLOS Las de ciencia ficción y las de terror.

JUAN CARLOS ¿Te gustan las películas de acción?

JIMENA Sí, me fascinan, y también los documentales.

JUAN CARLOS Bueno, podríamos ir a verlos juntos.

(*Y... en el museo*)

MARU Sí. ¡Sí acepto casarme contigo! Qué anillo tan hermoso.

Expresiones útiles

Talking about the arts

Mi mamá hubiera querido que tocara algún instrumento.
My mother would have wanted me to play some instrument.
Pero la verdad es que no tengo nada de talento musical.
But the truth is I don't have any musical talent.
Me encantan las artesanías de cerámica y los tejidos.
I love ceramic crafts and weavings.
El arte folclórico nos cuenta la historia de su gente y su país.
Folkloric art tells us the history of its people and its country.

Getting engaged

¿Podría pedirte algo?
Could I ask you for something?
¿Me harías el honor de casarte conmigo?
Would you do me the honor of marrying me?
Sí. ¡Sí acepto casarme contigo!
Yes. Yes, I'll marry you!
Qué anillo tan hermoso.
What a beautiful ring.

Additional vocabulary

(No) Estoy de acuerdo.
I (dis)agree.

recursos

VM
pp. 289–290

vhlcentral.com
Lección 5

¿Qué pasó?

1

Seleccionar Selecciona la respuesta correcta.

1. Cuando era niño, Juan Carlos iba a los _____ culturales.
   a. premios   b. espectáculos   c. boletos
2. Jimena dice que no tiene talento _____.
   a. musical   b. moderno   c. folclórico
3. A Maru le encanta ver las _____ en cerámica y los tejidos.
   a. bailarinas   b. artesanías   c. bellas artes
4. A Jimena le gusta escuchar música en vivo e ir al _____.
   a. cine   b. festival   c. teatro
5. A Juan Carlos le gustan las películas de _____.
   a. acción y de vaqueros   b. aventuras y de drama   c. ciencia ficción y de terror

2

Identificar Identifica quién puede decir estas oraciones.

1. A mí mamá le gusta mucho la danza, pero también el teatro.
2. ¡Qué bonito es el arte folclórico que hay en este museo!
3. Me gustan mucho las películas.
4. Te voy a invitar a ver documentales, a mí también me gustan.
5. Nunca pude aprender a tocar un instrumento musical.
6. Me haces el hombre más feliz por querer casarte conmigo.

MARU

JIMENA

MIGUEL

JUAN CARLOS

3

Correspondencias ¿A qué eventos culturales asistirán juntos Jimena y Juan Carlos?

una exposición de cerámica precolombina	un concierto	una ópera
una exposición de pintura española	una telenovela	una tragedia

1. Escucharán música clásica y conocerán a un director muy famoso.
2. El público aplaudirá mucho a la señora que es soprano.
3. Como a Marissa le gusta la historia, la llevarán a ver esto.
4. Como a Miguel le gustaría ver arte, entonces irán con él.

4

El fin de semana Vas a asistir a dos eventos culturales el próximo fin de semana con un(a) compañero/a de clase. Comenten entre ustedes por qué les gustan o les disgustan algunas de las actividades que van sugiriendo. Escojan al final dos actividades que puedan realizar juntos/as. Usen estas frases y expresiones en su conversación.

▶ ¿Qué te gustaría ver/hacer este fin de semana?
▶ ¿Te gustaría asistir a...?
▶ ¡Me encanta(n)... !
▶ Odio..., ¿qué tal si...?

 Practice more at **vhlcentral.com**.

Ortografía

 Audio

Las trampas ortográficas

Some of the most common spelling mistakes in Spanish occur when two or more words have very similar spellings. This section reviews some of those words.

---

compro   **compró**   **hablo**   **habló**

There is no accent mark in the **yo** form of **-ar** verbs in the present tense. There is, however, an accent mark in the **Ud./él/ella** form of **-ar** verbs in the preterite.

---

este (adjective)   **éste** (pronoun)   **esté** (verb)

The demonstrative adjectives **esta** and **este** do not have an accent mark. The demonstrative pronouns **ésta** and **éste** have an accent mark on the first syllable. The verb forms **está** (*present indicative*) and **esté** (*present subjunctive*) have an accent mark on the last syllable.

---

jo-ven   **jó-ve-nes**   **bai-la-rín**   **bai-la-ri-na**

The location of the stressed syllable in a word determines whether or not a written accent mark is needed. When a plural or feminine form has more syllables than the singular or masculine form, an accent mark must sometimes be added or deleted to maintain the correct stress.

No me gusta la ópera, sino el teatro.
No quiero ir al festival si no vienes conmigo.

The conjunction **sino** (*but rather*) should not be confused with **si no** (*if not*). Note also the difference between **mediodía** (*noon*) and **medio día** (*half a day*) and between **por qué** (*why*) and **porque** (*because*).

Práctica Completa las oraciones con las palabras adecuadas para cada ocasión.

1. Javier me explicó que _____ lo invitabas, él no iba a venir. (sino/si no)
2. Me gustan mucho las _____ folclóricas. (canciones/canciónes)
3. Marina _____ su espectáculo en El Salvador. (presento/presentó)
4. Yo prefiero _____. (éste/esté)

Palabras desordenadas Ordena las letras para descubrir las palabras correctas. Después, ordena las letras indicadas para descubrir la respuesta a la pregunta.

¿Adónde va Manuel?

y u n a s e d ó   ⌐_⌐_⌐_⌐_⌐_⌐_⌐_⌐_⌐

q u e r o p   ⌐_⌐_⌐_⌐_⌐_⌐

z o g a d e l a   ⌐_⌐_⌐_⌐_⌐_⌐_⌐_⌐

á s e t   ⌐_⌐_⌐_⌐

h a i t e s a b o n c i   ⌐_⌐_⌐_⌐_⌐_⌐_⌐_⌐_⌐_⌐_⌐_⌐

Manuel va __ __ ___ ___ ___ ___ ___ ___ ___.[1]

[1] Manuel va al teatro.

Respuestas: desayunó, porque, está, adelgazó, habitaciones

Additional Reading

Museo de Arte
Contemporáneo de Caracas

Una visita al Museo de Arte Contemporáneo de Caracas Sofía Imbert (MACCSI) es una experiencia única. Su colección permanente incluye unas 3.000 obras de artistas de todo el mundo. Además, el museo organiza exposiciones temporales° de escultura, dibujo, pintura, fotografía, cine y video. En sus salas se pueden admirar obras de artistas como Matisse, Miró, Picasso, Chagall, Tàpies y Botero.

Exposición Cuerpo plural, MACCSI

En 2004 el museo tuvo que cerrar a causa de un incendio°. Entonces, su valiosa° colección fue trasladada al Museo de Bellas Artes, también en Caracas. Además se realizaron

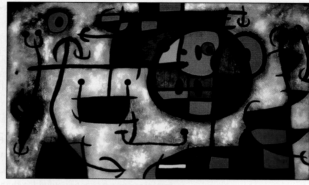
La lección de esquí, de Joan Miró

exposiciones en otros lugares, incluso al aire libre, en parques y bulevares.

Cuando el MACCSI reabrió° sus puertas, un año después, lo hizo con nuevos conceptos e ideas. Se dio más atención a las cerámicas y fotografías de la colección. También se creó una sala multimedia dedicada a las últimas tendencias° como video-arte y *performance*.

El MACCSI es un importante centro cultural. Además de las salas de exposición, cuenta con° un jardín de esculturas, un auditorio y una biblioteca especializada en arte. También organiza talleres° y recibe a grupos escolares. Un viaje a Caracas no puede estar completo sin una visita a este maravilloso museo.

Otros museos importantes

Museo del Jade (San José, Costa Rica): Tiene la colección de piezas de jade más grande del mundo. La colección tiene un gran valor° y una gran importancia histórica. Incluye muchas joyas° precolombinas.

Museo de Instrumentos Musicales (La Paz, Bolivia): Muestra más de 2.500 instrumentos musicales bolivianos y de otras partes del mundo. Tiene un taller de construcción de instrumentos musicales.

Museo de Culturas Populares (México, D.F., México): El museo investiga y difunde° las diferentes manifestaciones culturales de México, realiza exposiciones y organiza seminarios, cursos y talleres.

Museo del Cine Pablo Ducrós Hicken (Buenos Aires, Argentina): Dedicado a la historia del cine argentino, expone películas, libros, revistas, guiones°, carteles, fotografías, cámaras y proyectores antiguos.

exposiciones temporales *temporary exhibitions* incendio *fire*
valiosa *valuable* reabrió *reopened* tendencias *trends*
cuenta con *it has* talleres *workshops* valor *value* joyas *jewelry*
difunde *spreads* guiones *scripts*

ACTIVIDADES

1 **¿Cierto o falso?** Indica si lo que dice cada oración es cierto o falso. Corrige la información falsa.

1. La colección permanente del MACCSI tiene sólo obras de artistas venezolanos.

2. Durante el tiempo que el museo cerró a causa de un incendio, se realizaron exposiciones al aire libre.

3. Cuando el museo reabrió, se dio más atención a la pintura.

4. En el jardín del museo también pueden admirarse obras de arte.

5. La importancia del Museo del Jade se debe a las joyas europeas que se exponen en él.

6. En el Museo de Instrumentos Musicales de La Paz también se hacen instrumentos musicales.

7. En Buenos Aires hay un museo dedicado a la historia del cine de Hollywood.

ASÍ SE DICE

Arte y espectáculos

las caricaturas (Col., El Salv., Méx.); los dibujitos (Arg.); los muñequitos (Cuba)	los dibujos animados
el coro	*choir*
el escenario	*stage*
el estreno	*debut, premiere*
el/la guionista	*scriptwriter*

EL MUNDO HISPANO

Artistas hispanos

- **Myrna Báez** (Santurce, Puerto Rico, 1931) Innovó las técnicas de la pintura y el grabado° en Latinoamérica. En 2001, el Museo de Arte de Puerto Rico le rindió homenaje° a sus cuarenta años de carrera artística.

- **Joaquín Cortés** (Córdoba, España, 1969) Bailarín y coreógrafo. En sus espectáculos une° sus raíces gitanas° a influencias musicales de todo el mundo.

- **Tania León** (La Habana, Cuba, 1943) Compositora y directora de orquesta. Ha sido cofundadora° y directora musical del *Dance Theater of Harlem*, y ha compuesto numerosas obras.

- **Rafael Murillo Selva** (Tegucigalpa, Honduras, 1936) Dramaturgo. En su obra refleja preocupaciones sociales y la cultura hondureña.

grabado *engraving* rindió homenaje *paid homage* une *combines* raíces gitanas *gypsy roots* cofundadora *co-founder*

PERFIL

Fernando Botero: un estilo único

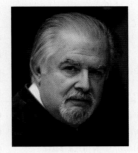

El dibujante°, pintor y escultor **Fernando Botero** es un colombiano de fama internacional. Ha expuesto sus obras en galerías y museos de las Américas, Europa y Asia.

La pintura siempre ha sido su pasión. Su estilo se caracteriza por un cierto aire ingenuo° y unas proporciones exageradas. Mucha gente dice que Botero "pinta gordos", pero esto no es correcto. En su obra no sólo las personas son exageradas; los animales y los objetos también. Botero dice que empezó a pintar personas y cosas voluminosas por intuición. Luego, estudiando la pintura de los maestros italianos, se reafirmó su interés por el volumen y comenzó a usarlo conscientemente° en sus pinturas y esculturas, muchas de las cuales se exhiben en ciudades de todo el mundo. Botero es un trabajador incansable° y es que, para él, lo más divertido del mundo es pintar y crear.

dibujante *drawer* ingenuo *naive* conscientemente *consciously* incansable *tireless*

El alguacil, de Fernando Botero

Conexión Internet

¿Qué otros artistas de origen hispano son famosos?

Go to **vhlcentral.com** to find more cultural information related to this **Cultura** section.

ACTIVIDADES

2 **Comprensión** Responde a las preguntas.

1. ¿Cómo se dice en español "*The scriptwriter is on stage*"?

2. ¿Cuál fue la contribución de Myrna Báez al arte latinoamericano?

3. ¿En qué actividades artísticas trabaja Tania León?

4. ¿Qué tipo de obras realiza Fernando Botero?

5. ¿Cuáles son dos características del estilo de Botero?

3 **Sus artistas favoritos** En grupos pequeños, hablen sobre sus artistas favoritos (de cualquier disciplina artística). Hablen de la obra que más les gusta de estos artistas y expliquen por qué.

 Practice more at **vhlcentral.com**.

5.1 The conditional  Tutorial

ANTE TODO The conditional tense in Spanish expresses what you *would do* or what *would happen* under certain circumstances.

The conditional tense

		visitar	comer	aplaudir
SINGULAR FORMS	yo	visitar**ía**	comer**ía**	aplaudir**ía**
	tú	visitar**ías**	comer**ías**	aplaudir**ías**
	Ud./él/ella	visitar**ía**	comer**ía**	aplaudir**ía**
PLURAL FORMS	nosotros/as	visitar**íamos**	comer**íamos**	aplaudir**íamos**
	vosotros/as	visitar**íais**	comer**íais**	aplaudir**íais**
	Uds./ellos/ellas	visitar**ían**	comer**ían**	aplaudir**ían**

Creo que tu mamá y la mía se llevarían bien.

Pensé que te gustaría el Museo de Arte Popular.

¡ATENCIÓN!

The polite expressions **Me gustaría...** (*I would like...*) and **Te gustaría...** (*You would like...*) are other examples of the conditional.

▶ The conditional tense is formed much like the future tense. The endings are the same for all verbs, both regular and irregular. For regular verbs, you simply add the appropriate endings to the infinitive. **¡Atención!** All forms of the conditional have an accent mark.

▶ For irregular verbs, add the conditional endings to the irregular stems.

INFINITIVE	STEM	CONDITIONAL		INFINITIVE	STEM	CONDITIONAL
decir	dir-	dir**ía**		querer	querr-	querr**ía**
hacer	har-	har**ía**		saber	sabr-	sabr**ía**
poder	podr-	podr**ía**		salir	saldr-	saldr**ía**
poner	pondr-	pondr**ía**		tener	tendr-	tendr**ía**
haber	habr-	habr**ía**		venir	vendr-	vendr**ía**

AYUDA

The infinitive of **hay** is **haber**, so its conditional form is **habría**.

▶ While in English the conditional is a compound verb form made up of the auxiliary verb *would* and a main verb, in Spanish it is a simple verb form that consists of one word.

Yo no me **pondría** ese vestido.
I would not wear that dress.

¿**Vivirían** ustedes en otro país?
Would you live in another country?

Lección 5

▶ The conditional is commonly used to make polite requests.

¿**Podrías** abrir la ventana, por favor?
Would you open the window, please?

¿**Sería** tan amable de venir a mi oficina?
Would you be so kind as to come to my office?

▶ In Spanish, as in English, the conditional expresses the future in relation to a past action or state of being. In other words, the future indicates what *will happen* whereas the conditional indicates what *would happen*.

Creo que mañana **hará** sol.
I think it will be sunny tomorrow.

Creía que hoy **haría** sol.
I thought it would be sunny today.

▶ The English *would* is often used with a verb to express the conditional, but it can also mean *used to*, in the sense of past habitual action. To express past habitual actions, Spanish uses the imperfect, not the conditional.

Íbamos al parque los sábados.
We would go to the park on Saturdays.

De adolescentes, **comíamos** mucho.
As teenagers, we used to eat a lot.

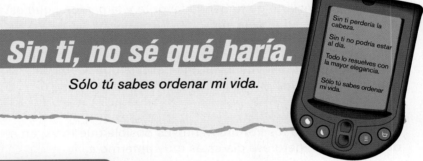

Sin ti, no sé qué haría.

Sólo tú sabes ordenar mi vida.

Sin ti perdería la cabeza.

Sin ti no podría estar al día.

Todo lo resuelves con la mayor elegancia.

Sólo tú sabes ordenar mi vida.

COMPARE & CONTRAST

In **Lección 4**, you learned the *future of probability*. Spanish also has the *conditional of probability*, which expresses conjecture or probability about a past condition, event, or action. Compare these Spanish and English sentences.

Serían las once de la noche cuando Elvira me llamó.
It must have been (It was probably) 11 p.m. when Elvira called me.

Sonó el teléfono. ¿**Llamaría** Emilio para cancelar nuestra cita?
The phone rang. I wondered if it was Emilio calling to cancel our date.

Note that English conveys conjecture or probability with phrases such as *I wondered if, probably,* and *must have been*. In contrast, Spanish gets these same ideas across with conditional forms.

recursos

WB
pp. 281–282

LM
p. 299

Ⓢ
vhlcentral.com
Lección 5

¡INTÉNTALO!   Indica la forma apropiada del condicional de los verbos.

1. Yo _____escucharía, leería, esculpiría_____ (escuchar, leer, esculpir)
2. Tú _____ (apreciar, comprender, compartir)
3. Marcos _____ (poner, venir, querer)
4. Nosotras _____ (ser, saber, ir)
5. Ustedes _____ (presentar, deber, aplaudir)
6. Ella _____ (salir, poder, hacer)
7. Yo _____ (tener, tocar, aburrirse)
8. Tú _____ (decir, ver, publicar)

Práctica

1

De viaje A un grupo de artistas le gustaría hacer un viaje a Honduras. En estas oraciones nos cuentan sus planes de viaje. Complétalas con el condicional del verbo entre paréntesis.

1. Me _____ (gustar) llevar algunos libros de poesía de Leticia de Oyuela.
2. Ana _____ (querer) ir primero a Copán para conocer las ruinas mayas.
3. Yo _____ (decir) que fuéramos a Tegucigalpa primero.
4. Nosotras _____ (preferir) ver una obra del Grupo Dramático de Tegucigalpa. Luego _____ (poder) tomarnos un café.
5. Y nosotros _____ (ver) los cuadros del pintor José Antonio Velásquez. Y tú, Luisa, ¿qué _____ (hacer)?
6. Yo _____ (tener) interés en ver o comprar cerámica de José Arturo Machado. Y a ti, Carlos, ¿te _____ (interesar) ver la arquitectura colonial?

◄ **NOTA CULTURAL**

Leticia de Oyuela (1935–2008) fue una escritora hondureña. En sus obras, Oyuela combinaba la historia con la ficción y, a través de sus personajes, cuestionaba y desafiaba (*used to challenge*) las normas sociales.

2

¿Qué harías? En parejas, pregúntense qué harían en estas situaciones.

> Estás en un concierto de tu banda favorita y la persona que está sentada delante no te deja ver.

> Un amigo actor te invita a ver una película que acaba de hacer, y no te gusta nada cómo hace su papel.

> Estás invitado/a a los Premios Ariel. Es posible que te vayan a dar un premio, pero ese día estás muy enfermo/a.

> Te invitan, pagándote mucho dinero, a un programa de televisión para hablar de tu vida privada y pelearte (*to fight*) con tu novio/a durante el programa.

◄ **NOTA CULTURAL**

Los Premios Ariel de México son el equivalente a los Premios Oscar en los Estados Unidos. Cada año los entrega la Academia Mexicana de Ciencias y Artes Cinematográficas. Algunas películas que han ganado un premio Ariel son *Amores perros* y *El laberinto del fauno*.

3

Sugerencias Matilde busca trabajo. Dile ocho cosas que tú harías si fueras ella. Usa el condicional. Luego compara tus sugerencias con las de un(a) compañero/a.

> **modelo**
>
> Si yo fuera tú, buscaría trabajo en el periódico.

◄ **AYUDA**

Here are two ways of saying *If I were you*:

Si yo fuera tú...

Yo en tu lugar...

Practice more at **vhlcentral.com**.

Comunicación

4

Conversaciones Tu profesor(a) te dará una hoja de actividades. En ella se presentan dos listas con diferentes problemas que supuestamente tienen los estudiantes. En parejas, túrnense para explicar los problemas de su lista; uno/a cuenta lo que le pasa y el/la otro/a dice lo que haría en esa situación usando la frase "Yo en tu lugar...".

> **modelo**
>
> **Estudiante 1:** ¡Qué problema! Mi novio no me habla desde el domingo.
>
> **Estudiante 2:** Yo en tu lugar, no le diría nada por unos días para ver qué pasa.

5

Luces, cámara y acción En grupos pequeños, elijan una película que les guste y después escriban una lista con las cosas que habrían hecho de manera diferente si hubieran sido los directores. Después, uno del grupo tiene que leer su lista, y el resto de la clase tiene que adivinar de qué película se trata.

Yo no contrataría a Robert Downey Jr. para ese papel.

Ni tampoco haría muchas películas sobre el mismo tema.

Tony Stark y Pepper Potts se casarían y tendrían hijos.

Yo cambiaría el final de la historia.

Síntesis

6

Encuesta Tu profesor(a) te dará una hoja de actividades. Circula por la clase y pregúntales a tres compañeros/as qué actividad(es) de las que se describen les gustaría realizar. Usa el condicional de los verbos. Anota las respuestas e informa a la clase los resultados de la encuesta.

> **modelo**
>
> **Estudiante 1:** ¿Harías el papel de un loco en una obra de teatro?
>
> **Estudiante 2:** Sí, lo haría. Sería un papel muy interesante.

5.2 The conditional perfect Tutorial

ANTE TODO Like other compound tenses you have learned—the present perfect, the past perfect, and the future perfect—the conditional perfect (**el condicional perfecto**) is formed with **haber** + [*past participle*].

> Felipe habría venido con nosotros, pero sigue molesto.

> Sí, pensé que ya se le había pasado el enojo.

The conditional perfect

		pintar	comer	vivir
SINGULAR FORMS	yo	**habría** pintado	**habría** comido	**habría** vivido
	tú	**habrías** pintado	**habrías** comido	**habrías** vivido
	Ud./él/ella	**habría** pintado	**habría** comido	**habría** vivido
PLURAL FORMS	nosotros/as	**habríamos** pintado	**habríamos** comido	**habríamos** vivido
	vosotros/as	**habríais** pintado	**habríais** comido	**habríais** vivido
	Uds./ellos/ellas	**habrían** pintado	**habrían** comido	**habrían** vivido

▶ The conditional perfect is used to express an action that would have occurred, but didn't.

¿No fuiste al espectáculo?
¡Te **habrías divertido**!
You didn't go to the show?
You would have had a good time!

Sandra **habría preferido** ir a la ópera, pero Omar prefirió ir al cine.
Sandra would have preferred to go to the opera, but Omar preferred to see a movie.

¡INTÉNTALO! Indica las formas apropiadas del condicional perfecto de los verbos.

1. Nosotros ___habríamos hecho___ (hacer) todos los quehaceres.
2. Tú _____ (apreciar) mi poesía.
3. Ellos _____ (pintar) un mural.
4. Usted _____ (tocar) el piano.
5. Ellas _____ (poner) la mesa.
6. Tú y yo _____ (resolver) los problemas.
7. Silvia y Alberto _____ (esculpir) una estatua.
8. Yo _____ (presentar) el informe.
9. Ustedes _____ (vivir) en el campo.
10. Tú _____ (abrir) la puerta.

recursos

WB
p. 283

LM
p. 300

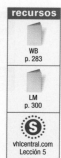
vhlcentral.com
Lección 5

Lección 5

Práctica

1

Completar Completa los diálogos con la forma apropiada del condicional perfecto de los verbos de la lista. Luego, en parejas, representen los diálogos.

divertirse	presentar	sentir	tocar
hacer	querer	tener	venir

1. —Tú _____ el papel de Aída mejor que ella. ¡Qué lástima!

   —Sí, mis padres _____ desde California sólo para oírme cantar.

2. —Olga, yo esperaba algo más. Con un poco de dedicación y práctica la orquesta _____ mejor y los músicos _____ más éxito.

   —Menos mal que la compositora no los escuchó. Se _____ avergonzada.

3. —Tania _____ la comedia pero no pudo porque cerraron el teatro.

   —¡Qué lástima! Mi esposa y yo _____ ir a la presentación de la obra. Siempre veo tragedias y sé que _____.

2

Combinar En parejas, imaginen qué harían estas personas en las situaciones presentadas. Combina elementos de cada una de las tres columnas para formar ocho oraciones usando el condicional perfecto.

A	**B**	**C**
con talento artístico	yo	estudiar…
con más tiempo libre	tú	pintar…
en otro país	la gente	esculpir…
con más aprecio de las artes	mis compañeros y yo	viajar…
con más dinero	los artistas	escribir…
en otra película	Alejandro González Iñárritu	publicar…

3

¿Qué habrías hecho? Estos dibujos muestran situaciones poco comunes. No sabemos qué hicieron estas personas, pero tú, ¿qué habrías hecho? Comparte tus respuestas con un(a) compañero/a.

1.

2.

3.

4.

 Practice more at **vhlcentral.com**.

Comunicación

4

Preguntas En parejas, imaginen que tienen cincuenta años y están hablando de sus años de juventud. ¿Qué habrían hecho de manera diferente? Túrnense para hacerse y contestar las preguntas.

> **modelo**
>
> ¿Te (interesar) aprender a tocar un instrumento?
> **Estudiante 1:** ¿Te habría interesado aprender a tocar un instrumento?
> **Estudiante 2:** Sí, habría aprendido a tocar el piano.

1. ¿Te (gustar) viajar por Latinoamérica?
2. ¿A qué escritores (leer)?
3. ¿Qué clases (tomar)?
4. ¿Qué tipo de música (escuchar)?
5. ¿Qué tipo de amigos/as (tener)?
6. ¿A qué fiestas o viajes no (ir)?
7. ¿Con qué tipo de persona (salir)?
8. ¿Qué tipo de ropa (llevar)?

5

Pobre Mario En parejas, lean la carta que Mario le escribió a Enrique. Digan qué cosas Mario habría hecho de una manera diferente, de haber tenido la oportunidad.

> **modelo**
>
> Mario no habría hecho este musical.

Enrique:

Ya llegó el último día del musical. Yo creía que nunca iba a acabar. En general, los cantantes y actores eran bastante malos, pero no tuve tiempo de buscar otros, y además los buenos ya tenían trabajo en otras obras. Ayer todo salió muy mal. Como era la última noche, yo había invitado a unos críticos a ver la obra, pero no pudieron verla. El primer problema fue la cantante principal. Ella estaba enojada conmigo porque no quise pagarle todo el dinero que quería. Dijo que tenía problemas de garganta, y no salió a cantar. Conseguí otra cantante, pero los músicos de la orquesta todavía no habían llegado. Tenían que venir todos en un autobús no muy caro que yo había alquilado, pero el autobús salió a una hora equivocada. Entonces, el bailarín se enojó conmigo porque todo iba a empezar tarde. Quizás tenía razón mi padre. Seguramente soy mejor contador que director teatral.

Escríbeme,
Mario

¡LENGUA VIVA!
The useful expression **de haber tenido la oportunidad** means *if I/he/you/etc. had had the opportunity.* You can use this construction in similar instances, such as **De haberlo sabido ayer, te habría llamado.**

Síntesis

6

Yo en tu lugar Primero, cada estudiante hace una lista con tres errores que ha cometido o tres problemas que ha tenido en su vida. Después, en parejas, túrnense para decirse qué habrían hecho en esas situaciones.

> **modelo**
>
> **Estudiante 1:** El año pasado saqué una mala nota en el examen de biología.
> **Estudiante 2:** Yo no habría sacado una mala nota. Habría estudiado más.

5.3 | # The past perfect subjunctive  Tutorial

CONSULTA

To review the past perfect indicative, see **Estructura 3.2**, p. 144.

To review the present perfect subjunctive, see **Estructura 3.3**, p. 147.

ANTE TODO   The past perfect subjunctive (**el pluscuamperfecto de subjuntivo**), also called the pluperfect subjunctive, is formed with the past subjunctive of **haber** + [*past participle*]. Compare the following subjunctive forms.

> **Present subjunctive**
> yo trabaje

> **Present perfect subjunctive**
> yo haya trabajado

> **Past subjunctive**
> yo trabajara

> **Past perfect subjunctive**
> yo hubiera trabajado

Past perfect subjunctive

		pintar	comer	vivir
SINGULAR FORMS	yo	**hubiera** pintado	**hubiera** comido	**hubiera** vivido
	tú	**hubieras** pintado	**hubieras** comido	**hubieras** vivido
	Ud./él/ella	**hubiera** pintado	**hubiera** comido	**hubiera** vivido
PLURAL FORMS	nosotros/as	**hubiéramos** pintado	**hubiéramos** comido	**hubiéramos** vivido
	vosotros/as	**hubierais** pintado	**hubierais** comido	**hubierais** vivido
	Uds./ellos/ellas	**hubieran** pintado	**hubieran** comido	**hubieran** vivido

▶ The past perfect subjunctive is used in subordinate clauses under the same conditions that you have learned for other subjunctive forms, and in the same way the past perfect is used in English (*I had talked, you had spoken,* etc.). It refers to actions or conditions that had taken place before another action or condition in the past.

> No había nadie que **hubiera dormido**.
> *There wasn't anyone who had slept.*

> Dudaba que ellos **hubieran llegado**.
> *I doubted that they had arrived.*

> Esperaba que Juan **hubiera ganado** el partido.
> *I hoped that Juan had won the game.*

> Llegué antes de que la clase **hubiera comenzado**.
> *I arrived before the class had begun.*

¡INTÉNTALO!   Indica la forma apropiada del pluscuamperfecto de subjuntivo de cada verbo.

1. Esperaba que ustedes ____hubieran hecho____ (hacer) las reservaciones.
2. Dudaba que tú _____ (decir) eso.
3. No estaba seguro de que ellos _____ (ir).
4. No creían que nosotros _____ (hablar) con Ricardo.
5. No había nadie que _____ (poder) comer tanto como él.
6. No había nadie que _____ (ver) el espectáculo.
7. Me molestó que tú no me _____ (llamar) antes.
8. ¿Había alguien que no _____ (apreciar) esa película?
9. No creían que nosotras _____ (bailar) en el festival.
10. No era cierto que yo _____ (ir) con él al concierto.

recursos

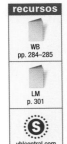

WB
pp. 284–285

LM
p. 301

vhlcentral.com
Lección 5

Lección 5

Práctica

1 Completar Completa las oraciones con el pluscuamperfecto de subjuntivo de los verbos.

1. Me alegré de que mi familia _____ (irse) de viaje.
2. Me molestaba que Carlos y Miguel no _____ (venir) a visitarme.
3. Dudaba que la música que yo escuchaba _____ (ser) la misma que escuchaban mis padres.
4. No creían que nosotros _____ (poder) aprender español en un año.
5. Los músicos se alegraban de que su programa le _____ (gustar) tanto al público.
6. La profesora se sorprendió de que nosotros _____ (hacer) la tarea antes de venir a clase.

2 Transformar María está hablando de las emociones que ha sentido ante ciertos acontecimientos (*events*). Transforma sus oraciones según el modelo.

> **modelo**
> Me alegro de que hayan venido los padres de Micaela.
> *Me alegré de que hubieran venido los padres de Micaela.*

1. Es muy triste que haya muerto la tía de Miguel.
2. Dudo que Guillermo haya comprado una casa tan grande.
3. No puedo creer que nuestro equipo haya perdido el partido.
4. Me alegro de que mi novio me haya llamado.
5. Me molesta que el periódico no haya llegado.
6. Dudo que hayan cerrado el Museo de Arte.

3 El regreso Durante 30 años, el astronauta Emilio Hernández estuvo en el espacio sin tener noticias de la Tierra. Usa el pluscuamperfecto de subjuntivo para indicar lo que Emilio esperaba que hubiera pasado.

> **modelo**
> su esposa / no casarse con otro hombre
> *Esperaba que su esposa no se hubiera casado con otro hombre.*

1. su hija Diana / conseguir ser una pintora famosa
2. los políticos / acabar con todas las guerras (*wars*)
3. su suegra / irse a vivir a El Salvador
4. su hermano Ramón / tener un empleo más de dos meses
5. todos los países / resolver sus problemas económicos
6. su esposa / ya pagar el préstamo de la casa

¡LENGUA VIVA!

Both the preterite and the imperfect can be used to describe past thoughts or emotions. In general, the imperfect describes a particular action or mental state without reference to its beginning or end; the preterite refers to the occurrence of an action, thought, or emotion at a specific moment in time.

Pensaba que mi vida era aburrida.

Pensé que había dicho algo malo.

Comunicación

4

El robo La semana pasada desaparecieron varias obras del museo. El detective sospechaba que los empleados del museo le estaban mintiendo. En parejas, siguiendo el modelo, digan qué era lo que pensaba el detective. Después, intenten descubrir qué pasó realmente. Presenten su teoría del robo a la clase.

> **modelo**
>
> El vigilante (*security guard*) le dijo que alguien había abierto las ventanas de la sala.
> *El detective dudaba (no creía, pensaba que no era cierto, etc.) que alguien hubiera abierto las ventanas de la sala.*

1. El carpintero le dijo que ese día no había encontrado nada extraño en el museo.
2. La abogada le dijo que ella no había estado en el museo esa tarde.
3. El técnico le dijo que había comprado una casa porque había ganado la lotería.
4. La directora del museo le dijo que había visto al vigilante hablando con la abogada.
5. El vigilante dijo que la directora había dicho que esa noche no tenían que trabajar.
6. El carpintero se acordó de que la directora y el vigilante habían sido novios.

5

Reacciones Imagina que estos acontecimientos (*events*) ocurrieron la semana pasada. Indica cómo reaccionaste ante cada uno. Comparte tu reacción con un(a) compañero/a.

> **modelo**
>
> Vino a visitarte tu tía de El Salvador.
> *Me alegré de que hubiera venido a visitarme.*

1. Perdiste tu mochila con tus tarjetas de crédito y tus documentos.
2. Tu ex novio/a se casó con tu mejor amigo/a.
3. Encontraste cincuenta mil dólares cerca del banco.
4. Tus amigos/as te hicieron una fiesta sorpresa.

Síntesis

6

Noticias En grupos, lean estos titulares (*headlines*) e indiquen cuáles habrían sido sus reacciones si esto les hubiera ocurrido a ustedes. Luego escriban tres titulares más y compártanlos con los demás grupos. Utilicen el pluscuamperfecto de subjuntivo.

Un grupo de turistas se encuentra con Elvis en una gasolinera.
El cantante los saludó, les cantó unas canciones y después se marchó hacia las montañas, caminando tranquilamente.

Tres jóvenes estudiantes se perdieron en un bosque de Maine.
Después de estar tres horas perdidos, aparecieron en una gasolinera de un desierto de Australia.

Ayer, una joven hondureña, después de pasar tres años en coma, se despertó y descubrió que podía entender el lenguaje de los animales.
La joven, de momento, no quiere hablar con la prensa, pero una amiga suya nos dice que está deseando ir al zoológico.

Recapitulación

 Diagnostics

Completa estas actividades para repasar los conceptos de gramática que aprendiste en esta lección.

1 **Completar** Completa el cuadro con la forma correcta de los verbos. `12 pts.`

Infinitivo	tú	nosotros	ellas
pintar			
			querrían
		podríamos	
	habrías		

2 **Diálogo** Completa el diálogo con la forma adecuada del condicional de los verbos de la lista. `8 pts.`

dejar	gustar	llover	sorprender
encantar	ir	poder	volver

OMAR   ¿Sabes? El concierto al aire libre fue un éxito. Yo creía que (1) _____ , pero hizo sol.

NIDIA   Ah, me alegro. Te dije que Jaime y yo (2) _____, pero tuvimos un imprevisto (*something came up*) y no pudimos. Y a Laura, ¿la viste allí?

OMAR   Sí, ella fue. Al contrario que tú, al principio me dijo que ella y su esposo no (3) _____ ir, pero al final aparecieron. Necesitaba relajarse un poco; está muy estresada con su trabajo.

NIDIA   A mí no me (4) _____ que lo dejara. Yo, en su lugar, (5) _____ esa compañía y (6) _____ a escribir poesía. En realidad no necesita el dinero.

OMAR   Estoy de acuerdo. Oye, esta noche voy a ir al teatro. ¿(7) _____ ir conmigo? Jaime también puede acompañarnos. Es una comedia familiar.

NIDIA   A nosotros (8) _____ ir. ¿A qué hora es?

OMAR   A las siete y media.

RESUMEN GRAMATICAL

5.1 **The conditional**   *pp. 256–257*

The conditional tense* of aplaudir	
aplaudiría	aplaudiríamos
aplaudirías	aplaudiríais
aplaudiría	aplaudirían

*Same endings for **-ar**, **-er**, and **-ir** verbs.

Irregular verbs		
Infinitive	**Stem**	**Conditional**
decir	dir–	diría
hacer	har–	haría
poder	podr–	podría
poner	pondr–	pondría
haber	habr–	habría
querer	querr–	querría
saber	sabr–	sabría
salir	saldr–	saldría
tener	tendr–	tendría
venir	vendr–	vendría

5.2 **The conditional perfect**   *p. 260*

pintar	
habría pintado	habríamos pintado
habrías pintado	habríais pintado
habría pintado	habrían pintado

5.3 **The past perfect subjunctive**   *p. 263*

cantar	
hubiera cantado	hubiéramos cantado
hubieras cantado	hubierais cantado
hubiera cantado	hubieran cantado

► To form the past perfect subjunctive, take the **Uds./ellos/ellas** form of the preterite of **haber**, drop the ending (**-ron**), and add the past subjunctive endings (**-ra, -ras, -ra, -ramos, -rais, -ran**).

► Note that the **nosotros/as** form takes an accent.

3 **Fin de curso** El espectáculo de fin de curso de la escuela se canceló por falta de interés y ahora todos se arrepienten (*regret it*). Completa las oraciones con el condicional perfecto. **8 pts.**

1. La profesora de danza _____ (convencer) a los mejores bailarines de que participaran.
2. Tú no _____ (escribir) en el periódico que el comité organizador era incompetente.
3. Los profesores _____ (animar) a todos a participar.
4. Nosotros _____ (invitar) a nuestros amigos y familiares.
5. Tú _____ (publicar) un artículo muy positivo sobre el espectáculo.
6. Los padres de los estudiantes _____ (dar) más dinero y apoyo.
7. Mis compañeros de drama y yo _____ (presentar) una comedia muy divertida.
8. El director _____ (hacer) del espectáculo su máxima prioridad.

4 **El arte** Estos estudiantes están decepcionados (*disappointed*) con sus estudios de arte. Escribe oraciones a partir de los elementos dados. Usa el imperfecto de indicativo y el pluscuamperfecto de subjuntivo. Sigue el modelo. **12 pts.**

> **modelo**
> yo / esperar / la universidad / poner / más énfasis en el arte
> *Yo esperaba que la universidad hubiera puesto más énfasis en el arte.*

1. Sonia / querer / el departamento de arte / ofrecer / más clases
2. no haber nadie / oír / de ningún ex alumno / con éxito en el mundo artístico
3. nosotros / desear / haber / más exhibiciones de trabajos de estudiantes
4. ser una lástima / los profesores / no ser / más exigentes
5. Juanjo / dudar / nosotros / poder / escoger una universidad con menos recursos
6. ser increíble / la universidad / no construir / un museo más grande

5 **Una vida diferente** Piensa en un(a) artista famoso/a (pintor(a), cantante, actor/ actriz, bailarín/bailarina, etc.) y escribe al menos cinco oraciones que describan cómo sería tu vida ahora si fueras esa persona. Usa las tres formas verbales que aprendiste en esta lección ¡y también tu imaginación! **10 pts.**

6 **Adivinanza** Completa la adivinanza con la forma correcta del condicional del verbo **ser** y adivina la respuesta. **¡2 puntos EXTRA!**

> 66 Me puedes ver en tu piso,
> y también en tu nariz;
> sin mí no habría ricos
> y nadie _____ (ser) feliz.
> ¿Quién soy? 99

Practice more at **vhlcentral.com**.

Lectura

Antes de leer

Estrategia

Identifying stylistic devices

There are several stylistic devices (**recursos estilísticos**) that can be used for effect in poetic or literary narratives. *Anaphora* consists of successive clauses or sentences that start with the same word(s). *Parallelism* uses successive clauses or sentences with a similar structure. *Repetition* consists of words or phrases repeated throughout the text. *Enumeration* uses the accumulation of words to describe something. Identifying these devices can help you to focus on topics or ideas that the author chose to emphasize.

Contestar

1. ¿Cuál es tu instrumento musical favorito? ¿Sabes tocarlo? ¿Puedes describir su forma?

2. Compara el sonido de ese instrumento con algunos sonidos de la naturaleza. (Por ejemplo: El piano suena como la lluvia.)

3. ¿Qué instrumento es el "protagonista" de estos poemas de García Lorca?

4. Localiza en estos tres poemas algunos ejemplos de los recursos estilísticos que aparecen en la **Estrategia**. ¿Qué elementos o temas se enfatizan mediante esos recursos?

Resumen

Completa el párrafo con palabras de la lista.

artesanía	música	poeta
compositor	poemas	talento

Los _____ se titulan *La guitarra*, *Las seis cuerdas* y *Danza*. Son obras del _____ Federico García Lorca. Estos textos reflejan la importancia de la _____ en la poesía de este escritor. Lorca es conocido por su _____.

Federico García Lorca

El escritor español Federico García Lorca nació en 1898 en Fuente Vaqueros, Granada. En 1919 se mudó a Madrid y allí vivió en una residencia estudiantil donde se hizo° amigo del pintor Salvador Dalí y del cineasta° Luis Buñuel. En 1920 estrenó° su primera obra teatral, El maleficio° de la mariposa°. *En 1929 viajó a los Estados Unidos, donde asistió a clases en la Universidad de Columbia. Al volver a España, dirigió la compañía de teatro universitario "La Barraca", un proyecto promovido° por el gobierno de la República para llevar el teatro clásico a los pueblos españoles. Fue asesinado en agosto de 1936 en Víznar, Granada, durante la dictadura° militar de Francisco Franco. Entre sus obras más conocidas están* Poema del cante jondo *(1931) y* Bodas de sangre *(1933). El amor, la muerte y la marginación son algunos de los temas presentes en su obra.*

Danza

EN EL HUERTO° DE LA PETENERA°

En la noche del huerto,
seis gitanas°,
vestidas de blanco
bailan.

En la noche del huerto,
coronadas°,
con rosas de papel
y biznagas°.

En la noche del huerto,
sus dientes de nácar°,
escriben la sombra°
quemada.

Y en la noche del huerto,
sus sombras se alargan°,
y llegan hasta el cielo
moradas.

Las seis cuerdas

La guitarra,
hace llorar° a los sueños°.
El sollozo° de las almas°
perdidas,
se escapa por su boca
redonda°.
Y como la tarántula
teje° una gran estrella
para cazar suspiros°,
que flotan en su negro
aljibe° de madera°.

La guitarra

Empieza el llanto°
de la guitarra.
Se rompen las copas
de la madrugada°.
Empieza el llanto
de la guitarra.
Es inútil
callarla°.
Es imposible
callarla.
Llora monótona
como llora el agua,
como llora el viento
sobre la nevada°.
Es imposible
callarla.
Llora por cosas
lejanas°.
Arena° del Sur caliente
que pide camelias blancas.
Llora flecha sin blanco°,
la tarde sin mañana,
y el primer pájaro muerto
sobre la rama°.
¡Oh guitarra!
Corazón malherido°
por cinco espadas°.

Después de leer

Comprensión 🖱S

Completa cada oración con la opción correcta.

1. En el poema *La guitarra* se habla del "llanto" de la guitarra. La palabra "llanto" se relaciona con el verbo _____.
   a. llover   b. cantar   c. llorar

2. El llanto de la guitarra en *La guitarra* se compara con _____.
   a. el viento   b. la nieve   c. el tornado

3. En el poema *Las seis cuerdas* se personifica a la guitarra como _____.
   a. una tarántula b. un pájaro c. una estrella

4. En *Danza*, las gitanas bailan en el _____.
   a. teatro   b. huerto   c. patio

Interpretación 🖱S

En grupos pequeños, respondan a las preguntas.

1. En los poemas *La guitarra* y *Las seis cuerdas* se personifica a la guitarra. Analicen esa personificación. ¿Qué cosas humanas puede hacer la guitarra? ¿En qué se parece a una persona?

2. ¿Creen que la música de *La guitarra* y *Las seis cuerdas* es alegre o triste? ¿En qué tipo de música te hace pensar?

3. ¿Puede existir alguna relación entre las seis cuerdas de la guitarra y las seis gitanas bailando en el huerto en el poema *Danza*? ¿Cuál?

Conversación

Primero, comenta con un(a) compañero/a tus gustos musicales (instrumentos favoritos, grupos, estilo de música, cantantes). Después, intercambien las experiencias más intensas o importantes que hayan tenido con la música (un concierto, un recuerdo asociado a una canción, etc.).

se hizo *he became* cineasta *filmmaker* estrenó *premiered* maleficio *curse; spell* mariposa *butterfly* promovido *promoted* dictadura *dictatorship* huerto *orchard* petenera *Andalusian song* gitanas *gypsies* coronadas *crowned* biznagas *type of plant* nácar *mother-of-pearl* sombra *shadow* se alargan *get longer* llorar *to cry* sueños *dreams* sollozo *sobbing* almas *souls* redonda *round* teje *spins* suspiros *sighs* aljibe *well* madera *wood* llanto *crying* madrugada *dawn* inútil callarla *useless to silence her* nevada *snowfall* lejanas *far-off* Arena *Sand* flecha sin blanco *arrow without a target* rama *branch* malherido *wounded* espadas *swords*

Escritura

Estrategia

Finding biographical information

Biographical information can be useful for a great variety of writing topics. Whether you are writing about a famous person, a period in history, or even a particular career or industry, you will be able to make your writing both more accurate and more interesting when you provide detailed information about the people who are related to your topic.

To research biographical information, you may wish to start with general reference sources, such as encyclopedias and periodicals. Additional background information on people can be found in biographies or in nonfiction books about the person's field or industry. For example, if you wanted to write about Sonia Sotomayor, you could find background information from periodicals, including magazine interviews. You might also find information in books or articles related to contemporary politics and Law.

Biographical information may also be available on the Internet, and depending on your writing topic, you may even be able to conduct interviews to get the information you need. Make sure to confirm the reliability of your sources whenever your writing includes information about other people.

You might want to look for the following kinds of information:

▶ date of birth
▶ date of death
▶ childhood experiences
▶ education
▶ family life
▶ place of residence
▶ life-changing events
▶ personal and professional accomplishments

Tema

¿A quién te gustaría conocer?

Si pudieras invitar a cinco personas famosas a cenar en tu casa, ¿a quiénes invitarías? Pueden ser de cualquier (*any*) época de la historia y de cualquier profesión. Algunas posibilidades son:

▶ el arte
▶ la música
▶ el cine
▶ las ciencias
▶ la religión
▶ la política

Escribe una composición breve sobre la cena. Explica por qué invitarías a estas personas y describe lo que harías, lo que preguntarías y lo que dirías si tuvieras la oportunidad de conocerlas. Utiliza el condicional.

Escuchar Audio

Estrategia

**Listening for key words/
Using the context**

The comprehension of key words is vital to understanding spoken Spanish. Use your background knowledge of the subject to help you anticipate what the key words might be. When you hear unfamiliar words, remember that you can use context to figure out their meaning.

 To practice these strategies, you will now listen to a paragraph from a letter sent to a job applicant. Jot down key words, as well as any other words you figured out from the context.

Preparación

Basándote en el dibujo, ¿qué palabras crees que usaría un crítico en una reseña (*review*) de esta película?

Ahora escucha

Ahora vas a escuchar la reseña de la película. Mientras escuches al crítico, recuerda que las críticas de cine son principalmente descriptivas. La primera vez que la escuches, identifica las palabras clave (*key*) y escríbelas en la columna A. Luego, escucha otra vez la reseña e identifica el significado de las palabras en la columna B mediante el contexto.

A	B
1. _____	1. estrenar
2. _____	2. a pesar de
3. _____	3. con reservas
4. _____	4. supuestamente
5. _____	5. la trama
6. _____	6. conocimiento

Comprensión

Cierto o falso

	Cierto	Falso
1. *El fantasma del lago Enriquillo* es una película de ciencia ficción.	○	○
2. Los efectos especiales son espectaculares.	○	○
3. Generalmente se ha visto a Jorge Verdoso en comedias románticas.	○	○
4. Jaime Rebelde es un actor espectacular.	○	○

Preguntas

1. ¿Qué aspectos de la película le gustaron al crítico?
2. ¿Qué no le gustó al crítico de la película?
3. ¿Irías a ver esta película? ¿Por qué?
4. Para ti, ¿cuáles son los aspectos más importantes de una película? Explica tu respuesta.

Ahora ustedes

Trabajen en grupos. Escojan una película con actores muy famosos que no fue lo que esperaban. Escriban una reseña que describa el papel de los actores, la trama, los efectos especiales, la cinematografía u otros aspectos importantes de la película.

En pantalla

Lo que me prende° es un programa del canal mexicano Once TV que muestra lo que a los jóvenes les apasiona° desde su perspectiva, es decir°, como ellos lo ven. Los episodios muestran desde el gusto de un chico por el grafiti o la afición° de una chica por la natación, hasta la pasión de una joven por el piano, historia que te presentamos a continuación°. Montserrat es una mexicana que ama° tocar este instrumento. Aunque comenzó sus lecciones a los nueve años, la música ha estado dentro de ella desde antes de nacer y es ahora su estilo de vida°.

Vocabulario útil

el detonante	*trigger*
majestuoso	*majestic*
la pieza	*piece*
la prepa(ratoria)	*high school (Mex.)*
propedéutico	*preparatory (course)*
rebasa	*exceeds*

Indicar

Indica las expresiones que escuches en el anuncio.

_____ 1. A mí lo que me prende es tocar el piano.

_____ 2. La música siempre me gustó.

_____ 3. Su papá y yo le prohibimos escuchar música clásica.

_____ 4. Estuve en el instrumento correcto.

_____ 5. Siempre tuve tiempo para ir a fiestas.

_____ 6. Tomé un año de puro (*of only*) piano.

Las preguntas

En grupos de tres, imaginen que son reporteros y van a entrevistar a Montserrat. Escriban cinco preguntas para ella y luego compártanlas con la clase.

Lo que me prende *What rocks my world* les apasiona *have a passion for* es decir *that is* afición *love; liking* a continuación *next* ama *loves* estilo de vida *lifestyle* inquieta *lively* dedicarle *to devote to it* no me di por vencida *I didn't give up*

Lo que me prende: Piano

Montse fue una niña muy inquieta° siempre.

Tenía muy poco tiempo para dedicarle° [al piano].

... pero no me di por vencida°.

 **Video: TV Clip**

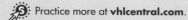 Practice more at **vhlcentral.com**.

Todos los países hispanos cuentan con una gran variedad de museos, desde arte clásico o contemporáneo, hasta los que se especializan en la rica historia local que puede venir desde las antiguas° culturas prehispánicas. El Museo de Arte Popular, en la Ciudad de México, que viste en el episodio de **Fotonovela**, tiene como misión difundir°, preservar y continuar las técnicas tradicionales de elaborar artesanías mexicanas. Algunas de ellas son la cerámica, la joyería°, los textiles y el papel maché. A continuación vas a ver otro tipo de museos en España.

Vocabulario útil	
el lienzo	*canvas*
la muestra	*exhibit*
la obra maestra	*masterpiece*
el primer plano	*foreground*

Preparación

¿Te interesa el arte? Cuando viajas, ¿visitas los museos del lugar al que vas? ¿Cuál es, de entre todas las artes, la que más te gusta o emociona?

¿Cierto o falso?

Indica si las oraciones son **ciertas** o **falsas.**

1. En Madrid, la oferta de arte es muy limitada.

2. En el Triángulo dorado de los museos hay tres museos muy importantes de Madrid.

3. En la obra *Las Meninas* de Velázquez, la perspectiva es muy real.

4. El Museo Reina Sofía está dedicado al arte contemporáneo y antiguo.

5. El lienzo *Guernica* de Picasso es pequeño.

6. La colección del Museo Thyssen era privada y luego fue donada (*donated*) al estado español.

7. El Greco era español.

Palacios del arte

… una ciudad […] con una riquísima y selecta oferta de hoteles, restaurantes […] y especialmente… ¡arte!

El edificio fue […] un hospital. Hoy en día, está dedicado al arte contemporáneo.

Muchos aseguran° que es el primer surrealista.

Video: *Flash cultura*

Practice more at **vhlcentral.com.**

recursos

VM pp. 295–296   vhlcentral.com Lección 5

Lección 5

---

antiguas *ancient* difundir *to spread* joyería *jewelry* aseguran *assure*

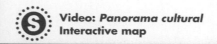

Video: *Panorama cultural*
Interactive map

El Salvador

El país en cifras

▶ **Área:** 21.040 km² (8.124 millas²), *el tamaño° de Massachusetts*

▶ **Población:** 6.383.000

El Salvador es el país centroamericano más pequeño y el más densamente poblado. Su población, al igual que la de Honduras, es muy homogénea: casi el 90 por ciento es mestiza.

▶ **Capital:** San Salvador—1.691.000

▶ **Ciudades principales:** Soyapango, Santa Ana, San Miguel, Mejicanos

SOURCE: Population Division, UN Secretariat

▶ **Moneda:** dólar estadounidense

▶ **Idiomas:** español (oficial), náhuatl, lenca

Bandera de El Salvador

Salvadoreños célebres

▶ **Óscar Romero,** arzobispo° y activista por los derechos humanos° (1917–1980)

▶ **Claribel Alegría,** poeta, novelista y cuentista (1924–)

▶ **Roque Dalton,** poeta, ensayista y novelista (1935–1975)

▶ **María Eugenia Brizuela,** política (1956–)

Óscar Romero

tamaño *size* arzobispo *archbishop* derechos humanos *human rights*
laguna *lagoon* sirena *mermaid*

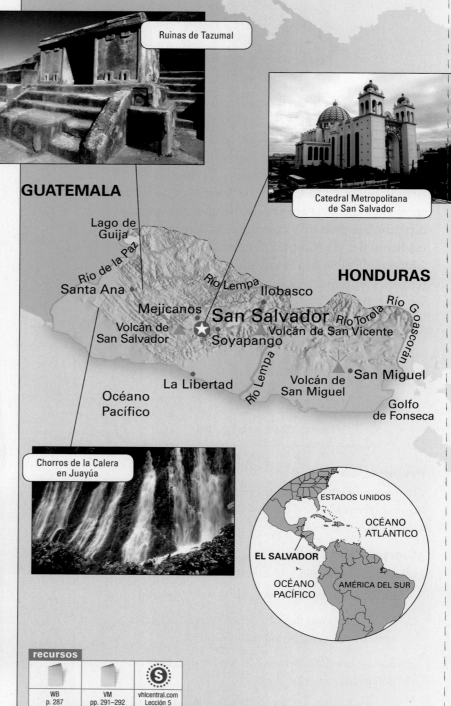

Ruinas de Tazumal

Catedral Metropolitana de San Salvador

GUATEMALA

Lago de Guija

Río de la Paz

Santa Ana

Río Lempa

Ilobasco

HONDURAS

Mejicanos

San Salvador

Río Torola

Río Goascorán

Volcán de San Salvador

Soyapango

Volcán de San Vicente

San Miguel

La Libertad

Río Lempa

Volcán de San Miguel

Golfo de Fonseca

Océano Pacífico

Chorros de la Calera en Juayúa

ESTADOS UNIDOS

OCÉANO ATLÁNTICO

EL SALVADOR

OCÉANO PACÍFICO

AMÉRICA DEL SUR

recursos

| WB p. 287 | VM pp. 291–292 | vhlcentral.com Lección 5 |

¡Increíble pero cierto!

El rico folclor salvadoreño se basa sobre todo en sus extraordinarios recursos naturales. Por ejemplo, según una leyenda, las muertes que se producen en la laguna° de Alegría tienen su explicación en la existencia de una sirena° solitaria que vive en el lago y captura a los jóvenes atractivos.

Deportes • El surfing

El Salvador es uno de los destinos favoritos en Latinoamérica para la práctica del surfing. Cuenta con 300 kilómetros de costa a lo largo del océano Pacífico y sus olas° altas son ideales para quienes practican este deporte. De sus playas, La Libertad es la más visitada por surfistas de todo el mundo, gracias a que está muy cerca de la capital salvadoreña. Sin embargo, los fines de semana muchos visitantes prefieren viajar a la Costa del Bálsamo, donde se concentra menos gente.

Naturaleza • El Parque Nacional Montecristo

El Parque Nacional Montecristo se encuentra en la región norte del país. Se le conoce también como El Trifinio porque se ubica° en el punto donde se unen las fronteras de Guatemala, Honduras y El Salvador. Este bosque reúne a muchas especies vegetales y animales, como orquídeas, monos araña°, pumas, quetzales y tucanes. Además, las copas° de sus enormes árboles forman una bóveda° que impide° el paso de la luz solar. Este espacio natural se encuentra a una altitud de 2.400 metros (7.900 pies) sobre el nivel del mar y recibe 200 centímetros (80 pulgadas°) de lluvia al año.

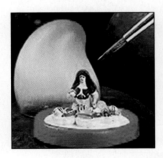

Artes • La artesanía de Ilobasco

Ilobasco es un pueblo conocido por sus artesanías. En él se elaboran objetos con arcilla° y cerámica pintada a mano, como juguetes°, adornos° y utensilios de cocina. Además, son famosas sus "sorpresas", que son pequeñas piezas° de cerámica en cuyo interior se representan escenas de la vida diaria. Los turistas realizan excursiones para ver la elaboración, paso a paso°, de estos productos.

¿Qué aprendiste? Responde a cada pregunta con una oración completa.

1. ¿Qué tienen en común las poblaciones de El Salvador y Honduras?

2. ¿Qué es el náhuatl?

3. ¿Quién es María Eugenia Brizuela?

4. Hay muchos lugares ideales para el surfing en El Salvador. ¿Por qué?

5. ¿A qué altitud se encuentra el Parque Nacional Montecristo?

6. ¿Cuáles son algunos de los animales y las plantas que viven en este parque?

7. ¿Por qué se le llama El Trifinio al Parque Nacional Montecristo?

8. ¿Por qué es famoso el pueblo de Ilobasco?

9. ¿Qué se puede ver en un viaje a Ilobasco?

10. ¿Qué son las "sorpresas" de Ilobasco?

Conexión Internet Investiga estos temas en **vhlcentral.com**. Practice more at **vhlcentral.com**.

1. El Parque Nacional Montecristo es una reserva natural; busca información sobre otros parques o zonas protegidas en El Salvador. ¿Cómo son estos lugares? ¿Qué tipos de plantas y animales se encuentran allí?

2. Busca información sobre museos u otros lugares turísticos en San Salvador (u otra ciudad de El Salvador).

olas *waves* se ubica *it is located* monos araña *spider monkeys* copas *tops* bóveda *cap* impide *blocks* pulgadas *inches* arcilla *clay* juguetes *toys* adornos *ornaments* piezas *pieces* paso a paso *step by step*

Honduras

El país en cifras

▶ **Área:** 112.492 km² (43.870 millas²),
un poco más grande que Tennessee

▶ **Población:** 8.386.000
*Cerca del 90 por ciento de la población de
Honduras es mestiza. Todavía hay pequeños
grupos indígenas como los jicaque, los misquito
y los paya, que han mantenido su cultura sin
influencias exteriores y que no hablan español.*

▶ **Capital:** Tegucigalpa—1.181.000

Tegucigalpa

▶ **Ciudades principales:** San Pedro Sula,
El Progreso, La Ceiba

SOURCE: Population Division, UN Secretariat

▶ **Moneda:** lempira

▶ **Idiomas:** español (oficial), lenguas indígenas, inglés

Bandera de Honduras

Hondureños célebres

▶ **José Antonio Velásquez,** pintor (1906–1983)
▶ **Argentina Díaz Lozano,** escritora (1912–1999)
▶ **Carlos Roberto Reina,** juez° y presidente
del país (1926–2003)
▶ **Roberto Sosa,** escritor (1930–2011)

juez *judge* presos *prisoners* madera *wood* hamacas *hammocks*

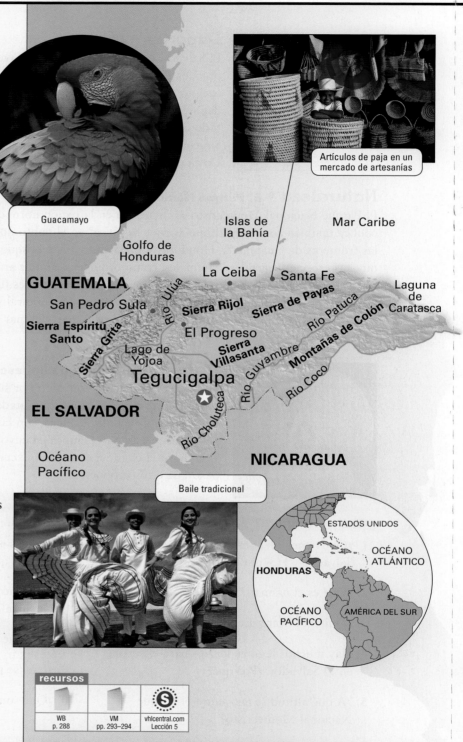
Guacamayo

Artículos de paja en un
mercado de artesanías

Islas de
la Bahía

Mar Caribe

Golfo de
Honduras

La Ceiba   Santa Fe

Laguna
de
Caratasca

GUATEMALA

Río Ulúa

Sierra Rijol

Sierra de Payas

Río Patuca

San Pedro Sula

**Sierra Espíritu
Santo**

Sierra Grita

El Progreso

**Sierra
Villasanta**

Montañas de Colón

Río Guyambre

Lago de
Yojoa

Tegucigalpa

Río Coco

EL SALVADOR

Río Choluteca

NICARAGUA

Baile tradicional

Océano
Pacífico

ESTADOS UNIDOS

OCÉANO
ATLÁNTICO

HONDURAS

OCÉANO
PACÍFICO

AMÉRICA DEL SUR

recursos

WB
p. 288

VM
pp. 293–294

vhlcentral.com
Lección 5

¡Increíble pero cierto!

¿Irías de compras a una prisión? Hace un tiempo,
cuando la Penitenciaría Central de Tegucigalpa aún
funcionaba, los presos° hacían objetos de madera°,
hamacas° y hasta instrumentos musicales y los
vendían en una tienda dentro de la prisión. Allí, los
turistas podían regatear con este especial grupo
de artesanos.

Lugares • Copán

Copán es una zona arqueológica muy importante de Honduras. Fue construida por los mayas y se calcula que en el año 400 d. C. albergaba° a una ciudad con más de 150 edificios y una gran cantidad de plazas, patios, templos y canchas° para el juego de pelota°. Las ruinas más famosas del lugar son los edificios adornados con esculturas pintadas a mano, los cetros° ceremoniales de piedra y el templo Rosalila.

Economía • Las plantaciones de bananas

Desde hace más de cien años, las bananas son la exportación principal de Honduras y han tenido un papel fundamental en su historia. En 1899, la Standard Fruit Company empezó a exportar bananas del país centroamericano hacia Nueva Orleans. Esta fruta resultó tan popular en los Estados Unidos que generó grandes beneficios° para esta compañía y para la United Fruit Company, otra empresa norteamericana. Estas trasnacionales intervinieron muchas veces en la política hondureña debido° al enorme poder° económico que alcanzaron en la nación.

Artes • José Antonio Velásquez (1906–1983)

José Antonio Velásquez fue un famoso pintor hondureño. Es catalogado como primitivista° porque sus obras representan aspectos de la vida cotidiana. En la pintura de Velásquez es notorio el énfasis en los detalles°, la falta casi total de los juegos de perspectiva y la pureza en el uso del color. Por todo ello, el artista ha sido comparado con importantes pintores europeos del mismo género° como Paul Gauguin o Emil Nolde.

San Antonio de Oriente, 1957,
José Antonio Velásquez

¿Qué aprendiste? Responde a cada pregunta con una oración completa.

1. ¿Qué es el lempira?

2. ¿Por qué es famoso Copán?

3. ¿Dónde está el templo Rosalila?

4. ¿Cuál es la exportación principal de Honduras?

5. ¿Qué fue la Standard Fruit Company?

6. ¿Cómo es el estilo de José Antonio Velásquez?

7. ¿Qué temas trataba Velásquez en su pintura?

Conexión Internet Investiga estos temas en **vhlcentral.com**.   Practice more at **vhlcentral.com**.

1. ¿Cuáles son algunas de las exportaciones principales de Honduras, además de las bananas? ¿A qué países exporta Honduras sus productos?

2. Busca información sobre Copán u otro sitio arqueológico en Honduras. En tu opinión, ¿cuáles son los aspectos más interesantes del sitio?

albergaba *housed* **canchas** *courts* **juego de pelota** *pre-Columbian ceremonial ball game* **cetros** *scepters* **beneficios** *profits*
debido a *due to* **poder** *power* **primitivista** *primitivist* **detalles** *details* **género** *genre*

Las bellas artes

el baile, la danza	dance
la banda	band
las bellas artes	(fine) arts
el boleto	ticket
la canción	song
la comedia	comedy; play
el concierto	concert
el cuento	short story
la cultura	culture
el drama	drama; play
la escultura	sculpture
el espectáculo	show
la estatua	statue
el festival	festival
la historia	history; story
la música	music
la obra	work (of art, music, etc.)
la obra maestra	masterpiece
la ópera	opera
la orquesta	orchestra
el personaje (principal)	(main) character
la pintura	painting
el poema	poem
la poesía	poetry
el público	audience
el teatro	theater
la tragedia	tragedy
aburrirse	to get bored
aplaudir	to applaud
apreciar	to appreciate
dirigir	to direct
esculpir	to sculpt
hacer el papel (de)	to play the role (of)
pintar	to paint
presentar	to present; to put on (a performance)
publicar	to publish
tocar (un instrumento musical)	to touch; to play (a musical instrument)
artístico/a	artistic
clásico/a	classical
dramático/a	dramatic
extranjero/a	foreign
folclórico/a	folk
moderno/a	modern
musical	musical
romántico/a	romantic
talentoso/a	talented

Los artistas

el bailarín, la bailarina	dancer
el/la cantante	singer
el/la compositor(a)	composer
el/la director(a)	director; (musical) conductor
el/la dramaturgo/a	playwright
el/la escritor(a)	writer
el/la escultor(a)	sculptor
la estrella (m., f.) de cine	movie star
el/la músico/a	musician
el/la poeta	poet

El cine y la televisión

el canal	channel
el concurso	game show; contest
los dibujos animados	cartoons
el documental	documentary
el premio	prize; award
el programa de entrevistas/realidad	talk/reality show
la telenovela	soap opera
… de acción	action
… de aventuras	adventure
… de ciencia ficción	science fiction
… de horror	horror
… de vaqueros	western

La artesanía

la artesanía	craftsmanship; crafts
la cerámica	pottery
el tejido	weaving

Expresiones útiles	See page 251

  Audio: Vocabulary Flashcards

recursos

LM
p. 301

vhlcentral.com
Lección 5

contextos

1 **¿Qué es?** Match each title to a genre.

canción	dibujos animados	obra de teatro	orquesta	poema
danza	festival	ópera	película	programa de entrevistas

1. *Carmen* _____

2. *Romeo y Julieta* _____

3. *Jimmy Kimmel Live!* _____

4. *Los Simpson* _____

5. *El cuervo* (raven) _____

6. *Avatar* _____

7. *El cascanueces* (nutcracker) _____

8. *Feliz Navidad* _____

2 **¿Qué tipo de película es?** Label the type of movie shown on each screen.

1. _____

2. _____

3. _____

4. _____

3 **Los artistas** Fill in each blank with the type of artist who would make the statement.

1. "Escribo obras de teatro para que las presenten al público." _____

2. "Dirijo a las estrellas y las cámaras para hacer películas." _____

3. "Trabajo con la computadora o con papel y pluma." _____

4. "Paso todo el día practicando las notas con mi instrumento." _____

5. "Soy muy famosa y estoy en las mejores películas." _____

6. "Me gusta escribir en versos, con palabras que riman (*rhyme*)." _____

7. "Hago grandes figuras de piedra de tres dimensiones." _____

8. "Sigo la música artísticamente con mi cuerpo." _____

9. "Pienso en la música y luego la escribo." _____

10. "Mi voz (*voice*) es mi instrumento." _____

4 **Las artes** Complete the newspaper article with the correct forms of the terms in the word bank.

artesanía	comedia	cultura	festival	moderno
clásico	cuento	escultura	folclórico	poema

Celebración de las artes

El (1) _____ artístico de la ciudad

comenzó ayer y en él van a participar diferentes cantantes,

grupos y orquestas. El viernes por la noche hay un concierto

de música (2) _____ de la orquesta

sinfónica de la ciudad. Tocarán la *Quinta sinfonía* de

Beethoven. El sábado tocarán durante el día varios grupos de música

(3) _____ de diferentes países. Será una oportunidad excelente para conocer

más sobre diversas (4) _____. El sábado por la tarde habrá un espectáculo de

baile expresivo, con música (5) _____. Además se exhibirá en los parques de la

ciudad una serie de grandes (6) _____ al aire

libre. Por la noche, en el Teatro Central, varios poetas le leerán sus

(7) _____ al público. Finalmente, el domingo

habrá una feria (*fair*) de (8) _____, donde se

venderá cerámica y tejidos hechos a mano.

estructura

5.1 The conditional

1 **Si fuera famoso** Felipe is daydreaming about how his life would be if he were a famous artist. Complete the paragraph with the conditional form of the verbs.

Si yo fuera un artista famoso, creo que (1) _____ (ser) pintor;

(2) _____ (pintar) cuadros llenos de vida. Pero... no sé, también

(3) _____ (poder) ser cantante, (4) _____ (tener) una

banda de rock y juntos (5) _____ (viajar) por el mundo dando conciertos...

Ahhh, mejor (6) _____ (querer) ser poeta, mi musa Lola y yo

(7) _____ (vivir) en una villa y las personas (8) _____

(escuchar) mis poemas en el Teatro de la Ópera en Milán. Creo que Lola (9) _____

(ser) una bailarina extraordinaria; (10) _____ (bailar) en los teatros más

importantes, y por supuesto, yo (11) _____ (ir) con ella... Sin embargo, Lola y

yo (12) _____ (poder) ser muy buenos actores; nuestro público

(13) _____ (aplaudir) con entusiasmo en cada obra de teatro...

2 **La entrevista** Isabel is going to interview a famous author for an article in her college literary magazine. She e-mailed her journalism professor for advice. Rewrite the professor's advice in a paragraph, using the conditional of the infinitive verbs. The first sentence has been done for you.

buscar información en la biblioteca	grabar (*record*) la entrevista
leer artículos de revista sobre la escritora	darle las gracias a la escritora
estudiar los cuentos de la escritora	al llegar a casa, transcribir la entrevista
preparar las preguntas antes de la entrevista	entonces escribir el artículo
vestirse de forma profesional	mostrárselo a la escritora antes de publicarlo
llegar temprano a casa de la escritora	sentirse muy orgullosa de su trabajo

Buscaría información en la biblioteca. _____

_____

_____

_____

_____

_____

_____

_____

5.3 The past perfect subjunctive

1 **En el pasado** Rewrite the sentences, replacing the subject in italics with the subject in parentheses and adjusting the form of the verb as necessary.

1. Mis padres se alegraron de que *yo* me hubiera graduado. (mi hermano)

   _____

2. Marisol dudó que *nosotras* hubiéramos ido a la fiesta solas. (ustedes)

   _____

3. Yo no estaba segura de que *mis hermanos* se hubieran despertado. (tú)

   _____

4. Todos esperaban que *la conferencia* ya se hubiera acabado. (las clases)

   _____

5. La clase empezó sin que *ustedes* hubieran hablado con el profesor. (nosotros)

   _____

6. Fue una lástima que *mis amigos* no hubieran invitado a Roberto. (yo)

   _____

2 **La obra de teatro** Your friends Eva and Tomás are walking home from the theater. Complete the conversation with the past perfect subjunctive form of the verbs.

EVA Ya había visto este espectáculo antes de que me invitaras. De todas maneras, me alegré de que me (1) _____ (invitar) esta noche.

TOMÁS Si me (2) _____ (decir), habría cambiado de planes.

EVA Pues no importa. Ya vinimos y estuvo fabuloso. Claro que esperaba que (3) _____ (elegir) mejores asientos.

TOMÁS Hice lo que pude. La verdad me molestó que en el teatro no me (4) _____ (ofrecer) más opciones. Me quejé (*I complained*) con el administrador, pero él no creía que yo (5) _____ (pagar) esos boletos tan caros.

EVA Bueno, te creo. Pero esta tarde no me gustó nada que no me (6) _____ (llamar) antes. Anita me dijo que estabas con tus amigos, que habían ido al estadio...

TOMÁS ¡No es cierto que (7) _____ (ir) al estadio! Sí estaba con ellos, pero sólo hablamos un rato. Oye, y no me dijiste con quién habías visto el espectáculo...

EVA Lo vi sola. Nadie pudo venir conmigo... Oye, y ¿por qué no invitaste a Paco y a Lulú? Se habrían divertido mucho si (8) _____ (venir) con nosotros.

TOMÁS No creo. Aunque (*Although*) a Paco le (9) _____ (gustar) la idea, Lulú no habría venido, lo sé. Estuvo insoportable en la boda de mi hermana. ¡Yo no podía creer que se (10) _____ (quedar) dormida en la mesa!

3 **Las vacaciones** Complete the letter with the past perfect subjunctive of the verbs in parentheses.

3 de mayo

Querida Irma:

Me alegré mucho de que (tú) me (1) _____ (poder) visitar este verano. Además,

yo esperaba que (tú) te (2) _____ (quedar) unos días solamente, pero me alegré

cuando supe que te quedarías dos semanas. Si tú (3) _____ (estar) aquí todo el

mes, habríamos podido ver más zonas del país. Es probable que la playa de La Libertad te

(4) _____ (gustar) mucho, y también que (tú) (5) _____

(querer) hacer surf. ¡Ojalá (tú) (6) _____ (conocer) a mi hermano! Es probable

que tú y yo nos (7) _____ (divertir) muchísimo con él. ¡Lo habríamos pasado mejor

si (tú) (8) _____ (decidir) quedarte en El Salvador todo el verano!

Hasta pronto. Tu amiga,

Rosa

4 **No, no era cierto** Your grandmother is getting a little absentminded. Answer her questions negatively, using the past perfect subjunctive.

> **modelo**
>
> ¿Era obvio que ustedes habían escrito la carta?
> No, no era obvio que hubiéramos escrito la carta.

1. ¿Era verdad que el examen había sido muy difícil?

   _____

2. ¿Estaba Raquel segura de que él había tomado vino?

   _____

3. ¿Era cierto que todas las clases se habían llenado?

   _____

4. ¿Era obvio que ustedes habían limpiado la casa?

   _____

5. ¿Estabas seguro de que nosotros habíamos comido?

   _____

6. ¿Era cierto que yo había sido la última en llegar?

   _____

Síntesis

Interview a friend to find out what he or she would do if he or she won a million dollars in a game show. Then do the following:

- Write a paragraph that describes the things your friend would do. Use the conditional tense.
- Write a paragraph about what you would have done if you were the million-dollar winner. Use both the conditional perfect and the past perfect subjunctive tenses.

_____

_____

_____

_____

_____

_____

_____

_____

_____

_____

_____

_____

_____

_____

_____

_____

_____

_____

_____

_____

_____

_____

_____

_____

_____

_____

_____

panorama

El Salvador

1 **Datos salvadoreños** Complete the sentences with information about El Salvador.

1. _____ es una poeta, novelista y cuentista salvadoreña.

2. El Salvador tiene unos 300 kilómetros de costa en el océano _____.

3. _____ es la playa que está más cerca de San Salvador.

4. Las condiciones de La Libertad son perfectas para el _____.

5. El Parque Nacional Montecristo se conoce también como _____.

6. En el Parque Nacional Montecristo se unen _____,
_____ y _____.

7. Los _____ del bosque Montecristo forman una bóveda que el sol no traspasa.

8. Las _____ de Ilobasco son pequeñas piezas de cerámica muy populares.

2 **¿Cierto o falso?** Indicate if each statement is **cierto** or **falso**. Then correct the false statements.

1. El Salvador es el país centroamericano más grande y más densamente poblado.

_____

2. Casi el 90 por ciento de la población salvadoreña es mestiza.

_____

3. Óscar Romero fue un arzobispo y activista por los derechos humanos.

_____

4. El pueblo de Ilobasco se ha convertido en un gran centro de surfing.

_____

5. El bosque nuboso Montecristo es una zona seca (*dry*).

_____

6. Los productos tradicionales de Ilobasco son los juguetes, los adornos y los utensilios de cocina.

_____

3 **Vistas de El Salvador** Label the places in the photos.

1. _____   2. _____

panorama

Honduras

4   **En Honduras** Answer the questions with complete sentences.

1. ¿Quiénes son los jicaque, los misquito y los paya?

    _____

2. ¿Qué idiomas se hablan en Honduras?

    _____

3. ¿Quién fue Argentina Díaz Lozano?

    _____

4. ¿Qué cultura construyó la ciudad de Copán?

    _____

5. ¿Para qué eran las canchas de Copán?

    _____

6. ¿Por qué pudo intervenir la Standard Fruit Company en la política hondureña?

    _____

5   **Datos hondureños** Briefly describe each person or item.

1. El Progreso _____

2. Carlos Roberto Reina _____

3. Copán _____

4. Rosalila _____

5. José Antonio Velásquez _____

6. las bananas _____

6   **Palabras hondureñas** Identify these people, places, or things.

1. capital de Honduras _____

2. Tegucigalpa, San Pedro Sula, El Progreso, La Ceiba _____

3. moneda hondureña _____

4. esculturas, cetros, templos, canchas _____

5. escritor hondureño _____

6. lugar adonde se empezaron a exportar las bananas hondureñas _____

Una sorpresa para Maru

Antes de ver el video

1   **En el museo** In this episode, Maru y Miguel go to the museum. Based on the title and the image, what do you think will happen?

_____
_____
_____
_____
_____
_____
_____
_____

Mientras ves el video

2   **Ordenar** Watch **Una sorpresa para Maru** and number the following events from one to six, in the order they occurred.

_____ a. Juan Carlos dice que sus películas favoritas son las de ciencia ficción y de terror.

_____ b. Miguel le pide a Maru que se pare en una sala del museo.

_____ c. La gente aplaude a Maru y a Miguel.

_____ d. Jimena dice que su mamá va a la ópera con amigos del trabajo.

_____ e. Jimena dice que disfrutó mucho del espectáculo.

_____ f. Felipe dice que está de acuerdo con la relación de Jimena y Juan Carlos.

3   **La cultura en México** Place a check mark beside what you see.

_____ 1. escultoras   _____ 5. un concierto

_____ 2. un cuento   _____ 6. un instrumento musical

_____ 3. fotos   _____ 7. artesanías en cerámica

_____ 4. un edificio blanco _____ 8. poetas

4   **¿Quién lo dijo?** Indicate who made each statement, and fill in the blanks.

_____ 1. No he visto muchas representaciones de _____ contemporánea.

_____ 2. ¿Te gustan las películas _____?

_____ 3. El arte _____ nos cuenta la historia de su gente y su país.

_____ 4. Felipe intentó _____. ¡Qué horror!

_____ 5. Mi mamá hubiera querido que tocara algún _____.

Después de ver el video

5   **Seleccionar** Write the letter of the word or words that complete each sentence.

1. Jimena piensa ir con su mamá a la _____.

    a. obra   b. ópera   c. danza

2. A Maru le encanta ver las artesanías en cerámica y los _____.

    a. premios   b. cuentos   c. tejidos

3. A Jimena le gusta escuchar música en vivo e ir al _____.

    a. teatro   b. museo   c. programa de entrevistas

4. Juan Carlos puede ver las películas de _____ con Felipe.

    a. acción   b. aventuras   c. terror

5. A Jimena y a Juan Carlos les gustan los _____.

    a. dramas   b. documentales   c. escultores

6   **En tu opinión** Answer the following questions in Spanish.

1. ¿Crees que Maru y Miguel serán felices? Explica tu respuesta.

    _____

    _____

2. Juan Carlos y Jimena tienen intereses similares, pero ¿son compatibles? Explica tu opinión.

    _____

    _____

3. ¿Crees que Felipe y Marissa podrían ser novios algún día? ¿Por qué?

    _____

    _____

7   **En tu comunidad** Describe in Spanish a few cultural events in your community or area. You may invent them.

_____

_____

_____

_____

_____

_____

_____

_____

_____

_____

Panorama: El Salvador

Antes de ver el video

1 **Más vocabulario** Look over these useful words before you watch the video.

Vocabulario útil	
alimento *food*	**grano** *grain*
fuente *source*	**salsa** *sauce*

2 **Categorías** Categorize the words listed in the word bank.

arepas	comerciales	restaurantes
buena	importante	tamales
catedrales	maíz	tradicionales
cebolla	mercados	usa
centrales	plazas	Valle de México
ciudades	postre	venden
comenzaron	queso	vivían

Lugares	Comida	Verbos	Adjetivos

Mientras ves el video

3 **Marcar** Check off the verbs you hear while watching the video.

_____ 1. bailar   _____ 5. describir   _____ 8. saber   _____ 11. vender

_____ 2. cocinar   _____ 6. hacer   _____ 9. servir   _____ 12. usar

_____ 3. comer   _____ 7. limpiar   _____ 10. tocar   _____ 13. vivir

_____ 4. decir

Después de ver el video

4 **Completar** Complete the sentences with words from the word bank.

aceite	fuente	pupusas
arroz	maíz	sal
camarón	postre	símbolo

1. En El Salvador el _____ es el alimento principal de la dieta diaria.

2. Las pupusas se comen a veces como _____ acompañadas de frutas y chocolate.

3. En todos los lugares importantes de las ciudades y pueblos de El Salvador se venden _____.

4. Para hacer las pupusas se usa maíz, agua, _____ y sal.

5. El maíz es una buena _____ de carbohidratos.

6. El maíz se ha usado como _____ religioso.

5 **Foto** Describe the video still. Write at least three sentences in Spanish.

_____

_____

_____

_____

_____

6 **Escribir** Write about your favorite food and explain how to prepare it. Don't forget to include all the necessary ingredients.

_____

_____

_____

_____

_____

_____

_____

Panorama: Honduras

Antes de ver el video

1

Más vocabulario Look over these useful words and expressions before you watch the video.

Vocabulario útil	
astrónomo *astronomer*	**obras de arte** *works of art*
claro/a *clear*	**quetzal** *quetzal (a type of bird)*
dentro de *inside*	**ruinas** *ruins*
escala *scale*	**serpiente** *snake*
impresionante *amazing*	

2

Predecir Do you remember the video from **¡ADELANTE! UNO, Lección 4**? It was about the pyramids of Teotihuacán. In this lesson you are going to hear about other pyramids, those in the city of Copán, Honduras. Write a paragraph about the things you think you will see in this video.

_____

_____

_____

_____

_____

_____

_____

_____

Mientras ves el video

3

Marcar Check off the words you hear while watching the video.

_____ 1. azteca

_____ 2. bailes

_____ 3. cultura precolombina

_____ 4. grupos

_____ 5. maya

_____ 6. ochocientos

_____ 7. quetzal

_____ 8. Rosalila

_____ 9. Sol

_____ 10. Tegucigalpa

Después de ver el video

4　**Seleccionar** Choose the option that best completes each sentence.

1. Una ciudad muy importante de la cultura _____ es Copán.
   a. olmeca　　　　　b. salvadoreña　　　c. azteca　　　　　d. maya

2. Desde mil novecientos _____ y cinco, científicos han trabajado en estas ruinas.
   a. cincuenta　　　　b. setenta　　　　　c. sesenta　　　　　d. noventa

3. Los mayas fueron grandes artistas, _____, matemáticos, astrónomos y médicos.
   a. maestros　　　　b. estudiantes　　　c. arquitectos　　　d. cantantes

4. Ricardo Agurcia descubrió un templo _____ una pirámide.
   a. afuera de　　　　b. cerca de　　　　　c. dentro de　　　　d. a un lado de

5. En Copán encontraron el texto más _____ que dejó la gran civilización maya.
   a. extenso　　　　　b. corto　　　　　　c. interesante　　　d. divertido

6. En Copán está el Museo de _____ Maya.
   a. Arte　　　　　　b. Pintura　　　　　c. Escultura　　　　d. Texto

7. La puerta del museo tiene la forma de la boca de _____.
   a. una serpiente　　b. un gato　　　　　c. un puma　　　　　d. un quetzal

8. En la sala principal se encuentra la réplica _____ Rosalila.
   a. de la pirámide　　b. de la ciudad　　　c. del Templo　　　d. de la ruina

5　**Foto** Describe the video stills. Write at least three sentences in Spanish for each still.

_____

_____

_____

_____

_____

_____

_____

_____

_____

_____

6　**Escribir** Imagine that you went to Copán; write a postcard to a friend about everything you saw there.

_____

_____

_____

_____

Palacios del arte

Antes de ver el video

1 **Más vocabulario** Look over these useful words before you watch the video.

Vocabulario útil

alucinante *amazing*	**la infanta** *princess*	**la pieza** *piece*
brillar *to shine*	**infantil** *childlike*	**la planta** *floor*
la corte (real) *(royal) court*	**ladrar** *to bark*	**recto/a** *straight*
dorado/a *golden*	**el lienzo** *canvas*	**el Renacimiento** *Renaissance*
la época *time, period*	**magistral** *masterly*	**el siglo** *century*
el estilo *style*	**majo/a** *good-looking; nice*	

2 **Completar** Complete this paragraph about the painting *Las meninas* by Diego Velázquez.

Las meninas es una de las (1) _____ más famosas del pintor español Diego
Velázquez. Fue hecha a mediados del (2) _____ XVI y es un buen ejemplo del
(3) _____ magistral de este artista. Originalmente, esta pintura se llamó *La
familia de Felipe IV*, pero se le cambió el nombre porque en el centro del cuadro aparece la
(4) _____ Margarita de Austria con dos damas de honor o meninas. Entre los
personajes del cuadro, hay un perro, y es tan real que parece a punto de (5) _____.

3 **¡En español!** Look at the image. Imagine what Mari Carmen will say about **el arte** in Madrid
and write a two- or three-sentence introduction to this episode.

Mari Carmen, España

¡Hola a todos! Hoy estamos en Madrid _____

_____

_____

_____

_____

_____

_____

_____

_____

Mientras ves el video

4 **¿Qué ves?** Identify the painters Mari Carmen mentions in the video.

_____ 1. Salvador Dalí

_____ 2. Frida Kahlo

_____ 3. Diego Velázquez

_____ 4. Pablo Picasso

_____ 5. El Greco

_____ 6. Diego Rivera

_____ 7. Francisco de Goya

_____ 8. Joan Miró

_____ 9. Vincent van Gogh

_____ 10. Fernando Botero

5 **Emparejar** Match each name with a painting.

1. ___

2. ___

3. ___

4. ___

a. *La Inmaculada Concepción*   b. *El hombre invisible*   c. *Las meninas*
d. *Guernica*   e. *La maja vestida*

Después de ver el video

6 **Ordenar** Put Mari Carmen's actions in order.

_____ a. Recorrió el Museo Nacional Centro de Arte Reina Sofía.

_____ b. Entró al Museo del Prado.

_____ c. Habló con distintas personas sobre el *Guernica*, de Pablo Picasso.

_____ d. Mostró el cuadro *Campesino catalán con guitarra*, de Joan Miró.

_____ e. Caminó por el Paseo del Prado.

_____ f. Mostró el cuadro *La Inmaculada Concepción*, de El Greco.

7 **Guía de turistas** Imagine that you work as a tour guide in Madrid and you've been asked to show your tour group the city's museums. Which of the museums that you saw in the video would you take them to first? Write a description of what you would tell the tour group about the paintings there.

_____

_____

_____

_____

_____

_____

_____

_____

_____

_____

_____

contextos

1 **Describir** For each drawing, you will hear a description. Decide whether it is **cierto** or **falso**.

| 1. Cierto | Falso | 2. Cierto | Falso | 3. Cierto | Falso |

| 4. Cierto | Falso | 5. Cierto | Falso | 6. Cierto | Falso |

2 **Identificar** You will hear four brief conversations. Choose the word from the list that identifies what they are talking about or where they are.

1. _____
2. _____
3. _____
4. _____

a. la orquesta
b. el poema
c. el tejido
d. la cerámica
e. los dibujos animados
f. el concurso

3 **La programación** Listen to this announcement about this afternoon's TV programs. Then answer the questions in your lab manual.

1. ¿Qué canal ofrece estos programas?

_____

2. ¿Qué programa empieza a las cuatro de la tarde?

_____

3. ¿Qué tipo de programa es *De tú a tú*?

_____

4. ¿Quién es Juan Muñoz?

_____

5. ¿Qué tipo de película es *Corazón roto*?

_____

pronunciación

Syllabification

In Spanish, every syllable has only one vowel or diphthong. If a single consonant (including **ch**, **ll**, and **rr**) occurs between two vowels, the consonant begins a new syllable.

| co-che | dra-ma | mu-si-cal | ma-qui-lla-je | pe-rro | to-car |

When two strong vowels (**a**, **e**, **o**) occur together, they are separated into two syllables. Diphthongs are never divided into separate syllables unless there is a written accent mark on the **i** or **u**, which breaks the diphthong.

| ar-te-sa-ní-a | ma-es-tro | his-to-ria | tra-ge-dia |

If two consonants occur between vowels, they are divided into two syllables, except when the second consonant is **l** or **r**.

| al-fom-bra | or-ques-ta | pu-bli-car | ro-mán-ti-co |

If three or four consonants occur between vowels, they are separated into syllables between the second and third consonants unless one of the letters is followed by **l** or **r**.

| e-jem-plo | ins-pec-tor | trans-por-te |

1 **Práctica** Listen to the following words and divide each into syllables using slashes.

1. esculpir
2. concierto
3. instrumento
4. concurso
5. estrella
6. acampar
7. premio
8. aplaudir
9. bailarín
10. extranjera
11. poesía
12. ópera
13. aburrirse
14. cantante
15. entrada

2 **Refranes** Repeat each saying after the speaker.

1. De músico, poeta y loco, todos tenemos un poco.[1]
2. Tener más hambre que un maestro.[2]

3 **Dictado** You will hear a conversation. Listen carefully and write what you hear during the pauses. The entire conversation will then be repeated so that you can check your work.

RAMÓN _____

_____

CELIA _____

RAMÓN _____

CELIA _____

RAMÓN _____

[1] _We are all part musician, part poet, and part fool._
[2] _To be as poor as a churchmouse._

estructura

5.1 The conditional

1 **Identificar** Listen to each sentence and decide whether you hear a verb in the future, the conditional, or the imperfect tense.

1. a. future   b. conditional   c. imperfect
2. a. future   b. conditional   c. imperfect
3. a. future   b. conditional   c. imperfect
4. a. future   b. conditional   c. imperfect
5. a. future   b. conditional   c. imperfect
6. a. future   b. conditional   c. imperfect
7. a. future   b. conditional   c. imperfect
8. a. future   b. conditional   c. imperfect
9. a. future   b. conditional   c. imperfect
10. a. future   b. conditional   c. imperfect

2 **Cambiar** Form a new sentence replacing the **iba a** + [*infinitive*] construction with the corresponding verb in the conditional. Repeat the correct answer after the speaker. (*6 items*)

> **modelo**
>
> Andrea dijo que iba a tocar el piano.
> Andrea dijo que *tocaría el piano.*

3 **Entrevista** You are considering taking a job as the director of a new soap opera, and a reporter wants to know what the new show would be like. Answer his questions using the cues in your lab manual. Then repeat the correct response after the speaker.

> **modelo**
>
> *You hear:* ¿Cómo se llamaría la telenovela?
> *You see:* Amor eterno
> *You say:* Se llamaría *Amor eterno.*

1. 23
2. San Salvador
3. romántica
4. Hispania y Univisión
5. Sí / muchísimo
6. $500.000

4 **Una exposición (*A show*)** Cristina is planning an exhibition for her artwork. Listen to her ideas and then indicate whether the statements in your lab manual are **cierto** or **falso**.

	Cierto	Falso
1. La fiesta sería al aire libre.	○	○
2. Invitaría al director de una revista.	○	○
3. Sus amigos podrían llevar algo de comer y beber.	○	○
4. Sus compañeros de trabajo irían a la fiesta.	○	○
5. Presentaría las pinturas de su primo.	○	○
6. A Cristina le gustaría publicar un libro sobre su escultura.	○	○

5.2 The conditional perfect

1

Identificar Listen to each statement and mark an **X** in the column for the subject of the verb.

> *You hear:* Habrían preferido ir al concierto.
> *You mark:* an **X** under **ellos**.

	yo	tú	él	nosotros	ellos
Modelo					X
1.					
2.					
3.					
4.					
5.					
6.					

2

¿Lógico o ilógico? You will hear six brief conversations. Indicate if they are **lógico** or **ilógico**.

1. Lógico   Ilógico
2. Lógico   Ilógico
3. Lógico   Ilógico
4. Lógico   Ilógico
5. Lógico   Ilógico
6. Lógico   Ilógico

3

¿Qué habría pasado? Look at the program for an art conference that was canceled at the last minute and answer the questions you hear. Repeat the correct response after the speaker.

15F

VI CONFERENCIA ANUAL SOBRE EL ARTE

PROGRAMA DEL DÍA (Martes, 24)

10:00 Café y pasteles para todos.

10:15 Presentación de todos los artistas que participan en la conferencia.

Conferencias

10:30 El mundo de la televisión: el futuro de los canales públicos. Presentada por Marisa Monleón.

11:00 La artesanía: expresión cultural de los pueblos. Presentada por Roberto González.

11:30 El cuento hispanoamericano. Presentada por Mercedes Román.

12:00 Las canciones populares como formas poéticas. Presentada por Federico Martínez.

12:30 Las bellas artes en El Salvador. Presentada por Francisco Ruiz.

Espectáculos

4:00 Concierto de la Orquesta Tegucigalpa.

5:00 Lectura de poesía hondureña, por Renato Lafuente.

5.3 The past perfect subjunctive

1 **Identificar** Listen to each sentence and decide whether you hear a verb in the conditional, the conditional perfect, or the past perfect subjunctive tense in the subordinate clause.

1. a. conditional   b. conditional perfect   c. past perfect subjunctive
2. a. conditional   b. conditional perfect   c. past perfect subjunctive
3. a. conditional   b. conditional perfect   c. past perfect subjunctive
4. a. conditional   b. conditional perfect   c. past perfect subjunctive
5. a. conditional   b. conditional perfect   c. past perfect subjunctive
6. a. conditional   b. conditional perfect   c. past perfect subjunctive

2 **Escoger** You will hear some sentences with a beep in place of the verb. Decide which verb should complete each sentence and circle it.

> **modelo**
>
> *You hear:* Yo dudaba que él (*beep*) un buen actor.
> *You circle:* **hubiera sido** *because the sentence is*
> **Yo dudaba que él hubiera sido un buen actor.**

1. había vivido   hubiera vivido   5. había empezado   hubiera empezado
2. habíamos bailado   hubiéramos bailado   6. habías estado   hubieras estado
3. había trabajado   hubiera trabajado   7. había conocido   hubiera conocido
4. habías dicho   hubieras dicho   8. había bebido   hubiera bebido

3 **Cambiar** Say that you didn't believe what these people had done using the past perfect subjunctive and the cues you hear. Repeat the correct answer after the speaker. (*7 items*)

> **modelo**
>
> Martín / ver el documental
> **No creía que Martín hubiera visto el documental.**

4 **Hoy en el cine** Listen to this talk show and answer the questions in your lab manual.

1. ¿Creyó Olivia que Óscar había ido a la fiesta?

_____

2. ¿Era cierto que Óscar había sido invitado a la fiesta?

_____

3. ¿Creyó Óscar que José Santiago había hecho bien el papel de malo en *Acción final*?

_____

4. ¿Cómo habría tenido más éxito la película *El profesor*?

_____

vocabulario

You will now hear the vocabulary found in your textbook on the last page of this lesson. Listen and repeat each Spanish word or phrase after the speaker.

Additional Vocabulary

Additional Vocabulary

Notes

Notes

Notes

Las actualidades 6

Communicative Goals

You will learn how to:

- **Discuss current events and issues**
- **Talk about and discuss the media**
- **Reflect on experiences, such as travel**

A PRIMERA VISTA

- ¿Qué profesión tendrán estas personas? Son reporteros?
- ¿Es una videoconferencia?
- ¿Hacen entrevistas?
- ¿Es posible que hablen con estrellas de cine? ¿Con políticos?

Las actualidades

Más vocabulario

el acontecimiento	*event*
las actualidades	*news; current events*
el artículo	*article*
la encuesta	*poll; survey*
el informe	*report; paper (written work)*
los medios de comunicación	*media; means of communication*
las noticias	*news*
la prensa	*press*
el reportaje	*report*
el desastre (natural)	*(natural) disaster*
el huracán	*hurricane*
la inundación	*flood*
el terremoto	*earthquake*
el desempleo	*unemployment*
la (des)igualdad	*(in)equality*
la discriminación	*discrimination*
la guerra	*war*
la libertad	*liberty; freedom*
la paz	*peace*
el racismo	*racism*
el sexismo	*sexism*
el SIDA	*AIDS*
anunciar	*to announce; to advertise*
comunicarse (con)	*to communicate (with)*
durar	*to last*
informar	*to inform*
luchar (por/contra)	*to fight; to struggle (for/against)*
transmitir, emitir	*to broadcast*
(inter)nacional	*(inter)national*
peligroso/a	*dangerous*

Variación léxica

informe ⟷ trabajo (*Esp.*)

noticiero ⟷ informativo (*Esp.*)

recursos

WB pp. 335–336

LM p. 353

vhlcentral.com Lección 6

la tormenta

el ejército

el soldado

el discurso

VOTA POR DÍAZ

el candidato

la huelga

el crimen

la violencia

el choque

Lección 6

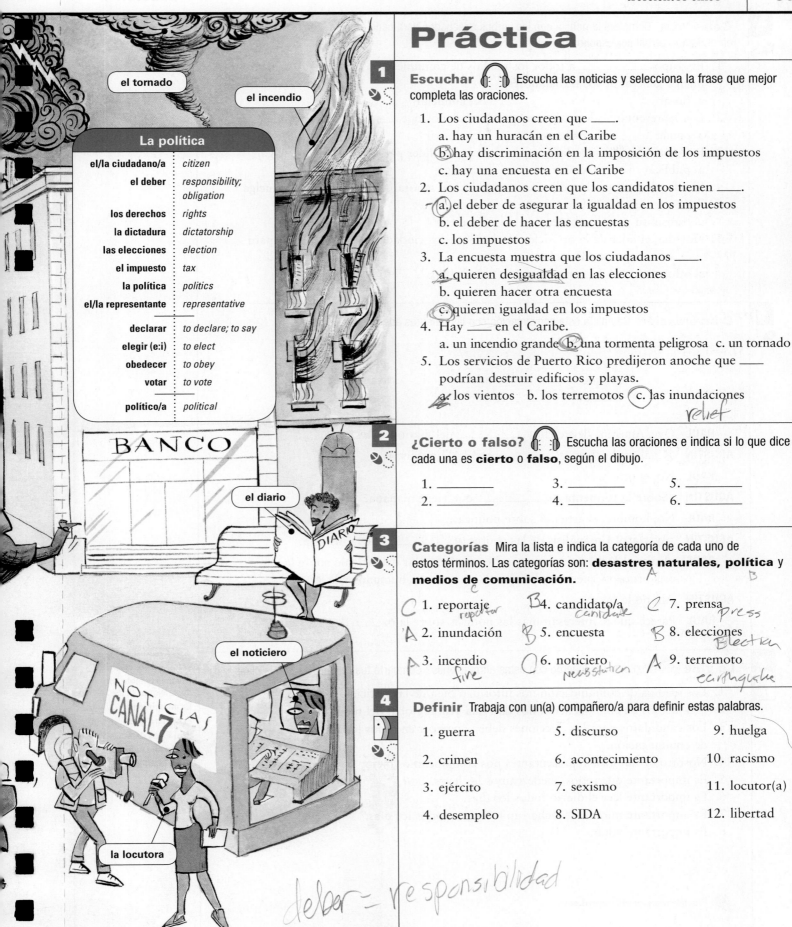

el tornado

el incendio

La política

el/la ciudadano/a	citizen
el deber	responsibility; obligation
los derechos	rights
la dictadura	dictatorship
las elecciones	election
el impuesto	tax
la política	politics
el/la representante	representative
declarar	to declare; to say
elegir (e:i)	to elect
obedecer	to obey
votar	to vote
político/a	political

BANCO

el diario

el noticiero

NOTICIAS CANAL 7

la locutora

Práctica

1 Escuchar 🎧 Escucha las noticias y selecciona la frase que mejor completa las oraciones.

1. Los ciudadanos creen que ____.
   a. hay un huracán en el Caribe
   b. hay discriminación en la imposición de los impuestos
   c. hay una encuesta en el Caribe
2. Los ciudadanos creen que los candidatos tienen ____.
   a. el deber de asegurar la igualdad en los impuestos
   b. el deber de hacer las encuestas
   c. los impuestos
3. La encuesta muestra que los ciudadanos ____.
   a. quieren desigualdad en las elecciones
   b. quieren hacer otra encuesta
   c. quieren igualdad en los impuestos
4. Hay ____ en el Caribe.
   a. un incendio grande   b. una tormenta peligrosa   c. un tornado
5. Los servicios de Puerto Rico predijeron anoche que ____ podrían destruir edificios y playas.
   a. los vientos   b. los terremotos   c. las inundaciones

relief

2 ¿Cierto o falso? 🎧 Escucha las oraciones e indica si lo que dice cada una es **cierto** o **falso**, según el dibujo.

1. _____   3. _____   5. _____
2. _____   4. _____   6. _____

3 Categorías Mira la lista e indica la categoría de cada uno de estos términos. Las categorías son: **desastres naturales, política** y **medios de comunicación.**

C 1. reportaje *reporter*   B 4. candidato/a *candidate*   C 7. prensa *press*
A 2. inundación   B 5. encuesta   B 8. elecciones *Election*
A 3. incendio *fire*   C 6. noticiero *NewsStation*   A 9. terremoto *earthquake*

4 Definir Trabaja con un(a) compañero/a para definir estas palabras.

1. guerra   5. discurso   9. huelga
2. crimen   6. acontecimiento   10. racismo
3. ejército   7. sexismo   11. locutor(a)
4. desempleo   8. SIDA   12. libertad

deber = responsabilidad

5 **Completar** Completa la noticia con los verbos adecuados para cada oración. Conjuga los verbos en el tiempo verbal correspondiente.

1. El grupo _____ a todos los medios de comunicación que iba a organizar una huelga general de los trabajadores.
   a. durar   b. votar   c. anunciar

2. Los representantes les pidieron a los ciudadanos que _____ al presidente.
   a. comer   b. obedecer   c. aburrir

3. La oposición, por otro lado, _____ a un líder para promover la huelga.
   a. publicar   b. emitir   c. elegir

4. El líder de la oposición dijo que si el gobierno ignoraba sus opiniones, la huelga iba a _____ mucho tiempo.
   a. transmitir   b. obedecer   c. durar

5. Hoy día, el líder de la oposición declaró que los ciudadanos estaban listos para _____ por sus derechos.
   a. informar   b. comunicarse   c. luchar

6 **Conversación** Completa esta conversación con las palabras adecuadas.

artículo	derechos	peligrosa
choque	dictaduras	transmitir
declarar	paz	violencia

RAÚL Oye, Agustín, ¿leíste el (1) _____ del diario *El País*?

AGUSTÍN ¿Cuál? ¿El del (2) _____ entre dos autobuses?

RAÚL No, el otro sobre…

AGUSTÍN ¿Sobre la tormenta (3) _____ que viene mañana?

RAÚL No, hombre, el artículo sobre política…

AGUSTÍN ¡Ay, claro! Un análisis de las peores (4) _____ de la historia.

RAÚL ¡Agustín! Deja de interrumpir. Te quería hablar del artículo sobre la organización que lucha por los (5) _____ humanos y la (6) _____.

AGUSTÍN Ah, no lo leí.

RAÚL Parece que te interesan más las noticias sobre la (7) _____, ¿eh?

7 **La vida civil** ¿Estás de acuerdo con estas afirmaciones? Comparte tus respuestas con la clase.

1. Los medios de comunicación nos informan bien de las noticias.
2. Los medios de comunicación nos dan una visión global del mundo.
3. Los candidatos para las elecciones deben aparecer en todos los medios de comunicación.
4. Nosotros y nuestros representantes nos comunicamos bien.
5. Es importante que todos obedezcamos las leyes.
6. Es importante leer el diario todos los días.
7. Es importante mirar o escuchar un noticiero todos los días.
8. Es importante votar.

AYUDA

You may want to use these expressions:

En mi opinión…
Está claro que…
(No) Estoy de acuerdo.
Según mis padres…
Sería ideal que…

Comunicación

8

Las actualidades En parejas, describan lo que ven en las fotos. Luego, escriban una historia para explicar qué pasó en cada foto.

9

Un noticiero En grupos, trabajen para presentar un noticiero de la tarde. Presenten por lo menos tres reportajes sobre espectáculos, política, crimen y temas sociales.

10

Las elecciones Trabajen en parejas para representar una entrevista entre un(a) reportero/a de la televisión y un(a) político/a que va a ser candidato/a en las próximas elecciones.

▶ Antes de la entrevista, hagan una lista de los temas de los que el/la candidato/a va a hablar y de las preguntas que el/la reportero/a le va a hacer.

▶ Durante la entrevista, la clase va a hacer el papel del público.

▶ Después de la entrevista, el/la reportero/a va a hacerle preguntas y pedirle comentarios al público.

Lección 6

Hasta pronto, Marissa

Marissa debe regresar a Wisconsin y quiere despedirse de sus amigos.

PERSONAJES

MARISSA

SR. DÍAZ

 **Video:** *Fotonovela*

MARISSA ¡Hola, don Roberto! ¿Dónde están todos?

SR. DÍAZ Todos me dijeron que te pidiera una disculpa de su parte.

MARISSA (*triste*) Ah. No hay problema. ¿Puedo poner la tele?

SR. DÍAZ Claro.

MAITE FUENTES Un incendio en el centro ha ocasionado daños en tres edificios. Los representantes de la policía nos informan que no hay heridos. Aunque las elecciones son en pocas semanas, las encuestas no muestran un líder definido.

(*La familia Díaz y sus amigos sorprenden a Marissa en el restaurante.*)

MARISSA No tenía ni idea. (*a Jimena*) Tu papá me hizo creer que no podría despedirme de ustedes.

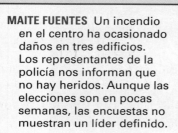

MARISSA Si hubiera sabido que ellos no iban a estar aquí, me habría despedido anoche.

SR. DÍAZ ¡Ánimo! No es un adiós, Marissa. Vamos a seguir en contacto. Pero, creo que tenemos algo de tiempo antes de que te vayas. Te llevo a comer tu última comida mexicana.

EMPLEADO Buenos días, señor Díaz. ¡Qué gusto verlo!

SR. DÍAZ Igualmente. Ella es Marissa. Pasó el año con nosotros. Quería que su última comida en México fuera la mejor de todas.

EMPLEADO Muy amable de su parte, señor. Su mesa está lista. Síganme, por favor.

SR. DÍAZ Chicos, me dicen que se van a casar. Felicidades.

MIGUEL Nos casamos aquí en México el año que viene. Ojalá usted y su esposa puedan ir. (*a Marissa*) Si tú no estás harta de nosotros, nos encantaría que también vinieras.

MAITE FUENTES   **DON DIEGO**   **EMPLEADO**   **SRA. DÍAZ**   **JIMENA**   **MIGUEL**   **FELIPE**   **MARU**   **JUAN CARLOS**

SRA. DÍAZ Marissa, ¿cuál fue tu experiencia favorita en México?

MARISSA Bueno, si tuviera que elegir una sola experiencia, tendría que ser el Día de Muertos. Chichén Itzá fue muy emocionante también. No puedo decidirme. ¡La he pasado de película!

SR. DÍAZ Mi hermana Ana María me pidió que te diera esto.

MARISSA *No way!*

JUAN CARLOS ¿Qué es?

MARISSA La receta del mole de la tía.

FELIPE Nosotros también tenemos algo para ti.

MARISSA ¡Mi diccionario! Lo dejo contigo, Felipe. Tenías razón. No lo necesito.

SR. DÍAZ Si queremos llegar a tiempo al aeropuerto, tenemos que irnos ya.

MARU Te veremos en nuestra boda.

MARISSA ¡Sí, seguro!

SR. DÍAZ Bueno, vámonos.

MARISSA (*a todos*) Cuídense. Gracias por todo.

Expresiones útiles

Expressing delight and surprise

¡Qué gusto verlo/la!
How nice to see you! (form.)
¡Qué gusto verte!
How nice to see you! (fam.)
¡No tenía ni idea!
I had no idea!
¡Felicidades!
Congratulations!

Playing a joke on someone

Todos me dijeron que te pidiera una disculpa de su parte.
They all told me to ask you to excuse them / forgive them.
Tu papá me hizo creer que no podría despedirme de ustedes.
Your dad made me think I wouldn't be able to say goodbye to you.

Talking about past and future trips

Si tuviera que elegir una sola experiencia, tendría que ser el Día de Muertos.
If I had to pick just one experience, it would have to be the Day of the Dead.
¡La he pasado de película!
I've had an awesome time!
Ojalá que usted y su esposa pueden ir.
I hope you and your wife can come.
Si tú no estás harta de nosotros, nos encantaría que también vinieras.
If you aren't sick of us, we'd love you to come, too.
Si queremos llegar a tiempo al aeropuerto, tenemos que irnos ya.
If we want to get to the airport on time, we should go now.

Lección 6

recursos

VM
pp. 345–346

vhlcentral.com
Lección 6

¿Qué pasó?

1 **¿Cierto o falso?** Decide si lo que se afirma en las oraciones es **cierto** o **falso**. Corrige las oraciones falsas.

	Cierto	Falso
1. Según la reportera, las elecciones son la próxima semana.	○	○
2. Marissa dice que una de sus experiencias favoritas en México fue el Día de Muertos.	○	○
3. La reportera dice que hay una inundación en el centro.	○	○
4. La Sra. Díaz le envía la receta de los tacos a Marissa.	○	○
5. Marissa le deja su diccionario a Jimena.	○	○

2 **Identificar** Identifica quién puede hacer estas afirmaciones.

1. Espero que disfrutes de tu última comida en México.

2. Los voy a extrañar mucho, ¡lo he pasado maravillosamente!

3. El presidente habló sobre los candidatos en estas elecciones.

4. ¿Qué fue lo que más te gustó de México?

5. No faltes a nuestra boda, nos dará mucho gusto verte de nuevo.

MAITE FUENTES

SR. DÍAZ

MARISSA

MARU

SRA. DÍAZ

3 **Preguntas** Responde a las preguntas.

1. ¿Dónde y cuándo se casarán Miguel y Maru?

2. ¿Por qué Marissa no imaginaba que vería a sus amigos en el restaurante?

3. Según lo que dice Maite Fuentes, ¿qué ha ocasionado el incendio en el centro?

4. ¿Por qué el Sr. Díaz le dice a Marissa que tienen que irse ya?

5. ¿Qué dice Marissa sobre la experiencia que vivió en Chichén Itzá?

4 **Las experiencias de Marissa** Trabajen en parejas para representar una conversación en español entre Marissa y un(a) amigo/a con quien se encuentra cuando ella acaba de regresar de México. Hablen de las experiencias buenas y malas que tuvieron durante ese tiempo. Utilicen estas frases y expresiones en la conversación:

▶ ¡Qué gusto volver a verte!
▶ Gusto de verte.
▶ Lo pasé de película/maravillosamente/muy bien.

▶ Me divertí mucho.
▶ Lo mejor fue...
▶ Lo peor fue...

Ortografía
 Audio

Neologismos y anglicismos

As societies develop and interact, new words are needed to refer to inventions and discoveries, as well as to objects and ideas introduced by other cultures. In Spanish, many new terms have been invented to refer to such developments, and additional words have been "borrowed" from other languages.

Lección 6

bajar un programa *download*	**borrar** *to delete*	**correo basura** *junk mail*
en línea *online*	**enlace** *link*	**herramienta** *tool*
navegador *browser*	**pirata** *hacker*	**sistema operativo** *operating system*

Many Spanish neologisms, or "new words," refer to computers and technology. Due to the newness of these words, more than one term may be considered acceptable.

cederrón, CD-ROM	**escáner**	**fax**	**zoom**

In Spanish, many anglicisms, or words borrowed from English, refer to computers and technology. Note that the spelling of these words is often adapted to the sounds of the Spanish language.

jazz, yaz	**rap**	**rock**	**walkman**

Music and music technology are another common source of anglicisms.

gángster	**hippy, jipi**	**póquer**	**whisky, güisqui**

Other borrowed words refer to people or things that are strongly associated with another culture.

chárter	**esnob**	**estrés**	**flirtear**
gol	**hall**	**hobby**	**iceberg**
jersey	**júnior**	**récord**	**yogur**

There are many other sources of borrowed words. Over time, some anglicisms are replaced by new terms in Spanish, while others are accepted as standard usage.

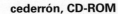 **Práctica** Completa el diálogo usando las palabras de la lista.

borrar	correo basura	esnob
chárter	en línea	estrés

GUSTAVO Voy a leer el correo electrónico.

REBECA Bah, yo sólo recibo _____. Lo único que hago con la computadora es _____ mensajes.

GUSTAVO Mira, cariño, hay un anuncio en Internet: un viaje barato a Punta del Este. Es un vuelo _____.

REBECA Últimamente tengo tanto _____. Sería buena idea que fuéramos de vacaciones. Pero busca un hotel muy bueno.

GUSTAVO Rebeca, no seas _____, lo importante es ir y disfrutar. Voy a comprar los boletos ahora mismo _____.

 Dibujo Describe el dibujo utilizando por lo menos cinco anglicismos.

recursos

LM p. 354

vhlcentral.com Lección 6

EN DETALLE

Additional Reading

Protestas **sociales**

¿Cómo reaccionas ante° una situación injusta? ¿Protestas? Las huelgas y manifestaciones° son expresiones de protesta. Mucha gente asocia las huelgas con "no trabajar", pero no siempre es así. Hay huelgas donde los empleados del gobierno aplican las regulaciones escrupulosamente, demorando° los procesos administrativos; en otras, los trabajadores aumentan la producción. En países como España, las huelgas muchas veces se anuncian con anticipación° y, en los lugares que van a ser afectados, se ponen carteles con información como: "Esta oficina cerrará el día 14 con motivo de la huelga. Disculpen las molestias°".

Las manifestaciones son otra forma de protesta: la gente sale a la calle llevando carteles con frases y eslóganes. Una forma original de manifestación son los "cacerolazos", en los cuales la gente golpea° cacerolas y sartenes°. Los primeros cacerolazos tuvieron lugar en Chile y más tarde pasaron a otros países. Otras veces, el buen humor ayuda a confrontar temas serios y los manifestantes° marchan bailando, cantando eslóganes y tocando silbatos° y tambores°.

Actualmente° se puede protestar sin salir de casa. Lo único que necesitas es tener una computadora con conexión a Internet para poder participar en manifestaciones virtuales. Y no sólo de tu país, sino de todo el mundo.

Los eslóganes

El pueblo unido jamás será vencido°. Es el primer verso° de una canción que popularizó el grupo chileno Quilapayún.

Basta ya°. Se ha usado en el País Vasco en España durante manifestaciones en contra del terrorismo.

Agua para todos. Se ha gritado en manifestaciones contra la privatización del agua en varios países hispanos.

Ni guerra que nos mate°, ni paz que nos oprima°. Surgió° en la **Movilización Nacional de Mujeres contra la Guerra,** en Colombia (2002) para expresar un no rotundo° a la guerra.

Ni un paso° atrás. Ha sido usado en muchos países, como en Argentina por las Madres de la Plaza de Mayo*.

* Las Madres de la Plaza de Mayo es un grupo de mujeres que tiene hijos o familiares que desaparecieron durante la dictadura militar en Argentina (1976–1983).

ante *in the presence of* manifestaciones *demonstrations* demorando *delaying* con anticipación *in advance* Disculpen las molestias. *We apologize for any inconvenience.* golpea *bang* cacerolas y sartenes *pots and pans* manifestantes *demonstrators* silbatos *whistles* tambores *drums* Actualmente *Currently* vencido *defeated* verso *line* Basta ya. *Enough.* mate *kills* oprima *oppresses* Surgió *It arose* rotundo *absolute* paso *step*

ACTIVIDADES

1 **¿Cierto o falso?** Indica si lo que dice cada oración es **cierto** o **falso**. Corrige la información falsa.

1. En algunas huelgas las personas trabajan más de lo normal.

2. En España, las huelgas se hacen sin notificación previa.

3. En las manifestaciones virtuales se puede protestar sin salir de casa.

4. En algunas manifestaciones la gente canta y baila.

4. "Basta ya" es un eslogan que se ha usado en España en manifestaciones contra el terrorismo.

6. En el año 2002 se llevó a cabo la Movilización Nacional de Mujeres contra la Guerra en Argentina.

7. Los primeros "cacerolazos" se hicieron en Venezuela.

8. "Agua para todos" es un eslogan del grupo Quilapayún.

ASÍ SE DICE

Periodismo y política

la campaña	campaign
el encabezado	headline
la prensa amarilla	tabloid press
el sindicato	(labor) union
el suceso, el hecho	el acontecimiento

EL MUNDO HISPANO

Hispanos en la historia

- **Sonia Sotomayor** (Nueva York, EE.UU., 1954–) Doctora en Derecho de ascendencia puertorriqueña. Es la primera mujer hispana en ocupar el cargo de Jueza Asociada en la Corte Suprema de los Estados Unidos.

- **Che Guevara** (Rosario, Argentina, 1928–La Higuera, Bolivia, 1967) Ernesto "Che" Guevara es una de las figuras más controversiales del siglo° XX. Médico de profesión, fue uno de los líderes de la revolución cubana y participó en las revoluciones de otros países.

- **Rigoberta Menchú Tum** (Laj Chimel, Guatemala, 1959–) De origen maya, desde niña sufrió la pobreza y la represión, lo que la llevó muy pronto a luchar por los derechos humanos. En 1992 recibió el Premio Nobel de la Paz.

- **José Martí** (La Habana, Cuba, 1853–Dos Ríos, Cuba, 1895) Fue periodista, filósofo, poeta, diplomático e independentista°. Desde su juventud se opuso al régimen colonialista español. Murió luchando por la independencia de Cuba.

siglo *century* independentista *supporter of independence*

PERFIL

Dos líderes en Latinoamérica

En 2006, la chilena **Michelle Bachelet Jeria** y el boliviano **Juan Evo Morales Ayma** fueron proclamados presidentes de sus respectivos países. Para algunos, estos nombramientos fueron una sorpresa.

Michelle Bachelet estudió Medicina y se especializó en pediatría y salud pública. Fue víctima de la represión de Augusto Pinochet, quien gobernó el país de 1973 a 1990, y vivió varios años exiliada. Regresó a Chile y en 2000 fue nombrada Ministra de Salud. En 2002 fue Ministra de Defensa Nacional. Y en 2006 se convirtió en la primera presidenta de Chile, cargo que ocupó hasta 2010. Se presentó a la presidencia otra vez en 2013.

Evo Morales es un indígena del altiplano andino°. Su lengua materna es el aimará. De niño, trabajó como pastor° de llamas. Luego, se trasladó a Cochabamba donde participó en asociaciones campesinas°. Morales reivindicó la forma tradicional de vida y los derechos de los campesinos indígenas. En 2006 ascendió a la presidencia de Bolivia. En 2009, la ONU lo nombró "Héroe Mundial de la Madre Tierra". Fue reelegido en 2009.

altiplano andino *Andean high plateau* pastor *shepherd* campesinas *farmers'*

Conexión Internet

¿Quiénes son otros líderes y pioneros hispanos?

Go to **vhlcentral.com** to find more cultural information related to this **Cultura** section.

ACTIVIDADES

2 **Comprensión** Responde a las preguntas.

1. ¿Cuáles son los sinónimos de acontecimiento?
2. ¿En qué es pionera Sonia Sotomayor?
3. ¿Qué cargos políticos ocupó Michelle Bachelet antes de ser presidenta?
4. ¿Por qué luchó Evo Morales en varias asociaciones campesinas?

3 **Líderes** ¿Quién es el/la líder de tu comunidad o región que más admiras? Primero, escribe un breve párrafo explicando quién es, qué hace y por qué lo/la admiras. Luego, lee tu texto a la clase.

 Practice more at **vhlcentral.com**.

6.1 Si clauses Tutorial

ANTE TODO   **Si** (*If*) clauses describe a condition or event upon which another condition or event depends. Sentences with **si** clauses consist of a **si** clause and a main (or result) clause.

> Si pudieras, ¿irías a nuestra boda?

> Sí, si tuviera la oportunidad, iría con mucho gusto.

▶ **Si** clauses can speculate or hypothesize about a current event or condition. They express what *would happen* if an event or condition *were to occur*. This is called a contrary-to-fact situation. In such instances, the verb in the **si** clause is in the past subjunctive while the verb in the main clause is in the conditional.

Si **cambiaras** de empleo, **serías** más feliz.
If you changed jobs, you would be happier.

Iría de viaje a Suramérica si **tuviera** dinero.
I would travel to South America if I had money.

▶ **Si** clauses can also describe a contrary-to-fact situation in the past. They can express what *would have happened* if an event or condition *had occurred*. In these sentences, the verb in the **si** clause is in the past perfect subjunctive while the verb in the main clause is in the conditional perfect.

Si **hubiera sido** estrella de cine, **habría sido** rico.
If I had been a movie star, I would have been rich.

No **habrías tenido** hambre si **hubieras desayunado**.
You wouldn't have been hungry if you had eaten breakfast.

▶ **Si** clauses can also express conditions or events that are possible or likely to occur. In such instances, the **si** clause is in the present indicative while the main clause uses a present, near future, future, or command form.

Si **puedes** venir, **llámame**.
If you can come, call me.

Si **puedo** venir, **te llamo**.
If I can come, I'll call you.

Si **terminas** la tarea, **tendrás** tiempo para mirar la televisión.
If you finish your homework, you will have time to watch TV.

Si **terminas** la tarea, **vas a tener** tiempo para mirar la televisión.
If you finish your homework, you are going to have time to watch TV.

¡ATENCIÓN!

Remember the difference between **si** (*if*) and **sí** (*yes*).

¡LENGUA VIVA!

Note that in Spanish the conditional is never used immediately following **si**.

Lección 6

▶ When the **si** clause expresses habitual past conditions or events, *not* a contrary-to-fact situation, the imperfect is used in both the **si** clause and the main (or result) clause.

Si Alicia me **invitaba** a una fiesta, yo siempre **iba**.	Mis padres siempre **iban** a la playa si **hacía** buen tiempo.
If (Whenever) Alicia invited me to a party, I would (used to) go.	*My parents always went to the beach if the weather was good.*

▶ The **si** clause may be the first or second clause in a sentence. Note that a comma is used only when the **si** clause comes first.

Si tuviera tiempo, iría contigo.	Iría contigo **si tuviera tiempo.**
If I had time, I would go with you.	*I would go with you if I had time.*

Summary of si clause sequences

Condition	Si clause	Main clause
Possible or likely	**Si** + present	Present
Possible or likely	**Si** + present	Near future (**ir a** + infinitive)
Possible or likely	**Si** + present	Future
Possible or likely	**Si** + present	Command
Habitual in the past	**Si** + imperfect	Imperfect
Contrary-to-fact (present)	**Si** + past (imperfect) subjunctive	Conditional
Contrary-to-fact (past)	**Si** + past perfect (pluperfect) subjunctive	Conditional perfect

¡INTÉNTALO! Cambia los tiempos y modos de los verbos que aparecen entre paréntesis para practicar todos los tipos de oraciones con **si** que se muestran en la tabla anterior.

1. Si usted ____va____ (ir) a la playa, tenga cuidado con el sol.
2. Si tú _____ (querer), te preparo la merienda.
3. Si _____ (hacer) buen tiempo, voy a ir al parque.
4. Si mis amigos _____ (ir) de viaje, sacaban muchas fotos.
5. Si ella me _____ (llamar), yo la invitaría a la fiesta.
6. Si nosotros _____ (querer) ir al teatro, compraríamos los boletos antes.
7. Si tú _____ (levantarse) temprano, desayunarías antes de ir a clase.
8. Si ellos _____ (tener) tiempo, te llamarían.
9. Si yo _____ (ser) astronauta, habría ido a la Luna.
10. Si él _____ (ganar) un millón de dólares, habría comprado una mansión.
11. Si ustedes me _____ (decir) la verdad, no habríamos tenido este problema.
12. Si ellos _____ (trabajar) más, habrían tenido más éxito.

recursos

WB
pp. 337–338

LM
p. 355

Ⓢ
vhlcentral.com
Lección 6

Práctica

1

Emparejar Empareja frases de la columna A con las de la columna B para crear oraciones lógicas.

Earthquakes

A

1. Si aquí hubiera terremotos, __E__
2. Si me informo bien, __D__
3. Si te doy el informe, __A__
4. Si la guerra hubiera continuado, __B__
5. Si la huelga dura más de un mes, __C__

PS · *Present*

B

a. ¿se lo muestras al director?
b. habrían muerto muchos más.
c. muchos van a pasar hambre.
d. podré explicar el desempleo.
e. no permitiríamos edificios altos.

Futuro

AYUDA

Remember these forms of **haber**:
(si) hubiera
(if) there were
habría
there would be

2

Minidiálogos Completa los minidiálogos entre Teresa y Anita.

TERESA ¿Qué (1)_____ hecho tú si tu papá te (2)_____ regalado un carro?

ANITA Me (3)_____ muerto de la felicidad.

ANITA Si (4)_____ a Paraguay, ¿qué vas a hacer?

TERESA (5)_____ a visitar a mis parientes.

TERESA Si tú y tu familia (6)_____ un millón de dólares, ¿qué comprarían?

ANITA Si nosotros tuviéramos un millón de dólares, (7)_____ tres casas nuevas.

ANITA Si tú (8)_____ tiempo, ¿irías al cine con más frecuencia?

TERESA Sí, yo (9)_____ con más frecuencia si tuviera tiempo.

¡LENGUA VIVA!

Paraguay es conocido como "El Corazón de América" porque está en el centro de Suramérica. Sus lugares más visitados son la capital Asunción, que está situada a orillas (*on the banks*) del río Paraguay y la ciudad de Itauguá, en donde se producen muchos textiles.

3

Completar En parejas, túrnense para completar las frases de una manera lógica. Luego lean sus oraciones a la clase.

1. Si tuviera un accidente de carro…
2. Me volvería loco/a (*I would go crazy*) si mi familia…
3. Me habría ido al Cuerpo de Paz (*Peace Corps*) si…
4. No volveré a ver las noticias en ese canal si…
5. Habría menos problemas si los medios de comunicación…
6. Si mis padres hubieran insistido en que fuera al ejército…
7. Si me ofrecen un viaje a la Luna…
8. Me habría enojado mucho si…
9. Si hubiera un desastre natural en mi ciudad…
10. Yo habría votado en las elecciones pasadas si…

 Practice more at **vhlcentral.com**.

Comunicación

4

Situaciones Trabajen en grupos para contestar las preguntas. Después deben comunicar sus respuestas a la clase.

1. ¿Qué harían si fueran de vacaciones a Uruguay y al llegar no hubiera habitaciones en ningún hotel?
2. ¿Qué hacen si encuentran dinero en la calle?
3. Imaginen que estuvieron en Montevideo por tres semanas. ¿Qué habrían hecho si hubieran visto un crimen allí?
4. ¿Qué harían si fueran de viaje y las líneas aéreas estuvieran en huelga?
5. ¿Qué hacen si están en la calle y alguien les pide dinero?
6. ¿Qué harían si estuvieran en un país extranjero y un reportero los confundiera (*confused*) con unos actores o unas actrices de Hollywood?
7. ¿Qué dirían sus padres si los/las vieran ahora mismo?
8. ¿Qué haría cada uno/a de ustedes si fuera presidente/a o primer(a) ministro/a de este país?

5

¿Qué harían? En parejas, túrnense para hablar de lo que hacen, harían o habrían hecho en estas circunstancias.

1. si ves a tu novio/a con otro/a en el cine
2. si hubieras ganado un viaje a Uruguay
3. si mañana tuvieras el día libre
4. si te casaras y tuvieras ocho hijos
5. si tuvieras que cuidar a tus padres cuando sean mayores
6. si no tuvieras que preocuparte por el dinero
7. si te acusaran de cometer un crimen
8. si hubieras vivido bajo una dictadura

Síntesis

6

Entrevista En grupos, preparen cinco preguntas para hacerle a un(a) candidato/a a la presidencia de su país. Luego, túrnense para hacer el papel de entrevistador(a) y de candidato/a. El/La entrevistador(a) reacciona a cada una de las respuestas del/de la candidato/a.

> **modelo**
>
> **Entrevistador(a):** ¿Qué haría usted en cuanto a la obesidad infantil?
>
> **Candidato/a:** Pues, dudo que podamos decirles a los padres cómo alimentar a sus hijos. Creo que ellos deben preocuparse por darles comida saludable.
>
> **Entrevistador(a):** ¿Entonces usted no haría nada para combatir la obesidad infantil?
>
> **Candidato/a:** Si yo fuera presidente/a...

6.2   # Summary of the uses of the subjunctive    Tutorial

ANTE TODO   Since *¡ADELANTE!* **DOS** **Lección 6**, you have been learning about subjunctive verb forms and practicing their uses. The following chart summarizes the subjunctive forms you have studied. The chart on the next page summarizes the uses of the subjunctive you have seen and contrasts them with uses of the indicative and the infinitive. These charts will help you review and synthesize what you have learned about the subjunctive.

Espero que lo hayas pasado bien en México.

Sí, si hubiera podido, me habría quedado más tiempo.

Summary of subjunctive forms

-ar verbs		**-er verbs**		**-ir verbs**	
PRESENT SUBJUNCTIVE	PAST SUBJUNCTIVE	PRESENT SUBJUNCTIVE	PAST SUBJUNCTIVE	PRESENT SUBJUNCTIVE	PAST SUBJUNCTIVE
hable	hablara	beba	bebiera	viva	viviera
hables	hablaras	bebas	bebieras	vivas	vivieras
hable	hablara	beba	bebiera	viva	viviera
hablemos	habláramos	bebamos	bebiéramos	vivamos	viviéramos
habléis	hablarais	bebáis	bebierais	viváis	vivierais
hablen	hablaran	beban	bebieran	vivan	vivieran

PRESENT PERFECT SUBJUNCTIVE	PRESENT PERFECT SUBJUNCTIVE	PRESENT PERFECT SUBJUNCTIVE
haya hablado	haya bebido	haya vivido
hayas hablado	hayas bebido	hayas vivido
haya hablado	haya bebido	haya vivido
hayamos hablado	hayamos bebido	hayamos vivido
hayáis hablado	hayáis bebido	hayáis vivido
hayan hablado	hayan bebido	hayan vivido

PAST PERFECT SUBJUNCTIVE	PAST PERFECT SUBJUNCTIVE	PAST PERFECT SUBJUNCTIVE
hubiera hablado	hubiera bebido	hubiera vivido
hubieras hablado	hubieras bebido	hubieras vivido
hubiera hablado	hubiera bebido	hubiera vivido
hubiéramos hablado	hubiéramos bebido	hubiéramos vivido
hubierais hablado	hubierais bebido	hubierais vivido
hubieran hablado	hubieran bebido	hubieran vivido

CONSULTA

To review the subjunctive, refer to these sections:

Present subjunctive, *¡ADELANTE!* **DOS** **Estructura 6.3,** pp. 336–338.

Present perfect subjunctive, **Estructura 3.3,** p. 147.

Past subjunctive, **Estructura 4.3,** pp. 202–203.

Past perfect subjunctive, **Estructura 5.3,** p. 263.

Lección 6

The subjunctive is used...

1. After verbs and/or expressions of will and influence, when the subject of the subordinate clause is different from the subject of the main clause

   Los ciudadanos **desean** que el candidato presidencial los **escuche.**

2. After verbs and/or expressions of emotion, when the subject of the subordinate clause is different from the subject of the main clause

   Alejandra **se alegró** mucho de que le **dieran** el trabajo.

3. After verbs and/or expressions of doubt, disbelief, and denial

   Dudo que **vaya** a tener problemas para encontrar su maleta.

4. After the conjunctions **a menos que, antes (de) que, con tal (de) que, en caso (de) que, para que,** and **sin que**

   Cierra las ventanas **antes de que empiece** la tormenta.

5. After **cuando, después (de) que, en cuanto, hasta que,** and **tan pronto como** when they refer to future actions

   Tan pronto como haga la tarea, podrá salir con sus amigos.

6. To refer to an indefinite or nonexistent antecedent mentioned in the main clause

   Busco **un** empleado que **haya estudiado** computación.

7. After **si** to express something impossible, improbable, or contrary to fact

   Si hubieras escuchado el noticiero, te habrías informado sobre el terremoto.

The indicative is used...

1. After verbs and/or expressions of certainty and belief

   Es cierto que Uruguay **tiene** unas playas espectaculares.

2. After the conjunctions **cuando, después (de) que, en cuanto, hasta que,** and **tan pronto como** when they do not refer to future actions

   Hay más violencia **cuando hay** desigualdad social.

3. To refer to a definite or specific antecedent mentioned in the main clause

   Busco a **la** señora que me **informó** del crimen que ocurrió ayer.

4. After **si** to express something possible, probable, or not contrary to fact

   Pronto habrá más igualdad **si luchamos** contra la discriminación.

The infinitive is used...

1. After expressions of will and influence when there is no change of subject

   Martín **desea ir** a Montevideo este año.

2. After expressions of emotion when there is no change of subject

   Me alegro de conocer a tu esposo.

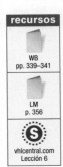

recursos

WB
pp. 339–341

LM
p. 356

Ⓢ

vhlcentral.com
Lección 6

Práctica

1 Conversación Completa la conversación con los tiempos verbales adecuados.

EMA Busco al reportero que (1)_____ (publicar) el libro sobre la dictadura de Stroessner.

ROSA Ah, usted busca a Miguel Pérez. Ha salido.

EMA Le había dicho que yo vendría a verlo el martes, pero él me dijo que (2)_____ (venir) hoy.

ROSA No creo que a Miguel se le (3)_____ (olvidar) la cita. Si usted le (4)_____ (pedir) una cita, él me lo habría mencionado.

EMA Pues no, no pedí cita, pero si él me hubiera dicho que era necesario yo lo (5)_____ (hacer).

ROSA Creo que Miguel (6)_____ (ir) a cubrir un incendio hace media hora. No pensaba que nadie (7)_____ (ir) a venir esta tarde. Si quiere, le digo que la (8)_____ (llamar) tan pronto como (9)_____ (llegar). A menos que usted (10)_____ (querer) dejar un recado…
(*Entra Miguel.*)

EMA ¡Miguel! Amor, si hubieras llegado cinco minutos más tarde, no me (11)_____ (encontrar) aquí.

MIGUEL ¡Ema! ¿Qué haces aquí?

EMA Me dijiste que viniera hoy para que (12)_____ (poder) pasar más tiempo juntos.

ROSA (*En voz baja*) ¿Cómo? ¿Serán novios?

NOTA CULTURAL

El general **Alfredo Stroessner** es el dictador que más tiempo ha durado en el poder en un país de Suramérica. Stroessner se hizo presidente de Paraguay en 1954 y el 3 de febrero de 1989 fue derrocado (*overthrown*) en un golpe militar (*coup*). Después de esto, Stroessner se exilió a Brasil donde murió en 2006.

2 Escribir Escribe uno o dos párrafos sobre tu participación en las próximas elecciones. Usa por lo menos cuatro de estas frases.

- ▶ Votaré por… con tal de que…
- ▶ Quisiera saber…
- ▶ Si gana mi candidato/a…
- ▶ Espero que la economía…
- ▶ Estoy seguro/a de que…
- ▶ A menos que…

- ▶ Mis padres siempre me dijeron que…
- ▶ Si a la gente realmente le importara la familia…
- ▶ No habría escogido a ese/a candidato/a si…
- ▶ Si le preocuparan más los impuestos…
- ▶ Dudo que el/la otro/a candidato/a…
- ▶ En las próximas elecciones espero que…

3 Explicar En parejas, escriban una conversación breve sobre cada tema de la lista. Usen por lo menos un verbo en subjuntivo y otro en indicativo o en infinitivo. Sigan el modelo.

| unas elecciones | una huelga | una inundación | la prensa |
| una guerra | un incendio | la libertad | un terremoto |

modelo

un tornado

Estudiante 1: *Temo que este año haya tornados por nuestra zona.*

Estudiante 2: *No te preocupes. Creo que este año no va a haber muchos tornados.*

AYUDA

Some useful expressions:

Espero que…
Ojalá que…
Es posible que…
Es terrible que…
Es importante que…

 Practice more at **vhlcentral.com**.

Comunicación

4

Preguntas En parejas, túrnense para hacerse estas preguntas.

1. ¿Te irías a vivir a un lugar donde pudiera ocurrir un desastre natural? ¿Por qué?
2. ¿Te gustaría que tu vida fuera como la de tus padres? ¿Por qué? Y tus hijos, ¿preferirías que tuvieran experiencias diferentes a las tuyas? ¿Cuáles?
3. ¿Te parece importante que elijamos a una mujer como presidenta? ¿Por qué?
4. Si hubiera una guerra y te llamaran para entrar en el ejército, ¿obedecerías? ¿Lo considerarías tu deber? ¿Qué sentirías? ¿Qué pensarías?
5. Si sólo pudieras recibir noticias de un medio de comunicación, ¿cuál escogerías y por qué? Y si pudieras trabajar en un medio de comunicación, ¿escogerías el mismo?

5

Consejos En parejas, lean esta guía turística. Luego túrnense para representar los papeles de un(a) cliente/a y de un(a) agente de viajes. El/La agente le da consejos al/a la cliente/a sobre los lugares que debe visitar y el/la cliente/a da su opinión sobre los consejos.

¡Conozca Uruguay!

La **Plaza Independencia** en **Montevideo**, con su **Puerta de la Ciudadela**, forma el límite entre la ciudad antigua y la nueva. Si le interesan las compras, desde este lugar puede comenzar su paseo por la **Avenida 18 de Julio**, la principal arteria comercial de la capital.

No deje de ir a **Punta del Este**. Conocerá uno de los lugares turísticos más fascinantes del mundo. No se pierda las maravillosas playas, el **Museo de Arte Americano** y la **Catedral de Maldonado** (1895) con su famoso altar, obra del escultor **Antonio Veiga**.

Sin duda, querrá conocer la famosa ciudad vacacional de **Piriápolis**, con su puerto que atrae cruceros, y disfrutar de sus playas y lindos paseos.

Tampoco se debe perder la **Costa de Oro**, junto al **Río de la Plata**. Para aquéllos interesados en la historia, dos lugares favoritos son la conocida iglesia **Nuestra Señora de Lourdes** y el chalet de **Pablo Neruda**.

Síntesis

6

Dos artículos Tu profesor(a) les va a dar a ti y a tu compañero/a dos artículos. Trabajando en parejas, cada uno escoge y lee un artículo. Luego, háganse preguntas sobre los artículos.

Recapitulación

SUBJECT → Javier   **CONJUGATED FORM** empiezo   *Main clause*   Dudan

Ⓢ Diagnostics

Completa estas actividades para repasar los conceptos de gramática que aprendiste en esta lección.

1   **Condicionales** Empareja las frases de la columna A con las de la columna B para crear oraciones lógicas. **8 pts.**

A	B
____ 1. Todos estaríamos mejor informados	a. cambia el canal.
____ 2. ¿Te sentirás mejor	b. ya los habrían despedido.
____ 3. Si esos locutores no tuvieran tanta experiencia,	c. si leyéramos el periódico todos los días.
____ 4. ¿Votarías por un candidato como él	d. la gente no podrá salir a protestar.
____ 5. Si no te gusta este noticiero,	e. si no tienen nada más que decir.
____ 6. El candidato Díaz habría ganado las elecciones	f. si te digo que ya terminó la huelga?
____ 7. Si la tormenta no se va pronto,	g. Leopoldo fue a votar.
____ 8. Ustedes se pueden ir	h. si supieras que no ha obedecido las leyes?
	i. si hubiera hecho más entrevistas para la televisión.

2   **Escoger** Escoge la opción correcta para completar cada oración. **10 pts.**

1. Ojalá que aquí (hubiera/hay) un canal independiente.

2. Susana dudaba que (hubieras estudiado/estudias) medicina.

3. En cuanto (termine/terminé) mis estudios, buscaré trabajo.

4. Miguel me dijo que su familia nunca (veía/viera) los noticieros en la televisión.

5. Para estar bien informados, yo les recomiendo que (leen/lean) el diario *El Sol*.

6. Es terrible que en los últimos meses (haya habido/ha habido) tres desastres naturales.

7. Cuando (termine/terminé) mis estudios, encontré trabajo en un diario local.

8. El presidente no quiso (declarar/que declarara) la guerra.

9. Todos dudaban que la noticia (fuera/era) real.

10. Me sorprende que en el mundo todavía (exista/existe) la censura.

RESUMEN GRAMATICAL

6.1   **Si clauses**   *pp. 314–315*

Summary of si clause sequences

Possible or likely	**Si** + present	+ present + **ir a** + infinitive + future + command
Habitual in the past	**Si** + imperfect	+ imperfect
Contrary-to-fact (present)	**Si** + past subjunctive	+ conditional
Contrary-to-fact (past)	**Si** + past perfect subjunctive	+ conditional perfect

6.2   **Summary of the uses of the subjunctive**
pp. 318–319
Summary of subjunctive forms

► **Present:** (-ar) hable, (-er) beba, (-ir) viva

► **Past:** (-ar) hablara, (-er) bebiera, (-ir) viviera

► **Present perfect: haya** + past participle

► **Past perfect: hubiera** + past participle

The subjunctive is used...
1. After verbs and/or expressions of: ► Will and influence (when subject changes) ► Emotion (when subject changes) ► Doubt, disbelief, denial
2. After a menos que, antes (de) que, con tal (de) que, en caso (de) que, para que, sin que
3. After **cuando, después (de) que, en cuanto, hasta que, tan pronto como** when they refer to future actions
4. To refer to an indefinite or nonexistent antecedent
5. After **si** to express something impossible, improbable, or contrary to fact

Lección 6

3

Las elecciones Completa el diálogo con la forma correcta del verbo entre paréntesis eligiendo entre el subjuntivo, el indicativo y el infinitivo, según el contexto. **12 pts.**

SERGIO ¿Ya has decidido por quién vas a votar en las elecciones del sábado?

MARINA No, todavía no. Es posible que no (1) _____ (yo, votar). Para mí es muy difícil (2) _____ (decidir) quién será el mejor representante. Y tú, ¿ya has tomado una decisión?

SERGIO Sí. Mi amigo Julio nos aconsejó que (3) _____ (leer) la entrevista que le hicieron al candidato Rodríguez en el diario *Tribuna*. En cuanto la (4) _____ (yo, leer), decidí votar por él.

MARINA ¿Hablas en serio? Espero que ya lo (5) _____ (tú, pensar) muy bien. El diario *Tribuna* no siempre es objetivo. Dudo que (6) _____ (ser) una fuente fiable (*reliable source*). No vas a tener una idea clara de las habilidades de cada candidato a menos que (7) _____ (tú, comparar) información de distintas fuentes.

SERGIO Tienes razón, hoy día no hay ningún medio de comunicación que (8) _____ (decir) toda la verdad de forma independiente.

MARINA Tengo una idea. Sugiero que (9) _____ (nosotros, ir) esta noche a mi casa para (10) _____ (ver) juntos el debate de los candidatos por televisión. ¿Qué te parece?

SERGIO Es una buena idea, pero no creo que (11) _____ (yo, tener) tiempo.

MARINA No te preocupes. Voy a grabarlo para que (12) _____ (tú, poder) verlo.

4

Escribir Hoy día, cada vez más personas se mantienen informadas a través de Internet. Piensa cómo cambiaría tu vida diaria si no existiera este medio de comunicación. ¿Cómo te informarías de las actualidades del mundo y de las noticias locales? ¿Cómo te llegarían noticias de tus amigos si no existiera el correo electrónico ni las redes sociales en línea (*social networking websites*)? Escribe al menos siete oraciones con **si**. **20 pts.**

5

Canción Completa estos versos de una canción de Juan Luis Guerra con el pretérito imperfecto de subjuntivo de los verbos en la forma **nosotros/as**. **¡2 puntos EXTRA!**

❝ Y si aquí,
_____ (luchar) juntos
por la sociedad
y _____ (hablar) menos
resolviendo más. **❞**

Practice more at **vhlcentral.com**.

Lectura

Antes de leer

Estrategia

Recognizing chronological order

Recognizing the chronological order of events in a narrative is key to understanding the cause-and-effect relationship between them. When you are able to establish the chronological chain of events, you will easily be able to follow the plot. In order to be more aware of the order of events in a narrative, you may find it helpful to prepare a numbered list of the events as you read.

Examinar el texto

Lee el texto usando las estrategias de lectura que has aprendido.

▶ ¿Ves palabras nuevas o cognados? ¿Cuáles son?

▶ ¿Qué te dice el dibujo sobre el contenido?

▶ ¿Tienes algún conocimiento previo° sobre don Quijote?

▶ ¿Cuál es el propósito° del texto?

▶ ¿De qué trata° la lectura?

Ordenar

Lee el texto otra vez para establecer el orden cronológico de los eventos. Luego ordena estos eventos según la historia.

_____ Don Quijote lucha contra los molinos de viento pensando que son gigantes.

_____ Don Quijote y Sancho toman el camino hacia Puerto Lápice.

_____ Don Quijote y Sancho descubren unos molinos de viento en un campo.

_____ El primer molino da un mal golpe a don Quijote, a su lanza y a su caballo.

_____ Don Quijote y Sancho Panza salen de su pueblo en busca de aventuras.

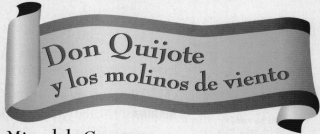

Don Quijote y los molinos de viento

Miguel de Cervantes

Fragmento adaptado de
El ingenioso hidalgo don Quijote de la Mancha

Miguel de Cervantes Saavedra, el escritor más universal de la literatura española, nació en Alcalá de Henares en 1547 y murió en Madrid en 1616, tras° haber vivido una vida llena de momentos difíciles, llegando a estar en la cárcel° más de una vez. Su obra, sin embargo, ha disfrutado a través de los siglos de todo el éxito que se merece. Don Quijote representa no sólo la locura° sino también la búsqueda° del ideal. En esta ocasión presentamos el famoso episodio de los molinos de viento°.

Entonces descubrieron treinta o cuarenta molinos de viento que había en aquel campo°. Cuando don Quijote los vio, dijo a su escudero°:

—La fortuna va guiando nuestras cosas mejor de lo que deseamos; porque allí, amigo Sancho Panza, se ven treinta, o pocos más, enormes gigantes con los que pienso hacer batalla y quitarles a todos las vidas, y comenzaremos a ser ricos; que ésta es buena guerra, y es gran servicio de Dios quitar tan malos seres° de la tierra.

—¿Qué gigantes?

—Aquéllos que ves allí —respondió su amo°— de los brazos largos, que algunos normalmente los tienen de casi dos leguas°.

Después de leer

¿Realidad o fantasía? 🔵

Indica si las afirmaciones sobre la lectura pertenecen a la realidad o la fantasía.

1. Don Quijote desea matar° a los enemigos.

2. Su escudero no ve a ningún ser sobrenatural.

3. El caballero ataca a unas criaturas cobardes y viles.

4. Don Quijote no ganó la batalla porque los gigantes fueron transformados en molinos de viento.

5. El sabio Frestón transformó los gigantes en molinos de viento.

conocimiento previo *prior knowledge* propósito *purpose*
¿De qué trata...? *What is... about?* matar *to kill*

—Mire usted —respondió Sancho— que aquéllos que allí están no son gigantes, sino molinos de viento, y lo que parecen brazos son las aspas°, que movidas por el viento, hacen andar la piedra del molino.

—Bien veo —respondió don Quijote— que no estás acostumbrado a las aventuras: ellos son gigantes; y si tienes miedo, quítate de ahí y reza° mientras yo voy a combatir con ellos en fiera° batalla.

Y diciendo esto, dio de espuelas° a su caballo Rocinante, sin oír las voces que su escudero Sancho le daba, diciéndole que, sin duda alguna, eran molinos de viento, y no gigantes, aquéllos que iba a atacar. Pero él iba tan convencido de que eran gigantes, que ni oía las voces de su escudero Sancho, ni se daba cuenta, aunque estaba ya muy cerca, de lo que eran; antes iba diciendo en voz alta:

—No huyáis°, cobardes° y viles criaturas, que sólo os ataca un caballero°.

Se levantó entonces un poco de viento, y las grandes aspas comenzaron a moverse, y cuando don Quijote vio esto, dijo:

—Pues aunque mováis más brazos que los del gigante Briareo, me lo vais a pagar.

Y diciendo esto, y encomendándose de todo corazón° a su señora Dulcinea, pidiéndole que le ayudase en esta difícil situación, bien cubierto de su rodela°, con la lanza en posición de ataque, fue a todo el galope de Rocinante y embistió° el primer molino que estaba delante: y dándole con la lanza en el aspa, el viento la giró con tanta furia, que la rompió en pequeños fragmentos, llevándose con ella al caballo y al caballero, que fue dando vueltas por el campo. Fue rápidamente Sancho Panza a ayudarle, todo lo rápido que podía correr su asno°, y cuando llegó encontró que no se podía mover: tan grande fue el golpe° que se dio con Rocinante.

—¡Por Dios! —dijo Sancho—. ¿No le dije yo que mirase bien lo que hacía, que sólo eran molinos de viento, y la única persona que podía equivocarse era alguien que tuviese otros molinos en la cabeza?

—Calla°, amigo Sancho —respondió don Quijote—, que las cosas de la guerra, más que otras, cambian continuamente; estoy pensando que aquel sabio° Frestón, que me robó el estudio y los libros, ha convertido estos gigantes en molinos por quitarme la gloria de su vencimiento°: tan grande es la enemistad que me tiene; pero al final, sus malas artes no van a poder nada contra la bondad de mi espada°.

—Dios lo haga como pueda —respondió Sancho Panza.

Y ayudándole a levantarse, volvió a subir sobre Rocinante, que medio despaldado estaba°. Y hablando de la pasada aventura, siguieron el camino del Puerto Lápice.

tras *after* **cárcel** *jail* **locura** *insanity* **búsqueda** *search* **molinos de viento** *windmills* **campo** *field* **escudero** *squire* **seres** *beings* **amo** *master* **leguas** *leagues (measure of distance)* **aspas** *sails* **reza** *pray* **fiera** *vicious* **dio de espuelas** *he spurred* **No huyáis** *Do not flee* **cobardes** *cowards* **caballero** *knight* **encomendándose de todo corazón** *entrusting himself with all his heart* **rodela** *round shield* **embistió** *charged* **asno** *donkey* **golpe** *blow (knock into)* **Calla** *Be quiet* **sabio** *magician* **vencimiento** *defeat* **espada** *sword* **que medio despaldado estaba** *whose back was half-broken*

Personajes

1. En este fragmento, se mencionan estos personajes. ¿Quiénes son?

   ▸ don Quijote
   ▸ Rocinante
   ▸ Dulcinea
   ▸ Sancho Panza
   ▸ los gigantes
   ▸ Frestón

2. ¿Qué puedes deducir de los personajes según la información que se da en este episodio?

3. ¿Quiénes son los personajes principales?

4. ¿Cuáles son las diferencias entre don Quijote y Sancho Panza? ¿Qué tienen en común?

¿Un loco o un héroe?

En un párrafo da tu opinión del personaje de don Quijote, basándote en la aventura de los molinos de viento. Ten en cuenta las acciones, los motivos y los sentimientos de don Quijote en su batalla contra los molinos de viento.

Una entrevista

Trabajen en grupos de tres para preparar una entrevista sobre los acontecimientos de este fragmento de la novela de Cervantes. Un(a) estudiante representará el papel del/de la entrevistador(a) y los otros dos asumirán los papeles de don Quijote y de Sancho Panza, quienes comentarán el episodio desde su punto de vista.

Escritura

Estrategia

Writing strong introductions and conclusions

Introductions and conclusions serve a similar purpose: both are intended to focus the reader's attention on the topic being covered. The introduction presents a brief preview of the topic. In addition, it informs your reader of the important points that will be covered in the body of your writing. The conclusion reaffirms those points and concisely sums up the information that has been provided. A compelling fact or statistic, a humorous anecdote, or a question directed to the reader are all interesting ways to begin or end your writing.

For example, if you were writing a biographical report on Miguel de Cervantes, you might begin your essay with the fact that his most famous work, *Don Quijote de la Mancha*, is the second most widely published book ever. The rest of your introductory paragraph would outline the areas you would cover in the body of your paper, such as Cervantes' life, his works, and the impact of *Don Quijote* on world literature. In your conclusion, you would sum up the most important information in the report and tie this information together in a way that would make your reader want to learn even more about the topic. You could write, for example: "Cervantes, with his wit and profound understanding of human nature, is without peer in the history of world literature."

Introducciones y conclusiones

Trabajen en parejas para escribir una oración de introducción y otra de conclusión sobre estos temas.

1. el episodio de los molinos de viento de *Don Quijote de la Mancha*
2. la definición de la locura
3. la realidad y la fantasía en la literatura

Tema

Escribir una composición

Si tuvieras la oportunidad, ¿qué harías para mejorar el mundo? Escribe una composición sobre los cambios que harías en el mundo si tuvieras el poder° y los recursos necesarios. Piensa en lo que puedes hacer ahora y en lo que podrás hacer en el futuro. Considera estas preguntas:

▸ ¿Pondrías fin a todas las guerras? ¿Cómo?

▸ ¿Protegerías el medio ambiente? ¿Cómo?

▸ ¿Promoverías° la igualdad y eliminarías el sexismo y el racismo? ¿Cómo?

▸ ¿Eliminarías la corrupción en la política? ¿Cómo?

▸ ¿Eliminarías la escasez de viviendas° y el hambre?

▸ ¿Educarías a los demás sobre el SIDA? ¿Cómo?

▸ ¿Promoverías el fin de la violencia entre seres humanos?

▸ ¿Promoverías tu causa en los medios de comunicación? ¿Cómo?

▸ ¿Te dedicarías a alguna causa específica dentro de tu comunidad? ¿Cuál?

▸ ¿Te dedicarías a solucionar problemas nacionales o internacionales? ¿Cuáles?

poder *power* **Promoverías** *Would you promote* **escasez de viviendas** *homelessness*

Escuchar Audio

Estrategia

**Recognizing genre/
Taking notes as you listen**

If you know the genre or type of discourse you are going to encounter, you can use your background knowledge to write down a few notes about what you expect to hear. You can then make additions and changes to your notes as you listen.

 To practice these strategies, you will now listen to a short toothpaste commercial. Before listening to the commercial, write down the information you expect it to contain. Then update your notes as you listen.

Preparación

Basándote en la foto, anticipa lo que vas a escuchar en el siguiente fragmento. Haz una lista y anota los diferentes tipos de información que crees que vas a oír.

Ahora escucha 🎧 ●Ｓ

Revisa la lista que hiciste para **Preparación.** Luego escucha el noticiero presentado por Sonia Hernández. Mientras escuchas, apunta los tipos de información que anticipaste y los que no anticipaste.

Tipos de información que anticipaste

1. _____
2. _____
3. _____

Tipos de información que no anticipaste

1. _____
2. _____
3. _____

 Practice more at **vhlcentral.com**.

Lección 6

Comprensión

Preguntas ●Ｓ

1. ¿Dónde está Sonia Hernández?
   _____

2. ¿Quién es Jaime Pantufla?
   _____

3. ¿Dónde hubo una tormenta?
   _____

4. ¿Qué tipo de música toca el grupo Dictadura de Metal?
   _____

5. ¿Qué tipo de artista es Ugo Nespolo?
   _____

6. Además de lo que Sonia menciona, ¿de qué piensas que va a hablar en la próxima sección del programa?

Ahora ustedes ●Ｓ

En parejas, usen la presentación de Sonia Hernández como modelo para escribir un breve noticiero para la comunidad donde viven. Incluyan noticias locales, nacionales e internacionales. Luego compartan el papel de locutor(a) y presenten el noticiero a la clase. Pueden grabar el noticiero si quieren.

En pantalla

Este anuncio forma parte de una campaña para motivar a los jóvenes a participar en las elecciones de 2006 en México. Estas elecciones fueron las más reñidas hasta ese momento. Ésta fue apenas la segunda elección después de más de setenta años de un gobierno federal encabezado° por un solo partido. Los votantes mexicanos, cada vez más involucrados y mejor informados, tuvieron que decidir entre los cinco candidatos contendientes, cuatro hombres y una mujer. A diferencia de los Estados Unidos, en México como en muchos países de Latinoamérica es muy común que haya cinco, seis o más candidatos a la presidencia.

Vocabulario útil

mitad	*half*
reñidas	*hard-fought*
cállate	*be quiet*
te quejas	*you complain*
concientizar	*to raise awareness*
campaña	*campaign*

 Preguntas

En grupos de tres, respondan a las preguntas.

1. ¿Qué piensan que promueve (*promotes*) este anuncio?
2. ¿A qué público está dirigido? ¿Cómo lo saben?
3. ¿A qué se refieren cuando dicen "cállate"?
4. ¿Creen que es un anuncio efectivo? ¿Por qué?
5. ¿Qué anuncios conocen que promuevan el mismo mensaje?

Anuncio

En grupos pequeños, imaginen que tienen que crear un anuncio para televisión sobre un problema social o político que les preocupe. Escriban un párrafo donde digan de qué quieren hablar en el anuncio y por qué, qué celebridades quieren que aparezcan en él y dónde les gustaría filmarlo.

Anuncio sobre elecciones

A ti no te gustaría que te dijeran...

... con quién tienes que andar°...

... cuál disco vas a comprar...

 **Video: TV Clip**

 Practice more at **vhlcentral.com**.

---

encabezado *led*   andar *to go out with (Mex.)*

En los años veinte, menos de 5.000 puertorriqueños vivían en Nueva York. Para el 2010 eran casi 725.000. Además de Nueva York, ciudades como Chicago, Philadelphia, Newark y Providence tienen grandes comunidades puertorriqueñas. Ahora son un poco más de 4.600.000 los que viven en todos los estados, principalmente en el noreste° del país y en el centro de Florida. Los boricuas° en los EE.UU. han creado nuevas manifestaciones de su cultura, como la música salsa en la ciudad de Nueva York y los multitudinarios° desfiles° que se realizan cada año en todo el país, una gran muestra del orgullo° y la identidad de los puertorriqueños.

Vocabulario útil

la estadidad	statehood
la patria	homeland
las relaciones exteriores	foreign policy
la soberanía	sovereignty

Preparación

¿Qué sabes de Puerto Rico? ¿Sabes qué territorios estadounidenses tienen un estatus especial? ¿En qué se diferencian de un estado normal?

¿Cierto o falso?

Indica si las oraciones son **ciertas** o **falsas**.

1. Los puertorriqueños sirven en el ejército de los EE.UU.

2. Puerto Rico es territorio de los EE.UU., pero el congreso estadounidense no tiene autoridad en la isla.

3. En Puerto Rico se usa la misma (*same*) moneda que en los EE.UU.

4. En la isla se pagan sólo impuestos locales.

5. El comercio de la isla está a cargo del gobernador de Puerto Rico.

6. La mayoría de los puertorriqueños quieren que la isla sea una nación independiente.

noreste *northeast* boricuas *people from Puerto Rico*
multitudinarios *with mass participation* desfiles *parades* orgullo *pride*

Puerto Rico: ¿nación o estado?

1

Cuando estás aquí no sabes si estás en un país latinoamericano o si estás en los EE.UU.

2

... todo lo relacionado a la defensa, las relaciones exteriores [...] está a cargo del gobierno federal de los EE.UU.

3

—¿Cuál es su preferencia política?
—Yo quiero la estadidad...

 Video: *Flash cultura*

Practice more at **vhlcentral.com**.

Lección 6

recursos

| VM pp. 351–352 | vhlcentral.com Lección 6 |

Paraguay

El país en cifras

▸ **Área:** 406.750 km² (157.046 millas²),
  el tamaño° de California
▸ **Población:** 7.007.000
▸ **Capital:** Asunción—2.277.000
▸ **Ciudades principales:** Ciudad del Este,
  San Lorenzo, Lambaré, Fernando de la Mora

SOURCE: Population Division, UN Secretariat

▸ **Moneda:** guaraní
▸ **Idiomas:** español (oficial), guaraní (oficial)
*Las tribus indígenas que habitaban la zona antes
de la llegada de los españoles hablaban guaraní.
Ahora el 90 por ciento de los paraguayos habla
esta lengua, que se usa con frecuencia en canciones,
poemas, periódicos y libros. Varios institutos y
asociaciones, como el Teatro Guaraní, se dedican
a preservar la cultura y la lengua guaraníes.*

Bandera de Paraguay

Paraguayos célebres

▸ **Agustín Barrios,** guitarrista y compositor
  (1885–1944)
▸ **Josefina Plá,** escritora y ceramista
  (1909–1999)
▸ **Augusto Roa Bastos,** escritor (1917–2005)
▸ **Olga Blinder,** pintora (1921–2008)

tamaño *size* multara *fined*

recursos

WB
p. 343

VM
pp. 347–348

vhlcentral.com
Lección 6

BOLIVIA

ESTADOS UNIDOS

OCÉANO
PACÍFICO

OCÉANO
ATLÁNTICO

AMÉRICA DEL SUR

PARAGUAY

Paraguayo con alfombras
típicas del país

BRASIL

Río Verde

Río Negro

Río Paraná

Concepción

Río Paraguay

ARGENTINA

Asunción

Fernando
de la Mora

Ciudad
del Este

San Lorenzo

Lambaré

Río Iguazú

Agricultor indígena
de la tribu maca

Río Tebicuary

**Cordillera de
Caaguazú**

Río Paraná

Itapúa

¡Increíble pero cierto!

¿Te imaginas qué pasaría si el gobierno multara° a
los ciudadanos que no van a votar? En Paraguay
es una obligación. Ésta es una ley nacional, que
otros países también tienen, para obligar a los
ciudadanos a participar en las elecciones. En
Paraguay los ciudadanos que no van a votar
tienen que pagar una multa al gobierno.

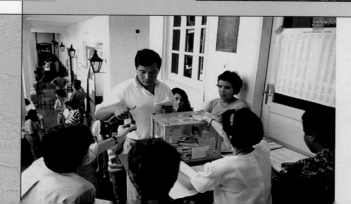

Artesanía • El ñandutí

La artesanía más famosa de Paraguay se llama ñandutí y es un encaje°
hecho a mano originario de Itauguá. En guaraní, la palabra ñandutí significa
telaraña° y esta pieza recibe ese nombre porque imita el trazado° que crean
los arácnidos. Estos encajes suelen ser° blancos, pero también los hay de
colores, con formas geométricas o florales.

Ciencias • La represa Itaipú

La represa° Itaipú es una instalación hidroeléctrica que se encuentra en la
frontera entre Paraguay y Brasil. Su construcción inició en 1974 y duró 8 años.
La cantidad de concreto que se utilizó durante los primeros cinco años de esta
obra fue similar a la que se necesita para construir un edificio de 350 pisos.
Cien mil trabajadores paraguayos participaron en el proyecto. En 1984 se puso
en funcionamiento la Central Hidroeléctrica de Itaipú y gracias a su cercanía
con las famosas Cataratas de Iguazú, muchos turistas la visitan diariamente.

Naturaleza • Los ríos Paraguay y Paraná

Los ríos Paraguay y Paraná sirven de frontera natural entre Argentina y
Paraguay, y son las principales rutas de transporte de este último país. El
Paraná tiene unos 3.200 kilómetros navegables, y por esta ruta pasan barcos
de más de 5.000 toneladas, los cuales viajan desde el estuario° del Río de la
Plata hasta la ciudad de Asunción. El río Paraguay divide el Gran Chaco de la
meseta° Paraná, donde vive la mayoría de los paraguayos.

 ¿Qué aprendiste? Responde a cada pregunta con una oración completa.

1. ¿Quién fue Augusto Roa Bastos?

2. ¿Cómo se llama la moneda de Paraguay?

3. ¿Qué es el ñandutí?

4. ¿De dónde es originario el ñandutí?

5. ¿Qué forma imita el ñandutí?

6. En total, ¿cuántos años tomó la construcción de la represa Itaipú?

7. ¿A cuántos paraguayos dio trabajo la construcción de la represa?

8. ¿Qué países separan los ríos Paraguay y Paraná?

9. ¿Qué distancia se puede navegar por el Paraná?

 Conexión Internet Investiga estos temas en **vhlcentral.com**.   Practice more at **vhlcentral.com**.

1. Busca información sobre Alfredo Stroessner, el ex presidente de Paraguay. ¿Por qué se le considera
   un dictador?

2. Busca información sobre la historia de Paraguay. En tu opinión, ¿cuáles fueron los episodios decisivos
   en su historia?

encaje *lace* telaraña *spiderweb* trazado *outline; design* suelen ser *are usually* represa *dam* estuario *estuary* meseta *plateau*

Uruguay

El país en cifras

▸ **Área:** 176.220 km² (68.039 millas²), *el tamaño° del estado de Washington*
▸ **Población:** 3.430.000
▸ **Capital:** Montevideo—1.644.000

Casi la mitad° de la población de Uruguay vive en Montevideo. Situada en la desembocadura° del famoso Río de la Plata, esta ciudad cosmopolita e intelectual es también un destino popular para las vacaciones, debido a sus numerosas playas de arena° blanca que se extienden hasta la ciudad de Punta del Este.

▸ **Ciudades principales:** Salto, Paysandú, Las Piedras, Rivera

SOURCE: Population Division, UN Secretariat

▸ **Moneda:** peso uruguayo
▸ **Idiomas:** español (oficial)

Bandera de Uruguay

Uruguayos célebres

▸ **Horacio Quiroga,** escritor (1878–1937)
▸ **Juana de Ibarbourou,** escritora (1892–1979)
▸ **Mario Benedetti,** escritor (1920–2009)
▸ **Cristina Peri Rossi,** escritora y profesora (1941–)

tamaño *size* mitad *half* desembocadura *mouth* arena *sand*
avestruz *ostrich* no voladora *flightless* medir *measure* cotizado *valued*

Gaucho uruguayo

Entrada a la Ciudad Vieja,
Colonia del Sacramento

recursos

| WB p. 344 | VM pp. 349–350 | vhlcentral.com Lección 6 |

¡Increíble pero cierto!

En Uruguay hay muchos animales curiosos, entre ellos el ñandú. De la misma familia del avestruz°, el ñandú es el ave no voladora° más grande del hemisferio occidental. Puede llegar a medir° dos metros. Normalmente, va en grupos de veinte o treinta y vive en el campo. Es muy cotizado° por su carne, sus plumas y sus huevos.

Costumbres • La carne y el mate

En Uruguay y Argentina, la carne es un elemento esencial de la dieta diaria. Algunos platillos representativos de estas naciones son el asado°, la parrillada° y el chivito°. El mate, una infusión similar al té, también es típico de la región. Esta bebida de origen indígena está muy presente en la vida social y familiar de estos países aunque, curiosamente, no se puede consumir en bares o restaurantes.

Deportes • El fútbol

El fútbol es el deporte nacional de Uruguay. El primer equipo de balompié uruguayo se formó en 1891 y en 1930 el país suramericano fue la sede° de la primera Copa Mundial de esta disciplina. El equipo nacional ha conseguido grandes éxitos a lo largo de los años: dos campeonatos olímpicos, en 1923 y 1928, y dos campeonatos mundiales, en 1930 y 1950. De hecho, Uruguay y Argentina han presentado su candidatura binacional para que la Copa Mundial de Fútbol de 2030 se celebre en sus países.

Costumbres • El Carnaval

El Carnaval de Montevideo es el de mayor duración en el mundo. A lo largo de 40 días, los uruguayos disfrutan de los desfiles° y la música que inundan las calles de su capital. La celebración más conocida es el Desfile de las Llamadas, en el que participan bailarines al ritmo del candombe, una danza de tradición africana.

¿Qué aprendiste? Responde a cada pregunta con una oración completa.

1. ¿Qué tienen en común los uruguayos célebres mencionados en la página anterior (*previous*)?

2. ¿Cuál es el elemento esencial de la dieta uruguaya?

3. ¿Qué es el ñandú?

4. ¿Qué es el mate?

5. ¿Cuándo se formó el primer equipo uruguayo de fútbol?

6. ¿Cuándo se celebró la primera Copa Mundial de fútbol?

7. ¿Cómo se llama la celebración más conocida del Carnaval de Montevideo?

8. ¿Cuántos días dura el Carnaval de Montevideo?

Edificio del Parlamento en Montevideo

Conexión Internet Investiga estos temas en **vhlcentral.com**.

1. Uruguay es conocido como un país de muchos escritores. Busca información sobre uno de ellos y escribe una biografía.

2. Investiga cuáles son las comidas y bebidas favoritas de los uruguayos. Descríbelas e indica cuáles te gustaría probar y por qué.

Practice more at **vhlcentral.com**.

asado *barbecued beef* parrillada *barbecue* chivito *goat* sede *site* desfiles *parades*

Los medios de comunicación

el acontecimiento	event
las actualidades	news; current events
el artículo	article
el diario	newspaper
el informe	report; paper (written work)
el/la locutor(a)	(TV or radio) announcer
los medios de comunicación	media; means of communication
las noticias	news
el noticiero	newscast
la prensa	press
el reportaje	report
anunciar	to announce; to advertise
comunicarse (con)	to communicate (with)
durar	to last
informar	to inform
ocurrir	to occur; to happen
transmitir, emitir	to broadcast
(inter)nacional	(inter)national
peligroso/a	dangerous

Las noticias

el choque	collision
el crimen	crime; murder
el desastre (natural)	(natural) disaster
el desempleo	unemployment
la (des)igualdad	(in)equality
la discriminación	discrimination
el ejército	army
la experiencia	experience
la guerra	war
la huelga	strike
el huracán	hurricane
el incendio	fire
la inundación	flood
la libertad	liberty; freedom
la paz	peace
el racismo	racism
el sexismo	sexism
el SIDA	AIDS
el/la soldado	soldier
el terremoto	earthquake
la tormenta	storm
el tornado	tornado
la violencia	violence

La política

el/la candidato/a	candidate
el/la ciudadano/a	citizen
el deber	responsibility; obligation
los derechos	rights
la dictadura	dictatorship
el discurso	speech
las elecciones	election
la encuesta	poll; survey
el impuesto	tax
la política	politics
el/la representante	representative
declarar	to declare; to say
elegir (e:i)	to elect
luchar (por/contra)	to fight; to struggle (for/against)
obedecer	to obey
votar	to vote
político/a	political

Expresiones útiles	See page 309.

recursos

LM p. 356

vhlcentral.com Lección 6

Audio: Vocabulary Flashcards

contextos

Lección 6

1   **Identificar** Label the numbered items in the drawing.

1. _____
2. _____
3. _____
4. _____
5. _____
6. _____
7. _____

2   **Una es diferente** Fill in the blanks with the words that don't belong in the groups.

1. anunciar, comunicarse, luchar, transmitir, informar _____

2. racismo, sexismo, discriminación, desigualdad, prensa _____

3. libertad, tornado, huracán, tormenta, inundación _____

4. locutor, impuesto, ciudadano, político, reportero _____

5. crimen, guerra, violencia, derechos, choque _____

6. diario, noticiero, acontecimiento, artículo, informe _____

3 **Crucigrama** Use the clues to complete the crossword puzzle.

Horizontales

1. Un carro golpea (*hits*) a otro carro.
2. Sucede cuando un río se llena demasiado de agua.
4. Es lo opuesto (*opposite*) a la democracia.
5. Se hace para saber quién va a ganar las elecciones.
7. Todos los días puedes leer las noticias en él.

Verticales

1. Quiere ser elegido para un puesto público.
3. Es el dinero que todos pagan al gobierno por lo que ganan.
6. Es una enfermedad del sistema inmune del cuerpo.

4 **La locutora** Complete the newscast with items from the word bank.

candidatos	elecciones	encuestas		noticias	prensa
discursos	elegir	medios de comunicación		noticiero	votar

Buenas tardes, y bienvenidos al (1) _____ de las cinco. Mañana, un mes

antes de las (2) _____ para la presidencia de los Estados Unidos, será el

primer debate entre los (3) _____. Ya ellos han pronunciado muchos

(4) _____, y todos hemos escuchado sus opiniones, pero mañana será la

primera vez que los candidatos se enfrentan (*face each other*). La (5) _____

internacional está preparada para llevar las últimas noticias a los diarios de todo el mundo.

Los (6) _____, como la radio y la televisión, estarán bien representados.

Las (7) _____ no indican que alguno de los dos candidatos tenga una ventaja

(*lead*) clara. Lo más importante es ver cuántos ciudadanos irán a (8) _____ el día

de las elecciones. Son ellos los que decidirán a quién van a (9) _____. Volveremos

a las diez de la noche para darles las (10) _____ de la tarde. ¡Los esperamos!

estructura

6.1 **Si** clauses

1

Sería así Complete the sentences with the verbs in parentheses. Use the subjunctive and the conditional as appropriate.

> **modelo**
>
> Si yo **fuera** (ir) al cine, (yo) **vería** (ver) esa película.

1. Adriana y Claudia _____ (adelgazar) si _____ (comer) menos todos los días.

2. Si Gustavo _____ (conseguir) un trabajo mejor, (él) _____ (ganar) más dinero.

3. Si el amigo de Gerardo la _____ (invitar), Olga _____ (salir) con él al cine.

4. Alma y yo _____ (lavar) los platos si Alejandra _____ (pasar) la aspiradora.

5. Si (tú) _____ (tener) hambre, (tú) _____ (poder) almorzar en casa de mi tía.

6. Brenda nos _____ (venir) a buscar si (nosotras) _____ (estar) listas a tiempo.

7. Yo _____ (ir) a la ópera el sábado si ustedes _____ (tener) más boletos.

8. Si Pilar y tú _____ (querer), (nosotros) _____ (viajar) juntos por Suramérica.

9. Ustedes _____ (buscar) el libro en la librería si (ustedes) no lo _____ (encontrar) en casa.

10. Si Marcos y María _____ (poder), (ellos) _____ (comprar) una casa en mi barrio.

2

Si fuera así... Rewrite the sentences to describe a contrary-to-fact situation. Use the subjunctive and the conditional tenses.

> **modelo**
>
> Si me visitas en Montevideo, te invito a cenar.
> *Si me visitaras en Montevideo, te invitaría a cenar.*

1. Si buscas las llaves en la habitación, las encuentras enseguida.

   _____

2. La madre de Rodrigo llama al médico si él está enfermo.

   _____

3. Si ustedes saludan a Rosa y a Ramón, ellos son muy simpáticos.

   _____

4. Si Luis me espera, voy con él al festival de música folclórica.

   _____

5. Ana y Elena limpian la cocina y el baño si están sucios.

   _____

6. Viajo a Uruguay con ustedes si tengo el dinero.

   _____

3 **Si hubiera...** Write complete sentences about the images. Use the conditional perfect and the past perfect.

modelo

> (él) levantar pesas / mantenerse en forma
> Si hubiera levantado pesas, se habría mantenido en forma.

1. (ellos) / levantarse temprano / no llegar tarde

_____

2. (yo) hacer ejercicios de estiramiento / no haberse lastimado

_____

3. (ustedes) leer el libro / sacar buenas notas en el examen

_____

4. (tú) llegar temprano / recibir un regalo

_____

4 **Escribir oraciones** Write sentences with the elements provided to express conditions and events possible or likely to occur. Use the tenses in brackets.

modelo

> Si Paco llega temprano / (ustedes / ir al cine) [*future*]
> Si Paco llega temprano, ustedes irán al cine.

1. Si quieres comer en mi casa / (tú / llamarme) [*command*]

_____

2. Si Luisa se enferma / (su novio / llevarla al doctor) [*present*]

_____

3. Si todos los ciudadanos votan / (el gobierno / ser mejor) [*near future*]

_____

4. Si Ana y tú estudian / (ustedes / aprobar el examen) [*future*]

_____

5. Si nos levantamos tarde / (nosotras / no llegar al discurso) [*near future*]

_____

6.2 Summary of the uses of the subjunctive

1 **¿Subjuntivo o indicativo?** Choose the correct verbs from the parentheses.

1. Cuando _____ (vienes, vengas) a buscarme, tráeme la mochila.

2. Nuestros primos nos llamaron después de que su madre se _____ (casó, casara).

3. Ricardo y Elena quieren que ella los llame en cuanto _____ (llega, llegue).

4. Ustedes se quitaron los abrigos tan pronto como _____ (pudieron, pudieran).

5. Ricardo va a correr en el parque hasta que se _____ (cansa, canse).

6. Después de que _____ (vamos, vayamos) al cine, quiero comer algo.

2 **¿Infinitivo o subjuntivo?** Rewrite the sentences, using the infinitive or the subjunctive form of the verb in parentheses, as needed.

1. Laura y Germán esperan que la tormenta no (causar) daños (*damage*).

   _____

2. Los trabajadores temen (perder) sus derechos.

   _____

3. Nosotros tenemos miedo de (conducir) en la ciudad.

   _____

4. Gisela y tú se alegran de que Ricardo no (ser) antipático.

   _____

5. Tú esperas (terminar) el trabajo antes de irte de vacaciones.

   _____

6. Daniel teme que sus padres (vender) la casa en donde nació.

   _____

3 **¿Hace o haga?** Complete the sentences with the indicative or subjunctive of the verbs in parentheses.

1. Roberto es el chico que _____ (trabajar) en el periódico universitario.

2. Álex y yo buscamos aspirantes que _____ (saber) usar bases de datos.

3. ¿Conoces a alguien que _____ (hablar) más de cuatro idiomas?

4. El amigo de Ana es un abogado que _____ (tener) muchos casos.

5. La señora López dice que no hay nadie que _____ (cocinar) mejor que ella.

6. Javier y yo somos artistas que _____ (dibujar) muy bien.

7. Mauricio quiere un asistente que _____ (vivir) en Quito.

8. Andrea tiene amigos que _____ (estudiar) en la UNAM.

Workbook

4

Planes de verano Berta is writing an e-mail to her friend Pati about her plans for this summer. Complete the paragraph with the correct forms of the subjunctive.

| Para: Pati | De: Berta | Asunto: Viaje de verano |

Querida Pati:

Deseo que el semestre (1) _____ (terminar) pronto. Dudo que

(2) _____ (sacar) malas notas, pero ya tengo planes para el

verano. Tan pronto como (3) _____ (empezar) las vacaciones,

tomaré un avión a Montevideo. Si (4) _____ (comprar) mi

boleto hace dos meses, habría pagado menos dinero, pero me alegro de

que (5) _____ (aceptar) mi tarjeta de crédito en la agencia

de viajes. En cuanto (6) _____ (recibir) mi sueldo, compraré

un diario. Cuando (7) _____ (comenzar) mi viaje, voy a

escribir todas mis experiencias. Después de que (8) _____

(llegar) a Montevideo, mi amigo Alberto irá por mí al aeropuerto.

No descansaremos hasta que (9) _____ (visitar) todos los

lugares interesantes de su país. ¡Uf! Me alegro de que el verano

(10) _____ (durar) dos meses. En caso de que Alberto y yo

(11) _____ (necesitar) más tiempo, regresaré el próximo año.

Si tú (12) _____ (venir) con nosotros, disfrutarías mucho.

Siento mucho que (tú) no (13) _____ (poder) viajar este

verano y espero que ya (14) _____ (sentirse) mejor. Tan

pronto como (yo) (15) _____ (encontrar) un cibercafé en

Montevideo, te escribiré.

Saludos,
Berta

5

Que sea así Combine the sentences, using the present or past subjunctive in the adjective clause.

> *modelo*
>
> Patricia fue a buscar un escritorio. El escritorio debía ser grande.
> *Patricia fue a buscar un escritorio que fuera grande.*

1. Quiero elegir un candidato. El candidato debe ser inteligente y sincero.

   _____

2. La empresa iba a contratar un empleado. El empleado debía tener experiencia.

   _____

3. Norma y tú van a comprar una casa. La casa debe estar en buen estado (*condition*).

   _____

4. Iván quería casarse con una chica. La chica lo debía querer mucho.

   _____

5. Vamos a darle empleo a una señora. La señora debe saber cocinar.

   _____

6. Ellos estaban buscando una persona. La persona debía conocer a Sergio.

   _____

6 **¿Indicativo o subjuntivo?** Complete this letter with the present indicative or the present subjunctive of the verbs in parentheses.

> Estimado cliente:
>
> Le escribimos para informarle que su servicio de larga distancia ya (1) _____
> (funcionar) a través de (*through*) nuestra empresa. Ahora las llamadas internacionales le
> (2) _____ (costar) 10 centavos por minuto a menos que usted
> (3) _____ (hacer) las llamadas en fin de semana. Puede llamarnos a nuestra línea
> de servicio al cliente cuando usted (4) _____ (querer). Nuestros agentes
> (5) _____ (responder) a las llamadas las 24 horas del día. Además, le
> ofrecemos nuestro servicio de Internet inalámbrico. Ahora usted (6) _____
> (poder) conectarse a Internet sin que la distancia y el lugar (7) _____ (ser)
> un problema. Le sugerimos que (usted) (8) _____ (elegir) nuestra empresa
> para conectarse a Internet. Es cierto que usted (9) _____ (tener) muchas
> opciones, pero le aconsejamos que (usted) (10) _____ (conectarse) a través de
> nuestra empresa para obtener los mejores precios y servicios. Tan pronto como usted
> (11) _____ (decidir) usar nuestros servicios, llámenos. Nosotros le daremos
> toda la información que (usted) (12) _____ (necesitar).

7 **¿Qué habría pasado?** Write questions and answers with the elements provided to state what would have happened in each case.

> **modelo**
>
> si yo / haber estado en un incendio // (tú) / haber tenido miedo
> *¿Qué habría pasado si yo hubiera estado en un incendio?*
> *Si hubieras estado en un incendio, habrías tenido miedo.*

1. si don Diego / haber llegado tarde // (él) / no haber votado

   _____

   _____

2. si Jimena / haberte dicho eso // yo / no haber aceptado el trabajo

   _____

   _____

3. si Maru y tú / haber sido discriminados/as // (nosotros/as) / haber luchado contra la desigualdad

   _____

   _____

4. si Felipe y Miguel / haber visto al criminal // (ellos) / haber declarado en su contra (*against him*)

   _____

   _____

Síntesis

Write an essay about a famous politician. Include various types of **si** clauses and different uses of the subjunctive as you address the following:

- State what you think about the person's life choices.
- With which aspects of the person's life do you agree and disagree?
- What do you like and dislike about him or her?
- What do you hope he or she will do in the future?
- Which of the things said about this person do you think are true and untrue?
- What would you have done and what would you do if you were this person?

_____

_____

_____

_____

_____

_____

_____

_____

_____

_____

_____

_____

_____

_____

_____

_____

_____

_____

_____

_____

_____

_____

_____

_____

panorama

Paraguay

1 **Preguntas sobre Paraguay** Answer these questions about Paraguay.

1. ¿Cómo usan la lengua guaraní los paraguayos? _____

_____

2. ¿A qué se dedica el Teatro Guaraní? _____

_____

3. ¿Por qué se llaman "ñandutí" los encajes paraguayos? _____

_____

4. ¿Por qué visitan la represa Itaipú muchos turistas? _____

_____

5. ¿Qué ríos sirven de frontera entre Paraguay y Argentina? _____

_____

6. ¿Cuál es la importancia del río Paraná? _____

_____

2 **Sopa de letras** Use the clues to find terms about Paraguay in the puzzle. Then, write down the answers.

1. capital de Paraguay
2. central hidroeléctrica
3. ciudad de Paraguay
4. encaje artesanal paraguayo
5. estuario al final del río Paraná
6. guitarrista paraguayo
7. un idioma de Paraguay
8. lugar originario del ñandutí
9. una mujer de Paraguay
10. país que hace frontera con Paraguay
11. río con 3.200 km navegables
12. zona poco poblada de Paraguay

U	R	Í	O	D	E	L	A	P	L	A	T	A
X	I	R	M	Z	L	U	L	G	A	D	M	R
A	T	I	T	A	I	P	Ú	L	M	Ñ	B	G
S	A	D	Á	Q	Ñ	F	M	V	B	F	Í	E
U	U	S	G	R	A	N	C	H	A	C	O	N
N	G	U	A	R	A	N	Í	R	R	M	H	T
C	U	B	A	R	R	I	O	S	É	Í	C	I
I	Á	F	P	A	R	A	N	Á	L	U	X	N
Ó	Ñ	A	N	D	U	T	Í	G	O	R	Ñ	A
N	O	H	P	A	R	A	G	U	A	Y	A	R

1. _____
2. _____
3. _____
4. _____
5. _____
6. _____
7. _____
8. _____
9. _____
10. _____
11. _____
12. _____

panorama

Uruguay

3 **Datos uruguayos** Complete the sentences with information about Uruguay.

1. Montevideo está situada en la desembocadura del _____.

2. Hay numerosas playas que se extienden desde Montevideo hasta la ciudad de _____.

3. La _____ es un elemento esencial en la dieta diaria de los uruguayos.

4. El _____ es una infusión similar al té y es muy típico de la región.

5. El _____ es el deporte nacional de Uruguay.

6. En los años _____ se inició el período profesional del fútbol uruguayo.

7. El _____ de Montevideo dura unos cuarenta días y es el más largo del mundo.

8. La celebración más conocida del Carnaval de Montevideo es el _____.

4 **¿Cierto o falso?** Indicate if each statement is **cierto** or **falso**. Correct the false statements.

1. Punta del Este es una ciudad cosmopolita e intelectual.

_____

2. La producción ganadera es muy importante en la economía de Uruguay.

_____

3. El mate es una bebida de origen africano que está muy presente en Uruguay.

_____

4. Uruguay y Argentina desean ser la sede de la Copa Mundial de fútbol en 2030.

_____

5. Uno de los mejores carnavales de Suramérica se celebra en Salto.

_____

6. En el Desfile de las Llamadas participan actores y actrices.

_____

5 **El mapa** Identify the places on this map of Uruguay.

1. _____   4. _____

2. _____   5. _____

3. _____   6. _____

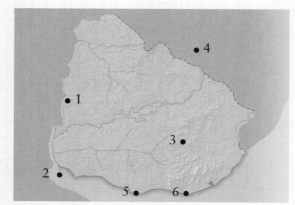

Hasta pronto, Marissa

Lección 6
Fotonovela

Antes de ver el video

1 **¿Qué pasa?** In this image, where do you think the friends are? What are they doing?

_____

_____

_____

_____

_____

_____

_____

_____

Mientras ves el video

2 **Completar** As you watch **Hasta pronto, Marissa**, fill in the blanks.

1. Si _____ sabido que ellos no iban a estar aquí, me

   _____ despedido anoche.

2. Igualmente. Ella es Marissa. _____ el año con nosotros y hoy

   _____ a su casa, que es en los Estados Unidos.

3. Si te _____ la oportunidad de regresar a estudiar aquí, ¿_____?

4. Marissa, ¿cuál _____ tu experiencia _____ en México?

5. Marissa, espero que lo _____ pasado _____ en México.

6. Chichén Itzá fue muy _____ también. No puedo decidirme.

   ¡La he pasado de _____!

3 **¿Qué viste?** Place a check mark beside what you see.

_____ 1. Marissa está triste por no poder despedirse de sus amigos.

_____ 2. Don Diego conduce el carro de los Díaz.

_____ 3. Marissa y el señor Díaz llegan a la fiesta sorpresa.

_____ 4. Miguel dice que viajará a Bolivia.

_____ 5. Marissa le da el diccionario a Felipe.

4 **Cosas y personas** Place a check mark beside what you see.

_____ 1. una carta _____ 3. una reportera _____ 5. un soldado

_____ 2. un choque _____ 4. un periódico _____ 6. una tormenta

Después de ver el video

5 **Preguntas** Answer these questions in Spanish.

1. Según la reportera, Maite Fuentes, ¿dónde tuvo lugar el terremoto? _____

_____

2. ¿Adónde quiere tomar unos cursos Marissa? _____

_____

3. Si Marissa tuviera que elegir una sola experiencia de las que vivió en México, ¿cuál elegiría?

_____

_____

4. Si le dieran la oportunidad, ¿Marissa volvería a estudiar en México?

_____

_____

5. ¿Qué le manda la tía Ana María a Marissa como regalo de despedida?

_____

_____

6 **Un artículo** Imagine that you are a reporter and you are going to interview Marissa about her experiences in Mexico. Write a brief article using what you saw in **Fotonovela**.

_____

_____

_____

_____

_____

_____

_____

_____

_____

7 **¿Qué va a pasar?** Marissa said goodbye to her friends and is returning to Wisconsin. What do you think the future holds for Marissa and her friends? Will Juan Carlos and Jimena continue dating? Will they get married? What will Miguel and Maru's wedding be like? Will the friends achieve their career goals?

_____

_____

_____

_____

_____

Panorama: Paraguay

Antes de ver el video

1 **Más vocabulario** Look over these useful words and expressions before you watch the video.

Vocabulario útil		
alimento *food*	**cultivar** *to cultivate*	**quemar** *to burn*
amargo *bitter*	**empresas** *companies*	**sagrada** *sacred*
asegurar *to maintain*	**fuente** *source*	**suplemento alimenticio**
calabaza *pumpkin*	**hervir** *to boil*	*dietary supplement*
cortar *to cut*	**hojas** *leaves*	

2 **Preferencias** In this video you are going to learn about the importance of a coffee-like beverage in the Paraguayan diet. Do you like coffee? Is it popular in your country? Why? Is it good for your health? Write a paragraph in Spanish to answer these questions.

_____

_____

_____

_____

_____

_____

_____

Mientras ves el video

3 **Ordenar** Number the sentences in the order in which they appear in the video.

_____ a. El mate es un alimento.

_____ b. Hay muchas técnicas para preparar el mate.

_____ c. Tomar mate era ilegal.

_____ d. El mate se toma a toda hora.

_____ e. La yerba mate crece en América del Sur.

_____ f. El mate tiene vitaminas, minerales y antioxidantes.

_____ g. El mate tiene un sabor amargo.

_____ h. Los indígenas guaraní creían que esta planta era un regalo de sus antepasados.

_____ i. El mate es típico de Paraguay, Argentina y Uruguay.

_____ j. El mate es usado por personas que quieren adelgazar.

Después de ver el video

4

Foto Describe the video stills. Write at least three sentences in Spanish for each one.

_____

_____

_____

_____

_____

_____

_____

_____

_____

_____

5

Responder Answer the questions in Spanish.

1. ¿Qué es el mate? _____

_____

2. ¿Dónde es típico el mate? _____

_____

3. ¿Cómo usaban el mate los indígenas guaraní? _____

_____

4. ¿Cómo se usa el mate hoy en día? _____

_____

5. ¿Por qué durante la colonia era ilegal tomar mate? _____

_____

6. ¿Qué características tiene el mate? _____

_____

6

Escribir Write a short summary of this video in Spanish.

_____

_____

_____

_____

_____

Panorama: Uruguay

Antes de ver el video

1   **Más vocabulario** Look over these useful words and expressions before you watch the video.

Vocabulario útil		
asado *barbecue*	campos *rural areas*	jineteadas *rodeo*
cabalgatas colectivas *caravans*	ganadería *ranching*	ranchos ganaderos *cattle ranches*
caballos *horses*	gauchos *cowboys*	siglos *centuries*

2   **Predecir** Based on the video stills, write what you think the video will be about.

_____

_____

_____

_____

_____

Mientras ves el video

3   **Describir** Write a short description of the items.

1. Las estancias son _____

_____

2. Los gauchos son _____

_____

3. Las cabalgatas colectivas son _____

_____

4. Las jineteadas son _____

_____

Después de ver el video

4

Responder Answer the questions in Spanish.

1. ¿Te gustaría quedarte por unos días en una estancia? ¿Por qué?

_____

2. ¿Por qué crees que a los turistas les gustan estos lugares? ¿Por qué son tan especiales?

_____

3. ¿Hay en tu país hoteles parecidos a las estancias? ¿Cómo son?

_____

5

Imaginar Imagine that you are a travel agent and that you need to create an itinerary for a client going to an **estancia**. Write the itinerary in the space below.

lunes	
martes	
miércoles	
jueves	
viernes	
sábado	
domingo	

6

Escribir Now imagine that you are a **gaucho**. What is your daily routine? Describe the activities you do every day.

En la mañana yo _____

_____

_____.

En la tarde yo _____

_____

_____.

En la noche yo _____

_____

_____.

Puerto Rico: ¿nación o estado?

Lección 6
Flash cultura

Antes de ver el video

1 **Más vocabulario** Look over these words before you watch the video.

Vocabulario útil

el agua de coco *coconut water*	la isla *island*	las relaciones exteriores
el/la boricua *Puerto Rican*	los lazos *ties*	*foreign policy*
convertirse *to become*	la nación independiente	la soberanía *sovereignty*
la estadidad *statehood*	*independent nation*	la vacuna *vaccine*
el estado libre asociado	permanecer *to stay; to remain*	valorar *to value*
associated free state	el productor *producer*	

2 **Completar** Fill in the blanks in these sentences.

1. En Puerto Rico, el _____ es una bebida muy popular.

2. Otro nombre para los puertorriqueños es _____.

3. Para viajar a Puerto Rico desde los EE.UU. no hacen falta las _____.

4. Hay puertorriqueños que quieren que su país siga siendo un estado _____ asociado.

5. Algunos puertorriqueños desean que su país se convierta en una nación _____.

3 **¡En español!** Look at the image. Imagine what Diego will say about politics in Puerto Rico and write a two- or three-sentence introduction to this episode.

Diego Palacios, Puerto Rico

Saludos y bienvenidos... _____

_____

_____

_____

_____

_____

_____

Mientras ves el video

4 **¿Qué ves?** Identify what you see in the video.

_____ 1. un caballo

_____ 2. un avión

_____ 3. una ballena

_____ 4. el mar

_____ 5. un mapa

_____ 6. un cajero automático

_____ 7. un gimnasio

_____ 8. un buzón

5 **Opiniones** Listen to what these people say, and match the caption with a person.

1. ___

2. ___

3. ___

4. ___

a. ¿Por qué cambiarlo si es lo mejor de dos mundos?   b. Nos gusta el estilo americano.

c. Yo prefiero que Puerto Rico se quede como está.   d. Yo quiero la estadidad, no hay nada más.

e. Yo creo que Puerto Rico debe ser independiente ahora.

Después de ver el video

6 **¿Cierto o falso?** Indicate whether each statement is **cierto** or **falso**.

1. En Puerto Rico, hay casi dos millones de habitantes. _____

2. Los puertorriqueños pueden votar para elegir al presidente de los Estados Unidos. _____

3. Puerto Rico es un territorio de los Estados Unidos. _____

4. La moneda de Puerto Rico es el dólar estadounidense. _____

5. La aduana de la isla está a cargo del gobierno de Puerto Rico. _____

6. Todos los puertorriqueños están de acuerdo en que su país sea un estado libre asociado. _____

7 **Eres de Puerto Rico** Imagine that you are Puerto Rican and you are preparing to address Congress. Write a speech explaining your position on the status of Puerto Rico and defend your argument.

_____

_____

_____

_____

_____

_____

_____

_____

_____

_____

_____

_____

_____

contextos

1 **Definiciones** You will hear some definitions. Write the letter of the word being defined.

1. _____
2. _____
3. _____
4. _____
5. _____
6. _____
7. _____
8. _____

a. el terremoto
b. el impuesto
c. la tormenta
d. la paz
e. la guerra
f. el tornado
g. la encuesta
h. las noticias

2 **¿Lógico o ilógico?** Listen to each news item and indicate if it is **lógico** or **ilógico**.

1. Lógico   Ilógico
2. Lógico   Ilógico
3. Lógico   Ilógico
4. Lógico   Ilógico
5. Lógico   Ilógico
6. Lógico   Ilógico
7. Lógico   Ilógico

3 **Describir** Look at the drawing and write the answer to each question you hear.

1. _____
2. _____
3. _____
4. _____

UN VOTO POR EMILIO HERRERA ES UN VOTO POR LA LIBERTAD Y LA IGUALDAD DE DERECHOS

NOTICIAS CANAL 4°

pronunciación

Review of word stress and accentuation

In **¡ADELANTE! UNO**, Lesson 4, you learned that an accent mark is required when a word ends in a vowel, **n,** or **s**, and the stress does *not* fall on the next-to-last syllable.

pren-sa   ar-**tí**-cu-lo   ca-**fé**   hu-ra-**cán**   **pú**-bli-co

If a word ends in any consonant other than **n** or **s**, and the stress does *not* fall on the last syllable, it requires an accent mark.

de-**ber**   a-**zú**-car   **cés**-ped   **fá**-cil   **mó**-dem

Accent marks are also used in Spanish to distinguish the meaning of one word from another. This is especially important for verbs where the stress often determines the tense and person.

el *(the)*   él *(he)*   mi *(my)*   mí *(me)*   tu *(your)*   tú *(you)*

compro *(I buy)*   compró *(he bought)*   pague *(Ud. command)*   pagué *(I paid)*

1   **Práctica** Repeat each word after the speaker and add an accent mark where necessary.

1. contaminacion	5. declaro	9. todavia
2. policia	6. dificil	10. opera
3. voto	7. rapido	11. arbol
4. ejercito	8. sofa	12. luche

2   **Oraciones** When you hear the number, read the corresponding sentence aloud, focusing on the word stress. Then listen to the speaker and repeat the sentence.

1. Ramón Gómez informó ayer desde Radio Bolívar que había peligro de inundación cerca del río Paraná.

2. Él explicó que toda la población necesitaba prepararse para cualquier cosa (*anything*) que pudiera ocurrir.

3. El ejército, ayudado de la policía, recorrió la región e informó a todos del peligro.

3   **Refranes** Repeat each saying after the speaker to practice word stress.

1. Quien perseveró, alcanzó.[1]
2. A fácil perdón, frecuente ladrón.[2]

4   **Dictado** You will hear a conversation. Listen carefully and write what you hear during the pauses. The entire conversation will be repeated so that you can check your work.

MERCEDES _____

ENRIQUE _____

MERCEDES _____

ENRIQUE _____

MERCEDES _____

[1] *He who perseveres, succeeds.*

[2] *Pardon one offense and you encourage many.*

estructura

6.1 Si clauses

1 **Escoger** You will hear some incomplete sentences. Choose the correct ending for each sentence.

1. a. llovía mucho.   b. lloviera mucho.
2. a. te gustó algún candidato.   b. te hubiera gustado algún candidato.
3. a. podemos ir de vacaciones juntos.   b. pudiéramos ir de vacaciones juntos.
4. a. el conductor hubiera tenido cuidado.   b. el conductor habría tenido cuidado.
5. a. yo trabajaré con los pobres.   b. yo trabajaría con los pobres.
6. a. todos fuéramos ciudadanos responsables.   b. todos éramos ciudadanos responsables.
7. a. el presidente va a hablar esta tarde.   b. el presidente vaya a hablar esta tarde.
8. a. me lo pedirás.   b. me lo pidieras.
9. a. Eva sale con él.   b. Eva salga con él.
10. a. te habías comunicado con el dueño.   b. te hubieras comunicado con el dueño.

2 **Cambiar** Change each sentence from the future to the conditional. Repeat the correct answer after the speaker. (*6 items*)

> modelo
>
> Carlos se informará si escucha la radio.
> *Carlos se informaría si escuchara la radio.*

3 **Preguntas** Answer each question you hear using the cue in your lab manual. Repeat the correct response after the speaker.

> modelo
>
> *You hear:* ¿Qué harías si vieras un crimen?
> *You see:* llamar a la policía
> *You say:* Si yo viera un crimen, llamaría a la policía.

1. pedir un préstamo   3. buscar un trabajo nuevo   5. ir a Montevideo
2. ayudar a los pobres   4. quedarse en casa   6. hacer un viaje

4 **Un robo (*A break-in*)** Alicia and Fermín's house was burglarized. Listen to their conversation and answer the questions in your lab manual.

1. Según (*According to*) Fermín, ¿qué habría pasado si hubieran cerrado la puerta con llave?

_____

2. Según Alicia, ¿qué habría pasado si hubieran cerrado la puerta con llave? _____

_____

3. ¿Qué haría Alicia si Fermín y ella tuvieran suficiente dinero? _____

_____

4. ¿Por qué se está poniendo nerviosa Alicia? _____

_____

6.2 Summary of the uses of the subjunctive

1 **Escoger** You will hear some incomplete sentences. Choose the correct ending for each sentence.

1. a. el terremoto había durado más de dos minutos.
   b. el terremoto durara más de dos minutos.

2. a. escribió sobre el incendio?
   b. escriba sobre el incendio?

3. a. no podían comunicarse con nosotros.
   b. no pudieran comunicarse con nosotros.

4. a. tenemos unos días de vacaciones.
   b. tengamos unos días de vacaciones.

5. a. los resultados de la encuesta están equivocados.
   b. los resultados de la encuesta estén equivocados.

6. a. ver el reportaje sobre el sexismo en los Estados Unidos.
   b. que ven el reportaje sobre el sexismo en los Estados Unidos.

7. a. te habrás enojado.
   b. te habrías enojado.

8. a. donde hay terremotos.
   b. donde haya habido terremotos.

2 **Transformar** Change each sentence you hear to the negative. Repeat the correct answer after the speaker. (*6 items*)

> modelo
>
> Creía que era muy peligroso.
> No creía que fuera muy peligroso.

3 **Preguntas** Answer each question you hear using the cue in your lab manual. Repeat the correct response after the speaker.

> modelo
>
> You hear: ¿Qué te pidió el jefe?
> You see: escribir los informes
> You say: El jefe me pidió que escribiera los informes.

1. hacer una encuesta de los votantes (*voters*)
2. mañana
3. tener experiencia
4. no
5. algunas personas no poder votar
6. los trabajadores no declararse en huelga

4 **El noticiero** Listen to this newscast. Then read the statements in your lab manual and indicate whether they are **cierto** or **falso**.

	Cierto	Falso
1. Roberto Carmona habló de los impuestos en su discurso.	◯	◯
2. Nadie se sorprendió de que Carmona anunciara que no se presentaría a las elecciones.	◯	◯
3. Corre el rumor de que Carmona está enfermo.	◯	◯
4. Inés espera que el Partido Liberal encuentre otro candidato pronto.	◯	◯
5. Ella cree que es posible encontrar otro candidato en muy poco tiempo.	◯	◯

vocabulario

You will now hear the vocabulary found in your textbook on the last page of this lesson. Listen and repeat each Spanish word or phrase after the speaker.

Additional Vocabulary

Additional Vocabulary

Notes

Notes

Plan de escritura

1 Ideas y organización

Begin by organizing your writing materials. If you prefer to write by hand, you may want to have a few spare pens and pencils on hand, as well as an eraser or correction fluid. If you prefer to use a word-processing program, make sure you know how to type Spanish accent marks, the **tilde,** and Spanish punctuation marks. Then make a list of the resources you can consult while writing. Finally, make a list of the basic ideas you want to cover. Beside each idea, jot down a few Spanish words and phrases you may want to use while writing.

2 Primer borrador

Write your first draft, using the resources and ideas you gathered in **Ideas y organización.**

3 Comentario

Exchange papers with a classmate and comment on each other's work, using these questions as a guide. Begin by mentioning what you like about your classmate's writing.

a. How can your classmate make his or her writing clearer, more logical, or more organized?

b. What suggestions do you have for making the writing more interesting or complete?

c. Do you see any spelling or grammatical errors?

4 Redacción

Revise your first draft, keeping in mind your classmate's comments. Also, incorporate any new information you may have. Before handing in the final version, review your work using these guidelines:

a. Make sure each verb agrees with its subject. Then check the gender and number of each article, noun, and adjective.

b. Check your spelling and punctuation.

c. Consult your **Anotaciones para mejorar la escritura** (see description below) to avoid repetition of previous errors.

5 Evaluación y progreso

You may want to share what you've written with a classmate, a small group, or the entire class. After your instructor has returned your paper, review the comments and corrections. On a separate sheet of paper, write the heading **Anotaciones para mejorar** (*Notes for improving*) **la escritura** and list your most common errors. Place this list and your corrected document in your writing portfolio (**Carpeta de trabajos**) and consult it from time to time to gauge your progress.

Spanish Terms for Direction Lines and Classroom Use

Below is a list of useful terms that you might hear your instructor say in class. It also includes Spanish terms that appear in the direction lines of your textbook.

En las instrucciones *In direction lines*

Cambia/Cambien...	*Change...*
Camina/Caminen por la clase.	*Walk around the classroom.*
Ciertas o falsas	*True or false*
Cierto o falso	*True or false*
Circula/Circulen por la clase.	*Walk around the classroom.*
Completa las oraciones de una manera lógica.	*Complete the sentences logically.*
Con un(a) compañero/a...	*With a classmate...*
Contesta las preguntas.	*Answer the questions.*
Corrige las oraciones falsas.	*Correct the false statements.*
Cuenta/Cuenten...	*Tell...*
Di/Digan...	*Say...*
Discute/Discutan...	*Discuss...*
En grupos...	*In groups...*
En parejas...	*In pairs...*
Entrevista...	*Interview...*
Escúchala	*Listen to it*
Forma oraciones completas.	*Create/Make complete sentences.*
Háganse preguntas.	*Ask each other questions.*
Haz el papel de...	*Play the role of...*
Haz los cambios necesarios.	*Make the necessary changes.*
Indica/Indiquen si las oraciones...	*Indicate if the sentences...*
Intercambia/Intercambien...	*Exchange...*
Lee/Lean en voz alta.	*Read aloud.*
Pon/Pongan...	*Put...*
...que mejor completa...	*...that best completes...*
Reúnete...	*Get together...*
...se da/dan como ejemplo.	*...is/are given as a model.*
Toma nota...	*Take note...*
Tomen apuntes.	*Take notes.*
Túrnense...	*Take turns...*

Palabras útiles *Useful words*

la adivinanza	*riddle*
el anuncio	*advertisement/ad*
los apuntes	*notes*
el borrador	*draft*
la canción	*song*
la concordancia	*agreement*
el contenido	*contents*
el cortometraje	*short film*
eficaz	*efficient*
la encuesta	*survey*
el equipo	*team*
el esquema	*outline*
el folleto	*brochure*
las frases	*phrases*
la hoja de actividades	*activity sheet/handout*
la hoja de papel	*piece of paper*
la información errónea	*incorrect information*
el/la lector(a)	*reader*
la lectura	*reading*
las oraciones	*sentences*
la ortografía	*spelling*
el papel	*role*
el párrafo	*paragraph*
el paso	*step*
la(s) persona(s) descrita(s)	*the person (people) described*
la pista	*clue*
por ejemplo	*for example*
el propósito	*purpose*
los recursos	*resources*
el reportaje	*report*
los resultados	*results*
según	*according to*
siguiente	*following*
la sugerencia	*suggestion*
el sustantivo	*noun*
el tema	*topic*
último	*last*
el último recurso	*last resort*

Verbos útiles *Useful verbs*

adivinar	*to guess*
anotar	*to jot down*
añadir	*to add*
apoyar	*to support*
averiguar	*to find out*
cambiar	*to change*
combinar	*to combine*
compartir	*to share*
comprobar (o:ue)	*to check*
corregir (e:i)	*to correct*
crear	*to create*
devolver (o:ue)	*to return*
doblar	*to fold*
dramatizar	*to act out*
elegir (e:i)	*to choose/select*
emparejar	*to match*
entrevistar	*to interview*
escoger	*to choose*
identificar	*to identify*
incluir	*to include*
informar	*to report*
intentar	*to try*
intercambiar	*to exchange*
investigar	*to research*
marcar	*to mark*
preguntar	*to ask*
recordar (o:ue)	*to remember*
responder	*to answer*
revisar	*to revise*
seguir (e:i)	*to follow*
seleccionar	*to select*
subrayar	*to underline*
traducir	*to translate*
tratar de	*to be about*

Expresiones útiles *Useful expressions*

Ahora mismo.	*Right away.*
¿Cómo no?	*But of course.*
¿Cómo se dice _____ en español?	*How do you say _____ in Spanish?*
¿Cómo se escribe _____?	*How do you spell _____?*
¿Comprende(n)?	*Do you understand?*
Con gusto.	*With pleasure.*
Con permiso.	*Excuse me.*
De acuerdo.	*Okay.*
De nada.	*You're welcome.*
¿De veras?	*Really?*
¿En qué página estamos?	*What page are we on?*
¿En serio?	*Seriously?*
Enseguida.	*Right away.*
hoy día	*nowadays*
Más despacio, por favor.	*Slower, please.*
Muchas gracias.	*Thanks a lot.*
No entiendo.	*I don't understand.*
No hay de qué.	*Don't mention it.*
No importa.	*No problem./It doesn't matter.*
¡No me digas!	*You don't say!*
No sé.	*I don't know.*
¡Ojalá!	*Hopefully!*
Perdone.	*Pardon me.*
Por favor.	*Please.*
Por supuesto.	*Of course.*
¡Qué bien!	*Great!*
¡Qué gracioso!	*How funny!*
¡Qué pena!	*What a shame/pity!*
¿Qué significa _____?	*What does _____ mean?*
Repite, por favor.	*Please repeat.*
Tengo una pregunta.	*I have a question.*
¿Tiene(n) alguna pregunta?	*Do you have any questions?*
Vaya(n) a la página dos.	*Go to page 2.*

Glossary of Grammatical Terms

ADJECTIVE A word that modifies, or describes, a noun or pronoun.

muchos libros
many books

un hombre **rico**
*a **rich** man*

las mujeres **altas**
*the **tall** women*

Demonstrative adjective An adjective that specifies which noun a speaker is referring to.

esta fiesta
***this** party*

ese chico
***that** boy*

aquellas flores
***those** flowers*

Possessive adjective An adjective that indicates ownership or possession.

mi mejor vestido
***my** best dress*

Éste es **mi** hermano.
*This is **my** brother.*

Stressed possessive adjective A possessive adjective that emphasizes the owner or possessor.

Es un libro **mío**.
*It's **my book**./It's a book **of mine**.*

Es amiga **tuya**; yo no la conozco.
*She's a friend **of yours**; I don't know her.*

ADVERB A word that modifies, or describes, a verb, adjective, or other adverb.

Pancho escribe **rápidamente**.
*Pancho writes **quickly**.*

Este cuadro es **muy** bonito.
*This picture is **very** pretty.*

ARTICLE A word that points out a noun in either a specific or a non-specific way.

Definite article An article that points out a noun in a specific way.

el libro
the book

la maleta
the suitcase

los diccionarios
the dictionaries

las palabras
the words

Indefinite article An article that points out a noun in a general, non-specific way.

un lápiz
a pencil

una computadora
a computer

unos pájaros
some birds

unas escuelas
some schools

CLAUSE A group of words that contains both a conjugated verb and a subject, either expressed or implied.

Main (or Independent) clause A clause that can stand alone as a complete sentence.

Pienso ir a cenar pronto.
I plan to go to dinner soon.

Subordinate (or Dependent) clause A clause that does not express a complete thought and therefore cannot stand alone as a sentence.

Trabajo en la cafetería **porque necesito dinero para la escuela**.
*I work in the cafeteria **because I need money for school**.*

COMPARATIVE A construction used with an adjective or adverb to express a comparison between two people, places, or things.

Este programa es **más interesante que** el otro.
*This program is **more interesting** than the other one.*

Tomás no es **tan alto como** Alberto.
*Tomás is not **as tall as** Alberto.*

CONJUGATION A set of the forms of a verb for a specific tense or mood or the process by which these verb forms are presented.

Preterite conjugation of **cantar**:

cant**é**	cant**amos**
cant**aste**	cant**asteis**
cant**ó**	cant**aron**

CONJUNCTION A word used to connect words, clauses, or phrases.

Susana es de Cuba **y** Pedro es de España.
*Susana is from Cuba **and** Pedro is from Spain.*

No quiero estudiar **pero** tengo que hacerlo.
*I don't want to study, **but** I have to.*

CONTRACTION The joining of two words into one. The only contractions in Spanish are **al** and **del**.

Mi hermano fue **al** concierto ayer.
*My brother went **to the** concert yesterday.*

Saqué dinero **del** banco.
*I took money **from the** bank.*

DIRECT OBJECT A noun or pronoun that directly receives the action of the verb.

Tomás lee **el libro**.   **La** pagó ayer.
*Tomás reads **the book**.   She paid **it** yesterday.*

GENDER The grammatical categorizing of certain kinds of words, such as nouns and pronouns, as masculine, feminine, or neuter.

Masculine
articles **el, un**
pronouns **él, lo, mío, éste, ése, aquél**
adjective **simpático**

Feminine
articles **la, una**
pronouns **ella, la, mía, ésta, ésa, aquélla**
adjective **simpática**

IMPERSONAL EXPRESSION A third-person expression with no expressed or specific subject.

Es muy importante.   Llueve mucho.
*It's **very important**.   It's **raining** hard.*

Aquí **se habla** español.
*Spanish **is spoken** here.*

INDIRECT OBJECT A noun or pronoun that receives the action of the verb indirectly; the object, often a living being, to or for whom an action is performed.

Eduardo **le** dio un libro **a Linda**.
*Eduardo gave a book **to Linda**.*

La profesora **me** dio una C en el examen.
*The professor gave **me** a C on the test.*

INFINITIVE The basic form of a verb. Infinitives in Spanish end in -ar, -er, or -ir.

hablar   correr   abrir
to speak   to run   to open

INTERROGATIVE An adjective or pronoun used to ask a question.

¿Quién habla?   **¿Cuántos** compraste?
***Who** is speaking?   **How many** did you buy?*

¿Qué piensas hacer hoy?
***What** do you plan to do today?*

INVERSION Changing the word order of a sentence, often to form a question.

Statement: Elena pagó la cuenta del restaurante.

Inversion: ¿Pagó Elena la cuenta del restaurante?

MOOD A grammatical distinction of verbs that indicates whether the verb is intended to make a statement or command or to express a doubt, emotion, or condition contrary to fact.

Imperative mood Verb forms used to make commands.

Di la verdad.   **Caminen** ustedes conmigo.
***Tell** the truth.   **Walk** with me.*

¡Comamos ahora!
***Let's eat** now!*

Indicative mood Verb forms used to state facts, actions, and states considered to be real.

Sé que **tienes** el dinero.
*I know that **you have** the money.*

Subjunctive mood Verb forms used principally in subordinate (dependent) clauses to express wishes, desires, emotions, doubts, and certain conditions, such as contrary-to-fact situations.

Prefieren que **hables** en español.
*They prefer that **you speak** in Spanish.*

Dudo que Luis **tenga** el dinero necesario.
*I doubt that Luis **has** the necessary money.*

NOUN A word that identifies people, animals, places, things, and ideas.

hombre   gato
man   cat

México   casa
Mexico   house

libertad   libro
freedom   book

NUMBER A grammatical term that refers to singular or plural. Nouns in Spanish and English have number. Other parts of a sentence, such as adjectives, articles, and verbs, can also have number.

Singular	Plural
una cosa	**unas** cosas
a thing	*some things*
el profesor	**los** profesores
the professor	*the professors*

NUMBERS Words that represent amounts.

Cardinal numbers Words that show specific amounts.

cinco minutos
five minutes

el año **dos mil veintitrés**
the year 2023

Ordinal numbers Words that indicate the order of a noun in a series.

el **cuarto** jugador
the fourth player

la **décima** hora
the tenth hour

PAST PARTICIPLE A past form of the verb used in compound tenses. The past participle may also be used as an adjective, but it must then agree in number and gender with the word it modifies.

Han **buscado** por todas partes.
They have searched everywhere.

Yo no había **estudiado** para el examen.
I hadn't studied for the exam.

Hay una **ventana abierta** en la sala.
There is an open window in the living room.

PERSON The form of the verb or pronoun that indicates the speaker, the one spoken to, or the one spoken about. In Spanish, as in English, there are three persons: first, second, and third.

Person	Singular	Plural
1st	yo *I*	nosotros/as *we*
2nd	tú, Ud. *you*	vosotros/as, Uds. *you*
3rd	él, ella *he, she*	ellos, ellas *they*

PREPOSITION A word or words that describe(s) the relationship, most often in time or space, between two other words.

Anita es **de** California.
Anita is from California.

La chaqueta está **en** el carro.
The jacket is in the car.

Marta se peinó **antes de** salir.
Marta combed her hair before going out.

PRESENT PARTICIPLE In English, a verb form that ends in *-ing*. In Spanish, the present participle ends in **-ndo**, and is often used with **estar** to form a progressive tense.

Mi hermana está **hablando** por teléfono ahora mismo.
My sister is talking on the phone right now.

PRONOUN A word that takes the place of a noun or nouns.

Demonstrative pronoun A pronoun that takes the place of a specific noun.

Quiero **ésta**.
I want this one.

¿Vas a comprar **ése**?
Are you going to buy that one?

Juan prefirió **aquéllos**.
Juan preferred those (over there).

Object pronoun A pronoun that functions as a direct or indirect object of the verb.

Te digo la verdad.
I'm telling you the truth.

Me lo trajo Juan.
Juan brought it to me.

Reflexive pronoun A pronoun that indicates that the action of a verb is performed by the subject on itself. These pronouns are often expressed in English with *-self: myself, yourself*, etc.

Yo **me** bañé antes de salir.
I bathed (myself) before going out.

Elena **se** acostó a las once y media.
Elena went to bed at eleven-thirty.

Relative pronoun A pronoun that connects a subordinate clause to a main clause.

El chico **que** nos escribió viene de visita mañana.
*The boy **who** wrote us is coming to visit tomorrow.*

Ya sé **lo que** tenemos que hacer.
*I already know **what** we have to do.*

Subject pronoun A pronoun that replaces the name or title of a person or thing, and acts as the subject of a verb.

Tú debes estudiar más.
***You** should study more.*

Él llegó primero.
***He** arrived first.*

SUBJECT A noun or pronoun that performs the action of a verb and is often implied by the verb.

María va al supermercado.
***María** goes to the supermarket.*

(**Ellos**) Trabajan mucho.
***They** work hard.*

Esos **libros** son muy caros.
*Those **books** are very expensive.*

SUPERLATIVE A word or construction used with an adjective or adverb to express the highest or lowest degree of a specific quality among three or more people, places, or things.

De todas mis clases, ésta es la **más interesante**.
*Of all my classes, this is the **most interesting**.*

Raúl es el **menos simpático** de los chicos.
*Raúl is the **least pleasant** of the boys.*

TENSE A set of verb forms that indicates the time of an action or state: past, present, or future.

Compound tense A two-word tense made up of an auxiliary verb and a present or past participle. In Spanish, **estar** and **haber** are auxiliary verbs.

En este momento, **estoy estudiando**.
*At this time, **I am studying**.*

El paquete no **ha llegado** todavía.
*The package **has** not **arrived** yet.*

Simple tense A tense expressed by a single verb form.

María **estaba** enferma anoche.
*María **was** sick last night.*

Juana **hablará** con su mamá mañana.
*Juana **will speak** with her mom tomorrow.*

VERB A word that expresses actions or states of being.

Auxiliary verb A verb used with a present or past participle to form a compound tense. **Haber** is the most commonly used auxiliary verb in Spanish.

Los chicos **han** visto los elefantes.
*The children **have** seen the elephants.*

Espero que **hayas** comido.
*I hope you **have** eaten.*

Reflexive verb A verb that describes an action performed by the subject on itself and is always used with a reflexive pronoun.

Me compré un carro nuevo.
*I **bought myself** a new car.*

Pedro y Adela **se levantan** muy temprano.
*Pedro and Adela **get (themselves) up** very early.*

Spelling change verb A verb that undergoes a predictable change in spelling, in order to reflect its actual pronunciation in the various conjugations.

practicar	c→qu	practico	practiqué
dirigir	g→j	dirigí	dirijo
almorzar	z→c	almorzó	almorcé

Stem-changing verb A verb whose stem vowel undergoes one or more predictable changes in the various conjugations.

entender (e:ie)	entiendo
pedir (e:i)	piden
dormir (o:ue, u)	**duermo, durmieron**

Verb Conjugation Tables

The verb lists

The list of verbs below, and the model-verb tables that start on page A-11 show you how to conjugate every verb taught in ¡ADELANTE! Each verb in the list is followed by a model verb conjugated according to the same pattern. The number in parentheses indicates where in the verb tables you can find the conjugated forms of the model verb. If you want to find out how to conjugate **divertirse**, for example, look up number 33, **sentir**, the model for verbs that follow the **e:ie** stem-change pattern.

How to use the verb tables

In the tables you will find the infinitive, present and past participles, and all the simple forms of each model verb. The formation of the compound tenses of any verb can be inferred from the table of compound tenses, pages A-11 and A-12, either by combining the past participle of the verb with a conjugated form of **haber** or by combining the present participle with a conjugated form of **estar**.

abrazar (z:c) like cruzar (37)

abrir like vivir (3) *except* past participle is **abierto**

aburrir(se) like vivir (3)

acabar de like hablar (1)

acampar like hablar (1)

acompañar like hablar (1)

aconsejar like hablar (1)

acordarse (o:ue) like contar (24)

acostarse (o:ue) like contar (24)

adelgazar (z:c) like cruzar (37)

afeitarse like hablar (1)

ahorrar like hablar (1)

alegrarse like hablar (1)

aliviar like hablar (1)

almorzar (o:ue) like contar (24) *except* (z:c)

alquilar like hablar (1)

andar like hablar (1) *except* preterite stem is **anduv-**

anunciar like hablar (1)

apagar (g:gu) like llegar (41)

aplaudir like vivir (3)

apreciar like hablar (1)

aprender like comer (2)

apurarse like hablar (1)

arrancar (c:qu) like tocar (43)

arreglar like hablar (1)

asistir like vivir (3)

aumentar like hablar (1)

ayudar(se) like hablar (1)

bailar like hablar (1)

bajar(se) like hablar (1)

bañarse like hablar (1)

barrer like comer (2)

beber like comer (2)

besar(se) like hablar (1)

borrar like hablar (1)

brindar like hablar (1)

bucear like hablar (1)

buscar (c:qu) like tocar (43)

caber (4)

caer(se) (5)

calentarse (e:ie) like pensar (30)

calzar (z:c) like cruzar (37)

cambiar like hablar (1)

caminar like hablar (1)

cantar like hablar (1)

casarse like hablar (1)

cazar (z:c) like cruzar (37)

celebrar like hablar (1)

cenar like hablar (1)

cepillarse like hablar (1)

cerrar (e:ie) like pensar (30)

cobrar like hablar (1)

cocinar like hablar (1)

comenzar (e:ie) (z:c) like empezar (26)

comer (2)

compartir like vivir (3)

comprar like hablar (1)

comprender like comer (2)

comprometerse like comer (2)

comunicarse (c:qu) like tocar (43)

conducir (c:zc) (6)

confirmar like hablar (1)

conocer (c:zc) (35)

conseguir (e:i) (g:gu) like seguir (32)

conservar like hablar (1)

consumir like vivir (3)

contaminar like hablar (1)

contar (o:ue) (24)

contestar like hablar (1)

contratar like hablar (1)

controlar like hablar (1)

conversar like hablar (1)

correr like comer (2)

costar (o:ue) like contar (24)

creer (y) (36)

cruzar (z:c) (37)

cuidar like hablar (1)

cumplir like vivir (3)

dañar like hablar (1)

dar (7)

deber like comer (2)

decidir like vivir (3)

decir (e:i) (8)

declarar like hablar (1)

dejar like hablar (1)

depositar like hablar (1)

desarrollar like hablar (1)

desayunar like hablar (1)

descansar like hablar (1)

descargar like llegar (41)

describir like vivir (3) *except* past participle is descrito

descubrir like vivir (3) *except* past participle is descubierto

desear like hablar (1)

despedirse (e:i) like pedir (29)

despertarse (e:ie) like pensar (30)

destruir (y) (38)

dibujar like hablar (1)

dirigir (g:j) like vivir (3) *except* (g:j)

disfrutar like hablar (1)

divertirse (e:ie) like sentir (33)

divorciarse like hablar (1)

doblar like hablar (1)

doler (o:ue) like volver (34) *except* past participle is regular

dormir(se) (o:ue, u) (25)

ducharse like hablar (1)

dudar like hablar (1)

durar like hablar (1)

echar like hablar (1)

elegir (e:i) like pedir (29) *except* (g:j)

emitir like vivir (3)

empezar (e:ie) (z:c) (26)

enamorarse like hablar (1)

encantar like hablar (1)

encontrar(se) (o:ue) like contar (24)

enfermarse like hablar (1)

engordar like hablar (1)

enojarse like hablar (1)

enseñar like hablar (1)

ensuciar like hablar (1)

entender (e:ie) (27)

entrenarse like hablar (1)

entrevistar like hablar (1)

enviar (envío) (39)

escalar like hablar (1)

escanear like hablar (1)

escoger (g:j) like proteger (42)

escribir like vivir (3) *except* past participle is **escrito**

escuchar like hablar (1)

esculpir like vivir (3)

esperar like hablar (1)

esquiar (esquío) like enviar (39)

establecer (c:zc) like conocer (35)

estacionar like hablar (1)

estar (9)

estornudar like hablar (1)

estudiar like hablar (1)

evitar like hablar (1)

explicar (c:qu) like tocar (43)

faltar like hablar (1)

fascinar like hablar (1)

firmar like hablar (1)

fumar like hablar (1)

funcionar like hablar (1)

ganar like hablar (1)

gastar like hablar (1)

grabar like hablar (1)

graduarse (gradúo) (40)

guardar like hablar (1)

gustar like hablar (1)

haber (hay) (10)

hablar (1)

hacer (11)

importar like hablar (1)

imprimir like vivir (3)

indicar (c:qu) like tocar (43)

informar like hablar (1)

insistir like vivir (3)

interesar like hablar (1)

invertir (e:ie) like sentir (33)

invitar like hablar (1)

ir(se) (12)

jubilarse like hablar (1)

jugar (u:ue) (g:gu) (28)

lastimarse like hablar (1)

lavar(se) like hablar (1)

leer (y) like creer (36)

levantar(se) like hablar (1)

limpiar like hablar (1)

llamar(se) like hablar (1)

llegar (g:gu) (41)

llenar like hablar (1)

llevar(se) like hablar (1)

llover (o:ue) like volver (34) *except* past participle is regular

luchar like hablar (1)

mandar like hablar (1)

manejar like hablar (1)

mantener(se) (e:ie) like tener (20)

maquillarse like hablar (1)

mejorar like hablar (1)

merendar (e:ie) like pensar (30)

mirar like hablar (1)

molestar like hablar (1)

montar like hablar (1)

morir (o:ue, u) like dormir (25) *except* past participle is **muerto**

mostrar (o:ue) like contar (24)

mudarse like hablar (1)

nacer (c:zc) like conocer (35)

nadar like hablar (1)

navegar (g:gu) like llegar (41)

necesitar like hablar (1)

negar (e:ie) like pensar (30) *except* (g:gu)

nevar (e:ie) like pensar (30)

obedecer (c:zc) like conocer (35)

obtener (e:ie) like tener (20)

ocurrir like vivir (3)

odiar like hablar (1)

ofrecer (c:zc) like conocer (35)

oír (13)

olvidar like hablar (1)

pagar (g:gu) like llegar (41)

parar like hablar (1)

parecer (c:zc) like conocer (35)

pasar like hablar (1)

pasear like hablar (1)

patinar like hablar (1)

pedir (e:i) (29)

peinarse like hablar (1)

pensar (e:ie) (30)

perder (e:ie) like entender (27)

pescar (c:qu) like tocar (43)

pintar like hablar (1)

planchar like hablar (1)

poder (o:ue) (14)

poner(se) (15)

practicar (c:qu) like tocar (43)

preferir (e:ie) like sentir (33)

preguntar like hablar (1)

prender like comer (2)

preocuparse like hablar (1)

preparar like hablar (1)

presentar like hablar (1)

prestar like hablar (1)

probar(se) (o:ue) like contar (24)

prohibir (prohíbo) like vivir (3)

proteger (g:j) (42)

publicar (c:qu) like tocar (43)

quedar(se) like hablar (1)

querer (e:ie) (16)

quitar(se) like hablar (1)

recetar like hablar (1)

recibir like vivir (3)

reciclar like hablar (1)

recoger (g:j) like proteger (42)

recomendar (e:ie) like pensar (30)

recordar (o:ue) like contar (24)

reducir (c:zc) like conducir (6)

regalar like hablar (1)

regatear like hablar (1)

regresar like hablar (1)

reír(se) (e:i) (31)

relajarse like hablar (1)

renunciar like hablar (1)

repetir (e:i) like pedir (29)

resolver (o:ue) like volver (34)

respirar like hablar (1)

revisar like hablar (1)

rogar (o:ue) like contar (24) *except* (g:gu)

romper(se) like comer (2) *except* past participle is **roto**

saber (17)

sacar (c:qu) like tocar (43)

sacudir like vivir (3)

salir (18)

saludar(se) like hablar (1)

secar(se) (c:qu) like tocar (43)

seguir (e:i) (32)

sentarse (e:ie) like pensar (30)

sentir(se) (e:ie) (33)

separarse like hablar (1)

ser (19)

servir (e:i) like pedir (29)

solicitar like hablar (1)

sonar (o:ue) like contar (24)

sonreír (e:i) like reír(se) (31)

sorprender like comer (2)

subir like vivir (3)

sudar like hablar (1)

sufrir like vivir (3)

sugerir (e:ie) like sentir (33)

suponer like poner (15)

temer like comer (2)

tener (e:ie) (20)

terminar like hablar (1)

tocar (c:qu) (43)

tomar like hablar (1)

torcerse (o:ue) like volver (34) *except* (c:z) and past participle is regular; e.g., **yo tuerzo**

toser like comer (2)

trabajar like hablar (1)

traducir (c:zc) like conducir (6)

traer (21)

transmitir like vivir (3)

tratar like hablar (1)

usar like hablar (1)

vender like comer (2)

venir (e:ie) (22)

ver (23)

vestirse (e:i) like pedir (29)

viajar like hablar (1)

visitar like hablar (1)

vivir (3)

volver (o:ue) (34)

votar like hablar (1)

Regular verbs: simple tenses

| Infinitive | INDICATIVE | | | | | | SUBJUNCTIVE | | IMPERATIVE |
	Present	Imperfect	Preterite	Future	Conditional		Present	Past	
1 hablar	hablo	hablaba	hablé	hablaré	hablaría		hable	hablara	
	hablas	hablabas	hablaste	hablarás	hablarías		hables	hablaras	habla tú (no hables)
Participles:	habla	hablaba	habló	hablará	hablaría		hable	hablara	hable Ud.
hablando	hablamos	hablábamos	hablamos	hablaremos	hablaríamos		hablemos	habláramos	hablemos
hablado	habláis	hablabais	hablasteis	hablaréis	hablaríais		habléis	hablarais	hablad (no habléis)
	hablan	hablaban	hablaron	hablarán	hablarían		hablen	hablaran	hablen Uds.
2 comer	como	comía	comí	comeré	comería		coma	comiera	
	comes	comías	comiste	comerás	comerías		comas	comieras	come tú (no comas)
Participles:	come	comía	comió	comerá	comería		coma	comiera	coma Ud.
comiendo	comemos	comíamos	comimos	comeremos	comeríamos		comamos	comiéramos	comamos
comido	coméis	comíais	comisteis	comeréis	comeríais		comáis	comierais	comed (no comáis)
	comen	comían	comieron	comerán	comerían		coman	comieran	coman Uds.
3 vivir	vivo	vivía	viví	viviré	viviría		viva	viviera	
	vives	vivías	viviste	vivirás	vivirías		vivas	vivieras	vive tú (no vivas)
Participles:	vive	vivía	vivió	vivirá	viviría		viva	viviera	viva Ud.
viviendo	vivimos	vivíamos	vivimos	viviremos	viviríamos		vivamos	viviéramos	vivamos
vivido	vivís	vivíais	vivisteis	viviréis	viviríais		viváis	vivierais	vivid (no viváis)
	viven	vivían	vivieron	vivirán	vivirían		vivan	vivieran	vivan Uds.

All verbs: compound tenses

PERFECT TENSES

| INDICATIVE | | | | | | | | SUBJUNCTIVE | | | |
Present Perfect		Past Perfect		Future Perfect		Conditional Perfect		Present Perfect		Past Perfect	
he	hablado	había	hablado	habré	hablado	habría	hablado	haya	hablado	hubiera	hablado
has	comido	habías	comido	habrás	comido	habrías	comido	hayas	comido	hubieras	comido
ha	vivido	había	vivido	habrá	vivido	habría	vivido	haya	vivido	hubiera	vivido
hemos		habíamos		habremos		habríamos		hayamos		hubiéramos	
habéis		habíais		habréis		habríais		hayáis		hubierais	
han		habían		habrán		habrían		hayan		hubieran	

PROGRESSIVE TENSES

INDICATIVE				SUBJUNCTIVE	
Present Progressive	Past Progressive	Future Progressive	Conditional Progressive	Present Progressive	Past Progressive
estoy	estaba	estaré	estaría	esté	estuviera
estás	estabas	estarás	estarías	estés	estuvieras
está hablando	estaba hablando	estará hablando	estaría hablando	esté hablando	estuviera hablando
estamos comiendo	estábamos comiendo	estaremos comiendo	estaríamos comiendo	estemos comiendo	estuviéramos comiendo
estáis viviendo	estabais viviendo	estaréis viviendo	estaríais viviendo	estéis viviendo	estuvierais viviendo
están	estaban	estarán	estarían	estén	estuvieran

Irregular verbs

	INDICATIVE					SUBJUNCTIVE		IMPERATIVE
Infinitive	Present	Imperfect	Preterite	Future	Conditional	Present	Past	
4 caber	**quepo**	cabía	**cupe**	**cabré**	**cabría**	**quepa**	**cupiera**	
	cabes	cabías	**cupiste**	**cabrás**	**cabrías**	**quepas**	**cupieras**	cabe tú (no **quepas**)
	cabe	cabía	**cupo**	**cabrá**	**cabría**	**quepa**	**cupiera**	**quepa** Ud.
	cabemos	cabíamos	**cupimos**	**cabremos**	**cabríamos**	**quepamos**	**cupiéramos**	**quepamos**
Participles:	cabéis	cabíais	**cupisteis**	**cabréis**	**cabríais**	**quepáis**	**cupierais**	cabed (no **quepáis**)
cabiendo	caben	cabían	**cupieron**	**cabrán**	**cabrían**	**quepan**	**cupieran**	**quepan** Uds.
cabido								
5 caer(se)	**caigo**	caía	caí	caeré	caería	**caiga**	**cayera**	
	caes	caías	**caíste**	caerás	caerías	**caigas**	**cayeras**	cae tú (no **caigas**)
	cae	caía	**cayó**	caerá	caería	**caiga**	**cayera**	**caiga** Ud.
	caemos	caíamos	**caímos**	caeremos	caeríamos	**caigamos**	**cayéramos**	**caigamos**
Participles:	caéis	caíais	**caísteis**	caeréis	caeríais	**caigáis**	**cayerais**	caed (no **caigáis**)
cayendo	caen	caían	**cayeron**	caerán	caerían	**caigan**	**cayeran**	**caigan** Uds.
caído								
6 conducir	**conduzco**	conducía	**conduje**	conduciré	conduciría	**conduzca**	**condujera**	
(c:zc)	conduces	conducías	**condujiste**	conducirás	conducirías	**conduzcas**	**condujeras**	conduce tú (no **conduzcas**)
	conduce	conducía	**condujo**	conducirá	conduciría	**conduzca**	**condujera**	**conduzca** Ud.
	conducimos	conducíamos	**condujimos**	conduciremos	conduciríamos	**conduzcamos**	**condujéramos**	**conduzcamos**
Participles:	conducís	conducíais	**condujisteis**	conduciréis	conduciríais	**conduzcáis**	**condujerais**	conducid (no **conduzcáis**)
conduciendo	conducen	conducían	**condujeron**	conducirán	conducirían	**conduzcan**	**condujeran**	**conduzcan** Uds.
conducido								

Infinitive	Present	Imperfect	Preterite	Future	Conditional	Present	Past	IMPERATIVE
			INDICATIVE			**SUBJUNCTIVE**		
7 dar	**doy**	daba	**di**	daré	daría	**dé**	**diera**	
	das	dabas	**diste**	darás	darías	**des**	**dieras**	da tú (no des)
	da	daba	**dio**	dará	daría	**dé**	**diera**	**dé** Ud.
Participles:	damos	dábamos	**dimos**	daremos	daríamos	**demos**	**diéramos**	**demos**
dando	dais	dabais	**disteis**	daréis	daríais	**deis**	**dierais**	dad (no **deis**)
dado	dan	daban	**dieron**	darán	darían	**den**	**dieran**	**den** Uds.
8 decir (e:i)	**digo**	decía	**dije**	**diré**	**diría**	**diga**	**dijera**	
	dices	decías	**dijiste**	**dirás**	**dirías**	**digas**	**dijeras**	**di** tú (no **digas**)
	dice	decía	**dijo**	**dirá**	**diría**	**diga**	**dijera**	**diga** Ud.
Participles:	decimos	decíamos	**dijimos**	**diremos**	**diríamos**	**digamos**	**dijéramos**	**digamos**
diciendo	decís	decíais	**dijisteis**	**diréis**	**diríais**	**digáis**	**dijerais**	decid (no **digáis**)
dicho	**dicen**	decían	**dijeron**	**dirán**	**dirían**	**digan**	**dijeran**	**digan** Uds.
9 estar	**estoy**	estaba	**estuve**	estaré	estaría	**esté**	**estuviera**	
	estás	estabas	**estuviste**	estarás	estarías	**estés**	**estuvieras**	**está** tú (no **estés**)
	está	estaba	**estuvo**	estará	estaría	**esté**	**estuviera**	**esté** Ud.
Participles:	estamos	estábamos	**estuvimos**	estaremos	estaríamos	estemos	**estuviéramos**	estemos
estando	estáis	estabais	**estuvisteis**	estaréis	estaríais	estéis	**estuvierais**	estad (no estéis)
estado	**están**	estaban	**estuvieron**	estarán	estarían	**estén**	**estuvieran**	**estén** Uds.
10 haber	**he**	había	**hube**	**habré**	**habría**	**haya**	**hubiera**	
	has	habías	**hubiste**	**habrás**	**habrías**	**hayas**	**hubieras**	
	ha	había	**hubo**	**habrá**	**habría**	**haya**	**hubiera**	
Participles:	**hemos**	habíamos	**hubimos**	**habremos**	**habríamos**	**hayamos**	**hubiéramos**	
habiendo	**habéis**	habíais	**hubisteis**	**habréis**	**habríais**	**hayáis**	**hubierais**	
habido	**han**	habían	**hubieron**	**habrán**	**habrían**	**hayan**	**hubieran**	
11 hacer	**hago**	hacía	**hice**	**haré**	**haría**	**haga**	**hiciera**	
	haces	hacías	**hiciste**	**harás**	**harías**	**hagas**	**hicieras**	**haz** tú (no **hagas**)
	hace	hacía	**hizo**	**hará**	**haría**	**haga**	**hiciera**	**haga** Ud.
Participles:	hacemos	hacíamos	**hicimos**	**haremos**	**haríamos**	**hagamos**	**hiciéramos**	**hagamos**
haciendo	hacéis	hacíais	**hicisteis**	**haréis**	**haríais**	**hagáis**	**hicierais**	haced (no **hagáis**)
hecho	hacen	hacían	**hicieron**	**harán**	**harían**	**hagan**	**hicieran**	**hagan** Uds.
12 ir	**voy**	**iba**	**fui**	iré	iría	**vaya**	**fuera**	
	vas	**ibas**	**fuiste**	irás	irías	**vayas**	**fueras**	**ve** tú (no **vayas**)
	va	**iba**	**fue**	irá	iría	**vaya**	**fuera**	**vaya** Ud.
Participles:	**vamos**	**íbamos**	**fuimos**	iremos	iríamos	**vayamos**	**fuéramos**	**vamos**
yendo	**vais**	**ibais**	**fuisteis**	iréis	iríais	**vayáis**	**fuerais**	id (no **vayáis**)
ido	**van**	**iban**	**fueron**	irán	irían	**vayan**	**fueran**	**vayan** Uds.
13 oír (y)	**oigo**	oía	**oí**	oiré	oiría	**oiga**	**oyera**	
	oyes	oías	**oíste**	oirás	oirías	**oigas**	**oyeras**	**oye** tú (no **oigas**)
	oye	oía	**oyó**	oirá	oiría	**oiga**	**oyera**	**oiga** Ud.
Participles:	**oímos**	oíamos	**oímos**	oiremos	oiríamos	**oigamos**	**oyéramos**	**oigamos**
oyendo	**oís**	oíais	**oísteis**	oiréis	oiríais	**oigáis**	**oyerais**	oíd (no **oigáis**)
oído	**oyen**	oían	**oyeron**	oirán	oirían	**oigan**	**oyeran**	**oigan** Uds.

14. poder (o:ue) — Participles: pudiendo, podido

	INDICATIVE					SUBJUNCTIVE		IMPERATIVE
	Present	Imperfect	Preterite	Future	Conditional	Present	Past	
	puedo	podía	pude	podré	podría	pueda	pudiera	
	puedes	podías	pudiste	podrás	podrías	puedas	pudieras	puede tú (no puedas)
	puede	podía	pudo	podrá	podría	pueda	pudiera	pueda Ud.
	podemos	podíamos	pudimos	podremos	podríamos	podamos	pudiéramos	podamos
	podéis	podíais	pudisteis	podréis	podríais	podáis	pudierais	poded (no podáis)
	pueden	podían	pudieron	podrán	podrían	puedan	pudieran	puedan Uds.

15. poner — Participles: poniendo, puesto

	INDICATIVE					SUBJUNCTIVE		IMPERATIVE
	Present	Imperfect	Preterite	Future	Conditional	Present	Past	
	pongo	ponía	puse	pondré	pondría	ponga	pusiera	
	pones	ponías	pusiste	pondrás	pondrías	pongas	pusieras	pon tú (no pongas)
	pone	ponía	puso	pondrá	pondría	ponga	pusiera	ponga Ud.
	ponemos	poníamos	pusimos	pondremos	pondríamos	pongamos	pusiéramos	pongamos
	ponéis	poníais	pusisteis	pondréis	pondríais	pongáis	pusierais	poned (no pongáis)
	ponen	ponían	pusieron	pondrán	pondrían	pongan	pusieran	pongan Uds.

16. querer (e:ie) — Participles: queriendo, querido

	INDICATIVE					SUBJUNCTIVE		IMPERATIVE
	Present	Imperfect	Preterite	Future	Conditional	Present	Past	
	quiero	quería	quise	querré	querría	quiera	quisiera	
	quieres	querías	quisiste	querrás	querrías	quieras	quisieras	quiere tú (no quieras)
	quiere	quería	quiso	querrá	querría	quiera	quisiera	quiera Ud.
	queremos	queríamos	quisimos	querremos	querríamos	queramos	quisiéramos	queramos
	queréis	queríais	quisisteis	querréis	querríais	queráis	quisierais	quered (no queráis)
	quieren	querían	quisieron	querrán	querrían	quieran	quisieran	quieran Uds.

17. saber — Participles: sabiendo, sabido

	INDICATIVE					SUBJUNCTIVE		IMPERATIVE
	Present	Imperfect	Preterite	Future	Conditional	Present	Past	
	sé	sabía	supe	sabré	sabría	sepa	supiera	
	sabes	sabías	supiste	sabrás	sabrías	sepas	supieras	sabe tú (no sepas)
	sabe	sabía	supo	sabrá	sabría	sepa	supiera	sepa Ud.
	sabemos	sabíamos	supimos	sabremos	sabríamos	sepamos	supiéramos	sepamos
	sabéis	sabíais	supisteis	sabréis	sabríais	sepáis	supierais	sabed (no sepáis)
	saben	sabían	supieron	sabrán	sabrían	sepan	supieran	sepan Uds.

18. salir — Participles: saliendo, salido

	INDICATIVE					SUBJUNCTIVE		IMPERATIVE
	Present	Imperfect	Preterite	Future	Conditional	Present	Past	
	salgo	salía	salí	saldré	saldría	salga	saliera	
	sales	salías	saliste	saldrás	saldrías	salgas	salieras	sal tú (no salgas)
	sale	salía	salió	saldrá	saldría	salga	saliera	salga Ud.
	salimos	salíamos	salimos	saldremos	saldríamos	salgamos	saliéramos	salgamos
	salís	salíais	salisteis	saldréis	saldríais	salgáis	salierais	salid (no salgáis)
	salen	salían	salieron	saldrán	saldrían	salgan	salieran	salgan Uds.

19. ser — Participles: siendo, sido

	INDICATIVE					SUBJUNCTIVE		IMPERATIVE
	Present	Imperfect	Preterite	Future	Conditional	Present	Past	
	soy	era	fui	seré	sería	sea	fuera	
	eres	eras	fuiste	serás	serías	seas	fueras	sé tú (no seas)
	es	era	fue	será	sería	sea	fuera	sea Ud.
	somos	éramos	fuimos	seremos	seríamos	seamos	fuéramos	seamos
	sois	erais	fuisteis	seréis	seríais	seáis	fuerais	sed (no seáis)
	son	eran	fueron	serán	serían	sean	fueran	sean Uds.

20. tener (e:ie) — Participles: teniendo, tenido

	INDICATIVE					SUBJUNCTIVE		IMPERATIVE
	Present	Imperfect	Preterite	Future	Conditional	Present	Past	
	tengo	tenía	tuve	tendré	tendría	tenga	tuviera	
	tienes	tenías	tuviste	tendrás	tendrías	tengas	tuvieras	ten tú (no tengas)
	tiene	tenía	tuvo	tendrá	tendría	tenga	tuviera	tenga Ud.
	tenemos	teníamos	tuvimos	tendremos	tendríamos	tengamos	tuviéramos	tengamos
	tenéis	teníais	tuvisteis	tendréis	tendríais	tengáis	tuvierais	tened (no tengáis)
	tienen	tenían	tuvieron	tendrán	tendrían	tengan	tuvieran	tengan Uds.

Infinitive	INDICATIVE Present	Imperfect	Preterite	Future	Conditional	SUBJUNCTIVE Present	Past	IMPERATIVE
21 traer	**traigo**	traía	**traje**	traeré	traería	**traiga**	**trajera**	
	traes	traías	**trajiste**	traerás	traerías	**traigas**	**trajeras**	trae tú (no **traigas**)
Participles:	trae	traía	**trajo**	traerá	traería	**traiga**	**trajera**	**traiga** Ud.
trayendo	traemos	traíamos	**trajimos**	traeremos	traeríamos	**traigamos**	**trajéramos**	**traigamos**
traído	traéis	traíais	**trajisteis**	traeréis	traeríais	**traigáis**	**trajerais**	traed (no **traigáis**)
	traen	traían	**trajeron**	traerán	traerían	**traigan**	**trajeran**	**traigan** Uds.
22 venir (e:ie)	**vengo**	venía	**vine**	**vendré**	**vendría**	**venga**	**viniera**	
	vienes	venías	**viniste**	**vendrás**	**vendrías**	**vengas**	**vinieras**	**ven** tú (no **vengas**)
Participles:	**viene**	venía	**vino**	**vendrá**	**vendría**	**venga**	**viniera**	**venga** Ud.
viniendo	venimos	veníamos	**vinimos**	**vendremos**	**vendríamos**	**vengamos**	**viniéramos**	**vengamos**
venido	venís	veníais	**vinisteis**	**vendréis**	**vendríais**	**vengáis**	**vinierais**	venid (no **vengáis**)
	vienen	venían	**vinieron**	**vendrán**	**vendrían**	**vengan**	**vinieran**	**vengan** Uds.
23 ver	**veo**	**veía**	**vi**	veré	vería	**vea**	**viera**	
	ves	**veías**	**viste**	verás	verías	**veas**	**vieras**	**ve** tú (no **veas**)
Participles:	ve	**veía**	**vio**	verá	vería	**vea**	**viera**	**vea** Ud.
viendo	vemos	**veíamos**	**vimos**	veremos	veríamos	**veamos**	**viéramos**	**veamos**
visto	veis	**veíais**	**visteis**	veréis	veríais	**veáis**	**vierais**	ved (no **veáis**)
	ven	**veían**	**vieron**	verán	verían	**vean**	**vieran**	**vean** Uds.

Stem-changing verbs

Infinitive	INDICATIVE Present	Imperfect	Preterite	Future	Conditional	SUBJUNCTIVE Present	Past	IMPERATIVE
24 contar (o:ue)	**cuento**	contaba	conté	contaré	contaría	**cuente**	contara	
	cuentas	contabas	contaste	contarás	contarías	**cuentes**	contaras	**cuenta** tú (no **cuentes**)
Participles:	**cuenta**	contaba	contó	contará	contaría	**cuente**	contara	**cuente** Ud.
contando	contamos	contábamos	contamos	contaremos	contaríamos	contemos	contáramos	contemos
contado	contáis	contabais	contasteis	contaréis	contaríais	contéis	contarais	contad (no contéis)
	cuentan	contaban	contaron	contarán	contarían	**cuenten**	contaran	**cuenten** Uds.
25 dormir (o:ue)	**duermo**	dormía	dormí	dormiré	dormiría	**duerma**	**durmiera**	
	duermes	dormías	dormiste	dormirás	dormirías	**duermas**	**durmieras**	**duerme** tú (no **duermas**)
Participles:	**duerme**	dormía	**durmió**	dormirá	dormiría	**duerma**	**durmiera**	**duerma** Ud.
durmiendo	dormimos	dormíamos	dormimos	dormiremos	dormiríamos	**durmamos**	**durmiéramos**	**durmamos**
dormido	dormís	dormíais	dormisteis	dormiréis	dormiríais	**durmáis**	**durmierais**	dormid (no **durmáis**)
	duermen	dormían	**durmieron**	dormirán	dormirían	**duerman**	**durmieran**	**duerman** Uds.
26 empezar (e:ie) (z:c)	**empiezo**	empezaba	**empecé**	empezaré	empezaría	**empiece**	empezara	
	empiezas	empezabas	empezaste	empezarás	empezarías	**empieces**	empezaras	**empieza** tú (no **empieces**)
	empieza	empezaba	empezó	empezará	empezaría	**empiece**	empezara	**empiece** Ud.
Participles:	empezamos	empezábamos	empezamos	empezaremos	empezaríamos	**empecemos**	empezáramos	**empecemos**
empezando	empezáis	empezabais	empezasteis	empezaréis	empezaríais	**empecéis**	empezarais	empezad (no **empecéis**)
empezado	**empiezan**	empezaban	empezaron	empezarán	empezarían	**empiecen**	empezaran	**empiecen** Uds.

Verb tables

27. entender (e:ie) — Participles: entendiendo, entendido

	INDICATIVE					SUBJUNCTIVE		IMPERATIVE
	Present	Imperfect	Preterite	Future	Conditional	Present	Past	
	entiendo	entendía	entendí	entenderé	entendería	entienda	entendiera	
	entiendes	entendías	entendiste	entenderás	entenderías	entiendas	entendieras	entiende tú (no entiendas)
	entiende	entendía	entendió	entenderá	entendería	entienda	entendiera	entienda Ud.
	entendemos	entendíamos	entendimos	entenderemos	entenderíamos	entendamos	entendiéramos	entendamos
	entendéis	entendíais	entendisteis	entenderéis	entenderíais	entendáis	entendierais	entended (no entendáis)
	entienden	entendían	entendieron	entenderán	entenderían	entiendan	entendieran	entiendan Uds.

28. jugar (u:ue) (g:gu) — Participles: jugando, jugado

	INDICATIVE					SUBJUNCTIVE		IMPERATIVE
	Present	Imperfect	Preterite	Future	Conditional	Present	Past	
	juego	jugaba	jugué	jugaré	jugaría	juegue	jugara	
	juegas	jugabas	jugaste	jugarás	jugarías	juegues	jugaras	juega tú (no juegues)
	juega	jugaba	jugó	jugará	jugaría	juegue	jugara	juegue Ud.
	jugamos	jugábamos	jugamos	jugaremos	jugaríamos	juguemos	jugáramos	juguemos
	jugáis	jugabais	jugasteis	jugaréis	jugaríais	juguéis	jugarais	jugad (no juguéis)
	juegan	jugaban	jugaron	jugarán	jugarían	jueguen	jugaran	jueguen Uds.

29. pedir (e:i) — Participles: pidiendo, pedido

	INDICATIVE					SUBJUNCTIVE		IMPERATIVE
	Present	Imperfect	Preterite	Future	Conditional	Present	Past	
	pido	pedía	pedí	pediré	pediría	pida	pidiera	
	pides	pedías	pediste	pedirás	pedirías	pidas	pidieras	pide tú (no pidas)
	pide	pedía	pidió	pedirá	pediría	pida	pidiera	pida Ud.
	pedimos	pedíamos	pedimos	pediremos	pediríamos	pidamos	pidiéramos	pidamos
	pedís	pedíais	pedisteis	pediréis	pediríais	pidáis	pidierais	pedid (no pidáis)
	piden	pedían	pidieron	pedirán	pedirían	pidan	pidieran	pidan Uds.

30. pensar (e:ie) — Participles: pensando, pensado

	INDICATIVE					SUBJUNCTIVE		IMPERATIVE
	Present	Imperfect	Preterite	Future	Conditional	Present	Past	
	pienso	pensaba	pensé	pensaré	pensaría	piense	pensara	
	piensas	pensabas	pensaste	pensarás	pensarías	pienses	pensaras	piensa tú (no pienses)
	piensa	pensaba	pensó	pensará	pensaría	piense	pensara	piense Ud.
	pensamos	pensábamos	pensamos	pensaremos	pensaríamos	pensemos	pensáramos	pensemos
	pensáis	pensabais	pensasteis	pensaréis	pensaríais	penséis	pensarais	pensad (no penséis)
	piensan	pensaban	pensaron	pensarán	pensarían	piensen	pensaran	piensen Uds.

31. reír(se) (e:i) — Participles: riendo, reído

	INDICATIVE					SUBJUNCTIVE		IMPERATIVE
	Present	Imperfect	Preterite	Future	Conditional	Present	Past	
	río	reía	reí	reiré	reiría	ría	riera	
	ríes	reías	reíste	reirás	reirías	rías	rieras	ríe tú (no rías)
	ríe	reía	rió	reirá	reiría	ría	riera	ría Ud.
	reímos	reíamos	reímos	reiremos	reiríamos	riamos	riéramos	riamos
	reís	reíais	reísteis	reiréis	reiríais	riáis	rierais	reíd (no riáis)
	ríen	reían	rieron	reirán	reirían	rían	rieran	rían Uds.

32. seguir (e:i) (gu:g) — Participles: siguiendo, seguido

	INDICATIVE					SUBJUNCTIVE		IMPERATIVE
	Present	Imperfect	Preterite	Future	Conditional	Present	Past	
	sigo	seguía	seguí	seguiré	seguiría	siga	siguiera	
	sigues	seguías	seguiste	seguirás	seguirías	sigas	siguieras	sigue tú (no sigas)
	sigue	seguía	siguió	seguirá	seguiría	siga	siguiera	siga Ud.
	seguimos	seguíamos	seguimos	seguiremos	seguiríamos	sigamos	siguiéramos	sigamos
	seguís	seguíais	seguisteis	seguiréis	seguiríais	sigáis	siguierais	seguid (no sigáis)
	siguen	seguían	siguieron	seguirán	seguirían	sigan	siguieran	sigan Uds.

33. sentir (e:ie) — Participles: sintiendo, sentido

	INDICATIVE					SUBJUNCTIVE		IMPERATIVE
	Present	Imperfect	Preterite	Future	Conditional	Present	Past	
	siento	sentía	sentí	sentiré	sentiría	sienta	sintiera	
	sientes	sentías	sentiste	sentirás	sentirías	sientas	sintieras	siente tú (no sientas)
	siente	sentía	sintió	sentirá	sentiría	sienta	sintiera	sienta Ud.
	sentimos	sentíamos	sentimos	sentiremos	sentiríamos	sintamos	sintiéramos	sintamos
	sentís	sentíais	sentisteis	sentiréis	sentiríais	sintáis	sintierais	sentid (no sintáis)
	sienten	sentían	sintieron	sentirán	sentirían	sientan	sintieran	sientan Uds.

34

Infinitive	INDICATIVE					SUBJUNCTIVE		IMPERATIVE
	Present	Imperfect	Preterite	Future	Conditional	Present	Past	
volver (o:ue)	vuelvo	volvía	volví	volveré	volvería	vuelva	volviera	
	vuelves	volvías	volviste	volverás	volverías	vuelvas	volvieras	vuelve tú (no vuelvas)
	vuelve	volvía	volvió	volverá	volvería	vuelva	volviera	vuelva Ud.
Participles:	volvemos	volvíamos	volvimos	volveremos	volveríamos	volvamos	volviéramos	volvamos
volviendo	volvéis	volvíais	volvisteis	volveréis	volveríais	volváis	volvierais	volved (no volváis)
vuelto	vuelven	volvían	volvieron	volverán	volverían	vuelvan	volvieran	vuelvan Uds.

Verbs with spelling changes only

Infinitive	INDICATIVE					SUBJUNCTIVE		IMPERATIVE
	Present	Imperfect	Preterite	Future	Conditional	Present	Past	
35 conocer (c:zc)	**conozco**	conocía	conocí	conoceré	conocería	**conozca**	conociera	
	conoces	conocías	conociste	conocerás	conocerías	**conozcas**	conocieras	conoce tú (no **conozcas**)
	conoce	conocía	conoció	conocerá	conocería	**conozca**	conociera	**conozca** Ud.
Participles:	conocemos	conocíamos	conocimos	conoceremos	conoceríamos	**conozcamos**	conociéramos	**conozcamos**
conociendo	conocéis	conocíais	conocisteis	conoceréis	conoceríais	**conozcáis**	conocierais	conoced (no **conozcáis**)
conocido	conocen	conocían	conocieron	conocerán	conocerían	**conozcan**	conocieran	**conozcan** Uds.
36 creer (y)	creo	creía	**creí**	creeré	creería	crea	**creyera**	
	crees	creías	**creíste**	creerás	creerías	creas	**creyeras**	cree tú (no creas)
	cree	creía	**creyó**	creerá	creería	crea	**creyera**	crea Ud.
Participles:	creemos	creíamos	**creímos**	creeremos	creeríamos	creamos	**creyéramos**	creamos
creyendo	creéis	creíais	**creísteis**	creeréis	creeríais	creáis	**creyerais**	creed (no creáis)
creído	creen	creían	**creyeron**	creerán	creerían	crean	**creyeran**	crean Uds.
37 cruzar (z:c)	cruzo	cruzaba	**crucé**	cruzaré	cruzaría	**cruce**	cruzara	
	cruzas	cruzabas	cruzaste	cruzarás	cruzarías	**cruces**	cruzaras	cruza tú (no **cruces**)
	cruza	cruzaba	cruzó	cruzará	cruzaría	**cruce**	cruzara	**cruce** Ud.
Participles:	cruzamos	cruzábamos	cruzamos	cruzaremos	cruzaríamos	**crucemos**	cruzáramos	**crucemos**
cruzando	cruzáis	cruzabais	cruzasteis	cruzaréis	cruzaríais	**crucéis**	cruzarais	cruzad (no **crucéis**)
cruzado	cruzan	cruzaban	cruzaron	cruzarán	cruzarían	**crucen**	cruzaran	**crucen** Uds.
38 destruir (y)	**destruyo**	destruía	destruí	destruiré	destruiría	**destruya**	**destruyera**	
	destruyes	destruías	destruiste	destruirás	destruirías	**destruyas**	**destruyeras**	**destruye** tú (no **destruyas**)
	destruye	destruía	**destruyó**	destruirá	destruiría	**destruya**	**destruyera**	**destruya** Ud.
Participles:	destruimos	destruíamos	destruimos	destruiremos	destruiríamos	**destruyamos**	**destruyéramos**	**destruyamos**
destruyendo	destruis	destruíais	destruisteis	destruiréis	destruiríais	**destruyáis**	**destruyerais**	destruid (no **destruyáis**)
destruido	**destruyen**	destruían	**destruyeron**	destruirán	destruirían	**destruyan**	**destruyeran**	**destruyan** Uds.
39 enviar (envío)	**envío**	enviaba	envié	enviaré	enviaría	**envíe**	enviara	
	envías	enviabas	enviaste	enviarás	enviarías	**envíes**	enviaras	**envía** tú (no **envíes**)
	envía	enviaba	envió	enviará	enviaría	**envíe**	enviara	**envíe** Ud.
Participles:	enviamos	enviábamos	enviamos	enviaremos	enviaríamos	**enviemos**	enviáramos	enviemos
enviando	enviáis	enviabais	enviasteis	enviaréis	enviaríais	**enviéis**	enviarais	enviad (no **enviéis**)
enviado	**envían**	enviaban	enviaron	enviarán	enviarían	**envíen**	enviaran	**envíen** Uds.

Verb tables

	INDICATIVE					SUBJUNCTIVE		IMPERATIVE
Infinitive	Present	Imperfect	Preterite	Future	Conditional	Present	Past	
40 graduarse (gradúo)	gradúo	graduaba	gradué	graduaré	graduaría	gradúe	graduara	
	gradúas	graduabas	graduaste	graduarás	graduarías	gradúes	graduaras	gradúa tú (no gradúes)
	gradúa	graduaba	graduó	graduará	graduaría	gradúe	graduara	gradúe Ud.
Participles:	graduamos	graduábamos	graduamos	graduaremos	graduaríamos	graduemos	graduáramos	graduemos
graduando	graduáis	graduabais	graduasteis	graduaréis	graduaríais	graduéis	graduarais	graduad (no graduéis)
graduado	gradúan	graduaban	graduaron	graduarán	graduarían	gradúen	graduaran	gradúen Uds.
41 llegar (g:gu)	llego	llegaba	**llegué**	llegaré	llegaría	**llegue**	llegara	
	llegas	llegabas	llegaste	llegarás	llegarías	**llegues**	llegaras	llega tú (no **llegues**)
	llega	llegaba	llegó	llegará	llegaría	**llegue**	llegara	**llegue** Ud.
Participles:	llegamos	llegábamos	llegamos	llegaremos	llegaríamos	**lleguemos**	llegáramos	**lleguemos**
llegando	llegáis	llegabais	llegasteis	llegaréis	llegaríais	**lleguéis**	llegarais	llegad (no **lleguéis**)
llegado	llegan	llegaban	llegaron	llegarán	llegarían	**lleguen**	llegaran	**lleguen** Uds.
42 proteger (g:j)	**protejo**	protegía	protegí	protegeré	protegería	**proteja**	protegiera	
	proteges	protegías	protegiste	protegerás	protegerías	**protejas**	protegieras	protege tú (no **protejas**)
	protege	protegía	protegió	protegerá	protegería	**proteja**	protegiera	**proteja** Ud.
Participles:	protegemos	protegíamos	protegimos	protegeremos	protegeríamos	**protejamos**	protegiéramos	**protejamos**
protegiendo	protegéis	protegíais	protegisteis	protegeréis	protegeríais	**protejáis**	protegierais	proteged (no **protejáis**)
protegido	protegen	protegían	protegieron	protegerán	protegerían	**protejan**	protegieran	**protejan** Uds.
43 tocar (c:qu)	toco	tocaba	**toqué**	tocaré	tocaría	**toque**	tocara	
	tocas	tocabas	tocaste	tocarás	tocarías	**toques**	tocaras	toca tú (no **toques**)
	toca	tocaba	tocó	tocará	tocaría	**toque**	tocara	**toque** Ud.
Participles:	tocamos	tocábamos	tocamos	tocaremos	tocaríamos	**toquemos**	tocáramos	**toquemos**
tocando	tocáis	tocabais	tocasteis	tocaréis	tocaríais	**toquéis**	tocarais	tocad (no **toquéis**)
tocado	tocan	tocaban	tocaron	tocarán	tocarían	**toquen**	tocaran	**toquen** Uds.

Guide to Vocabulary

All active vocabulary in **¡ADELANTE!** is presented in this glossary. The first number after an entry refers to the volume of **¡ADELANTE!** where the word is activated; the second refers to the lesson number.

aceite 2.2 (Activated in **¡ADELANTE! DOS**, Lección 2)

posible 3.1 (Activated in **¡ADELANTE! TRES**, Lección 1)

Note on alphabetization

For purposes of alphabetization, **ch** and **ll** are not treated as separate letters, but **ñ** follows **n**. Therefore, in this glossary you will find that **año**, for example, appears after **anuncio**.

Abbreviations used in this glossary

adj.	adjective	*form.*	formal	*pl.*	plural
adv.	adverb	*indef.*	indefinite	*poss.*	possessive
art.	article	*interj.*	interjection	*prep.*	preposition
conj.	conjunction	*i.o.*	indirect object	*pron.*	pronoun
def.	definite	*m.*	masculine	*ref.*	reflexive
d.o.	direct object	*n.*	noun	*sing.*	singular
f.	feminine	*obj.*	object	*sub.*	subject
fam.	familiar	*p.p.*	past participle	*v.*	verb

Spanish-English

A

a *prep.* at; to 1.1
  ¿A qué hora...? At what time...? 1.1
  a dieta on a diet 3.3
  a la derecha to the right 1.2
  a la izquierda to the left 1.2
  a la plancha grilled 2.2
  a la(s) + *time* at + *time* 1.1
  a menos que unless 3.1
  a menudo *adv.* often 2.4
  a nombre de in the name of 1.5
  a plazos in installments 3.4
  A sus órdenes. At your service.
  a tiempo *adv.* on time 2.4
  a veces *adv.* sometimes 2.4
  a ver let's see 1.2
¡Abajo! *adv.* Down! 3.3
abeja *f.* bee
abierto/a *adj.* open 1.5, 3.2
abogado/a *m., f.* lawyer 3.4
abrazar(se) *v.* to hug; to embrace (each other) 2.5
abrazo *m.* hug
abrigo *m.* coat 1.6
abril *m.* April 1.5
abrir *v.* to open 1.3
abuelo/a *m., f.* grandfather; grandmother 1.3
abuelos *pl.* grandparents 1.3
aburrido/a *adj.* bored; boring 1.5

aburrir *v.* to bore 2.1
aburrirse *v.* to get bored 3.5
acabar de (+ *inf.*) *v.* to have just done something 1.6
acampar *v.* to camp 1.5
accidente *m.* accident 2.4
acción *f.* action 3.5
  de acción action (genre) 3.5
aceite *m.* oil 2.2
aceptar: ¡Acepto casarme contigo! I'll marry you! 3.5
ácido/a *adj.* acid 3.1
acompañar *v.* to accompany 3.2
aconsejar *v.* to advise 2.6
acontecimiento *m.* event 3.6
acordarse (de) (o:ue) *v.* to remember 2.1
acostarse (o:ue) *v.* to go to bed 2.1
activo/a *adj.* active 3.3
actor *m.* actor 3.4
actriz *f.* actor 3.4
actualidades *f., pl.* news; current events 3.6
acuático/a *adj.* aquatic 1.4
adelgazar *v.* to lose weight; to slim down 3.3
además (de) *adv.* furthermore; besides 2.4
adicional *adj.* additional
adiós *m.* good-bye 1.1
adjetivo *m.* adjective
administración de empresas *f.* business administration 1.2
adolescencia *f.* adolescence 2.3
¿adónde? *adv.* where (to)? (destination) 1.2
aduana *f.* customs 1.5

aeróbico/a *adj.* aerobic 3.3
aeropuerto *m.* airport 1.5
afectado/a *adj.* affected 3.1
afeitarse *v.* to shave 2.1
aficionado/a *adj.* fan 1.4
afirmativo/a *adj.* affirmative
afuera *adv.* outside 1.5
afueras *f., pl.* suburbs; outskirts 2.6
agencia de viajes *f.* travel agency 1.5
agente de viajes *m., f.* travel agent 1.5
agosto *m.* August 1.5
agradable *adj.* pleasant 1.5
agua *f.* water 2.2
  agua mineral mineral water 2.2
aguantar *v.* to endure, to hold up 3.2
ahora *adv.* now 1.2
  ahora mismo right now 1.5
ahorrar *v.* to save (money) 3.2
ahorros *m.* savings 3.2
aire *m.* air 1.5
ajo *m.* garlic 2.2
al (*contraction of* **a + el**) 1.2
  al aire libre open-air 1.6
  al contado in cash 3.2
  (al) este (to the) east 3.2
  al fondo (de) at the end (of) 2.6
  al lado de beside 1.2
  (al) norte (to the) north 3.2
  (al) oeste (to the) west 3.2
  (al) sur (to the) south 3.2
alcoba *f.* bedroom 2.6
alcohol *m.* alcohol 3.3
alcohólico/a *adj.* alcoholic 3.3

alegrarse (de) *v.* to be happy **3.1**
alegre *adj.* happy; joyful **1.5**
alegría *f.* happiness **2.3**
alemán, alemana *adj.* German **1.3**
alérgico/a *adj.* allergic **2.4**
alfombra *f.* carpet; rug **2.6**
algo *pron.* something; anything **2.1**
algodón *m.* cotton **1.6**
alguien *pron.* someone; somebody; anyone **2.1**
algún, alguno/a(s) *adj.* any; some **2.1**
alimento *m.* food
  alimentación *f.* diet
aliviar *v.* to reduce **3.3**
  aliviar el estrés/la tensión to reduce stress/tension **3.3**
allá *adv.* over there **1.2**
allí *adv.* there **1.2**
  allí mismo right there **3.2**
alma *f.* soul **2.3**
almacén *m.* department store **1.6**
almohada *f.* pillow **2.6**
almorzar (o:ue) *v.* to have lunch **1.4**
almuerzo *m.* lunch **2.2**
aló *interj.* hello (*on the telephone*) **2.5**
alquilar *v.* to rent **2.6**
alquiler *m.* rent (payment) **2.6**
altar *m.* altar **2.3**
altillo *m.* attic **2.6**
alto/a *adj.* tall **1.3**
aluminio *m.* aluminum **3.1**
ama de casa *m.*, f. housekeeper; caretaker **2.6**
amable *adj.* nice; friendly
amarillo/a *adj.* yellow **1.6**
amigo/a *m.*, *f.* friend **1.3**
amistad *f.* friendship **2.3**
amor *m.* love **2.3**
  amor a primera vista love at first sight **2.3**
anaranjado/a *adj.* orange **1.6**
ándale *interj.* come on **3.2**
andar *v.* **en patineta** to skateboard **1.4**
ángel *m.* angel **2.3**
anillo *m.* ring **3.5**
animal *m.* animal **3.1**
aniversario (de bodas) *m.* (wedding) anniversary **2.3**
anoche *adv.* last night **1.6**
anteayer *adv.* the day before yesterday **1.6**
antes *adv.* before **2.1**
  antes (de) que *conj.* before **3.1**
  antes de *prep.* before **2.1**
antibiótico *m.* antibiotic **2.4**
antipático/a *adj.* unpleasant **1.3**
anunciar *v.* to announce; to advertise **3.6**
anuncio *m.* advertisement **3.4**
año *m.* year **1.5**
  año pasado last year **1.6**
apagar *v.* to turn off **2.5**

aparato *m.* appliance
apartamento *m.* apartment **2.6**
apellido *m.* last name **1.3**
apenas *adv.* hardly; scarcely **2.4**
aplaudir *v.* to applaud **3.5**
apreciar *v.* to appreciate **3.5**
aprender (a + *inf.*) *v.* to learn **1.3**
apurarse *v.* to hurry; to rush **3.3**
aquel, aquella *adj.* that (over there) **1.6**
aquél, aquélla *pron.* that (over there) **1.6**
aquello *neuter, pron.* that; that thing; that fact **1.6**
aquellos/as *pl. adj.* those (over there) **1.6**
aquéllos/as *pl. pron.* those (ones) (over there) **1.6**
aquí *adv.* here **1.1**
  Aquí está(n)... Here is/are... **1.5**
árbol *m.* tree **3.1**
archivo *m.* file **2.5**
arete *m.* earring **1.6**
Argentina *f.* Argentina **1.1**
argentino/a *adj.* Argentine **1.3**
armario *m.* closet **2.6**
arqueología *f.* archaeology **1.2**
arqueólogo/a *m.*, *f.* archaeologist **3.4**
arquitecto/a *m.*, *f.* architect **3.4**
arrancar *v.* to start (*a car*) **2.5**
arreglar *v.* to fix; to arrange **2.5**; to neaten; to straighten up **2.6**
arreglarse *v.* to get ready **2.1**; to fix oneself (*clothes, hair, etc., to go out*) **2.1**
arriba: hasta arriba to the top **3.3**
arroba *f.* @ symbol **2.5**
arroz *m.* rice **2.2**
arte *m.* art **1.2**
artes *f., pl.* arts **3.5**
artesanía *f.* craftsmanship; crafts **3.5**
artículo *m.* article **3.6**
artista *m.*, *f.* artist **1.3**
artístico/a *adj.* artistic **3.5**
arveja *f.* pea **2.2**
asado/a *adj.* roast **2.2**
ascenso *m.* promotion **3.4**
ascensor *m.* elevator **1.5**
así *adv.* like this; so (*in such a way*) **2.4**
asistir (a) *v.* to attend **1.3**
aspiradora *f.* vacuum cleaner **2.6**
aspirante *m.*, f. candidate; applicant **3.4**
aspirina *f.* aspirin **2.4**
atún *m.* tuna **2.2**
aumentar *v.* to grow; to get bigger **3.1**
aumentar *v.* **de peso** to gain weight **3.3**
aumento *m.* increase **3.4**
  aumento de sueldo pay raise **3.4**

aunque although
autobús *m.* bus **1.1**
automático/a *adj.* automatic
auto(móvil) *m.* auto(mobile) **1.5**
autopista *f.* highway **2.5**
ave *f.* bird **3.1**
avenida *f.* avenue
aventura *f.* adventure **3.5**
  de aventura adventure (genre) **3.5**
avergonzado/a *adj.* embarrassed **1.5**
avión *m.* airplane **1.5**
¡Ay! *interj.* Oh!
  ¡Ay, qué dolor! Oh, what pain!
ayer *adv.* yesterday **1.6**
ayudar(se) *v.* to help (each other) **2.5, 2.6**
azúcar *m.* sugar **2.2**
azul *adj. m., f.* blue **1.6**

B

bailar *v.* to dance **1.2**
bailarín/bailarina *m.*, *f.* dancer **3.5**
baile *m.* dance **3.5**
bajar(se) de *v.* to get off of/out of (a vehicle) **2.5**
bajo/a *adj.* short (*in height*) **1.3**
bajo control under control **2.1**
balcón *m.* balcony **2.6**
balde *m.* bucket **1.5**
ballena *f.* whale **3.1**
baloncesto *m.* basketball **1.4**
banana *f.* banana **2.2**
banco *m.* bank **3.2**
banda *f.* band **3.5**
bandera *f.* flag
bañarse *v.* to bathe; to take a bath **2.1**
baño *m.* bathroom **2.1**
barato/a *adj.* cheap **1.6**
barco *m.* boat **1.5**
barrer *v.* to sweep **2.6**
  barrer el suelo to sweep the floor **2.6**
barrio *m.* neighborhood **2.6**
bastante *adv.* enough; rather **2.4**
basura *f.* trash **2.6**
baúl *m.* trunk **2.5**
beber *v.* to drink **1.3**
bebida *f.* drink **2.2**
  bebida alcohólica *f.* alcoholic beverage **3.3**
béisbol *m.* baseball **1.4**
bellas artes *f., pl.* fine arts **3.5**
belleza *f.* beauty **3.2**
beneficio *m.* benefit **3.4**
besar(se) *v.* to kiss (each other) **2.5**
beso *m.* kiss **2.3**
biblioteca *f.* library **1.2**
bicicleta *f.* bicycle **1.4**
bien *adj.* well **1.1**
bienestar *m.* well-being **3.3**
bienvenido(s)/a(s) *adj.* welcome **1.1**

billete *m.* paper money; ticket
billón *m.* trillion
biología *f.* biology **1.2**
bisabuelo/a *m., f.* great-grandfather/great-grandmother **1.3**
bistec *m.* steak **2.2**
bizcocho *m.* biscuit
blanco/a *adj.* white **1.6**
blog *m.* blog **2.5**
(blue)jeans *m., pl.* jeans **1.6**
blusa *f.* blouse **1.6**
boca *f.* mouth **2.4**
boda *f.* wedding **2.3**
boleto *m.* ticket **1.2, 3.5**
bolsa *f.* purse, bag **1.6**
bombero/a *m., f.* firefighter **3.4**
bonito/a *adj.* pretty **1.3**
borrador *m.* eraser **1.2**
borrar *v.* to erase **2.5**
bosque *m.* forest **3.1**
   bosque tropical tropical forest; rain forest **3.1**
bota *f.* boot **1.6**
botella *f.* bottle **2.3**
   botella de vino bottle of wine **2.3**
botones *m., f. sing.* bellhop **1.5**
brazo *m.* arm **2.4**
brindar *v.* to toast (*drink*) **2.3**
bucear *v.* to scuba dive **1.4**
bueno *adv.* well
buen, bueno/a *adj.* good **1.3, 1.6**
   buena forma good shape (*physical*) **3.3**
   Buenas noches. Good evening; Good night. **1.1**
   Buenas tardes. Good afternoon. **1.1**
   buenísimo/a extremely good
   Bueno. Hello. (on telephone) **2.5**
   Buenos días. Good morning. **1.1**
bulevar *m.* boulevard
buscar *v.* to look for **1.2**
buzón *m.* mailbox **3.2**

C

caballero *m.* gentleman, sir **2.2**
caballo *m.* horse **1.5**
cabe: no cabe duda de there's no doubt **3.1**
cabeza *f.* head **2.4**
cada *adj. m., f.* each **1.6**
caerse *v.* to fall (down) **2.4**
café *m.* café **1.4**; *adj. m., f.* brown **1.6**; *m.* coffee **2.2**
cafeína *f.* caffeine **3.2**
cafetera *f.* coffee maker **2.6**
cafetería *f.* cafeteria **1.2**
caído/a *p.p.* fallen **3.2**
caja *f.* cash register **1.6**
cajero/a *m., f.* cashier **3.2**
   cajero automático *m.* ATM **3.2**
calavera de azúcar *f.* skull made out of sugar **2.3**

calcetín (calcetines) *m.* sock(s) **1.6**
calculadora *f.* calculator **1.2**
calentamiento global *m.* global warming **3.1**
calentarse (e:ie) *v.* to warm up **3.3**
calidad *f.* quality **1.6**
calle *f.* street **2.5**
caloría *f.* calorie **3.3**
calzar *v.* to take size... shoes **1.6**
cama *f.* bed **1.5**
cámara digital *f.* digital camera **2.5**
cámara de video *f.* video camera **2.5**
camarero/a *m., f.* waiter/waitress **2.2**
camarón *m.* shrimp **2.2**
cambiar (de) *v.* to change **2.3**
cambio: de cambio in change **2.3**
cambio *m.* **climático** climate change **3.1**
cambio *m.* **de moneda** currency exchange
caminar *v.* to walk **1.2**
camino *m.* road
camión *m.* truck; bus
camisa *f.* shirt **1.6**
camiseta *f.* t-shirt **1.6**
campo *m.* countryside **1.5**
canadiense *adj.* Canadian **1.3**
canal *m.* (TV) channel **2.5, 3.5**
canción *f.* song **3.5**
candidato/a *m., f.* candidate **3.6**
canela *f.* cinnamon **2.4**
cansado/a *adj.* tired **1.5**
cantante *m., f.* singer **3.5**
cantar *v.* to sing **1.2**
capital *f.* capital city **1.1**
capó *m.* hood **2.5**
cara *f.* face **2.1**
caramelo *m.* caramel **2.3**
carne *f.* meat **2.2**
   carne de res *f.* beef **2.2**
carnicería *f.* butcher shop **3.2**
caro/a *adj.* expensive **1.6**
carpintero/a *m., f.* carpenter **3.4**
carrera *f.* career **3.4**
carretera *f.* highway **2.5**
carro *m.* car; automobile **2.5**
carta *f.* letter **1.4**; (playing) card **1.5**
cartel *m.* poster **2.6**
cartera *f.* wallet **1.4, 1.6**
cartero *m.* mail carrier **3.2**
casa *f.* house; home **1.2**
casado/a *adj.* married **2.3**
casarse (con) *v.* to get married (to) **2.3**
casi *adv.* almost **2.4**
catorce fourteen **1.1**
cazar *v.* to hunt **3.1**
cebolla *f.* onion **2.2**
cederrón *m.* CD-ROM **2.5**
celebrar *v.* to celebrate **2.3**
cementerio *m.* cemetery **2.3**
cena *f.* dinner **2.2**
cenar *v.* to have dinner **1.2**

centro *m.* downtown **1.4**
   centro comercial shopping mall **1.6**
cepillarse los dientes/el pelo *v.* to brush one's teeth/one's hair **2.1**
cerámica *f.* pottery **3.5**
cerca de *prep.* near **1.2**
cerdo *m.* pork **2.2**
cereales *m., pl.* cereal; grains **2.2**
cero *m.* zero **1.1**
cerrado/a *adj.* closed **1.5, 3.2**
cerrar (e:ie) *v.* to close **1.4**
cerveza *f.* beer **2.2**
césped *m.* grass
ceviche *m.* marinated fish dish **2.2**
   ceviche de camarón *m.* lemon-marinated shrimp **2.2**
chaleco *m.* vest
champán *m.* champagne **2.3**
champiñón *m.* mushroom **2.2**
champú *m.* shampoo **2.1**
chaqueta *f.* jacket **1.6**
chau *fam. interj.* bye **1.1**
cheque *m.* (bank) check **3.2**
   cheque (de viajero) *m.* (traveler's) check **3.2**
chévere *adj., fam.* terrific
chico/a *m., f.* boy/girl **1.1**
chino/a *adj.* Chinese **1.3**
chocar (con) *v.* to run into
chocolate *m.* chocolate **2.3**
choque *m.* collision **3.6**
chuleta *f.* chop (*food*) **2.2**
   chuleta de cerdo *f.* pork chop **2.2**
cibercafé *m.* cybercafé
ciclismo *m.* cycling **1.4**
cielo *m.* sky **3.1**
cien(to) one hundred **1.2**
ciencia *f.* science **1.2**
   ciencias ambientales environmental sciences **1.2**
   de ciencia ficción *f.* science fiction (genre) **3.5**
científico/a *m., f.* scientist **3.4**
cierto/a *adj.* certain **3.1**
   es cierto it's certain **3.1**
   no es cierto it's not certain **3.1**
cima *f.* top, peak **3.3**
cinco five **1.1**
cincuenta fifty **1.2**
cine *m.* movie theater **1.4**
cinta *f.* (audio)tape
cinta caminadora *f.* treadmill **3.3**
cinturón *m.* belt **1.6**
circulación *f.* traffic **2.5**
cita *f.* date; appointment **2.3**
ciudad *f.* city **1.4**
ciudadano/a *m., f.* citizen **3.6**
Claro (que sí). *fam.* Of course.
clase *f.* class **1.2**
   clase de ejercicios aeróbicos *f.* aerobics class **3.3**
clásico/a *adj.* classical **3.5**
cliente/a *m., f.* customer **1.6**
clínica *f.* clinic **2.4**

cobrar *v.* to cash (a check) 3.2
coche *m.* car; automobile 2.5
cocina *f.* kitchen; stove 2.3, 2.6
cocinar *v.* to cook 2.6
cocinero/a *m., f.* cook, chef 3.4
cofre *m.* hood 3.2
cola *f.* line 3.2
colesterol *m.* cholesterol 3.3
color *m.* color 1.6
comedia *f.* comedy; play 3.5
comedor *m.* dining room 2.6
comenzar (e:ie) *v.* to begin 1.4
comer *v.* to eat 1.3
comercial *adj.* commercial;
    business-related 3.4
comida *f.* food; meal 1.4, 2.2
como like; as 2.2
¿cómo? what?; how? 1.1
    ¿Cómo es...? What's... like? 1.3
    ¿Cómo está usted? *form.*
        How are you? 1.1
    ¿Cómo estás? *fam.* How are
        you? 1.1
    ¿Cómo les fue...? *pl.* How
        did... go for you? 3.3
    ¿Cómo se llama usted?
        (form.) What's your name? 1.1
    ¿Cómo te llamas? *(fam.)*
        What's your name? 1.1
cómoda *f.* chest of drawers 2.6
cómodo/a *adj.* comfortable 1.5
compañero/a de clase *m., f.*
    classmate 1.2
compañero/a de cuarto *m., f.*
    roommate 1.2
compañía *f.* company; firm 3.4
compartir *v.* to share 1.3
completamente *adv.* completely
    1.5, 3.4
compositor(a) *m., f.* composer 3.5
comprar *v.* to buy 1.2
compras *f., pl.* purchases 1.5
    ir de compras to go shopping 1.5
comprender *v.* to understand 1.3
comprobar *v.* to check
comprometerse (con) *v.* to get
    engaged (to) 2.3
computación *f.* computer
    science 1.2
computadora *f.* computer 1.1
computadora portátil *f.* portable
    computer; laptop 2.5
comunicación *f.* communication 3.6
comunicarse (con) *v.* to
    communicate (with) 3.6
comunidad *f.* community 1.1
con *prep.* with 1.2
    Con él/ella habla. Speaking.
        (on phone) 2.5
    con frecuencia *adv.*
        frequently 2.4
    Con permiso. Pardon me;
        Excuse me. 1.1
    con tal (de) que provided
        (that) 3.1
concierto *m.* concert 3.5
concordar *v.* to agree

concurso *m.* game show;
    contest 3.5
conducir *v.* to drive 1.6, 2.5
conductor(a) *m., f.* driver 1.1
conexión *f.* **inalámbrica** wireless
    (connection) 2.5
confirmar *v.* to confirm 1.5
confirmar *v.* **una reservación** *f.*
    to confirm a reservation 1.5
confundido/a *adj.* confused 1.5
congelador *m.* freezer 2.6
congestionado/a *adj.* congested;
    stuffed-up 2.4
conmigo *pron.* with me 1.4, 2.3
conocer *v.* to know; to be
    acquainted with 1.6
conocido *adj.; p.p.* known
conseguir (e:i) *v.* to get; to
    obtain 1.4
consejero/a *m., f.* counselor;
    advisor 3.4
consejo *m.* advice
conservación *f.* conservation 3.1
conservar *v.* to conserve 3.1
construir *v.* to build
consultorio *m.* doctor's office 2.4
consumir *v.* to consume 3.3
contabilidad *f.* accounting 1.2
contador(a) *m., f.* accountant 3.4
contaminación *f.* pollution 3.1
    **contaminación del aire/del
        agua** air/water pollution 3.1
contaminado/a *adj.* polluted 3.1
contaminar *v.* to pollute 3.1
contar (o:ue) *v.* to count; to tell 1.4
contento/a *adj.* happy; content 1.5
contestar *v.* to answer 1.2
contigo *fam. pron.* with
    you 1.5, 2.3
contratar *v.* to hire 3.4
control *m.* control 2.1
    control remoto remote
        control 2.5
controlar *v.* to control 3.1
conversación *f.* conversation 1.1
conversar *v.* to converse, to chat 1.2
copa *f.* wineglass; goblet 2.6
corazón *m.* heart 2.4
corbata *f.* tie 1.6
corredor(a) *m., f.* **de bolsa**
    stockbroker 3.4
correo *m.* mail; post office 3.2
    correo de voz *m.*
        voice mail 2.5
    correo electrónico *m.*
        e-mail 1.4
correr *v.* to run 1.3
cortesía *f.* courtesy
cortinas *f., pl.* curtains 2.6
corto/a *adj.* short (*in length*) 1.6
cosa *f.* thing 1.1
Costa Rica *f.* Costa Rica 1.1
costar (o:ue) *v.* to cost 1.6
costarricense *adj.* Costa
    Rican 1.3
cráter *m.* crater 3.1

creer *v.* to believe 3.1
    creer (en) *v.* to believe (in) 1.3
    no creer (en) *v.* not to
        believe (in) 3.1
creído/a *adj., p.p.* believed 3.2
crema de afeitar *f.* shaving
    cream 1.5, 2.1
crimen *m.* crime; murder 3.6
cruzar *v.* to cross 3.2
cuaderno *m.* notebook 1.1
cuadra *f.* (city) block 3.2
¿cuál(es)? which?; which
    one(s)? 1.2
    ¿Cuál es la fecha de hoy?
        What is today's date? 1.5
cuadro *m.* picture 2.6
cuadros *m., pl.* plaid 1.6
cuando when 2.1; 3.1
¿cuándo? when? 1.2
¿cuánto(s)/a(s)? how much/how
    many? 1.1
    ¿Cuánto cuesta...? How
        much does... cost? 1.6
    ¿Cuántos años tienes? How
        old are you? 1.3
cuarenta forty 1.2
cuarto de baño *m.* bathroom 2.1
cuarto *m.* room 1.2, 2.1
cuarto/a *adj.* fourth 1.5
    menos cuarto quarter to
        (time) 1.1
    y cuarto quarter after (time) 1.1
cuatro four 1.1
cuatrocientos/as four
    hundred 1.2
Cuba *f.* Cuba 1.1
cubano/a *adj.* Cuban 1.3
cubiertos *m., pl.* silverware
cubierto/a *p.p.* covered
cubrir *v.* to cover
cuchara *f.* (table or large) spoon 2.6
cuchillo *m.* knife 2.6
cuello *m.* neck 2.4
cuenta *f.* bill 2.3; account 3.2
    cuenta corriente *f.* checking
        account 3.2
    cuenta de ahorros *f.* savings
        account 3.2
cuento *m.* short story 3.5
cuerpo *m.* body 2.4
cuidar *v.* to take care of 3.1
cultura *f.* culture 1.2, 3.5
cumpleaños *m., ing.*
    birthday 2.3
cumplir años *v.* to have a
    birthday 2.3
cuñado/a *m., f.* brother-in-law;
    sister-in-law 1.3
currículum *m.* résumé 3.4
curso *m.* course 1.2

D

danza *f.* dance 3.5
dañar *v.* to damage; to break
    down 2.4

dar *v.* to give **1.6, 2.3**
  dar un consejo *v.* to give advice **1.6**
  darse con *v.* to bump into; to run into (something) **2.4**
  darse prisa *v.* to hurry; to rush **3.3**
de *prep.* of; from **1.1**
  ¿De dónde eres? *fam.* Where are you from? **1.1**
  ¿De dónde es usted? *form.* Where are you from? **1.1**
  ¿De parte de quién? Who is speaking/calling? (*on phone*) **2.5**
  ¿de quién...? whose...? (*sing.*) **1.1**
  ¿de quiénes...? whose...? (*pl.*) **1.1**
  de algodón (made) of cotton **1.6**
  de aluminio (made) of aluminum **3.1**
  de buen humor in a good mood **1.5**
  de compras shopping **1.5**
  de cuadros plaid **1.6**
  de excursión hiking **1.4**
  de hecho in fact
  de ida y vuelta roundtrip **1.5**
  de la mañana in the morning; A.M. **1.1**
  de la noche in the evening; at night; P.M. **1.1**
  de la tarde in the afternoon; in the early evening; P.M. **1.1**
  de lana (made) of wool **1.6**
  de lunares polka-dotted **1.6**
  de mal humor in a bad mood **1.5**
  de mi vida of my life **3.3**
  de moda in fashion **1.6**
  De nada. You're welcome. **1.1**
  de niño/a as a child **2.4**
  de parte de on behalf of **2.5**
  de plástico (made) of plastic **3.1**
  de rayas striped **1.6**
  de repente suddenly **1.6**
  de seda (made) of silk **1.6**
  de vaqueros western (genre) **3.5**
  de vez en cuando from time to time **2.4**
  de vidrio (made) of glass **3.1**
debajo de *prep.* below; under **1.2**
deber (+ *inf.*) *v.* should; must; ought to **1.3**
  Debe ser... It must be... **1.6**
deber *m.* responsibility; obligation **3.6**
debido a due to (the fact that)
débil *adj.* weak **3.3**
decidido/a *adj.* decided **3.2**
decidir (+ *inf.*) *v.* to decide **1.3**
décimo/a *adj.* tenth **1.5**

decir (e:i) *v.* (**que**) to say (that); to tell (that) **1.4, 2.3**
  decir la respuesta to say the answer **1.4**
  decir la verdad to tell the truth **1.4**
  decir mentiras to tell lies **1.4**
declarar *v.* to declare; to say **3.6**
dedo *m.* finger **2.4**
dedo del pie *m.* toe **2.4**
deforestación *f.* deforestation **3.1**
dejar *v.* to let **2.6**; to quit; to leave behind **3.4**
  dejar de (+ *inf.*) *v.* to stop (*doing something*) **3.1**
  dejar una propina *v.* to leave a tip **2.3**
del (*contraction of* **de + el**) of the; from the
delante de *prep.* in front of **1.2**
delgado/a *adj.* thin; slender **1.3**
delicioso/a *adj.* delicious **2.2**
demás *adj.* the rest
demasiado *adj., adv.* too much **1.6**
dentista *m., f.* dentist **2.4**
dentro de (diez años) within (ten years) **3.4**; inside
dependiente/a *m., f.* clerk **1.6**
deporte *m.* sport **1.4**
deportista *m.* sports person
deportivo/a *adj.* sports-related **1.4**
depositar *v.* to deposit **3.2**
derecha *f.* right **1.2**
  a la derecha de to the right of **1.2**
derecho *adv.* straight (ahead) **3.2**
derechos *m., pl.* rights **3.6**
desarrollar *v.* to develop **3.1**
desastre (natural) *m.* (natural) disaster **3.6**
desayunar *v.* to have breakfast **1.2**
desayuno *m.* breakfast **2.2**
descafeinado/a *adj.* decaffeinated **3.3**
descansar *v.* to rest **1.2**
descargar *v.* to download **2.5**
descompuesto/a *adj.* not working; out of order **2.5**
describir *v.* to describe **1.3**
descrito/a *p.p.* described **3.2**
descubierto/a *p.p.* discovered **3.2**
descubrir *v.* to discover **3.1**
desde *prep.* from **1.6**
desear *v.* to wish; to desire **1.2**
desempleo *m.* unemployment **3.6**
desierto *m.* desert **3.1**
desigualdad *f.* inequality **3.6**
desordenado/a *adj.* disorderly **1.5**
despacio *adv.* slowly **2.4**
despedida *f.* farewell; good-bye
despedir (e:i) *v.* to fire **3.4**
despedirse (de) (e:i) *v.* to say good-bye (to) **2.1**
despejado/a *adj.* clear (*weather*)
despertador *m.* alarm clock **2.1**
despertarse (e:ie) *v.* to wake up **2.1**

después *adv.* afterwards; then **2.1**
  después de after **2.1**
  después de que *conj.* after **3.1**
destruir *v.* to destroy **3.1**
detrás de *prep.* behind **1.2**
día *m.* day **1.1**
  día de fiesta holiday **2.3**
diario *m.* diary **1.1**; newspaper **3.6**
diario/a *adj.* daily **2.1**
dibujar *v.* to draw **1.2**
dibujo *m.* drawing **3.5**
  dibujos animados *m., pl.* cartoons **3.5**
diccionario *m.* dictionary **1.1**
dicho/a *p.p.* said **3.2**
diciembre *m.* December **1.5**
dictadura *f.* dictatorship **3.6**
diecinueve nineteen **1.1**
dieciocho eighteen **1.1**
dieciséis sixteen **1.1**
diecisiete seventeen **1.1**
diente *m.* tooth **2.1**
dieta *f.* diet **3.3**
  comer una dieta equilibrada to eat a balanced diet **3.3**
diez ten **1.1**
difícil *adj.* difficult; hard **1.3**
Diga. Hello. (*on phone*) **2.5**
diligencia *f.* errand **3.2**
dinero *m.* money **1.6**
dirección *f.* address **3.2**
  dirección electrónica *f.* e-mail address **2.5**
director(a) *m., f.* director; (*musical*) conductor **3.5**
dirigir *v.* to direct **3.5**
disco compacto compact disc (CD) **2.5**
discriminación *f.* discrimination **3.6**
discurso *m.* speech **3.6**
diseñador(a) *m., f.* designer **3.4**
diseño *m.* design
disfraz *m.* costume
disfrutar (de) *v.* to enjoy; to reap the benefits (of) **3.3**
disminuir *v.* to reduce **3.6**
diversión *f.* fun activity; entertainment; recreation **1.4**
divertido/a *adj.* fun **2.1**
divertirse (e:ie) *v.* to have fun **2.3**
divorciado/a *adj.* divorced **2.3**
divorciarse (de) *v.* to get divorced (from) **2.3**
divorcio *m.* divorce **2.3**
doblar *v.* to turn **3.2**
doble *adj.* double
doce twelve **1.1**
doctor(a) *m., f.* doctor **1.3, 2.4**
documental *m.* documentary **3.5**
documentos de viaje *m., pl.* travel documents
doler (o:ue) *v.* to hurt **2.4**
dolor *m.* ache; pain **2.4**
  dolor de cabeza *m.* head ache **2.4**
doméstico/a *adj.* domestic **2.6**

domingo *m.* Sunday 1.2
don *m.* Mr.; sir 1.1
doña *f.* Mrs.; ma'am 1.1
donde *adv.* where
  ¿Dónde está...? *Where is...?* 1.2
  ¿dónde? where? 1.1
dormir (o:ue) *v.* to sleep 1.4
dormirse (o:ue) *v.* to go to sleep;
  to fall asleep 2.1
dormitorio *m.* bedroom 2.6
dos two 1.1
  dos veces *f.* twice; two times 1.6
doscientos/as two hundred 1.2
drama *m.* drama; play 3.5
dramático/a *adj.* dramatic 3.5
dramaturgo/a *m., f.* playwright 3.5
droga *f.* drug 3.3
drogadicto/a *adj.* drug addict 3.3
ducha *f.* shower 2.1
ducharse *v.* to shower; to take a
  shower 2.1
duda *f.* doubt 3.1
dudar *v.* to doubt 3.1
  no dudar *v.* not to doubt 3.1
dueño/a *m., f.* owner; landlord 2.2
dulces *m., pl.* sweets; candy 2.3
durante *prep.* during 2.1
durar *v.* to last 3.6

E

e *conj. (used instead of y before
  words beginning with i and hi)*
  and 1.4
echar *v.* to throw
  echar (una carta) al buzón *v.*
    to put (a letter) in the
    mailbox; to mail 3.2
ecología *f.* ecology 3.1
ecológico/a *adj.* ecological 3.1
ecologista *m., f.* ecologist 3.1
economía *f.* economics 1.2
ecoturismo *m.* ecotourism 3.1
Ecuador *m.* Ecuador 1.1
ecuatoriano/a *adj.* Ecuadorian 1.3
edad *f.* age 2.3
edificio *m.* building 2.6
  edificio de apartamentos
    apartment building 2.6
(en) efectivo *m.* cash 1.6
ejercer *v.* to practice/exercise (a
  degree/profession) 3.4
ejercicio *m.* exercise 3.3
  ejercicios aeróbicos
    aerobic exercises 3.3
  ejercicios de estiramiento
    stretching exercises 3.3
ejército *m.* army 3.6
el *m., sing., def. art.* the 1.1
él *sub. pron.* he 1.1;
  obj. pron. him
elecciones *f., pl.* election 3.6
electricista *m., f.* electrician 3.4
electrodoméstico *m.* electric
  appliance 2.6
elegante *adj. m., f.* elegant 1.6

elegir (e:i) *v.* to elect 3.6
ella *sub. pron.* she 1.1; *obj. pron.* her
ellos/as *sub. pron.* they 1.1; them
embarazada *adj.* pregnant 2.4
emergencia *f.* emergency 2.4
emitir *v.* to broadcast 3.6
emocionante *adj. m., f.* exciting
empezar (e:ie) *v.* to begin 1.4
empleado/a *m., f.* employee 1.5
empleo *m.* job; employment 3.4
empresa *f.* company; firm 3.4
en *prep.* in; on; at 1.2
  en casa at home 2.1
  en caso (de) que in case
    (that) 3.1
  en cuanto as soon as 3.1
  en efectivo in cash 3.2
  en exceso in excess; too
    much 3.3
  en línea in-line 1.4
  en mi nombre in my name
  en punto on the dot; exactly;
    sharp *(time)* 1.1
  en qué in what; how 1.2
  ¿En qué puedo servirles?
    How can I help you? 1.5
  en vivo live 2.1
enamorado/a (de) *adj.* in
  love (with) 1.5
enamorarse (de) *v.* to fall in love
  (with) 2.3
encantado/a *adj.* delighted;
  pleased to meet you 1.1
encantar *v.* to like very much;
  to love *(inanimate objects)* 2.1
  ¡Me encantó! *I* loved it! 3.3
encima de *prep.* on top of 1.2
encontrar (o:ue) *v.* to find 1.4
encontrar(se) (o:ue) *v.* to meet
  (each other); to run into (each
  other) 2.5
  encontrarse con to meet up
    with 2.1
encuesta *f.* poll; survey 3.6
energía *f.* energy 3.1
  energía nuclear nuclear
    energy 3.1
  energía solar solar energy 3.1
enero *m.* January 1.5
enfermarse *v.* to get sick 2.4
enfermedad *f.* illness 2.4
enfermero/a *m., f.* nurse 2.4
enfermo/a *adj.* sick 2.4
enfrente de *adv.* opposite; facing 3.2
engordar *v.* to gain weight 3.3
enojado/a *adj.* mad; angry 1.5
enojarse (con) *v.* to get angry
  (with) 2.1
ensalada *f.* salad 2.2
ensayo *m.* essay 1.3
enseguida *adv.* right away
enseñar *v.* to teach 1.2
ensuciar *v.* to get (something)
  dirty 2.6
entender (e:ie) *v.* to understand 1.4
enterarse *v.* to find out 3.4
entonces *adv.* so, then 1.5, 2.1

entrada *f.* entrance 2.6; ticket 3.5
entre *prep.* between; among 1.2
entregar *v.* to hand in 2.5
entremeses *m., pl.* hors
  d'oeuvres; appetizers 2.2
entrenador(a) *m., f.* trainer 3.3
entrenarse *v.* to practice; to
  train 3.3
entrevista *f.* interview 3.4
entrevistador(a) *m., f.*
  interviewer 3.4
entrevistar *v.* to interview 3.4
envase *m.* container 3.1
enviar *v.* to send; to mail 3.2
equilibrado/a *adj.* balanced 3.3
equipado/a *adj.* equipped 3.3
equipaje *m.* luggage 1.5
equipo *m.* team 1.4
equivocado/a *adj.* wrong 1.5
eres *fam.* you are 1.1
es he/she/it is 1.1
  Es bueno que... It's good
    that... 2.6
  Es de... He/She is from... 1.1
  es extraño it's strange 3.1
  es igual it's the same 1.5
  Es importante que... It's
    important that... 2.6
  es imposible it's impossible 3.1
  es improbable it's
    improbable 3.1
  Es malo que... It's bad
    that... 2.6
  Es mejor que... It's better
    that... 2.6
  Es necesario que... It's
    necessary that... 2.6
  es obvio it's obvious 3.1
  es ridículo it's ridiculous 3.1
  es seguro it's sure 3.1
  es terrible it's terrible 3.1
  es triste it's sad 3.1
  Es urgente que... It's urgent
    that... 2.6
  Es la una. It's one o'clock. 1.1
  es una lástima it's a shame 3.1
  es verdad it's true 3.1
esa(s) *f., adj.* that; those 1.6
ésa(s) *f., pron.* that (one);
  those (ones) 1.6
escalar *v.* to climb 1.4
  escalar montañas *v.* to climb
    mountains 1.4
escalera *f.* stairs; stairway 2.6
escalón *m.* step 3.3
escanear *v.* to scan 2.5
escoger *v.* to choose 2.2
escribir *v.* to write 1.3
  **escribir un mensaje
    electrónico** to write an
    e-mail message 1.4
  escribir una postal
    to write a postcard 1.4
  escribir una carta to write a
    letter 1.4
escrito/a *p.p.* written 3.2
escritor(a) *m., f.* writer 3.5

escritorio *m.* desk **1.2**
escuchar *v.* to listen to **1.2**
  escuchar la radio to listen (to) the radio **1.2**
  escuchar música to listen (to) music **1.2**
escuela *f.* school **1.1**
esculpir *v.* to sculpt **3.5**
escultor(a) *m., f.* sculptor **3.5**
escultura *f.* sculpture **3.5**
ese *m., sing., adj.* that **1.6**
ése *m., sing., pron.* that one **1.6**
eso *neuter, pron.* that; that thing **1.6**
esos *m., pl., adj.* those **1.6**
ésos *m., pl., pron.* those (ones) **1.6**
España *f.* Spain **1.1**
español *m.* Spanish (language) **1.2**
español(a) *adj. m., f.* Spanish **1.3**
espárragos *m., pl.* asparagus **2.2**
especialidad: las especialidades del día today's specials **1.2**
especialización *f.* major **1.2**
espectacular *adj.* spectacular **3.3**
espectáculo *m.* show **3.5**
espejo *m.* mirror **2.1**
esperar *v.* to hope; to wish **3.1**
  esperar (+ inf.) *v.* to wait (for); to hope **1.2**
esposo/a *m., f.* husband/wife; spouse **1.3**
esquí (acuático) *m.* (water) skiing **1.4**
esquiar *v.* to ski **1.4**
esquina *m.* corner **3.2**
está he/she/it is, you are
  Está (muy) despejado. It's (very) clear. (*weather*)
  Está lloviendo. It's raining. **1.5**
  Está nevando. It's snowing. **1.5**
  Está (muy) nublado. It's (very) cloudy. (*weather*) **1.5**
  Está bien. That's fine. **2.5**
esta(s) *f., adj.* this; these **1.6**
  esta noche tonight **1.4**
ésta(s) *f., pron.* this (one); these (ones) **1.6**
  Ésta es… *f.* This is… (*introducing someone*) **1.1**
establecer *v.* to establish **3.4**
estación *f.* station; season **1.5**
  estación de autobuses bus station **1.5**
  estación del metro subway station **1.5**
  estación de tren train station **1.5**
estacionamiento *m.* parking lot **3.2**
estacionar *v.* to park **2.5**
estadio *m.* stadium **1.2**
estado civil *m.* marital status **2.3**
Estados Unidos *m., pl.* (EE.UU.; E.U.) United States **1.1**
estadounidense *adj. m., f.* from the United States **1.3**

estampado/a *adj.* print
estampilla *f.* stamp **3.2**
estante *m.* bookcase; bookshelves **2.6**
estar *v.* to be **1.2**
  estar a dieta to be on a diet **3.3**
  estar aburrido/a to be bored **1.5**
  estar afectado/a (por) to be affected (by) **3.1**
  estar bajo control to be under control **2.1**
  estar cansado/a to be tired **1.5**
  estar contaminado/a to be polluted **3.1**
  estar de acuerdo to agree **3.4**
    Estoy de acuerdo. I agree. **3.4**
    No estoy de acuerdo. I don't agree. **3.4**
  estar de moda to be in fashion **1.6**
  estar de vacaciones *f., pl.* to be on vacation **1.5**
  estar en buena forma to be in good shape **3.3**
  estar enfermo/a to be sick **2.4**
  estar harto/a de… to be sick of **3.6**
  estar listo/a to be ready **3.3**
  estar perdido/a to be lost **3.2**
  estar roto/a to be broken **2.4**
  estar seguro/a to be sure **1.5**
  estar torcido/a to be twisted; to be sprained **2.4**
  No está nada mal. It's not bad at all. **1.5**
estatua *f.* statue **3.5**
este *m.* east **3.2**
este *m., sing., adj.* this **1.6**
éste *m., sing., pron.* this (one) **1.6**
  Éste es… *m.* This is… (*introducing someone*) **1.1**
estéreo *m.* stereo **2.5**
estilo *m.* style
estiramiento *m.* stretching **3.3**
esto *neuter pron.* this; this thing **1.6**
estómago *m.* stomach **2.4**
estornudar *v.* to sneeze **2.4**
estos *m., pl., adj.* these **1.6**
éstos *m., pl., pron.* these (ones) **1.6**
estrella *f.* star **3.1**
  estrella de cine *m., f.* movie star **3.5**
estrés *m.* stress **3.3**
estudiante *m., f.* student **1.1, 1.2**
estudiantil *adj. m., f.* student **1.2**
estudiar *v.* to study **1.2**
estufa *f.* stove **2.6**
estupendo/a *adj.* stupendous **1.5**
etapa *f.* stage **2.3**
evitar *v.* to avoid **3.1**
examen *m.* test; exam **1.2**
  examen médico physical exam **2.4**
excelente *adj. m., f.* excellent **1.5**

exceso *m.* excess; too much **3.3**
excursión *f.* hike; tour; excursion **1.4**
excursionista *m., f.* hiker
experiencia *f.* experience **3.6**
explicar *v.* to explain **1.2**
explorar *v.* to explore
expresión *f.* expression
extinción *f.* extinction **3.1**
extranjero/a *adj.* foreign **3.5**
extrañar *v.* to miss **3.4**
extraño/a *adj.* strange **3.1**

F

fábrica *f.* factory **3.1**
fabuloso/a *adj.* fabulous **1.5**
fácil *adj.* easy **1.3**
falda *f.* skirt **1.6**
faltar *v.* to lack; to need **2.1**
familia *f.* family **1.3**
famoso/a *adj.* famous **3.4**
farmacia *f.* pharmacy **2.4**
fascinar *v.* to fascinate **2.1**
favorito/a *adj.* favorite **1.4**
fax *m.* fax (machine) **2.5**
febrero *m.* February **1.5**
fecha *f.* date **1.5**
¡Felicidades! Congratulations! **2.3**
¡Felicitaciones! Congratulations! **2.3**
feliz *adj.* happy **1.5**
  ¡Feliz cumpleaños! Happy birthday! **2.3**
fenomenal *adj.* great, phenomenal **1.5**
feo/a *adj.* ugly **1.3**
festival *m.* festival **3.5**
fiebre *f.* fever **2.4**
fiesta *f.* party **2.3**
fijo/a *adj.* fixed, set **1.6**
fin *m.* end **1.4**
  fin de semana weekend **1.4**
finalmente *adv.* finally **3.3**
firmar *v.* to sign (*a document*) **3.2**
física *f.* physics **1.2**
flan (de caramelo) *m.* baked (caramel) custard **2.3**
flexible *adj.* flexible **3.3**
flor *f.* flower **3.1**
folclórico/a *adj.* folk; folkloric **3.5**
folleto *m.* brochure
fondo *m.* end **2.6**
forma *f.* shape **3.3**
formulario *m.* form **3.2**
foto(grafía) *f.* photograph **1.1**
francés, francesa *adj. m., f.* French **1.3**
frecuentemente *adv.* frequently **2.4**
frenos *m., pl.* brakes
frente (frío) *m.* (cold) front **1.5**
fresco/a *adj.* cool **1.5**
frijoles *m., pl.* beans **2.2**
frío/a *adj.* cold **1.5**
frito/a *adj.* fried **2.2**

fruta *f.* fruit 2.2
frutería *f.* fruit store 3.2
fuera *adv.* outside
fuerte *adj. m., f.* strong 3.3
fumar *v.* to smoke 3.3
  (no) fumar *v.* (not) to smoke 3.3
funcionar *v.* to work 2.5; to function
fútbol *m.* soccer 1.4
fútbol americano *m.* football 1.4
futuro/a *adj.* future 3.4
  en el futuro in the future 3.4

G

gafas (de sol) *f., pl.* (sun) glasses 1.6
gafas (oscuras) *f., pl.* (sun)glasses
galleta *f.* cookie 2.3
ganar *v.* to win 1.4; to earn (money) 3.4
ganga *f.* bargain 1.6
garaje *m.* garage; (mechanic's) repair shop 2.5; garage (*in a house*) 2.6
garganta *f.* throat 2.4
gasolina *f.* gasoline 2.5
gasolinera *f.* gas station 2.5
gastar *v.* to spend (*money*) 1.6
gato *m.* cat 3.1
gemelo/a *m., f.* twin 1.3
genial *adj.* great 3.4
gente *f.* people 1.3
geografía *f.* geography 1.2
gerente *m., f.* manager 2.2, 3.4
gimnasio *m.* gymnasium 1.4
gobierno *m.* government 3.1
golf *m.* golf 1.4
gordo/a *adj.* fat 1.3
grabar *v.* to record 2.5
gracias *f., pl.* thank you; thanks 1.1
  Gracias por invitarme. Thanks for inviting me. 2.3
graduarse (de/en) *v.* to graduate (from/in) 2.3
gran, grande *adj.* big; large 1.3
grasa *f.* fat 3.3
gratis *adj. m., f.* free of charge 3.2
grave *adj.* grave; serious 2.4
grillo *m.* cricket
gripe *f.* flu 2.4
gris *adj. m., f.* gray 1.6
gritar *v.* to scream, to shout 2.1
grito *m.* scream 1.5
guantes *m., pl.* gloves 1.6
guapo/a *adj.* handsome; good-looking 1.3
guardar *v.* to save (on a computer) 2.5
guerra *f.* war 3.6
guía *m., f.* guide
gustar *v.* to be pleasing to; to like 1.2
  Me gustaría... I would like...

gusto *m.* pleasure 1.1
  El gusto es mío. The pleasure is mine. 1.1
  Mucho gusto. Pleased to meet you. 1.1
  ¡Qué gusto verlo/la! *(form.)* How nice to see you! 3.6
  ¡Qué gusto verte! *(fam.)* How nice to see you! 3.6

H

haber *(auxiliar) v.* to have (done something) 3.3
habitación *f.* room 1.5
  habitación doble double room 1.5
  habitación individual single room 1.5
hablar *v.* to talk; to speak 1.2
hacer *v.* to do; to make 1.4
  Hace buen tiempo. The weather is good. 1.5
  Hace (mucho) calor. It's (very) hot. (*weather*) 1.5
  Hace fresco. It's cool. (*weather*) 1.5
  Hace (mucho) frío. It's (very) cold. (*weather*) 1.5
  Hace mal tiempo. The weather is bad. 1.5
  Hace (mucho) sol. It's (very) sunny. (*weather*) 1.5
  Hace (mucho) viento. It's (very) windy. (*weather*) 1.5
  hacer cola to stand in line 3.2
  hacer diligencias to run errands 3.2
  hacer ejercicio to exercise 3.3
  hacer ejercicios aeróbicos to do aerobics 3.3
  hacer ejercicios de estiramiento to do stretching exercises 3.3
  hacer el papel (de) to play the role (of) 3.5
  hacer gimnasia to work out 3.3
  hacer juego (con) to match (with) 1.6
  hacer la cama to make the bed 2.6
  hacer las maletas to pack (one's) suitcases 1.5
  hacer quehaceres domésticos to do household chores 2.6
  hacer (wind)surf to (wind) surf 1.5
  hacer turismo to go sightseeing
  hacer un viaje to take a trip 1.5
¿Me harías el honor de casarte conmigo? Would you do me the honor of marrying me? 3.5

hacia *prep.* toward 3.2
hamburguesa *f.* hamburger 2.2
hasta *prep.* until 1.6; toward
  Hasta la vista. See you later. 1.1
  Hasta luego. See you later. 1.1
  Hasta mañana. See you tomorrow. 1.1
  Hasta pronto. See you soon. 1.1
  hasta que until 3.1
hay there is; there are 1.1
  Hay (mucha) contaminación. It's (very) smoggy.
  Hay (mucha) niebla. It's (very) foggy.
  Hay que It is necessary that 3.2
  No hay de qué. You're welcome. 1.1
  No hay duda de There's no doubt 3.1
hecho/a *p.p.* done 3.2
heladería *f.* ice cream shop 3.2
helado/a *adj.* iced 2.2
helado *m.* ice cream 2.3
hermanastro/a *m., f.* stepbrother/stepsister 1.3
hermano/a *m., f.* brother/sister 1.3
hermano/a mayor/menor *m., f.* older/younger brother/sister 1.3
hermanos *m., pl.* siblings (brothers and sisters) 1.3
hermoso/a *adj.* beautiful 1.6
hierba *f.* grass 3.1
hijastro/a *m., f.* stepson/ stepdaughter 1.3
hijo/a *m., f.* son/daughter 1.3
  hijo/a único/a *m., f.* only child 1.3
  hijos *m., pl.* children 1.3
híjole *interj.* wow 1.6
historia *f.* history 1.2; story 3.5
hockey *m.* hockey 1.4
hola *interj.* hello; hi 1.1
hombre *m.* man 1.1
  hombre de negocios *m.* businessman 3.4
hora *f.* hour 1.1; the time
horario *m.* schedule 1.2
horno *m.* oven 2.6
  horno de microondas *m.* microwave oven 2.6
horror *m.* horror 3.5
  de horror horror (genre) 3.5
hospital *m.* hospital 2.4
hotel *m.* hotel 1.5
hoy *adv.* today 1.2
  hoy día *adv.* nowadays
  Hoy es... Today is... 1.2
hueco *m.* hole 1.4
huelga *f.* strike (*labor*) 3.6
hueso *m.* bone 2.4
huésped *m., f.* guest 1.5
huevo *m.* egg 2.2
humanidades *f., pl.* humanities 1.2
huracán *m.* hurricane 3.6

I

ida *f.* one way (*travel*)
idea *f.* idea **1.4**
iglesia *f.* church **1.4**
igualdad *f.* equality **3.6**
igualmente *adv.* likewise **1.1**
impermeable *m.* raincoat **1.6**
importante *adj. m., f.* important **1.3**
importar *v.* to be important to; to matter **2.1**
imposible *adj. m., f.* impossible **3.1**
impresora *f.* printer **2.5**
imprimir *v.* to print **2.5**
improbable *adj. m., f.* improbable **3.1**
impuesto *m.* tax **3.6**
incendio *m.* fire **3.6**
increíble *adj. m., f.* incredible **1.5**
indicar cómo llegar *v.* to give directions **3.2**
individual *adj.* private (*room*) **1.5**
infección *f.* infection **2.4**
informar *v.* to inform **3.6**
informe *m.* report; paper (*written work*) **3.6**
ingeniero/a *m., f.* engineer **1.3**
inglés *m.* English (*language*) **1.2**
inglés, inglesa *adj.* English **1.3**
inodoro *m.* toilet **2.1**
insistir (en) *v.* to insist (on) **2.6**
inspector(a) de aduanas *m., f.* customs inspector **1.5**
inteligente *adj. m., f.* intelligent **1.3**
intento *m.* intent **2.5**
intercambiar *v.* to exchange
interesante *adj. m., f.* interesting **1.3**
interesar *v.* to be interesting to; to interest **2.1**
internacional *adj. m., f.* international **3.6**
Internet Internet **2.5**
inundación *f.* flood **3.6**
invertir (e:ie) *v.* to invest **3.4**
invierno *m.* winter **1.5**
invitado/a *m., f.* guest **2.3**
invitar *v.* to invite **2.3**
inyección *f.* injection **2.4**
ir *v.* to go **1.4**
  ir a (+ *inf.*) *to* be going to do something **1.4**
  ir de compras to go shopping **1.5**
  ir de excursión (a las montañas) to go for a hike (in the mountains) **1.4**
  ir de pesca to go fishing
  ir de vacaciones to go on vacation **1.5**
  ir en autobús to go by bus **1.5**
  ir en auto(móvil) to go by auto(mobile); to go by car **1.5**
  ir en avión to go by plane **1.5**
  ir en barco to go by boat **1.5**

  ir en metro to go by subway
  ir en motocicleta to go by motorcycle **1.5**
  ir en taxi to go by taxi **1.5**
  ir en tren to go by train
irse *v.* to go away; to leave **2.1**
italiano/a *adj.* Italian **1.3**
izquierda *f.* left **1.2**
  a la izquierda de to the left of **1.2**

J

jabón *m.* soap **2.1**
jamás *adv.* never; not ever **2.1**
jamón *m.* ham **2.2**
japonés, japonesa *adj.* Japanese **1.3**
jardín *m.* garden; yard **2.6**
jefe, jefa *m., f.* boss **3.4**
jengibre *m.* ginger **2.4**
joven *adj. m., f., sing.* (**jóvenes** *pl.*) young **1.3**
  joven *m., f., sing.* (**jóvenes** *pl.*) youth; young person **1.1**
joyería *f.* jewelry store **3.2**
jubilarse *v.* to retire (from work) **2.3**
juego *m.* game
jueves *m., sing.* Thursday **1.2**
jugador(a) *m., f.* player **1.4**
jugar (u:ue) *v.* to play **1.4**
  jugar a las cartas *f., pl.* to play cards **1.5**
jugo *m.* juice **2.2**
  jugo de fruta *m.* fruit juice **2.2**
julio *m.* July **1.5**
jungla *f.* jungle **3.1**
junio *m.* June **1.5**
juntos/as *adj.* together **2.3**
juventud *f.* youth **2.3**

K

kilómetro *m.* kilometer **1.1**

L

la *f., sing., def. art.* the **1.1**
la *f., sing., d.o. pron.* her, it, *form.* you **1.5**
laboratorio *m.* laboratory **1.2**
lago *m.* lake **3.1**
lámpara *f.* lamp **2.6**
lana *f.* wool **1.6**
langosta *f.* lobster **2.2**
lápiz *m.* pencil **1.1**
largo/a *adj.* long **1.6**
las *f., pl., def. art.* the **1.1**
las *f., pl., d.o. pron.* them; form. you **1.5**
lástima *f.* shame **3.1**
lastimarse *v.* to injure oneself **2.4**
  lastimarse el pie to injure one's foot **2.4**

lata *f.* (*tin*) can **3.1**
lavabo *m.* sink **2.1**
lavadora *f.* washing machine **2.6**
lavandería *f.* laundromat **3.2**
lavaplatos *m., sing.* dishwasher **2.6**
lavar *v.* to wash **2.6**
  lavar (el suelo, los platos) to wash (the floor, the dishes) **2.6**
lavarse *v.* to wash oneself **2.1**
  lavarse la cara to wash one's face **2.1**
  lavarse las manos to wash one's hands **2.1**
le *sing., i.o. pron.* to/for him, her, *form.* you **1.6**
  Le presento a... *form.* I would like to introduce you to (name). **1.1**
lección *f.* lesson **1.1**
leche *f.* milk **2.2**
lechuga *f.* lettuce **2.2**
leer *v.* to read **1.3**
  leer correo electrónico to read e-mail **1.4**
  leer un periódico to read a newspaper **1.4**
  leer una revista to read a magazine **1.4**
leído/a *p.p.* read **3.2**
lejos de *prep.* far from **1.2**
lengua *f.* language **1.2**
  lenguas extranjeras *f., pl.* foreign languages **1.2**
lentes de contacto *m., pl.* contact lenses
  lentes (de sol) (sun)glasses
lento/a *adj.* slow **2.5**
les *pl., i.o. pron.* to/ for them, *form.* you **1.6**
letrero *m.* sign **3.2**
levantar *v.* to lift **3.3**
  levantar pesas to lift weights **3.3**
levantarse *v.* to get up **2.1**
ley *f.* law **3.1**
libertad *f.* liberty; freedom **3.6**
libre *adj. m., f.* free **1.4**
librería *f.* bookstore **1.2**
libro *m.* book **1.2**
licencia de conducir *f.* driver's license **2.5**
limón *m.* lemon **2.2**
limpiar *v.* to clean **2.6**
  limpiar la casa *v.* to clean the house **2.6**
limpio/a *adj.* clean **1.5**
línea *f.* line **1.4**
listo/a *adj.* ready; smart **1.5**
literatura *f.* literature **1.2**
llamar *v.* to call **2.5**
  llamar por teléfono to call on the phone
llamarse *v.* to be called; to be named **2.1**
llanta *f.* tire **2.5**
llave *f.* key **1.5**; wrench **2.5**
llegada *f.* arrival **1.5**

llegar *v.* to arrive **1.2**
llenar *v.* to fill **2.5, 3.2**
  llenar el tanque to fill the tank **2.5**
  llenar (un formulario) to fill out (a form) **3.2**
lleno/a *adj.* full **2.5**
llevar *v.* to carry **1.2**; to wear; to take **1.6**
  llevar una vida sana to lead a healthy lifestyle **3.3**
  llevarse bien/mal (con) to get along well/badly (with) **2.3**
llorar *v.* to cry **3.3**
llover (o:ue) *v.* to rain **1.5**
  Llueve. It's raining. **1.5**
lluvia *f.* rain
lo *m., sing. d.o. pron.* him, it, *form.* you **1.5**
  ¡Lo he pasado de película! I've had a fantastic time! **3.6**
  lo que that which; what **2.6**
  Lo siento. I'm sorry. **1.1**
loco/a *adj.* crazy **1.6**
locutor(a) *m., f.* (TV or radio) announcer **3.6**
lodo *m.* mud
los *m., pl., def. art.* the **1.1**
los *m. pl., d.o. pron.* them, *form.* you **1.5**
luchar (contra/por) *v.* to fight; to struggle (against/for) **3.6**
luego *adv.* later **1.1**; then **2.1**
lugar *m.* place **1.2, 1.4**
luna *f.* moon **3.1**
lunares *m.* polka dots **1.6**
lunes *m., sing.* Monday **1.2**
luz *f.* light; electricity **2.6**

M

madrastra *f.* stepmother **1.3**
madre *f.* mother **1.3**
madurez *f.* maturity; middle age **2.3**
maestro/a *m., f.* teacher **3.4**
magnífico/a *adj.* magnificent **1.5**
maíz *m.* corn **2.2**
mal, malo/a *adj.* bad **1.3**
maleta *f.* suitcase **1.1**
mamá *f.* mom **1.3**
mandar *v.* to order **2.6**; to send; to mail **3.2**
manejar *v.* to drive **2.5**
manera *f.* way **3.4**
mano *f.* hand **1.1**
manta *f.* blanket **2.6**
mantener *v.* to maintain **3.3**
  mantenerse en forma to stay in shape **3.3**
mantequilla *f.* butter **2.2**
manzana *f.* apple **2.2**
mañana *f.* morning, a.m. **1.1**; tomorrow **1.1**
mapa *m.* map **1.2**
maquillaje *m.* makeup **2.1**
maquillarse *v.* to put on makeup **2.1**

mar *m.* sea **1.5**
maravilloso/a *adj.* marvelous **1.5**
mareado/a *adj.* dizzy; nauseated **2.4**
margarina *f.* margarine **2.2**
mariscos *m., pl.* shellfish **2.2**
marrón *adj. m., f.* brown **1.6**
martes *m., sing.* Tuesday **1.2**
marzo *m.* March **1.5**
más *pron.* more **1.2**
  más de (+ number) more than **2.2**
  más tarde later (on) **2.1**
  más... que more... than **2.2**
masaje *m.* massage **3.3**
matemáticas *f., pl.* mathematics **1.2**
materia *f.* course **1.2**
matrimonio *m.* marriage **2.3**
máximo/a *adj.* maximum **2.5**
mayo *m.* May **1.5**
mayonesa *f.* mayonnaise **2.2**
mayor *adj.* older **1.3**
  el/la mayor *adj.* eldest **2.2**; oldest
me *sing., d.o. pron.* me **1.5**; *sing. i.o. pron.* to/for me **1.6**
  Me duele mucho. It hurts me a lot. **2.4**
  Me gusta... I like... **1.2**
  No me gustan nada. I don't like them at all. **1.2**
  Me gustaría(n)... I would like... **3.5**
  Me llamo... My name is... **1.1**
  Me muero por... I'm dying to (for)...
mecánico/a *m., f.* mechanic **2.5**
mediano/a *adj.* medium
medianoche *f.* midnight **1.1**
medias *f., pl.* pantyhose, stockings **1.6**
medicamento *m.* medication **2.4**
medicina *f.* medicine **2.4**
médico/a *m., f.* doctor **1.3**; *adj.* medical **2.4**
medio/a *adj.* half **1.3**
  medio ambiente *m.* environment **3.1**
  medio/a hermano/a *m., f.* half-brother/half-sister **1.3**
  mediodía *m.* noon **1.1**
  medios de comunicación *m., pl.* means of communication; media **3.6**
  y media thirty minutes past the hour (time) **1.1**
mejor *adj.* better **2.2**
  el/la mejor *m., f.* the best **2.2**
mejorar *v.* to improve **3.1**
melocotón *m.* peach **2.2**
menor *adj.* younger **1.3**
  el/la menor *m., f.* youngest **2.2**
menos *adv.* less **2.4**
  menos cuarto..., menos quince... *quarter* to... (time) **1.1**
  menos de (+ number) fewer than **2.2**
  menos... que less... than **2.2**

mensaje *m.* **de texto** text message **2.5**
mensaje electrónico *m.* e-mail message **1.4**
mentira *f.* lie **1.4**
menú *m.* menu **2.2**
mercado *m.* market **1.6**
  mercado al aire libre open-air market **1.6**
merendar (e:ie) *v.* to snack **2.2**; to have an afternoon snack
merienda *f.* afternoon snack **3.3**
mes *m.* month **1.5**
mesa *f.* table **1.2**
mesita *f.* end table **2.6**
  mesita de noche night stand **2.6**
meterse en problemas *v.* to get into trouble **3.1**
metro *m.* subway **1.5**
mexicano/a *adj.* Mexican **1.3**
México *m.* Mexico **1.1**
mí *pron., obj. of prep.* me **2.2**
mi(s) *poss. adj.* my **1.3**
microonda *f.* microwave **2.6**
  horno de microondas *m.* microwave oven **2.6**
miel *f.* honey **2.4**
mientras *conj.* while **2.4**
miércoles *m., sing.* Wednesday **1.2**
mil *m.* one thousand **1.2**
  mil millones billion
milla *f.* mile **2.5**
millón *m.* million **1.2**
millones (de) *m.* millions (of)
mineral *m.* mineral **3.3**
minuto *m.* minute **1.1**
mío(s)/a(s) *poss.* my; (of) mine **2.5**
mirar *v.* to look (at); to watch **1.2**
  mirar (la) televisión to watch television **1.2**
mismo/a *adj.* same **1.3**
mochila *f.* backpack **1.2**
moda *f.* fashion **1.6**
módem *m.* modem
moderno/a *adj.* modern **3.5**
molestar *v.* to bother; to annoy **2.1**
monitor *m.* (computer) monitor **2.5**
  monitor(a) *m., f.* trainer
mono *m.* monkey **3.1**
montaña *f.* mountain **1.4**
montar v. a caballo to ride a horse **1.5**
montón: un montón de a lot of **1.4**
monumento *m.* monument **1.4**
morado/a *adj.* purple **1.6**
moreno/a *adj.* brunet(te) **1.3**
morir (o:ue) *v.* to die **2.2**
mostrar (o:ue) *v.* to show **1.4**
motocicleta *f.* motorcycle **1.5**
motor *m.* motor
muchacho/a *m., f.* boy; girl **1.3**
mucho/a *adj., adv.* a lot of; much **1.2**; many **1.3**

(Muchas) gracias. Thank you (very much); Thanks (a lot). **1.1**
muchas veces *adv.* a lot; many times **2.4**
Mucho gusto. Pleased to meet you. **1.1**
muchísimo very much **1.2**
mudarse *v.* to move (from one house to another) **2.6**
muebles *m., pl.* furniture **2.6**
muela *f.* tooth
muerte *f.* death **2.3**
muerto/a *p.p.* died **3.2**
mujer *f.* woman **1.1**
   mujer de negocios *f.* business woman **3.4**
   mujer policía *f.* female police officer
multa *f.* fine
mundial *adj. m., f.* worldwide
mundo *m.* world **2.1, 3.1**
muro *m.* wall **3.3**
músculo *m.* muscle **3.3**
museo *m.* museum **1.4**
música *f.* music **1.2, 3.5**
musical *adj. m., f.* musical **3.5**
músico/a *m., f.* musician **3.5**
muy *adv.* very **1.1**
   (Muy) bien, gracias. (Very) well, thanks. **1.1**

N

nacer *v.* to be born **2.3**
nacimiento *m.* birth **2.3**
nacional *adj. m., f.* national **3.6**
nacionalidad *f.* nationality **1.1**
nada nothing **1.1**; not anything **2.1**
   nada mal not bad at all **1.5**
nadar *v.* to swim **1.4**
nadie *pron.* no one, nobody, not anyone **2.1**
naranja *f.* orange **2.2**
nariz *f.* nose **2.4**
natación *f.* swimming **1.4**
natural *adj. m., f.* natural **3.1**
naturaleza *f.* nature **3.1**
navegador *m.* **GPS** GPS **2.5**
navegar (en Internet) *v.* to surf (the Internet) **2.5**
Navidad *f.* Christmas **2.3**
necesario/a *adj.* necessary **2.6**
necesitar (+ inf.) *v.* to need **1.2**
negar (e:ie) *v.* to deny **3.1**
   no negar (e:ie) *v.* not to deny **3.1**
negocios *m., pl.* business; commerce **3.4**
negro/a *adj.* black **1.6**
nervioso/a *adj.* nervous **1.5**
nevar (e:ie) *v.* to snow **1.5**
   Nieva. It's snowing. **1.5**
ni… ni neither… nor **2.1**
niebla *f.* fog
nieto/a *m., f.* grandson/ granddaughter **1.3**
nieve *f.* snow

ningún, ninguno/a(s) *adj.* no; none; not any **2.1**
niñez *f.* childhood **2.3**
niño/a *m., f.* child **1.3**
no no; not **1.1**
   ¿no? right? **1.1**
   No cabe duda de… There is no doubt… **3.1**
   no es seguro it's not sure **3.1**
   no es verdad it's not true **3.1**
   No está nada mal. It's not bad at all. **1.5**
   no estar de acuerdo to disagree
   No estoy seguro. I'm not sure.
   no hay there is not; there are not **1.1**
   No hay de qué. You're welcome. **1.1**
   No hay duda de… There is no doubt… **3.1**
   ¡No me diga(s)! You don't say!
   No me gustan nada. I don't like them at all. **1.2**
   no muy bien not very well **1.1**
   No quiero. I don't want to. **1.4**
   No sé. I don't know.
   No se preocupe. (*form.*) Don't worry. **2.1**
   No te preocupes. (*fam.*) Don't worry. **2.1**
   no tener razón to be wrong **1.3**
noche *f.* night **1.1**
nombre *m.* name **1.1**
norte *m.* north **3.2**
norteamericano/a *adj.* (North) American **1.3**
nos *pl., d.o. pron.* us **1.5**; *pl., i.o. pron.* to/for us **1.6**
   Nos vemos. See you. **1.1**
nosotros/as *sub. pron.* we **1.1**; *obj. pron.* us
noticia *f.* news **2.5**
noticias *f., pl.* news **3.6**
noticiero *m.* newscast **3.6**
novecientos/as nine hundred **1.2**
noveno/a *adj.* ninth **1.5**
noventa ninety **1.2**
noviembre *m.* November **1.5**
novio/a *m., f.* boyfriend/ girlfriend **1.3**
nube *f.* cloud **3.1**
nublado/a *adj.* cloudy **1.5**
   Está (muy) nublado. It's very cloudy. **1.5**
nuclear *adj. m., f.* nuclear **3.1**
nuera *f.* daughter-in-law **1.3**
nuestro(s)/a(s) *poss. adj.* our **1.3**; (of ours) **2.5**
nueve nine **1.1**
nuevo/a *adj.* new **1.6**
número *m.* number **1.1**; (shoe) size **1.6**
nunca *adv.* never; not ever **2.1**
nutrición *f.* nutrition **3.3**
nutricionista *m., f.* nutritionist **3.3**

O

o or **2.1**
o… o either… or **2.1**
obedecer *v.* to obey **3.6**
obra *f.* work (*of art, literature, music, etc.*) **3.5**
   obra maestra *f.* masterpiece **3.5**
obtener *v.* to obtain; to get **3.4**
obvio/a *adj.* obvious **3.1**
océano *m.* ocean
ochenta eighty **1.2**
ocho eight **1.1**
ochocientos/as eight hundred **1.2**
octavo/a *adj.* eighth **1.5**
octubre *m.* October **1.5**
ocupación *f.* occupation **3.4**
ocupado/a *adj.* busy **1.5**
ocurrir *v.* to occur; to happen **3.6**
odiar *v.* to hate **2.3**
oeste *m.* west **3.2**
oferta *f.* offer
oficina *f.* office **2.6**
oficio *m.* trade **3.4**
ofrecer *v.* to offer **1.6**
oído *m.* (sense of) hearing; inner ear **2.4**
oído/a *p.p.* heard **3.2**
oír *v.* to hear **1.4**
   Oiga/Oigan. *form., sing./pl.* Listen. (*in conversation*) **1.1**
   Oye. *fam., sing.* Listen. (*in conversation*) **1.1**
ojalá (que) *interj.* I hope (that); I wish (that) **3.1**
ojo *m.* eye **2.4**
olvidar *v.* to forget **2.4**
once eleven **1.1**
ópera *f.* opera **3.5**
operación *f.* operation **2.4**
ordenado/a *adj.* orderly **1.5**
ordinal *adj.* ordinal (*number*)
oreja *f.* (outer) ear **2.4**
organizarse *v.* to organize oneself **2.6**
orquesta *f.* orchestra **3.5**
ortografía *f.* spelling
ortográfico/a *adj.* spelling
os *fam., pl. d.o. pron.* you **1.5**; *fam., pl. i.o. pron.* to/for you **1.6**
otoño *m.* autumn **1.5**
otro/a *adj.* other; another **1.6**
   otra vez again

P

paciente *m., f.* patient **2.4**
padrastro *m.* stepfather **1.3**
padre *m.* father **1.3**
   padres *m., pl.* parents **1.3**
pagar *v.* to pay **1.6, 2.3**
   pagar a plazos to pay in installments **3.2**
   pagar al contado to pay in cash **3.2**

pagar en efectivo to pay in cash 3.2

pagar la cuenta to pay the bill 2.3

página *f.* page 2.5

  página principal *f.* home page 2.5

país *m.* country 1.1

paisaje *m.* landscape 1.5

pájaro *m.* bird 3.1

palabra *f.* word 1.1

paleta helada *f.* popsicle 1.4

pálido/a *adj.* pale 3.2

pan *m.* bread 2.2

  pan tostado *m.* toasted bread 2.2

panadería *f.* bakery 3.2

pantalla *f.* screen 2.5

  pantalla táctil *f.* touch screen 2.5

pantalones *m., pl.* pants 1.6

  pantalones cortos *m., pl.* shorts 1.6

pantuflas *f.* slippers 2.1

papa *f.* potato 2.2

  papas fritas *f., pl.* fried potatoes; French fries 2.2

papá *m.* dad 1.3

  papás *m., pl.* parents 1.3

papel *m.* paper 1.2; role 3.5

papelera *f.* wastebasket 1.2

paquete *m.* package 3.2

par *m.* pair 1.6

  par de zapatos pair of shoes 1.6

para *prep.* for; in order to; by; used for; considering 2.5

  para que so that 3.1

parabrisas *m., sing.* windshield 2.5

parar *v.* to stop 2.5

parecer *v.* to seem 1.6

pared *f.* wall 2.6

pareja *f.* (married) couple; partner 2.3

parientes *m., pl.* relatives 1.3

parque *m.* park 1.4

párrafo *m.* paragraph

parte: de parte de on behalf of 2.5

partido *m.* game; match (*sports*) 1.4

pasado/a *adj.* last; past 1.6

  pasado *p.p.* passed

pasaje *m.* ticket 1.5

  pasaje de ida y vuelta *m.* roundtrip ticket 1.5

pasajero/a *m., f.* passenger 1.1

pasaporte *m.* passport 1.5

pasar *v.* to go through 1.5

  pasar la aspiradora to vacuum 2.6

  pasar por el banco to go by the bank 3.2

  pasar por la aduana to go through customs

  pasar tiempo to spend time

  pasarlo bien/mal to have a good/bad time 2.3

pasatiempo *m.* pastime; hobby 1.4

pasear *v.* to take a walk; to stroll 1.4

  pasear en bicicleta to ride a bicycle 1.4

  pasear por to walk around 1.4

pasillo *m.* hallway 2.6

pasta *f.* **de dientes** toothpaste 2.1

pastel *m.* cake; pie 2.3

  pastel de chocolate *m.* chocolate cake 2.3

  pastel de cumpleaños *m.* birthday cake

pastelería *f.* pastry shop 3.2

pastilla *f.* pill; tablet 2.4

patata *f.* potato 2.2

  patatas fritas *f., pl.* fried potatoes; French fries 2.2

patinar (en línea) *v.* to (in-line) skate 1.4

patineta *f.* skateboard 1.4

patio *m.* patio; yard 2.6

pavo *m.* turkey 2.2

paz *f.* peace 3.6

pedir (e:i) *v.* to ask for; to request 1.4; to order (*food*) 2.2

  pedir prestado *v.* to borrow 3.2

  pedir un préstamo *v.* to apply for a loan 3.2

  Todos me dijeron que te pidiera disculpas de su parte. They all told me to ask you to excuse them/ forgive them. 3.6

peinarse *v.* to comb one's hair 2.1

película *f.* movie 1.4

peligro *m.* danger 3.1

peligroso/a *adj.* dangerous 3.6

pelirrojo/a *adj.* red-haired 1.3

pelo *m.* hair 2.1

pelota *f.* ball 1.4

peluquería *f.* beauty salon 3.2

peluquero/a *m., f.* hairdresser 3.4

pensar (e:ie) *v.* to think 1.4

  pensar (+ inf.) *v.* to intend to; to plan to (*do something*) 1.4

  pensar en *v.* to think about 1.4

pensión *f.* boardinghouse

peor *adj.* worse 2.2

  el/la peor *adj.* the worst 2.2

pequeño/a *adj.* small 1.3

pera *f.* pear 2.2

perder (e:ie) *v.* to lose; to miss 1.4

perdido/a *adj.* lost 3.1, 3.2

Perdón Pardon me.; Excuse me. 1.1

perezoso/a *adj.* lazy

perfecto/a *adj.* perfect 1.5

periódico *m.* newspaper 1.4

periodismo *m.* journalism 1.2

periodista *m., f.* journalist 1.3

permiso *m.* permission

pero *conj.* but 1.2

perro *m.* dog 3.1

persona *f.* person 1.3

personaje *m.* character 3.5

  personaje principal *m.* main character 3.5

pesas *f. pl.* weights 3.3

pesca *f.* fishing

pescadería *f.* fish market 3.2

pescado *m.* fish (*cooked*) 2.2

pescar *v.* to fish 1.5

peso *m.* weight 3.3

pez *m., sing.* (**peces** *pl.*) fish (*live*) 3.1

pie *m.* foot 2.4

piedra *f.* stone 3.1

pierna *f.* leg 2.4

pimienta *f.* black pepper 2.2

pintar *v.* to paint 3.5

pintor(a) *m., f.* painter 3.4

pintura *f.* painting; picture 2.6, 3.5

piña *f.* pineapple

piscina *f.* swimming pool 1.4

piso *m.* floor (*of a building*) 1.5

pizarra *f.* blackboard 1.2

planchar la ropa *v.* to iron the clothes 2.6

planes *m., pl.* plans 1.4

planta *f.* plant 3.1

  planta baja *f.* ground floor 1.5

plástico *m.* plastic 3.1

plato *m.* dish (*in a meal*) 2.2; *m.* plate 2.6

  plato principal *m.* main dish 2.2

playa *f.* beach 1.5

plaza *f.* city or town square 1.4

plazos *m., pl.* periods; time 3.2

pluma *f.* pen 1.2

plumero *m.* duster 2.6

población *f.* population 3.1

pobre *adj. m., f.* poor 1.6

pobrecito/a *adj.* poor thing 1.3

pobreza *f.* poverty

poco/a *adj.* little; few 1.5; 2.4

poder (o:ue) *v.* to be able to; can 1.4

  ¿Podría pedirte algo? Could I ask you something? 3.5

  ¿Puedo dejar un recado? May I leave a message? 2.5

poema *m.* poem 3.5

poesía *f.* poetry 3.5

poeta *m., f.* poet 3.5

policía *f.* police (force) 2.5

política *f.* politics 3.6

político/a *m., f.* politician 3.4; *adj.* political 3.6

pollo *m.* chicken 2.2

  pollo asado *m.* roast chicken 2.2

ponchar *v.* to go flat

poner *v.* to put; to place 1.4; to turn on (*electrical appliances*) 2.5

  poner la mesa to set the table 2.6

  poner una inyección to give an injection 2.4

  ponerle el nombre to name someone/something 2.3

ponerse (+ *adj.*) *v.* to become
(+ *adj.*) **2.1**; to put on **2.1**
por *prep.* in exchange for; for;
by; in; through; around; along;
during; because of; on account
of; on behalf of; in search of;
by way of; by means of **2.5**
  por aquí around here **2.5**
  por ejemplo for example **2.5**
  por eso that's why;
    therefore **2.5**
  por favor please **1.1**
  por fin finally **2.5**
  por la mañana in the
    morning **2.1**
  por la noche at night **2.1**
  por la tarde in the
    afternoon **2.1**
  por lo menos *adv.* at least **2.4**
  ¿por qué? why? **1.2**
  Por supuesto. Of course.
  por teléfono by phone; on the
    phone
  por último finally **2.1**
porque *conj.* because **1.2**
portátil *adj. m., f.* portable **2.5**
portero/a *m., f.* doorman/
doorwoman **1.1**
porvenir *m.* future **3.4**
  por el porvenir for/to the
    future **3.4**
posesivo/a *adj.* possessive **1.3**
posible *adj.* possible **3.1**
  es posible it's possible **3.1**
  no es posible it's not
    possible **3.1**
postal *f.* postcard
postre *m.* dessert **2.3**
practicar *v.* to practice **1.2**
  practicar deportes *m., pl.* to
    play sports **1.4**
precio (fijo) *m.* (fixed; set)
price **1.6**
preferir (e:ie) *v.* to prefer **1.4**
pregunta *f.* question
preguntar *v.* to ask (*a question*) **1.2**
premio *m.* prize; award **3.5**
prender *v.* to turn on **2.5**
prensa *f.* press **3.6**
preocupado/a (por) *adj.* worried
(about) **1.5**
preocuparse (por) *v.* to worry
(about) **2.1**
preparar *v.* to prepare **1.2**
preposición *f.* preposition
presentación *f.* introduction
presentar *v.* to introduce; to
present **3.5**; to put on (*a
performance*) **3.5**
  Le presento a... I would like
    to introduce you to (name).
    (*form.*) **1.1**
  Te presento a... I would like
    to introduce you to (name).
    (*fam.*) **1.1**
presiones *f., pl.* pressures **3.3**
prestado/a *adj.* borrowed

préstamo *m.* loan **3.2**
prestar *v.* to lend; to loan **1.6**
primavera *f.* spring **1.5**
primer, primero/a *adj.* first **1.2,
1.5**
primo/a *m., f.* cousin **1.3**
principal *adj. m., f.* main **2.2**
prisa *f.* haste
  darse prisa *v.* to hurry;
    to rush **3.3**
probable *adj. m., f.* probable **3.1**
  es probable it's probable **3.1**
  no es probable it's not
    probable **3.1**
probar (o:ue) *v.* to taste; to
try **2.2**
probarse (o:ue) *v.* to try on **2.1**
problema *m.* problem **1.1**
profesión *f.* profession **1.3, 3.4**
profesor(a) *m., f.* teacher **1.1, 1.2**
programa *m.* **1.1**
  programa de computación
    m. software **2.5**
  programa de entrevistas *m.*
    talk show **3.5**
  programa de realidad *m.*
    reality show **3.5**
programador(a) *m., f.* computer
programmer **1.3**
prohibir *v.* to prohibit **2.4**;
to forbid
pronombre *m.* pronoun
pronto *adv.* soon **2.4**
propina *f.* tip **2.3**
propio/a *adj.* own **3.4**
proteger *v.* to protect **3.1**
proteína *f.* protein **3.3**
próximo/a *adj.* next **1.3, 3.4**
proyecto *m.* project **2.5**
prueba *f.* test; quiz **1.2**
psicología *f.* psychology **1.2**
psicólogo/a *m., f.* psychologist **3.4**
publicar *v.* to publish **3.5**
público *m.* audience **3.5**
pueblo *m.* town **1.4**
puerta *f.* door **1.2**
Puerto Rico *m.* Puerto Rico **1.1**
puertorriqueño/a *adj.* Puerto
Rican **1.3**
pues *conj.* well
puesto *m.* position; job **3.4**
puesto/a *p.p.* put **3.2**
puro/a *adj.* pure **3.1**

Q

que *pron.* that; which; who **2.6**
  ¿En qué...? In which...? **1.2**
  ¡Qué...! How...!
  ¡Qué dolor! What pain!
  ¡Qué ropa más bonita!
    What pretty clothes! **1.6**
  ¡Qué sorpresa! What a surprise!
  ¿qué? what? **1.1**
  ¿Qué día es hoy? What day is
    it? **1.2**

  ¿Qué hay de nuevo? What's
    new? **1.1**
  ¿Qué hora es? What time
    is it? **1.1**
  ¿Qué les parece? What do
    you (*pl.*) think?
  ¿Qué onda? What's up? **3.2**
  ¿Qué pasa? What's happening?
    What's going on? **1.1**
  ¿Qué pasó? What happened? **2.5**
  ¿Qué precio tiene? What is
    the price?
  ¿Qué tal...? How are you?;
    How is it going? **1.1**
  ¿Qué talla lleva/usa? What
    size do you wear? **1.6**
  ¿Qué tiempo hace? How's
    the weather? **1.5**
quedar *v.* to be left over;
to fit (*clothing*) **2.1**; to
be left behind; to be located **3.2**
quedarse *v.* to stay; to remain **2.1**
quehaceres domésticos *m.,
pl.* household chores **2.6**
quemar (un CD/DVD)
v. to burn (a CD/DVD)
querer (e:ie) *v.* to want; to love **1.4**
queso *m.* cheese **2.2**
quien(es) *pron.* who; whom;
that **2.6**
  ¿quién(es)? who?; whom? **1.1**
  ¿Quién es...? Who is...? **1.1**
  ¿Quién habla? Who is
    speaking/calling? (*phone*) **2.5**
química *f.* chemistry **1.2**
quince fifteen **1.1**
  menos quince quarter to
    (time) **1.1**
  y quince quarter after (time) **1.1**
quinceañera *f.* young
woman celebrating her
fifteenth birthday **2.3**
quinientos/as *adj.* five hundred **1.2**
quinto/a *adj.* fifth **1.5**
quisiera *v.* I would like **3.5**
quitar el polvo *v.* to dust **2.6**
quitar la mesa *v.* to
clear the table **2.6**
quitarse *v.* to take off **2.1**
quizás *adv.* maybe **1.5**

R

racismo *m.* racism **3.6**
radio *f.* radio (*medium*) **1.2**;
m. radio (set) **1.2**
radiografía *f.* X-ray **2.4**
rápido *adv.* quickly **2.4**
ratón *m.* mouse **2.5**
ratos libres *m., pl.* spare (free)
time **1.4**
raya *f.* stripe **1.6**
razón *f.* reason
rebaja *f.* sale **1.6**
receta *f.* prescription **2.4**
recetar *v.* to prescribe **2.4**

recibir *v.* to receive **1.3**
reciclaje *m.* recycling **3.1**
reciclar *v.* to recycle **3.1**
recién casado/a *m.,*
  f. newlywed **2.3**
recoger *v.* to pick up **3.1**
recomendar (e:ie) *v.* to
  recommend **2.2, 2.6**
recordar (o:ue) *v.* to remember **1.4**
recorrer *v.* to tour an area
recuperar *v.* to recover **2.5**
recurso *m.* resource **3.1**
  recurso natural *m.* natural
  resource **3.1**
red *f.* network; Web **2.5**
reducir *v.* to reduce **3.1**
refresco *m.* soft drink **2.2**
refrigerador *m.* refrigerator **2.6**
regalar *v.* to give (a gift) **2.3**
regalo *m.* gift **1.6**
regatear *v.* to bargain **1.6**
región *f.* region; area **3.1**
regresar *v.* to return **1.2**
regular *adv.* so-so; OK **1.1**
reído *p.p.* laughed **3.2**
reírse (e:i) *v.* to laugh **2.3**
relaciones *f., pl.* relationships
relajarse *v.* to relax **2.3**
reloj *m.* clock; watch **1.2**
renovable *adj.* renewable **3.1**
renunciar (a) *v.* to resign
  (from) **3.4**
repetir (e:i) *v.* to repeat **1.4**
reportaje *m.* report **3.6**
reportero/a *m., f.* reporter;
  journalist **3.4**
representante *m., f.*
  representative **3.6**
reproductor de CD *m.* CD
  player **2.5**
reproductor de DVD *m.* DVD
  player **2.5**
reproductor de MP3 *m.* MP3
  player **2.5**
resfriado *m.* cold (*illness*) **2.4**
residencia estudiantil *f.*
  dormitory **1.2**
resolver (o:ue) *v.* to resolve;
  to solve **3.1**
respirar *v.* to breathe **3.1**
responsable *adj.* responsible **2.2**
respuesta *f.* answer
restaurante *m.* restaurant **1.4**
resuelto/a *p.p.* resolved **3.2**
reunión *f.* meeting **3.4**
revisar *v.* to check **2.5**
  revisar el aceite *v.* to check
  the oil **2.5**
revista *f.* magazine **1.4**
rico/a *adj.* rich **1.6**; *adj.* tasty;
  delicious **2.2**
ridículo/a *adj.* ridiculous **3.1**
río *m.* river **3.1**
rodilla *f.* knee **2.4**
rogar (o:ue) *v.* to beg; to
  plead **2.6**
rojo/a *adj.* red **1.6**

romántico/a *adj.* romantic **3.5**
romper *v.* to break **2.4**
  romperse la pierna *v.* to break
  one's leg **2.4**
romper (con) *v.* to break up
  (with) **2.3**
ropa *f.* clothing; clothes **1.6**
  ropa interior *f.* underwear **1.6**
rosado/a *adj.* pink **1.6**
roto/a *adj.* broken **2.4, 3.2**
rubio/a *adj.* blond(e) **1.3**
ruso/a *adj.* Russian **1.3**
rutina *f.* routine **2.1**
  rutina diaria *f.* daily routine **2.1**

S

sábado *m.* Saturday **1.2**
saber *v.* to know; to know how **1.6**;
  to taste **2.2**
  saber a to taste like **2.2**
sabrosísimo/a *adj.* extremely
  delicious **2.2**
sabroso/a *adj.* tasty; delicious **2.2**
sacar *v.* to take out
  sacar buena notas to get
  good grades **1.2**
  sacar fotos to take photos **1.5**
  sacar la basura to take out
  the trash **2.6**
  sacar(se) un diente to have a
  tooth removed **2.4**
sacudir *v.* to dust **2.6**
  sacudir los muebles to dust
  the furniture **2.6**
sal *f.* salt **2.2**
sala *f.* living room **2.6**; room
  sala de emergencia(s)
  emergency room **2.4**
salario *m.* salary **3.4**
salchicha *f.* sausage **2.2**
salida *f.* departure; exit **1.5**
salir *v.* to leave **1.4**; to go out **1.4**
  salir (con) to go out (with);
  to date **2.3**
  salir de to leave from
  salir para to leave for (*a place*)
salmón *m.* salmon **2.2**
salón de belleza *m.* beauty
  salon **3.2**
salud *f.* health **2.4**
saludable *adj.* healthy **2.4**
saludar(se) *v.* to greet (each
  other) **2.5**
saludo *m.* greeting **1.1**
  saludos a... greetings to... **1.1**
sandalia *f.* sandal **1.6**
sandía *f.* watermelon
sándwich *m.* sandwich **2.2**
sano/a *adj.* healthy **2.4**
se *ref. pron.* himself, herself,
  itself, *form.* yourself,
  themselves, yourselves **2.1**
se *impersonal* one **2.4**
  Se hizo... He/she/it became...
secadora *f.* clothes dryer **2.6**

secarse *v.* to dry oneself **2.1**
sección de (no) fumar *f.* (non)
  smoking section **2.2**
secretario/a *m., f.* secretary **3.4**
secuencia *f.* sequence
seda *f.* silk **1.6**
sedentario/a *adj.* sedentary;
  related to sitting **3.3**
seguir (e:i) *v.* to follow; to
  continue **1.4**
según according to
segundo/a *adj.* second **1.5**
seguro/a *adj.* sure; safe **1.5**
seis six **1.1**
seiscientos/as six hundred **1.2**
sello *m.* stamp **3.2**
selva *f.* jungle **3.1**
semáforo *m.* traffic light **3.2**
semana *f.* week **1.2**
  fin *m.* **de semana** weekend **1.4**
  semana f. pasada last week **1.6**
semestre *m.* semester **1.2**
sendero *m.* trail; trailhead **3.1**
sentarse (e:ie) *v.* to sit down **2.1**
sentir(se) (e:ie) *v.* to feel **2.1**;
  to be sorry; to regret **3.1**
señor (Sr.); don *m.* Mr.; sir **1.1**
señora (Sra.); doña *f.* Mrs.;
  ma'am **1.1**
señorita (Srta.) *f.* Miss **1.1**
separado/a *adj.* separated **2.3**
separarse (de) *v.* to separate
  (from) **2.3**
septiembre *m.* September **1.5**
séptimo/a *adj.* seventh **1.5**
ser *v.* to be **1.1**
  ser aficionado/a (a) to be a
  fan (of) **1.4**
  ser alérgico/a (a) to be allergic
  (to) **2.4**
  ser gratis to be free of
  charge **3.2**
serio/a *adj.* serious
servicio *m.* service **3.3**
servilleta *f.* napkin **2.6**
servir (e:i) *v.* to help **1.5**; to
  serve **2.2**
sesenta sixty **1.2**
setecientos/as seven hundred **1.2**
setenta seventy **1.2**
sexismo *m.* sexism **3.6**
sexto/a *adj.* sixth **1.5**
sí *adv.* yes **1.1**
si *conj.* if **1.4**
SIDA *m.* AIDS **3.6**
sido *p.p.* been **3.3**
siempre *adv.* always **2.1**
siete seven **1.1**
silla *f.* seat **1.2**
sillón *m.* armchair **2.6**
similar *adj. m., f.* similar
simpático/a *adj.* nice; likeable **1.3**
sin *prep.* without **1.2, 3.1**
  sin duda without a doubt
  sin embargo however
  sin que *conj.* without **3.1**
sino but (rather)

síntoma *m.* symptom **2.4**
sitio *m.* place **1.3**
sitio *m.* **web** website **2.5**
situado/a *p.p.* located
sobre *m.* envelope **3.2**; *prep.* on; over **1.2**
  sobre todo above all **3.1**
(sobre)población *f.* (over)population **3.1**
sobrino/a *m., f.* nephew; niece **1.3**
sociología *f.* sociology **1.2**
sofá *m.* couch; sofa **2.6**
sol *m.* sun **1.4; 1.5; 3.1**
solar *adj. m., f.* solar **3.1**
soldado *m., f.* soldier **3.6**
soleado/a *adj.* sunny
solicitar *v.* to apply (*for a job*) **3.4**
solicitud (de trabajo) *f.* (job) application **3.4**
sólo *adv.* only **1.3**
solo/a *adj.* alone
soltero/a *adj.* single **2.3**
solución *f.* solution **3.1**
sombrero *m.* hat **1.6**
Son las dos. It's two o'clock. **1.1**
sonar (o:ue) *v.* to ring **2.5**
sonreído *p.p.* smiled **3.2**
sonreír (e:i) *v.* to smile **2.3**
sopa *f.* soup **2.2**
sorprender *v.* to surprise **2.3**
sorpresa *f.* surprise **2.3**
sótano *m.* basement; cellar **2.6**
soy I am **1.1**
  Soy de... I'm from... **1.1**
su(s) *poss. adj.* his; her; its; *form.* your; their **1.3**
subir(se) a *v.* to get on/into (*a vehicle*) **2.5**
sucio/a *adj.* dirty **1.5**
sudar *v.* to sweat **3.3**
suegro/a *m., f.* father-in-law; mother-in-law **1.3**
sueldo *m.* salary **3.4**
suelo *m.* floor **2.6**
suéter *m.* sweater **1.6**
sufrir *v.* to suffer **2.4**
  sufrir muchas presiones to be under a lot of pressure **3.3**
  sufrir una enfermedad to suffer an illness **2.4**
sugerir (e:ie) *v.* to suggest **2.6**
supermercado *m.* supermarket **3.2**
suponer *v.* to suppose **1.4**
sur *m.* south **3.2**
sustantivo *m.* noun
suyo(s)/a(s) *poss.* (of) his/her; (of) hers; (of) its; (of) *form.* your, (of) yours, (of) their **2.5**

T

tabla de (wind)surf *f.* surfboard/sailboard **1.3**
tal vez *adv.* maybe **1.5**
talentoso/a *adj.* talented **3.5**
talla *f.* size **1.6**
  talla grande *f.* large

taller *m.* **mecánico** garage; mechanic's repairshop **2.5**
también *adv.* also; too **1.2; 2.1**
tampoco *adv.* neither; not either **2.1**
tan *adv.* so **1.5**
  tan... como as... as **2.2**
  tan pronto como *conj.* as soon as **3.1**
tanque *m.* tank **2.5**
tanto *adv.* so much
  tanto... como as much... as **2.2**
tantos/as como as many... as **2.2**
tarde *f.* afternoon; evening; P.M. **1.1**; *adv.* late **2.1**
tarea *f.* homework **1.2**
tarjeta *f.* (post) card
tarjeta de crédito *f.* credit card **1.6**
tarjeta postal *f.* postcard
taxi *m.* taxi **1.5**
taza *f.* cup **2.6**
te *sing., fam., d.o. pron.* you **1.5**; *sing., fam., i.o. pron.* to/for you **1.6**
  Te presento a... *fam.* I would like to introduce you to (name). **1.1**
  ¿Te gustaría? Would you like to? **3.5**
  ¿Te gusta(n)... ? Do you like... ? **1.2**
té *m.* tea **2.2**
  té helado *m.* iced tea **2.2**
teatro *m.* theater **3.5**
teclado *m.* keyboard **2.5**
técnico/a *m., f.* technician **3.4**
tejido *m.* weaving **3.5**
teleadicto/a *m., f.* couch potato **3.3**
teléfono (celular) *m.* (cell) phone **2.5**
telenovela *f.* soap opera **3.5**
teletrabajo *m.* telecommuting **3.4**
televisión *f.* television **1.2; 2.5**
televisión por cable *f.* cable television **2.5**
televisor *m.* television set **2.5**
temer *v.* to fear **3.1**
temperatura *f.* temperature **2.4**
temporada *f.* period of time **1.5**
temprano *adv.* early **2.1**
tenedor *m.* fork **2.6**
tener *v.* to have **1.3**
  tener... años to be... years old **1.3**
  Tengo... años. I'm... years old. **1.3**
  tener (mucho) calor to be (very) hot **1.3**
  tener (mucho) cuidado to be (very) careful **1.3**
  tener dolor to have pain **2.4**
  tener éxito to be successful **3.4**
  tener fiebre to have a fever **2.4**
  tener (mucho) frío to be (very) cold **1.3**

  tener ganas de (+ *inf.*) to feel like (*doing something*) **1.3**
  tener (mucha) hambre *f.* to be (very) hungry **1.3**
  tener (mucho) miedo (de) to be (very) afraid (of); to be (very) scared (of) **1.3**
  tener miedo (de) que to be afraid that
  tener planes *m., pl.* to have plans **1.4**
  tener (mucha) prisa to be in a (big) hurry **1.3**
  tener que (+ *inf.*) *v.* to have to (*do something*) **1.3**
  tener razón *f.* to be right **1.3**
  tener (mucha) sed *f.* to be (very) thirsty **1.3**
  tener (mucho) sueño to be (very) sleepy **1.3**
  tener (mucha) suerte to be (very) lucky **1.3**
  tener tiempo to have time **1.4**
  tener una cita to have a date; to have an appointment **2.3**
tenis *m.* tennis **1.4**
tensión *f.* tension **3.3**
tercer, tercero/a *adj.* third **1.5**
terco/a *adj.* stubborn **2.4**
terminar *v.* to end; to finish **1.2**
  terminar de (+ *inf.*) *v.* to finish (*doing something*) **1.4**
terremoto *m.* earthquake **3.6**
terrible *adj. m., f.* terrible **3.1**
ti *obj. of prep., fam.* you
tiempo *m.* time **1.4**; weather **1.5**
  tiempo libre free time
tienda *f.* shop; store **1.6**
tierra *f.* land; soil **3.1**
tinto/a *adj.* red (wine) **2.2**
tío/a *m., f.* uncle; aunt **1.3**
tíos *m., pl.* aunts and uncles **1.3**
título *m.* title **3.4**
tiza *f.* chalk **1.2**
toalla *f.* towel **2.1**
tobillo *m.* ankle **2.4**
tocar *v.* to play (*a musical instrument*) **3.5**; to touch
todavía *adv.* yet; still **1.3, 1.5**
todo *m.* everything **1.5**
  Todo está bajo control. Everything is under control. **2.1**
todo(s)/a(s) *adj.* all **1.4**; whole
todos *m., pl.* all of us; *m., pl.* everybody; everyone
todos los días *adv.* every day **2.4**
tomar *v.* to take; to drink **1.2**
  tomar clases *f., pl.* to take classes **1.2**
  tomar el sol to sunbathe **1.4**
  tomar en cuenta to take into account
  tomar fotos *f., pl.* to take photos **1.5**
  tomar la temperatura to take someone's temperature **2.4**

tomar una decisión to make a decision 3.3
tomate *m.* tomato 2.2
tonto/a *adj.* silly; foolish 1.3
torcerse (o:ue) (el tobillo) *v.* to sprain (one's ankle) 2.4
torcido/a *adj.* twisted; sprained 2.4
tormenta *f.* storm 3.6
tornado *m.* tornado 3.6
tortuga (marina) *f.* (sea) turtle 3.1
tos *f., sing.* cough 2.4
toser *v.* to cough 2.4
tostado/a *adj.* toasted 2.2
tostadora *f.* toaster 2.6
trabajador(a) *adj.* hard-working 1.3
trabajar *v.* to work 1.2
trabajo *m.* job; work 3.4
traducir *v.* to translate 1.6
traer *v.* to bring 1.4
tráfico *m.* traffic 2.5
tragedia *f.* tragedy 3.5
traído/a *p.p.* brought 3.2
traje *m.* suit 1.6
   traje (de baño) *m.* (bathing) suit 1.6
trajinera *f.* type of barge 1.3
tranquilo/a *adj.* calm; quiet 3.3
   Tranquilo. Don't worry.; Be cool. 2.1
   Tranquilo, cariño. Relax, sweetie. 2.5
transmitir *v.* to broadcast 3.6
tratar de (+ inf.) *v.* to try (*to do something*) 3.3
trece thirteen 1.1
treinta thirty 1.1, 1.2
   y treinta thirty minutes past the hour (time) 1.1
tren *m.* train 1.5
tres three 1.1
trescientos/as three hundred 1.2
trimestre *m.* trimester; quarter 1.2
triste *adj.* sad 1.5
tú *fam. sub. pron.* you 1.1
   Tú eres... You are... 1.1
tu(s) *fam. poss. adj.* your 1.3
turismo *m.* tourism 1.5
turista *m., f.* tourist 1.1
turístico/a *adj.* touristic
tuyo(s)/a(s) *fam. poss. pron.* your; (of) yours 2.5

U

Ud. *form. sing.* you 1.1
Uds. *form., pl.* you 1.1
último/a *adj.* last 2.1
   la última vez the last time 2.1
un, uno/a *indef. art.* a; one 1.1
   uno/a *m., f., sing. pron.* one 1.1
   a la una at one o'clock 1.1
   una vez once; one time 1.6
   una vez más one more time 2.3

único/a *adj.* only 1.3; unique 2.3
universidad *f.* university; college 1.2
unos/as *m., f., pl. indef. art.* some 1.1
   los unos a los otros each other 2.5
   unos/as *pron.* some 1.1
urgente *adj.* urgent 2.6
usar *v.* to wear; to use 1.6
usted (Ud.) *form. sing.* you 1.1
   ustedes (Uds.) *form., pl.* you 1.1
útil *adj.* useful
uva *f.* grape 2.2

V

vaca *f.* cow 3.1
vacaciones *f. pl.* vacation 1.5
valle *m.* valley 3.1
vamos *let's* go 1.4
vaquero *m.* cowboy 3.5
   de vaqueros *m., pl.* western (genre) 3.5
varios/as *adj. m. f., pl.* various; several 2.2
vaso *m.* glass 2.6
veces *f., pl.* times 1.6
vecino/a *m., f.* neighbor 2.6
veinte twenty 1.1
veinticinco twenty-five 1.1
veinticuatro twenty-four 1.1
veintidós twenty-two 1.1
veintinueve twenty-nine 1.1
veintiocho twenty-eight 1.1
veintiséis twenty-six 1.1
veintisiete twenty-seven 1.1
veintitrés twenty-three 1.1
veintiún, veintiuno/a twenty-one 1.1
vejez *f.* old age 2.3
velocidad *f.* speed 2.5
   velocidad máxima *f.* speed limit 2.5
vencer *v.* to expire 2.2
vendedor(a) *m., f.* salesperson 1.6
vender *v.* to sell 1.6
venir *v.* to come 1.3
ventana *f.* window 1.2
ver *v.* to see 1.4
   a ver *v.* let's see 1.2
   ver películas *f., pl.* to see movies 1.4
verano *m.* summer 1.5
verbo *m.* verb
verdad *f.* truth
   ¿verdad? right? 1.1
verde *adj., m. f.* green 1.6
verduras *pl., f.* vegetables 2.2
vestido *m.* dress 1.6
vestirse (e:i) *v.* to get dressed 2.1
vez *f.* time 1.6
viajar *v.* to travel 1.2
viaje *m.* trip 1.5
viajero/a *m., f.* traveler 1.5
vida *f.* life 2.3

video *m.* video 1.1, 2.5
videoconferencia *f.* videoconference 3.4
videojuego *m.* video game 1.4
vidrio *m.* glass 3.1
viejo/a *adj.* old 1.3
viento *m.* wind 1.5
viernes *m., sing.* Friday 1.2
vinagre *m.* vinegar 2.2
vino *m.* wine 2.2
   vino blanco *m.* white wine 2.2
   vino tinto *m.* red wine 2.2
violencia *f.* violence 3.6
visitar *v.* to visit 1.4
   visitar monumentos *m., pl.* to visit monuments 1.4
visto/a *p.p.* seen 3.2
vitamina *f.* vitamin 3.3
viudo/a *adj.* widower/widow 2.3
vivienda *f.* housing 2.6
vivir *v.* to live 1.3
vivo/a *adj.* bright; lively; living
volante *m.* steering wheel 2.5
volcán *m.* volcano 3.1
vóleibol *m.* volleyball 1.4
volver (o:ue) *v.* to return 1.4
volver a ver(te, lo, la) *v.* to see (you, him, her) again 3.6
vos *pron.* you
vosotros/as *fam., pl.* you 1.1
votar *v.* to vote 3.6
vuelta *f.* return trip
vuelto/a *p.p.* returned 3.2
vuestro(s)/a(s) *poss. adj.* your 1.3; (of) yours *fam.* 2.5

W

walkman *m.* walkman

Y

y *conj.* and 1.1
   y cuarto quarter after (time) 1.1
   y media half-past (time) 1.1
   y quince quarter after (time) 1.1
   y treinta thirty (minutes past the hour) 1.1
   ¿Y tú? *fam.* And you? 1.1
   ¿Y usted? *form.* And you? 1.1
ya *adv.* already 1.6
yerno *m.* son-in-law 1.3
yo *sub. pron.* I 1.1
   Yo soy... I'm... 1.1
yogur *m.* yogurt 2.2

Z

zanahoria *f.* carrot 2.2
zapatería *f.* shoe store 3.2
zapatos de tenis *m., pl.* tennis shoes, sneakers 1.6

English-Spanish

A

a **un/a** *m., f., sing.; indef. art.* 1.1
@ *(symbol)* **arroba** *f.* 2.5
A.M. **mañana** *f.* 1.1
able: be able to **poder (o:ue)** *v.* 1.4
above all **sobre todo** 3.1
accident **accidente** *m.* 2.4
accompany **acompañar** *v.* 3.2
account **cuenta** *f.* 3.2
    on account of **por** *prep.* 2.5
accountant **contador(a)** *m., f.* 3.4
accounting **contabilidad** *f.* 1.2
ache **dolor** *m.* 2.4
acquainted: be acquainted
    with **conocer** *v.* 1.6
action (genre) **de acción** *f.* 3.5
active **activo/a** *adj.* 3.3
actor **actor** *m.*, **actriz** *f.* 3.4
addict (*drug*) **drogadicto/a** *adj.* 3.3
additional **adicional** *adj.*
address **dirección** *f.* 3.2
adjective **adjetivo** *m.*
adolescence **adolescencia** *f.* 2.3
adventure (genre) **de aventura** *f.* 3.5
advertise **anunciar** *v.* 3.6
advertisement **anuncio** *m.* 3.4
advice **consejo** *m.* 1.6
    give advice **dar consejos** 1.6
advise **aconsejar** *v.* 2.6
advisor **consejero/a** *m., f.* 3.4
aerobic **aeróbico/a** *adj.* 3.3
    aerobics class **clase de
        ejercicios aeróbicos** 3.3
    to do aerobics **hacer ejercicios
        aeróbicos** 3.3
affected **afectado/a** *adj.* 3.1
    be affected (by) **estar** *v.*
        afectado/a (por) 3.1
affirmative **afirmativo/a** *adj.*
afraid: be (very) afraid (of) **tener
    (mucho) miedo (de)** 1.3
    be afraid that **tener miedo
        (de) que**
after **después de** *prep.* 2.1;
    después de que *conj.* 3.1
afternoon **tarde** *f.* 1.1
afterward **después** *adv.* 2.1
again **otra vez**
age **edad** *f.* 2.3
agree **concordar** *v.*
agree **estar** *v.* **de acuerdo** 3.4
    I agree. **Estoy de acuerdo.** 3.4
    I don't agree. **No estoy de
        acuerdo.** 3.4
agreement **acuerdo** *m.* 3.4
AIDS **SIDA** *m.* 3.6
air **aire** *m.* 3.1
    air pollution **contaminación
        del aire** 3.1
airplane **avión** *m.* 1.5
airport **aeropuerto** *m.* 1.5
alarm clock **despertador** *m.* 2.1
alcohol **alcohol** *m.* 3.3

to consume alcohol **consumir
    alcohol** 3.3
alcoholic **alcohólico/a** *adj.* 3.3
all **todo(s)/a(s)** *adj.* 1.4
    all of us **todos** 1.1
    all over the world **en todo el
        mundo**
allergic **alérgico/a** *adj.* 2.4
    be allergic (to) **ser alérgico/a
        (a)** 2.4
alleviate **aliviar** *v.*
almost **casi** *adv.* 2.4
alone **solo/a** *adj.*
along **por** *prep.* 2.5
already **ya** *adv.* 1.6
also **también** *adv.* 1.2; 2.1
altar **altar** *m.* 2.3
aluminum **aluminio** *m.* 3.1
    (made) of aluminum **de
        aluminio** 3.1
always **siempre** *adv.* 2.1
American (*North*)
    norteamericano/a *adj.* 1.3
among **entre** *prep.* 1.2
amusement **diversión** *f.*
and **y** 1.1, **e** (*before words
    beginning with* **i** *or* **hi**) 1.4
    And you? **¿Y tú?** *fam.* 1.1;
        ¿Y usted? *form.* 1.1
angel **ángel** *m.* 2.3
angry **enojado/a** *adj.* 1.5
    get angry (with) **enojarse** *v.*
        (con) 2.1
animal **animal** *m.* 3.1
ankle **tobillo** *m.* 2.4
anniversary **aniversario** *m.* 2.3
    (wedding) anniversary
        aniversario *m.*
        (de bodas) 2.3
announce **anunciar** *v.* 3.6
announcer (*TV/radio*) **locutor(a)**
    m., f. 3.6
annoy **molestar** *v.* 2.1
another **otro/a** *adj.* 1.6
answer **contestar** *v.* 1.2;
    respuesta *f.*
antibiotic **antibiótico** *m.* 2.4
any **algún, alguno/a(s)** *adj.* 2.1
anyone **alguien** *pron.* 2.1
anything **algo** *pron.* 2.1
apartment **apartamento** *m.* 2.6
apartment building **edificio de
    apartamentos** 2.6
appear **parecer** *v.*
appetizers **entremeses** *m., pl.* 2.2
applaud **aplaudir** *v.* 3.5
apple **manzana** *f.* 2.2
appliance (electric)
    electrodoméstico *m.* 2.6
applicant **aspirante** *m., f.* 3.4
application **solicitud** *f.* 3.4
    job application **solicitud de
        trabajo** 3.4
apply (*for a job*) **solicitar** *v.* 3.4
    apply for a loan **pedir (e:i)** *v.*
        un préstamo 3.2
appointment **cita** *f.* 2.3

have an appointment **tener** *v.*
    una cita 2.3
appreciate **apreciar** *v.* 3.5
April **abril** *m.* 1.5
aquatic **acuático/a** *adj.*
archaeologist **arqueólogo/a**
    m., f. 3.4
archaeology **arqueología** *f.* 1.2
architect **arquitecto/a** *m., f.* 3.4
area **región** *f.* 3.1
Argentina **Argentina** *f.* 1.1
Argentine **argentino/a** *adj.* 1.3
arm **brazo** *m.* 2.4
armchair **sillón** *m.* 2.6
army **ejército** *m.* 3.6
around **por** *prep.* 2.5
    around here **por aquí** 2.5
arrange **arreglar** *v.* 2.5
arrival **llegada** *f.* 1.5
arrive **llegar** *v.* 1.2
art **arte** *m.* 1.2
    (fine) arts **bellas artes** *f., pl.* 3.5
article **artículo** *m.* 3.6
artist **artista** *m., f.* 1.3
artistic **artístico/a** *adj.* 3.5
arts **artes** *f., pl.* 3.5
as **como** 2.2
    as a child **de niño/a** 2.4
    as… as **tan… como** 2.2
    as many… as **tantos/as…
        como** 2.2
    as much… as **tanto…
        como** 2.2
    as soon as **en cuanto** *conj.* 3.1;
        tan pronto como *conj.* 3.1
ask (*a question*) **preguntar** *v.* 1.2
    ask for **pedir (e:i)** *v.* 1.4
asparagus **espárragos** *m., pl.* 2.2
aspirin **aspirina** *f.* 2.4
at **a** *prep.* 1.1; **en** *prep.* 1.2
    at + *time* **a la(s)** + *time* 1.1
    at home **en casa** 2.1
    at least **por lo menos** 2.4
    at night **por la noche** 2.1
    at the end (of) **al fondo (de)** 2.6
    At what time…? **¿A qué
        hora…?** 1.1
    At your service. **A sus
        órdenes.**
ATM **cajero automático** *m.* 3.2
attempt **intento** *m.* 2.5
attend **asistir (a)** *v.* 1.3
attic **altillo** *m.* 2.6
attract **atraer** *v.* 1.4
audience **público** *m.* 3.5
August **agosto** *m.* 1.5
aunt **tía** *f.* 1.3
    aunts and uncles **tíos** *m., pl.* 1.3
automobile **automóvil** *m.* 1.5;
    carro *m.;* **coche** *m.* 2.5
autumn **otoño** *m.* 1.5
avenue **avenida** *f.*
avoid **evitar** *v.* 3.1
award **premio** *m.* 3.5

B

backpack **mochila** *f.* 1.2
bad **mal, malo/a** *adj.* 1.3
   It's bad that… **Es malo
     que…** 2.6
   It's not at all bad. **No está
     nada mal.** 1.5
bag **bolsa** *f.* 1.6
bakery **panadería** *f.* 3.2
balanced **equilibrado/a** *adj.* 3.3
   to eat a balanced diet **comer
     una dieta equilibrada** 3.3
balcony **balcón** *m.* 2.6
ball **pelota** *f.* 1.4
banana **banana** *f.* 2.2
band **banda** *f.* 3.5
bank **banco** *m.* 3.2
bargain **ganga** *f.* 1.6;
   regatear *v.* 1.6
baseball (*game*) **béisbol** *m.* 1.4
basement **sótano** *m.* 2.6
basketball (*game*) **baloncesto**
   m. 1.4
bathe **bañarse** *v.* 2.1
bathing suit **traje** *m.* **de baño** 1.6
bathroom **baño** *m.* 2.1;
   cuarto de baño *m.* 2.1
be **ser** *v.* 1.1; **estar** *v.* 1.2
   be… years old **tener… años** 1.3
   be sick of… **estar harto/a
     de…** 3.6
beach **playa** *f.* 1.5
beans **frijoles** *m., pl.* 2.2
beautiful **hermoso/a** *adj.* 1.6
beauty **belleza** *f.* 3.2
   beauty salon **peluquería** *f.* 3.2;
     salón *m.* **de belleza** 3.2
because **porque** *conj.* 1.2
   because of **por** *prep.* 2.5
become (+ *adj.*) **ponerse**
   (+ *adj.*) 2.1; **convertirse** *v.*
bed **cama** *f.* 1.5
   go to bed **acostarse (o:ue)** *v.* 2.1
bedroom **alcoba** *f.*; **dormitorio** *m.*
   2.6; **recámara** *f.*
beef **carne de res** *f.* 2.2
been **sido** *p.p.* 3.3
beer **cerveza** *f.* 2.2
before **antes** *adv.* 2.1; **antes de**
   prep. 2.1; **antes (de) que**
   conj. 3.1
beg **rogar (o:ue)** *v.* 2.6
begin **comenzar (e:ie)** *v.* 1.4;
   empezar (e:ie) *v.* 1.4
behalf: on behalf of **de parte de** 2.5
behind **detrás de** *prep.* 1.2
believe (in) **creer** *v.* **(en)** 1.3;
   creer *v.* 3.1
   not to believe **no creer** 3.1
believed **creído/a** *p.p.* 3.2
bellhop **botones** *m., f. sing.* 1.5
below **debajo de** *prep.* 1.2
belt **cinturón** *m.* 1.6
benefit **beneficio** *m.* 3.4
beside **al lado de** *prep.* 1.2
besides **además (de)** *adv.* 2.4

best **mejor** *adj.*
   the best **el/la mejor** *m., f.* 2.2;
better **mejor** *adj.* 2.2
   It's better that… **Es mejor
     que…** 2.6
between **entre** *prep.* 1.2
beverage **bebida** *f.*
   alcoholic beverage **bebida
     alcohólica** *f.* 3.3
bicycle **bicicleta** *f.* 1.4
big **gran, grande** *adj.* 1.3
bill **cuenta** *f.* 2.3
billion **mil millones**
biology **biología** *f.* 1.2
bird **ave** *f.* 3.1; **pájaro** *m.* 3.1
birth **nacimiento** *m.* 2.3
birthday **cumpleaños** *m., sing.* 2.3
   have a birthday **cumplir** *v.*
     años 2.3
black **negro/a** *adj.* 1.6
blackboard **pizarra** *f.* 1.2
blanket **manta** *f.* 2.6
block (city) **cuadra** *f.* 3.2
blog **blog** *m.* 2.5
blond(e) **rubio/a** *adj.* 1.3
blouse **blusa** *f.* 1.6
blue **azul** *adj. m., f.* 1.6
boarding house **pensión** *f.*
boat **barco** *m.* 1.5
body **cuerpo** *m.* 2.4
bone **hueso** *m.* 2.4
book **libro** *m.* 1.2
bookcase **estante** *m.* 2.6
bookshelves **estante** *m.* 2.6
bookstore **librería** *f.* 1.2
boot **bota** *f.* 1.6
bore **aburrir** *v.* 2.1
bored **aburrido/a** *adj.* 1.5
   be bored **estar** *v.* **aburrido/a** 1.5
   get bored **aburrirse** *v.* 3.5
boring **aburrido/a** *adj.* 1.5
born: be born **nacer** *v.* 2.3
borrow **pedir (e:i)** *v.*
   prestado 3.2
borrowed **prestado/a** *adj.*
boss **jefe** *m.*, **jefa** *f.* 3.4
bother **molestar** *v.* 2.1
bottle **botella** *f.* 2.3
   bottle of wine **botella de
     vino** 2.3
bottom **fondo** *m.*
boulevard **bulevar** *m.*
boy **chico** *m.* 1.1;
   muchacho *m.* 1.3
boyfriend **novio** *m.* 1.3
brakes **frenos** *m., pl.*
bread **pan** *m.* 2.2
break **romper** *v.* 2.4
   break (one's leg) **romperse
     (la pierna)** 2.4
   break down **dañar** *v.* 2.4
   break up (with) **romper** *v.*
     (con) 2.3
breakfast **desayuno** *m.* 1.2, 2.2
   have breakfast **desayunar** *v.* 1.2
breathe **respirar** *v.* 3.1
bring **traer** *v.* 1.4

broadcast **transmitir** *v.* 3.6;
   emitir *v.* 3.6
brochure **folleto** *m.*
broken **roto/a** *adj.* 2.4, 3.2
   be broken **estar roto/a** 2.4
brother **hermano** *m.* 1.3
   brother-in-law **cuñado** *m., f.* 1.3
   brothers and sisters **hermanos**
     m., pl. 1.3
brought **traído/a** *p.p.* 3.2
brown **café** *adj.* 1.6;
   marrón *adj.* 1.6
brunet(te) **moreno/a** *adj.* 1.3
brush **cepillar** *v.* 2.1
   brush one's hair **cepillarse el
     pelo** 2.1
   brush one's teeth **cepillarse los
     dientes** 2.1
bucket **balde** *m.* 1.5
build **construir** *v.* 1.4
building **edificio** *m.* 2.6
bump into (*something
   accidentally*) **darse con** 2.4;
   (*someone*) **encontrarse** *v.* 2.5
burn (a CD/DVD) **quemar** *v.*
   (un CD/DVD)
bus **autobús** *m.* 1.1
   bus station **estación** *f.* **de
     autobuses** 1.5
business **negocios** *m. pl.* 3.4
   business administration
     administración *f.* **de
     empresas** 1.2
   business-related **comercial**
     adj. 3.4
businessperson **hombre** *m.* **/
   mujer** *f.* **de negocios** 3.4
busy **ocupado/a** *adj.* 1.5
but **pero** *conj.* 1.2; (rather) **sino**
   conj. (*in negative sentences*)
butcher shop **carnicería** *f.* 3.2
butter **mantequilla** *f.* 2.2
buy **comprar** *v.* 1.2
by **por** *prep.* 2.5; **para** *prep.* 2.5
   by means of **por** *prep.* 2.5
   by phone **por teléfono** 2.5
   by way of **por** *prep.* 2.5
bye **chau** *interj. fam.* 1.1

C

cable television **televisión** *f.*
   por cable *m.* 2.5
café **café** *m.* 1.4
cafeteria **cafetería** *f.* 1.2
caffeine **cafeína** *f.* 3.3
cake **pastel** *m.* 2.3
   chocolate cake **pastel de
     chocolate** *m.* 2.3
calculator **calculadora** *f.* 1.2
call **llamar** *v.* 2.5
   be called **llamarse** *v.* 2.1
   call on the phone **llamar
     por teléfono**
calm **tranquilo/a** *adj.* 3.3
calorie **caloría** *f.* 3.3

camera **cámara** *f.* 2.5
camp **acampar** *v.* 1.5
can (*tin*) **lata** *f.* 3.1
can **poder (o:ue)** *v.* 1.4
   Could I ask you something?
     ¿Podría pedirte algo? 3.5
Canadian **canadiense** *adj.* 1.3
candidate **aspirante** *m., f.* 3.4;
   candidato/a *m., f.* 3.6
candy **dulces** *m., pl.* 2.3
capital city **capital** *f.* 1.1
car **coche** *m.* 2.5; **carro** *m.* 2.5;
   auto(móvil) *m.* 1.5
caramel **caramelo** *m.* 2.3
card **tarjeta** *f.*; (*playing*)
   carta *f.* 1.5
care: take care of **cuidar** *v.* 3.2
career **carrera** *f.* 3.4
careful: be (very) careful **tener** *v.*
   (mucho) cuidado 1.3
caretaker **ama** *m., f.* **de casa** 2.6
carpenter **carpintero/a** *m., f.* 3.4
carpet **alfombra** *f.* 2.6
carrot **zanahoria** *f.* 2.2
carry **llevar** *v.* 1.2
cartoons **dibujos** *m, pl.*
   animados 3.5
case: in case (that) **en caso (de)**
   que 3.1
cash (a check) **cobrar** *v.* 3.2;
   cash **(en) efectivo** 1.6
   cash register **caja** *f.* 1.6
   pay in cash **pagar** *v.* **al contado**
     3.2; **pagar en efectivo** 3.2
cashier **cajero/a** *m., f.*
cat **gato** *m.* 3.1
CD **disco compacto** *m.* 2.5
CD player **reproductor de**
   CD *m.* 2.5
CD-ROM **cederrón** *m.* 2.5
celebrate **celebrar** *v.* 2.3
celebration **celebración** *f.*
cellar **sótano** *m.* 2.6
(cell) phone **(teléfono)**
   celular *m.* 2.5
cemetery **cementerio** *m.* 2.3
cereal **cereales** *m., pl.* 2.2
certain **cierto/a** *adj.*;
   seguro/a *adj.* 3.1
   it's (not) certain **(no) es**
     cierto/seguro 3.1
chalk **tiza** *f.* 1.2
champagne **champán** *m.* 2.3
change **cambiar** *v.* **(de)** 2.3
change: in change **de cambio** 1.2
channel (*TV*) **canal** *m.* 2.5; 3.5
character (*fictional*) **personaje**
   m. 2.5, 3.5
   (main) character **personaje**
     (principal) *m.* 3.5
chat **conversar** *v.* 1.2
cheap **barato/a** *adj.* 1.6
check **comprobar (o:ue)** *v.*;
   revisar *v.* 2.5; (*bank*) **cheque**
   m. 3.2
     check the oil **revisar el**
      aceite 2.5

checking account **cuenta** *f.*
   corriente 3.2
cheese **queso** *m.* 2.2
chef **cocinero/a** *m., f.* 3.4
chemistry **química** *f.* 1.2
chest of drawers **cómoda** *f.* 2.6
chicken **pollo** *m.* 2.2
child **niño/a** *m., f.* 1.3
childhood **niñez** *f.* 2.3
children **hijos** *m., pl.* 1.3
Chinese **chino/a** *adj.* 1.3
chocolate **chocolate** *m.* 2.3
   chocolate cake **pastel** *m.* **de**
     chocolate 2.3
cholesterol **colesterol** *m.* 3.3
choose **escoger** *v.* 2.2
chop (*food*) **chuleta** *f.* 2.2
Christmas **Navidad** *f.* 2.3
church **iglesia** *f.* 1.4
cinnamon **canela** *f.* 2.4
citizen **ciudadano/a** *m., f.* 3.6
city **ciudad** *f.* 1.4
class **clase** *f.* 1.2
   take classes **tomar clases** 1.2
classical **clásico/a** *adj.* 3.5
classmate **compañero/a** *m., f.* **de**
   clase 1.2
clean **limpio/a** *adj.* 1.5;
   limpiar *v.* 2.6
   clean the house *v.* **limpiar la**
     casa 2.6
clear (*weather*) **despejado/a** *adj.*
   clear the table **quitar la**
     mesa 2.6
   It's (very) clear. (*weather*)
     Está (muy) despejado.
clerk **dependiente/a** *m., f.* 1.6
climate change **cambio**
   climático *m.* 3.1
climb **escalar** *v.* 1.4
   climb mountains **escalar**
     montañas 1.4
clinic **clínica** *f.* 2.4
clock **reloj** *m.* 1.2
close **cerrar (e:ie)** *v.* 1.4
closed **cerrado/a** *adj.* 1.5
closet **armario** *m.* 2.6
clothes **ropa** *f.* 1.6
   clothes dryer **secadora** *f.* 2.6
clothing **ropa** *f.* 1.6
cloud **nube** *f.* 3.1
cloudy **nublado/a** *adj.* 1.5
   It's (very) cloudy. **Está (muy)**
     nublado. 1.5
coat **abrigo** *m.* 1.6
coffee **café** *m.* 2.2
   coffee maker **cafetera** *f.* 2.6
cold **frío** *m.* 1.5;
   (*illness*) **resfriado** *m.* 2.4
   be (*feel*) (very) cold **tener**
     (mucho) frío 1.3
   It's (very) cold. (*weather*) **Hace**
     (mucho) frío. 1.5
college **universidad** *f.* 1.2
collision **choque** *m.* 3.6
color **color** *m.* 1.6
comb one's hair **peinarse** *v.* 2.1

come **venir** *v.* 1.3
come on **ándale** *interj.* 3.2
comedy **comedia** *f.* 3.5
comfortable **cómodo/a** *adj.* 1.5
commerce **negocios** *m., pl.* 3.4
commercial **comercial** *adj.* 3.4
communicate (with) **comunicarse**
   v. **(con)** 3.6
communication **comunicación**
   f. 3.6
   means of communication
     medios *m. pl.* **de**
     comunicación 3.6
community **comunidad** *f.* 1.1
company **compañía** *f.* 3.4;
   empresa *f.* 3.4
comparison **comparación** *f.*
completely **completamente**
   adv. 3.4
composer **compositor(a)** *m., f.* 3.5
computer **computadora** *f.* 1.1
   computer monitor **monitor**
     m. 2.5
   computer programmer
     programador(a) *m., f.* 1.3
   computer science **computación**
     f. 1.2
concert **concierto** *m.* 3.5
conductor (*musical*) **director(a)**
   m., f. 3.5
confirm **confirmar** *v.* 1.5
   confirm a reservation **confirmar**
     una reservación 1.5
confused **confundido/a** *adj.* 1.5
congested **congestionado/a**
   adj. 2.4
Congratulations! **¡Felicidades!**;
   ¡Felicitaciones! *f. pl.* 2.3
conservation **conservación** *f.* 3.1
conserve **conservar** *v.* 3.1
considering **para** *prep.* 2.3
consume **consumir** *v.* 3.3
container **envase** *m.* 3.1
contamination **contaminación** *f.*
content **contento/a** *adj.* 1.5
contest **concurso** *m.* 3.5
continue **seguir (e:i)** *v.* 1.4
control **control** *m.*; **controlar** *v.* 3.1
   be under control **estar bajo**
     control 2.1
conversation **conversación** *f.* 1.1
converse **conversar** *v.* 1.2
cook **cocinar** *v.* 2.6;
   cocinero/a *m., f.* 3.4
cookie **galleta** *f.* 2.3
cool **fresco/a** *adj.* 1.5
   Be cool. **Tranquilo.** 2.1
   It's cool. (*weather*) **Hace**
     fresco. 1.5
corn **maíz** *m.* 2.2
corner **esquina** *f.* 3.2
cost **costar (o:ue)** *v.* 1.6
Costa Rica **Costa Rica** *f.* 1.1
Costa Rican **costarricense** *adj.* 1.3
costume **disfraz** *m.*
cotton **algodón** *f.* 1.6
   (made of) cotton **de algodón** 1.6

couch **sofá** m. 2.6
couch potato **teleadicto/a**
   m., f. 3.3
cough **tos** f. 2.4; **toser** v. 2.4
counselor **consejero/a** m., f. 3.4
count **contar (o:ue)** v. 1.4
country (*nation*) **país** m. 1.1
countryside **campo** m. 1.5
(married) couple **pareja** f. 2.3
course **curso** m. 1.2; **materia** f. 1.2
courtesy **cortesía** f.
cousin **primo/a** m., f. 1.3
cover **cubrir** v.
covered **cubierto/a** p.p.
cow **vaca** f. 3.1
crafts **artesanía** f. 3.5
craftsmanship **artesanía** f. 3.5
crater **cráter** m. 3.1
crazy **loco/a** adj. 1.6
create **crear** v.
credit **crédito** m. 1.6
   credit card **tarjeta** f. **de**
      crédito 1.6
crime **crimen** m. 3.6
cross **cruzar** v. 3.2
cry **llorar** v. 3.3
Cuba **Cuba** f. 1.1
Cuban **cubano/a** adj. 1.3
culture **cultura** f. 1.2, 3.5
cup **taza** f. 2.6
currency exchange **cambio** m.
   de moneda
current events **actualidades** f.,
   pl. 3.6
curtains **cortinas** f., pl. 2.6
custard (*baked*) **flan** m. 2.3
custom **costumbre** f. 1.1
customer **cliente/a** m., f. 1.6
customs **aduana** f. 1.5
   customs inspector **inspector(a)**
      m., f. **de aduanas** 1.5
cybercafé **cibercafé** m.
cycling **ciclismo** m. 1.4

D

dad **papá** m. 1.3
daily **diario/a** adj. 2.1
   daily routine **rutina** f. **diaria** 2.1
damage **dañar** v. 2.4
dance **bailar** v. 1.2; **danza** f. 3.5;
   baile m. 3.5
dancer **bailarín/bailarina** m.,
   f. 3.5
danger **peligro** m. 3.1
dangerous **peligroso/a** adj. 3.6
date (*appointment*) **cita** f. 2.3;
   (*calendar*) **fecha** f. 1.5;
   (*someone*) **salir** v. **con**
   (alguien) 2.3
   have a date **tener una cita** 2.3
daughter **hija** f. 1.3
daughter-in-law **nuera** f. 1.3
day **día** m. 1.1
   day before yesterday
      anteayer adv. 1.6

deal: It's not a big deal.
   No es para tanto. 2.6
death **muerte** f. 2.3
decaffeinated **descafeinado/a**
   adj. 3.3
December **diciembre** m. 1.5
decide **decidir** v. (+ inf.) 1.3
decided **decidido/a** adj. p.p. 3.2
declare **declarar** v. 3.6
deforestation **deforestación** f. 3.1
delicious **delicioso/a** adj. 2.2;
   rico/a adj. 2.2; **sabroso/a**
   adj. 2.2
delighted **encantado/a** adj. 1.1
dentist **dentista** m., f. 2.4
deny **negar (e:ie)** v. 3.1
   not to deny **no dudar** 3.1
department store **almacén** m. 1.6
departure **salida** f. 1.5
deposit **depositar** v. 3.2
describe **describir** v. 1.3
described **descrito/a** p.p. 3.2
desert **desierto** m. 3.1
design **diseño** m.
designer **diseñador(a)** m., f. 3.4
desire **desear** v. 1.2
desk **escritorio** m. 1.2
dessert **postre** m. 2.3
destroy **destruir** v. 3.1
develop **desarrollar** v. 3.1
diary **diario** m. 1.1
dictatorship **dictadura** f. 3.6
dictionary **diccionario** m. 1.1
die **morir (o:ue)** v. 2.2
died **muerto/a** p.p. 3.2
diet **dieta** f. 3.3; **alimentación**
   balanced diet **dieta**
      equilibrada 3.3
   be on a diet **estar a dieta** 3.3
difficult **difícil** adj. m., f. 1.3
digital camera **cámara** f.
   digital 2.5
dining room **comedor** m. 2.6
dinner **cena** f. 1.2, 2.2
   have dinner **cenar** v. 1.2
direct **dirigir** v. 3.5
director **director(a)** m., f. 3.5
dirty **ensuciar** v.; **sucio/a** adj. 1.5
   get (something) dirty **ensuciar**
      v. 2.6
disagree **no estar de acuerdo**
disaster **desastre** m. 3.6
discover **descubrir** v. 3.1
discovered **descubierto/a** p.p. 3.2
discrimination **discriminación**
   f. 3.6
dish **plato** m. 2.2, 2.6
   main dish **plato principal** m. 2.2
dishwasher **lavaplatos** m.,
   sing. 2.6
disorderly **desordenado/a** adj. 1.5
dive **bucear** v. 1.4
divorce **divorcio** m. 2.3
divorced **divorciado/a** adj. 2.3
   get divorced (from) **divorciarse**
      v. **(de)** 2.3
dizzy **mareado/a** adj. 2.4

do **hacer** v. 1.4
   do aerobics **hacer ejercicios**
      aeróbicos 3.3
   do household chores **hacer**
      quehaceres domésticos 2.6
   do stretching exercises **hacer**
      ejercicios de estiramiento 3.3
   (I) don't want to. **No quiero.** 1.4
doctor **doctor(a)** m., f. 1.3; 2.4;
   médico/a m., f. 1.3
documentary (*film*) **documental**
   m. 3.5
dog **perro** m. 3.1
domestic **doméstico/a** adj.
   domestic appliance
      electrodoméstico m.
done **hecho/a** p.p. 3.2
door **puerta** f. 1.2
doorman/doorwoman
   portero/a m., f. 1.1
dormitory **residencia** f.
   estudiantil 1.2
double **doble** adj. 1.5
   double room **habitación** f.
      doble 1.5
doubt **duda** f. 3.1; **dudar** v. 3.1
   not to doubt **no dudar** 3.1
   There is no doubt that...
      No cabe duda de 3.1;
      No hay duda de 3.1
Down with... ! **¡Abajo el/la...!**
download **descargar** v. 2.5
downtown **centro** m. 1.4
drama **drama** m. 3.5
dramatic **dramático/a** adj. 3.5
draw **dibujar** v. 1.2
drawing **dibujo** m. 3.5
dress **vestido** m. 1.6
   get dressed **vestirse (e:i)** v. 2.1
drink **beber** v. 1.3; **bebida**
   f. 2.2; **tomar** v. 1.2
drive **conducir** v. 1.6; **manejar**
   v. 2.5
driver **conductor(a)** m., f. 1.1
drug **droga** f. 3.3
   drug addict **drogadicto/a**
      adj. 3.3
dry oneself **secarse** v. 2.1
during **durante** prep. 2.1; **por**
   prep. 2.5
dust **sacudir** v. 2.6;
   quitar v. **el polvo** 2.6
   dust the furniture **sacudir los**
      muebles 2.6
duster **plumero** m. 2.6
DVD player **reproductor** m. **de**
   DVD 2.5

E

each **cada** adj. 1.6
each other **los unos a los**
   otros 2.5
eagle **águila** f.
ear (outer) **oreja** f. 2.4
early **temprano** adv. 2.1

earn **ganar** *v.* 3.4
earring **arete** *m.* 1.6
earthquake **terremoto** *m.* 3.6
ease **aliviar** *v.*
east **este** *m.* 3.2
   to the east **al este** 3.2
easy **fácil** *adj. m., f.* 1.3
eat **comer** *v.* 1.3
ecological **ecológico/a** *adj.* 3.1
ecologist **ecologista** *m., f.* 3.1
ecology **ecología** *f.* 3.1
economics **economía** *f.* 1.2
ecotourism **ecoturismo** *m.* 3.1
Ecuador **Ecuador** *m.* 1.1
Ecuadorian **ecuatoriano/a** *adj.* 1.3
effective **eficaz** *adj. m., f.*
egg **huevo** *m.* 2.2
eight **ocho** 1.1
eight hundred **ochocientos/as** 1.2
eighteen **dieciocho** 1.1
eighth **octavo/a** 1.5
eighty **ochenta** 1.2
either… or **o… o** *conj.* 2.1
eldest **el/la mayor** 2.2
elect **elegir** *v.* 3.6
election **elecciones** *f. pl.* 3.6
electric appliance
   electrodoméstico *m.* 2.6
electrician **electricista** *m., f.* 3.4
electricity **luz** *f.* 2.6
elegant **elegante** *adj. m., f.* 1.6
elevator **ascensor** *m.* 1.5
eleven **once** 1.1
e-mail **correo** *m.* **electrónico** 1.4
   e-mail message **mensaje** *m.*
      electrónico 1.4
   read e-mail **leer** *v.* **el correo**
      electrónico 1.4
e-mail address **dirrección** *f.*
   electrónica 2.5
embarrassed **avergonzado/a**
   adj. 1.5
embrace (each other) **abrazar(se)**
   v. 2.5
emergency **emergencia** *f.* 2.4
   emergency room **sala** *f.* **de**
      emergencia 2.4
employee **empleado/a** *m., f.* 1.5
employment **empleo** *m.* 3.4
end **fin** *m.* 1.4; **terminar** *v.* 1.2
   end table **mesita** *f.* 2.6
endure **aguantar** *v.* 3.2
energy **energía** *f.* 3.1
engaged: get engaged (to)
   comprometerse *v.* **(con)** 2.3
engineer **ingeniero/a** *m., f.* 1.3
English (*language*) **inglés** *m.* 1.2;
   inglés, inglesa *adj.* 1.3
enjoy **disfrutar** *v.* **(de)** 3.3
enough **bastante** *adv.* 2.4
entertainment **diversión** *f.* 1.4
entrance **entrada** *f.* 2.6
envelope **sobre** *m.* 3.2
environment **medio ambiente**
   m. 3.1
environmental sciences **ciencias**
   ambientales 1.2

equality **igualdad** *f.* 3.6
equipped **equipado/a** *adj.* 3.3
erase **borrar** *v.* 2.5
eraser **borrador** *m.* 1.2
errand **diligencia** *f.* 3.2
essay **ensayo** *m.* 1.3
evening **tarde** *f.* 1.1
event **acontecimiento** *m.* 3.6
every day **todos los días** 2.4
everything **todo** *m.* 1.5
   Everything is under control.
      Todo está bajo control. 2.1
exactly **en punto** 1.1
exam **examen** *m.* 1.2
excellent **excelente** *adj.* 1.5
excess **exceso** *m.* 3.3
   in excess **en exceso** 3.3
exchange **intercambiar** *v.*
   in exchange for **por** 2.5
exciting **emocionante** *adj. m., f.*
excursion **excursión** *f.*
excuse **disculpar** *v.*
Excuse me. (*May I?*) **Con**
   permiso. 1.1; (*I beg your*
   pardon.) **Perdón.** 1.1
exercise **ejercicio** *m.* 3.3;
   hacer *v.* **ejercicio** 3.3; (a
   degree/profession) **ejercer** *v.* 3.4
exit **salida** *f.* 1.5
expensive **caro/a** *adj.* 1.6
experience **experiencia** *f.* 3.6
expire **vencer** *v.* 3.2
explain **explicar** *v.* 1.2
explore **explorar** *v.*
expression **expresión** *f.*
extinction **extinción** *f.* 3.1
eye **ojo** *m.* 2.4

F

fabulous **fabuloso/a** *adj.* 1.5
face **cara** *f.* 2.1
facing **enfrente de** *prep.* 3.2
fact: in fact **de hecho**
factory **fábrica** *f.* 3.1
fall (down) **caerse** *v.* 2.4
   fall asleep **dormirse (o:ue)**
      v. 2.1
   fall in love (with) **enamorarse**
      v. **(de)** 2.3
fall (season) **otoño** *m.* 1.5
fallen **caído/a** *p.p.* 3.2
family **familia** *f.* 1.3
famous **famoso/a** *adj.* 3.4
fan **aficionado/a** *adj.* 1.4
   be a fan (of) **ser aficionado/a**
      (a) 1.4
far from **lejos de** *prep.* 1.2
farewell **despedida** *f.*
fascinate **fascinar** *v.* 2.1
fashion **moda** *f.* 1.6
   be in fashion **estar de moda** 1.6
fast **rápido/a** *adj.*
fat **gordo/a** *adj.* 1.3; **grasa** *f.* 3.3
father **padre** *m.* 1.3
father-in-law **suegro** *m.* 1.3

favorite **favorito/a** *adj.* 1.4
fax (machine) **fax** *m.* 2.5
fear **temer** *v.* 3.1
February **febrero** *m.* 1.5
feel **sentir(se) (e:ie)** *v.* 2.1
   feel like (*doing something*) **tener**
      ganas de (+ *inf.*) 1.3
festival **festival** *m.* 3.5
fever **fiebre** *f.* 2.4
   have a fever **tener** *v.* **fiebre** 2.4
few **pocos/as** *adj. pl.*
   fewer than **menos de**
      (+ *number*) 2.2
field: major field of study
   especialización *f.*
fifteen **quince** 1.1
   fifteen-year-old girl celebrating her
      birthday **quinceañera** *f.* 2.3
fifth **quinto/a** 1.5
fifty **cincuenta** 1.2
fight (for/against) **luchar** *v.* **(por/**
   contra) 3.6
figure (*number*) **cifra** *f.*
file **archivo** *m.* 2.5
fill **llenar** *v.* 2.5
   fill out (a form) **llenar (un**
      formulario) 3.2
   fill the tank **llenar el tanque** 2.5
finally **finalmente** *adv.* 3.3; **por**
   último 2.1; **por fin** 2.5
find **encontrar (o:ue)** *v.* 1.4
   find (each other) **encontrar(se)**
   find out **enterarse** *v.* 3.4
fine **multa** *f.*
(fine) arts **bellas artes** *f., pl.* 3.5
finger **dedo** *m.* 2.4
finish **terminar** *v.* 1.2
   finish (*doing something*)
      terminar *v.* **de (+ *inf.*)** 1.4
fire **incendio** *m.* 3.6; **despedir**
   (e:i) *v.* 3.4
firefighter **bombero/a** *m., f.* 3.4
firm **compañía** *f.* 3.4; **empresa**
   f. 3.4
first **primer, primero/a** 1.2, 1.5
fish (*food*) **pescado** *m.* 2.2;
   pescar *v.* 1.5; (*live*) **pez** *m.,*
   sing. (**peces** *pl.*) 3.1
   fish market **pescadería** *f.* 3.2
fishing **pesca** *f.*
fit (*clothing*) **quedar** *v.* 2.1
five **cinco** 1.1
five hundred **quinientos/as** 1.2
fix (*put in working order*) **arreglar**
   v. 2.5; (*clothes, hair, etc. to go*
   out) **arreglarse** *v.* 2.1
fixed **fijo/a** *adj.* 1.6
flag **bandera** *f.*
flexible **flexible** *adj.* 3.3
flood **inundación** *f.* 3.6
floor (*of a building*) **piso** *m.* 1.5;
   suelo *m.* 2.6
   ground floor **planta baja** *f.* 1.5
   top floor **planta** *f.* **alta**
flower **flor** *f.* 3.1
flu **gripe** *f.* 2.4
fog **niebla** *f.*

folk **folclórico/a** *adj.* 3.5
follow **seguir (e:i)** *v.* 1.4
food **comida** *f.* 1.4, 2.2
foolish **tonto/a** *adj.* 1.3
foot **pie** *m.* 2.4
football **fútbol** *m.* **americano** 1.4
for **para** *prep.* 2.5; **por** *prep.* 2.5
   for example **por ejemplo** 2.5
   for me **para mí** 2.2
forbid **prohibir** *v.*
foreign **extranjero/a** *adj.* 3.5
   foreign languages **lenguas**
     f., pl. **extranjeras** 1.2
forest **bosque** *m.* 3.1
forget **olvidar** *v.* 2.4
fork **tenedor** *m.* 2.6
form **formulario** *m.* 3.2
forty **cuarenta** *m.* 1.2
four **cuatro** 1.1
four hundred **cuatrocientos/**
   as 1.2
fourteen **catorce** 1.1
fourth **cuarto/a** *m., f.* 1.5
free **libre** *adj. m., f.* 1.4
   be free (of charge) **ser**
     gratis 3.2
   free time **tiempo libre;** spare
     (free) time **ratos libres** 1.4
freedom **libertad** *f.* 3.6
freezer **congelador** *m.* 2.6
French **francés, francesa** *adj.* 1.3
   French fries **papas** *f., pl.*
     fritas 2.2; **patatas** *f., pl.*
     fritas 2.2
frequently **frecuentemente**
   adv. 2.4; **con frecuencia**
   adv. 2.4
Friday **viernes** *m., sing.* 1.2
fried **frito/a** *adj.* 2.2
   fried potatoes **papas** *f., pl.*
     fritas 2.2; **patatas** *f., pl.*
     fritas 2.2
friend **amigo/a** *m., f.* 1.3
friendly **amable** *adj. m., f.*
friendship **amistad** *f.* 2.3
from **de** *prep.* 1.1; **desde** *prep.* 1.6
   from the United States
     estadounidense *m., f.*
     adj. 1.3
   from time to time **de vez en**
     cuando 2.4
   He/She/It is from… **Es de…;**
     I'm from… **Soy de…** 1.1
front: (cold) front **frente**
   (frío) *m.* 1.5
fruit **fruta** *f.* 2.2
   fruit juice **jugo** *m.* **de fruta** 2.2
   fruit store **frutería** *f.* 3.2
full **lleno/a** *adj.* 2.5
fun **divertido/a** *adj.* 2.1
   fun activity **diversión** *f.* 1.4
   have fun **divertirse (e:ie)** *v.* 2.3
function **funcionar** *v.*
furniture **muebles** *m., pl.* 2.6
furthermore **además (de)** *adv.* 2.4
future **futuro** *adj.* 3.4; **porvenir**
   m. 3.4

for/to the future **por el**
   porvenir 3.4
in the future **en el futuro** 3.4

G

gain weight **aumentar** *v.* **de**
   peso 3.3; **engordar** *v.* 3.3
game **juego** *m.;* *(match)*
   partido *m.* 1.4
   game show **concurso** *m.* 3.5
garage *(in a house)* **garaje** *m.* 2.6;
   garaje *m.* 2.5; **taller**
   (mecánico) 2.5
garden **jardín** *m.* 2.6
garlic **ajo** *m.* 2.2
gas station **gasolinera** *f.* 2.5
gasoline **gasolina** *f.* 2.5
gentleman **caballero** *m.* 2.2
geography **geografía** *f.* 1.2
German **alemán, alemana** *adj.* 1.3
get **conseguir (e:i)** *v.* 1.4;
   obtener *v.* 3.4
   get along well/badly (with)
     llevarse bien/mal (con) 2.3
   get bigger **aumentar** *v.* 3.1
   get bored **aburrirse** *v.* 3.5
   get good grades **sacar buenas**
     notas 1.2
   get into trouble **meterse en**
     problemas 3.1
   get off of (a vehicle) **bajar(se)** *v.*
     de 2.5
   get on/into (a vehicle) **subir(se)**
     v. **a** 2.5
   get out of (a vehicle) **bajar(se)**
     v. **de** 2.5
   get ready **arreglarse** *v.* 2.1
   get up **levantarse** *v.* 2.1
gift **regalo** *m.* 1.6
ginger **jengibre** *m.* 2.4
girl **chica** *f.* 1.1; **muchacha** *f.* 1.3
girlfriend **novia** *f.* 1.3
give **dar** *v.* 1.6, 2.3;
   (as a gift) **regalar** 2.3
   give directions **indicar cómo**
     llegar 3.2
glass *(drinking)* **vaso** *m.* 2.6;
   vidrio *m.* 3.1
   (made) of glass **de vidrio** 3.1
glasses **gafas** *f., pl.* 1.6
   sunglasses **gafas** *f., pl.* **de sol** 1.6
global warming **calentamiento**
   global *m.* 3.1
gloves **guantes** *m., pl.* 1.6
go **ir** *v.* 1.4
   go away **irse** 2.1
   go by boat **ir en barco** 1.5
   go by bus **ir en autobús** 1.5
   go by car **ir en auto(móvil)** 1.5
   go by motorcycle **ir en**
     motocicleta 1.5
   go by plane **ir en avión** 1.5
   go by taxi **ir en taxi** 1.5
   go by the bank **pasar por el**
     banco 3.2

go down; **bajar(se)** *v.*
go on a hike (in the mountains)
   ir de excursión (a las
   montañas) 1.4
go out **salir** *v.* 2.3
go out (with) **salir** *v.* **(con)** 2.3
go up **subir** *v.*
Let's go. **Vamos.** 1.4
goblet **copa** *f.* 2.6
going to: be going to *(do something)*
   ir a (+ *inf.***)** 1.4
golf **golf** *m.* 1.4
good **buen, bueno/a** *adj.* 1.3, 1.6
   Good afternoon. **Buenas**
     tardes. 1.1
   Good evening. **Buenas**
     noches. 1.1
   Good morning. **Buenos días.** 1.1
   Good night. **Buenas noches.** 1.1
   It's good that… **Es bueno**
     que… 2.6
goodbye **adiós** *m.* 1.1
   say goodbye (to) **despedirse** *v.*
     (de) (e:i) 2.1
good-looking **guapo/a** *adj.* 1.3
government **gobierno** *m.* 3.1
GPS **navegador GPS** *m.* 2.5
graduate (from/in) **graduarse** *v.*
   (de/en) 2.3
grains **cereales** *m., pl.* 2.2
granddaughter **nieta** *f.* 1.3
grandfather **abuelo** *m.* 1.3
grandmother **abuela** *f.* 1.3
grandparents **abuelos** *m., pl.* 1.3
grandson **nieto** *m.* 1.3
grape **uva** *f.* 2.2
grass **hierba** *f.* 3.1
grave **grave** *adj.* 2.4
gray **gris** *adj. m., f.* 1.6
great **fenomenal** *adj. m., f.* 1.5;
   genial *adj.* 3.4
great-grandfather **bisabuelo** *m.* 1.3
great-grandmother **bisabuela** *f.* 1.3
green **verde** *adj. m., f.* 1.6
greet (each other) **saludar(se)** *v.* 2.5
greeting **saludo** *m.* 1.1
   Greetings to… **Saludos a…** 1.1
grilled **a la plancha** 2.2
ground floor **planta baja** *f.* 1.5
grow **aumentar** *v.* 3.1
guest *(at a house/hotel)* **huésped**
   m., f. 1.5; *(invited to a function)*
   invitado/a *m., f.* 2.3
guide **guía** *m., f.* 3.1
gymnasium **gimnasio** *m.* 1.4

H

hair **pelo** *m.* 2.1
hairdresser **peluquero/a** *m., f.* 3.4
half **medio/a** *adj.* 1.3
   half-brother **medio**
     hermano 1.3
   half-sister **media hermana** 1.3
   half-past… *(time)* **…y media** 1.1
hallway **pasillo** *m.* 2.6

ham **jamón** *m.* 2.2
hamburger **hamburguesa** *f.* 2.2
hand **mano** *f.* 1.1
hand in **entregar** *v.* 2.5
handsome **guapo/a** *adj.* 1.3
happen **ocurrir** *v.* 3.6
happiness **alegría** *v.* 2.3
Happy birthday! **¡Feliz cumpleaños!** 2.3
happy **alegre** *adj.* 1.5; **contento/a** *adj.* 1.5; **feliz** *adj. m., f.* 1.5
be happy **alegrarse** *v.* **(de)** 3.1
hard **difícil** *adj. m., f.* 1.3
hard-working **trabajador(a)** *adj.* 1.3
hardly **apenas** *adv.* 2.4
hat **sombrero** *m.* 1.6
hate **odiar** *v.* 2.3
have **tener** *v.* 1.3
have time **tener tiempo** 1.4
have to (*do something*) **tener que** **(+** *inf.*) 1.3; **deber (+** *inf.*)
have a tooth removed **sacar(se) un diente** 2.4
he **él** 1.1
head **cabeza** *f.* 2.4
headache **dolor** *m.* **de cabeza** 2.4
health **salud** *f.* 2.4
healthy **saludable** *adj. m., f.* 2.4; **sano/a** *adj.* 2.4
lead a healthy lifestyle **llevar** *v.* **una vida sana** 3.3
hear **oír** *v.* 1.4
heard **oído/a** *p.p.* 3.2
hearing: sense of hearing **oído** *m.* 2.4
heart **corazón** *m.* 2.4
Hello. **Hola.** 1.1; (*on the telephone*) **Aló.** 2.5; **Bueno.** 2.5; **Diga.** 2.5
help **ayudar** *v.* 2.6; **servir (e:i)** *v.* 1.5
help each other **ayudarse** *v.* 2.5
her **su(s)** *poss. adj.* 1.3; (of) hers **suyo(s)/a(s)** *poss.* 2.5
her **la** *f., sing., d.o. pron.* 1.5
to/for her **le** *f., sing., i.o. pron.* 1.6
here **aquí** *adv.* 1.1
Here is/are... **Aquí está(n)...** 1.5
Hi. **Hola.** 1.1
highway **autopista** *f.* 2.5; **carretera** *f.* 2.5
hike **excursión** *f.* 1.4
go on a hike **hacer una excursión** 1.5; **ir de excursión** 1.4
hiker **excursionista** *m., f.*
hiking **de excursión** 1.4
him: to/for him **le** *m., sing., i.o. pron.* 1.6
hire **contratar** *v.* 3.4
his **su(s)** *poss. adj.* 1.3; (of) his **suyo(s)/a(s)** *poss. pron.* 2.5
his **lo** *m., sing., d.o. pron.* 1.5
history **historia** *f.* 1.2; 3.5
hobby **pasatiempo** *m.* 1.4
hockey **hockey** *m.* 1.4
hold up **aguantar** *v.* 3.2
hole **hueco** *m.* 1.4

holiday **día** *m.* **de fiesta** 2.3
home **casa** *f.* 1.2
home page **página** *f.* **principal** 2.5
homework **tarea** *f.* 1.2
honey **miel** *f.* 2.4
hood **capó** *m.* 2.5; **cofre** *m.* 2.5
hope **esperar** *v.* **(+** *inf.*) 1.2; **esperar** *v.* 3.1
I hope (that) **ojalá (que)** 3.1
horror (genre) **de horror** *m.* 3.5
hors d'oeuvres **entremeses** *m., pl.* 2.2
horse **caballo** *m.* 1.5
hospital **hospital** *m.* 2.4
hot: be (*feel*) (very) hot **tener (mucho) calor** 1.3
It's (very) hot. **Hace (mucho) calor.** 1.5
hotel **hotel** *m.* 1.5
hour **hora** *f.* 1.1
house **casa** *f.* 1.2
household chores **quehaceres** *m. pl.* **domésticos** 2.6
housekeeper **ama** *m., f.* **de casa** 2.6
housing **vivienda** *f.* 2.6
How... ! **¡Qué...!**
how **¿cómo?** *adv.* 1.1
How are you? **¿Qué tal?** 1.1
How are you? **¿Cómo estás?** *fam.* 1.1
How are you? **¿Cómo está usted?** *form.* 1.1
How can I help you? **¿En qué puedo servirles?** 1.5
How did it go for you...? **¿Cómo le/les fue...?** 3.3
How is it going? **¿Qué tal?** 1.1
How is the weather? **¿Qué tiempo hace?** 3.3
How much/many? **¿Cuánto(s)/a(s)?** 1.1
How much does... cost? **¿Cuánto cuesta...?** 1.6
How old are you? **¿Cuántos años tienes?** *fam.* 1.3
however **sin embargo**
hug (each other) **abrazar(se)** *v.* 2.5
humanities **humanidades** *f., pl.* 1.2
hundred **cien, ciento** 1.2
hungry: be (very) hungry **tener** *v.* **(mucha) hambre** 1.3
hunt **cazar** *v.* 3.1
hurricane **huracán** *m.* 3.6
hurry **apurarse** *v.* 3.3; **darse prisa** *v.* 3.3
be in a (big) hurry **tener** *v.* **(mucha) prisa** 1.3
hurt **doler (o:ue)** *v.* 2.4
It hurts me a lot... **Me duele mucho...** 2.4
husband **esposo** *m.* 1.3

I **yo** 1.1

I am... **Yo soy...** 1.1
I hope (that) **Ojalá (que)** *interj.* 3.1
I wish (that) **Ojalá (que)** *interj.* 3.1
ice cream **helado** *m.* 2.3
ice cream shop **heladería** *f.* 3.2
iced **helado/a** *adj.* 2.2
iced tea **té** *m.* **helado** 2.2
idea **idea** *f.* 1.4
if **si** *conj.* 1.4
illness **enfermedad** *f.* 2.4
important **importante** *adj.* 1.3
be important to **importar** *v.* 2.1
It's important that... **Es importante que...** 2.6
impossible **imposible** *adj.* 3.1
it's impossible **es imposible** 3.1
improbable **improbable** *adj.* 3.1
it's improbable **es improbable** 3.1
improve **mejorar** *v.* 3.1
in **en** *prep.* 1.2; **por** *prep.* 2.5
in the afternoon **de la tarde** 1.1; **por la tarde** 2.1
in a bad mood **de mal humor** 1.5
in the direction of **para** *prep.* 1.1
in the early evening **de la tarde** 1.1
in the evening **de la noche** 1.1; **por la tarde** 2.1
in a good mood **de buen humor** 1.5
in the morning **de la mañana** 1.1; **por la mañana** 2.1
in love (with) **enamorado/a (de)** 1.5
in search of **por** *prep.* 2.5
in front of **delante de** *prep.* 1.2
increase **aumento** *m.* 3.4
incredible **increíble** *adj.* 1.5
inequality **desigualdad** *f.* 3.6
infection **infección** *f.* 2.4
inform **informar** *v.* 3.6
injection **inyección** *f.* 2.4
give an injection **poner una inyección** *v.* 2.4
injure (oneself) **lastimarse** 2.4
injure (one's foot) **lastimarse** *v.* **(el pie)** 2.4
inner ear **oído** *m.* 2.4
inside **dentro** *adv.*
insist (on) **insistir** *v.* **(en)** 2.6
installments: pay in installments **pagar** *v.* **a plazos** 3.2
intelligent **inteligente** *adj.* 1.3
intend to **pensar** *v.* **(+** *inf.*) 1.4
interest **interesar** *v.* 2.1
interesting **interesante** *adj.* 1.3
be interesting to **interesar** *v.* 2.1
international **internacional** *adj. m., f.* 3.6
Internet **Internet** 2.5
interview **entrevista** *f.* 3.4; interview **entrevistar** *v.* 3.4

interviewer **entrevistador(a)** *m.,*
f. 3.4
introduction **presentación** *f.*
I would like to introduce you to
(name)… **Le presento a…**
form. 1.1; **Te presento a…**
fam. 1.1
invest **invertir (e:ie)** *v.* 3.4
invite **invitar** *v.* 2.3
iron (clothes) **planchar** *v.* **la**
ropa 2.6
it **lo/la** *sing., d.o., pron.* 1.5
Italian **italiano/a** *adj.* 1.3
its **su(s)** *poss. adj.* 1.3,
suyo(s)/a(s) *poss. pron.* 2.5
it's the same **es igual** 1.5

J

jacket **chaqueta** *f.* 1.6
January **enero** *m.* 1.5
Japanese **japonés, japonesa**
adj. 1.3
jeans **(blue)jeans** *m., pl.* 1.6
jewelry store **joyería** *f.* 3.2
job **empleo** *m.* 3.4; **puesto**
m. 3.4; **trabajo** *m.* 3.4
job application **solicitud** *f.* **de**
trabajo 3.4
jog **correr** *v.*
journalism **periodismo** *m.* 1.2
journalist **periodista** *m., f.* 1.3;
reportero/a *m., f.* 3.4
joy **alegría** *f.* 2.3
give joy **dar** *v.* **alegría** 2.3
joyful **alegre** *adj.* 1.5
juice **jugo** *m.* 2.2
July **julio** *m.* 1.5
June **junio** *m.* 1.5
jungle **selva, jungla** *f.* 3.1
just **apenas** *adv.*
have just done something
acabar de (+ inf.) 1.6

K

key **llave** *f.* 1.5
keyboard **teclado** *m.* 2.5
kilometer **kilómetro** *m.* 2.5
kiss **beso** *m.* 2.3
kiss each other **besarse** *v.* 2.5
kitchen **cocina** *f.* 2.3, 2.6
knee **rodilla** *f.* 2.4
knife **cuchillo** *m.* 2.6
know **saber** *v.* 1.6; **conocer** *v.* 1.6
know how **saber** *v.* 1.6

L

laboratory **laboratorio** *m.* 1.2
lack **faltar** *v.* 2.1
lake **lago** *m.* 3.1
lamp **lámpara** *f.* 2.6
land **tierra** *f.* 3.1
landlord **dueño/a** *m., f.* 2.2

landscape **paisaje** *m.* 1.5
language **lengua** *f.* 1.2
laptop (computer) **computadora**
f. **portátil** 2.5
large **grande** *adj.* 1.3
large (clothing size) **talla**
grande
last **durar** *v.* 3.6; **pasado/a**
adj. 1.6; **último/a** *adj.* 2.1
last name **apellido** *m.* 1.3
last night **anoche** *adv.* 1.6
last week **semana** *f.* **pasada** 1.6
last year **año** *m.* **pasado** 1.6
the last time **la última vez** 2.1
late **tarde** *adv.* 2.1
later (on) **más tarde** 2.1
See you later. **Hasta la vista.** 1.1;
Hasta luego. 1.1
laugh **reírse (e:i)** *v.* 2.3
laughed **reído** *p.p.* 3.2
laundromat **lavandería** *f.* 3.2
law **ley** *f.* 3.1
lawyer **abogado/a** *m., f.* 3.4
lazy **perezoso/a** *adj.*
learn **aprender** *v.* **(a + inf.)** 1.3
least, at **por lo menos** *adv.* 2.4
leave **salir** *v.* 1.4; **irse** *v.* 2.1
leave a tip **dejar una**
propina 2.3
leave behind **dejar** *v.* 3.4
leave for (a place) **salir para**
leave from **salir de**
left **izquierda** *f.* 1.2
be left over **quedar** *v.* 2.1
to the left of **a la izquierda**
de 1.2
leg **pierna** *f.* 2.4
lemon **limón** *m.* 2.2
lend **prestar** *v.* 1.6
less **menos** *adv.* 2.4
less… than **menos… que** 2.2
less than **menos de (+ number)**
lesson **lección** *f.* 1.1
let **dejar** *v.* 2.6
let's see **a ver**
letter **carta** *f.* 1.4, 3.2
lettuce **lechuga** *f.* 2.2
liberty **libertad** *f.* 3.6
library **biblioteca** *f.* 1.2
license (driver's) **licencia** *f.* **de**
conducir 2.5
lie **mentira** *f.* 1.4
life **vida** *f.* 2.3
of my life **de mi vida** 3.3
lifestyle: lead a healthy lifestyle
llevar una vida sana 3.3
lift **levantar** *v.* 3.3
lift weights **levantar pesas** 3.3
light **luz** *f.* 2.6
like **gustar** *v.* 1.2; **como**
prep. 2.2
I don't like them at all. **No me**
gustan nada. 1.2
I like… **Me gusta(n)…** 1.2
like this **así** *adv.* 2.4
like very much **encantar** *v.;*
fascinar *v.* 2.1

Do you like…? **¿Te**
gusta(n)…? 1.2
likeable **simpático/a** *adj.* 1.3
likewise **igualmente** *adv.* 1.1
line **línea** *f.* 1.4; **cola** (queue) *f.* 3.2
listen (to) **escuchar** *v.* 1.2
Listen! (command) **¡Oye!** *fam.,*
sing. 1.1; **¡Oiga/Oigan!**
form., sing./pl. 1.1
listen to music **escuchar**
música 1.2
listen (to) the radio **escuchar la**
radio 1.2
literature **literatura** *f.* 1.2
little (quantity) **poco/a** *adj.* 1.5;
poco *adv.* 2.4
live **vivir** *v.* 1.3; **en vivo** *adj.* 2.1
living room **sala** *f.* 2.6
loan **préstamo** *m.* 3.2; **prestar**
v. 1.6, 3.2
lobster **langosta** *f.* 2.2
located **situado/a** *adj.*
be located **quedar** *v.* 3.2
long **largo/a** *adj.* 1.6
look (at) **mirar** *v.* 1.2
look for **buscar** *v.* 1.2
lose **perder (e:ie)** *v.* 1.4
lose weight **adelgazar** *v.* 3.3
lost **perdido/a** *adj.* 3.1, 3.2
be lost **estar perdido/a** 3.2
lot, a **muchas veces** *adv.* 2.4
lot of, a **mucho/a** *adj.* 1.2, 1.3;
un montón de 1.4
love (another person) **querer**
(e:ie) *v.* 1.4; (inanimate objects)
encantar *v.* 2.1; **amor** *m.* 2.3
in love **enamorado/a** *adj.* 1.5
I loved it! **¡Me encantó!** 3.3
love at first sight **amor a**
primera vista 2.3
lucky: be (very) lucky **tener**
(mucha) suerte 1.3
luggage **equipaje** *m.* 1.5
lunch **almuerzo** *m.* 1.4, 2.2
have lunch **almorzar (o:ue)**
v. 1.4

M

ma'am **señora (Sra.); doña** *f.* 1.1
mad **enojado/a** *adj.* 1.5
magazine **revista** *f.* 1.4
magnificent **magnífico/a** *adj.* 1.5
mail **correo** *m.* 3.2; **enviar** *v.,*
mandar *v.* 3.2; **echar**
(una carta) al buzón 3.2
mail carrier **cartero** *m.* 3.2
mailbox **buzón** *m.* 3.2
main **principal** *adj. m., f.* 2.2
maintain **mantener** *v.* 3.3
major **especialización** *f.* 1.2
make **hacer** *v.* 1.4
make a decision **tomar una**
decisión 3.3
make the bed **hacer la**
cama 2.6

makeup **maquillaje** *m.* 2.1
  put on makeup **maquillarse**
   v. 2.1
man **hombre** *m.* 1.1
manager **gerente** *m., f.* 2.2, 3.4
many **mucho/a** *adj.* 1.3
  many times **muchas veces** 2.4
map **mapa** *m.* 1.2
March **marzo** *m.* 1.5
margarine **margarina** *f.* 2.2
marinated fish **ceviche** *m.* 2.2
  lemon-marinated shrimp
   ceviche *m.* **de camarón** 2.2
marital status **estado** *m.* **civil** 2.3
market **mercado** *m.* 1.6
  open-air market **mercado al**
   aire libre 1.6
marriage **matrimonio** *m.* 2.3
married **casado/a** *adj.* 2.3
  get married (to) **casarse** *v.*
   (con) 2.3
  I'll marry you! **¡Acepto casarme**
   contigo! 3.5
marvelous **maravilloso/a** *adj.* 1.5
massage **masaje** *m.* 3.3
masterpiece **obra maestra** *f.* 3.5
match (*sports*) **partido** *m.* 1.4
match (with) **hacer** *v.*
  juego (con) 1.6
mathematics **matemáticas**
  f., pl. 1.2
matter **importar** *v.* 2.1
maturity **madurez** *f.* 2.3
maximum **máximo/a** *adj.* 2.5
May **mayo** *m.* 1.5
May I leave a message? **¿Puedo**
  dejar un recado? 2.5
maybe **tal vez** 1.5; **quizás** 1.5
mayonnaise **mayonesa** *f.* 2.2
me **me** *sing., d.o. pron.* 1.5
  to/for me **me** *sing., i.o. pron.* 1.6
meal **comida** *f.* 1.4, 2.2
means of communication **medios**
  m., pl. **de comunicación** 3.6
meat **carne** *f.* 2.2
mechanic **mecánico/a** *m., f.* 2.5
  mechanic's repair shop **taller**
   mecánico 2.5
media **medios** *m., pl.* **de**
  comunicación 3.6
medical **médico/a** *adj.* 2.4
medication **medicamento** *m.* 2.4
medicine **medicina** *f.* 2.4
medium **mediano/a** *adj.*
meet (each other) **encontrar(se)**
  v. 2.5; **conocer(se)** *v.* 2.2
  meet up with **encontrarse**
   con 2.1
meeting **reunión** *f.* 3.4
menu **menú** *m.* 2.2
message **mensaje** *m.*
Mexican **mexicano/a** *adj.* 1.3
Mexico **México** *m.* 1.1
microwave **microonda** *f.* 2.6
  microwave oven **horno** *m.* **de**
   microondas 2.6
middle age **madurez** *f.* 2.3

midnight **medianoche** *f.* 1.1
mile **milla** *f.* 2.5
milk **leche** *f.* 2.2
million **millón** *m.* 1.2
  million of **millón de** 1.2
mine **mío(s)/a(s)** *poss.* 2.5
mineral **mineral** *m.* 3.3
  mineral water **agua** *f.*
   mineral 2.2
minute **minuto** *m.* 1.1
mirror **espejo** *m.* 2.1
Miss **señorita (Srta.)** *f.* 1.1
miss **perder (e:ie)** *v.* 1.4;
  extrañar *v.* 3.4
mistaken **equivocado/a** *adj.*
modern **moderno/a** *adj.* 3.5
mom **mamá** *f.* 1.3
Monday **lunes** *m., sing.* 1.2
money **dinero** *m.* 1.6
monitor **monitor** *m.* 2.5
monkey **mono** *m.* 3.1
month **mes** *m.* 1.5
monument **monumento** *m.* 1.4
moon **luna** *f.* 3.1
more **más** 1.2
  more… than **más… que** 2.2
  more than **más de**
   (+ *number*) 2.2
morning **mañana** *f.* 1.1
mother **madre** *f.* 1.3
mother-in-law **suegra** *f.* 1.3
motor **motor** *m.*
motorcycle **motocicleta** *f.* 1.5
mountain **montaña** *f.* 1.4
mouse **ratón** *m.* 2.5
mouth **boca** *f.* 2.4
move (*from one house to*
  another) **mudarse** *v.* 2.6
movie **película** *f.* 1.4
  movie star **estrella** *f.*
   de cine 3.5
  movie theater **cine** *m.* 1.4
MP3 player **reproductor** *m.*
  de MP3 2.5
Mr. **señor (Sr.); don** *m.* 1.1
Mrs. **señora (Sra.); doña** *f.* 1.1
much **mucho/a** *adj.* 1.2, 1.3
  very much **muchísimo/a** *adj.* 1.2
mud **lodo** *m.*
murder **crimen** *m.* 3.6
muscle **músculo** *m.* 3.3
museum **museo** *m.* 1.4
mushroom **champiñón** *m.* 2.2
music **música** *f.* 1.2, 3.5
musical **musical** *adj., m., f.* 3.5
musician **músico/a** *m., f.* 3.5
must **deber** *v.* **(+ *inf.*)** 3
  It must be… **Debe ser…** 1.6
my **mi(s)** *poss. adj.* 1.3;
  mío(s)/a(s) *poss. pron.* 2.5

N

name **nombre** *m.* 1.1
  be named **llamarse** *v.* 2.1
  in the name of **a nombre de** 1.5

last name **apellido** *m.* 1.3
My name is… **Me llamo…** 1.1
name someone/
  something **ponerle el**
  nombre 2.3
napkin **servilleta** *f.* 2.6
national **nacional** *adj. m., f.* 3.6
nationality **nacionalidad** *f.* 1.1
natural **natural** *adj. m., f.* 3.1
  natural disaster **desastre** *m.*
   natural 3.6
  natural resource **recurso** *m.*
   natural 3.1
nature **naturaleza** *f.* 3.1
nauseated **mareado/a** *adj.* 2.4
near **cerca de** *prep.* 1.2
neaten **arreglar** *v.* 2.6
necessary **necesario/a** *adj.* 2.6
  It is necessary that… **Hay**
   que… 2.6, 3.2
neck **cuello** *m.* 2.4
need **faltar** *v.* 2.1; **necesitar** *v.*
  (+ *inf.*) 1.2
neighbor **vecino/a** *m., f.* 2.6
neighborhood **barrio** *m.* 2.6
neither **tampoco** *adv.* 2.1
neither… nor **ni… ni** *conj.* 2.1
nephew **sobrino** *m.* 1.3
nervous **nervioso/a** *adj.* 1.5
network **red** *f.* 2.5
never **nunca** *adj.* 2.1; **jamás** 2.1
new **nuevo/a** *adj.* 1.6
newlywed **recién casado/a**
  m., f. 2.3
news **noticias** *f., pl.* 3.6;
  actualidades *f., pl.* 3.6;
  noticia *f.* 2.5
newscast **noticiero** *m.* 3.6
newspaper **periódico** 1.4; **diario**
  m. 3.6
next **próximo/a** *adj.* 1.3, 3.4
  next to **al lado de** *prep.* 1.2
nice **simpático/a** *adj.* 1.3;
  amable *adj. m., f.*
niece **sobrina** *f.* 1.3
night **noche** *f.* 1.1
  night stand **mesita** *f.* **de**
   noche 2.6
nine **nueve** 1.1
nine hundred **novecientos/as** 1.2
nineteen **diecinueve** 1.1
ninety **noventa** 1.2
ninth **noveno/a** 1.5
no **no** 1.1; **ningún, ninguno/a(s)**
  adj. 2.1
  no one **nadie** *pron.* 2.1
nobody **nadie** 2.1
none **ningún, ninguno/a(s)**
  adj. 2.1
noon **mediodía** *m.* 1.1
nor **ni** *conj.* 2.1
north **norte** *m.* 3.2
  to the north **al norte** 3.2
nose **nariz** *f.* 2.4
not **no** 1.1
  not any **ningún, ninguno/a(s)**
   adj. 2.1

not anyone **nadie** *pron.* 2.1
not anything **nada** *pron.* 2.1
not bad at all **nada mal** 1.5
not either **tampoco** *adv.* 2.1
not ever **nunca** *adv.* 2.1;
    jamás *adv.* 2.1
not very well **no muy bien** 1.1
not working **descompuesto/a**
    adj. 2.5
notebook **cuaderno** *m.* 1.1
nothing **nada** 1.1; 2.1
noun **sustantivo** *m.*
November **noviembre** *m.* 1.5
now **ahora** *adv.* 1.2
nowadays **hoy día** *adv.*
nuclear **nuclear** *adj. m., f.* 3.1
    nuclear energy **energía**
        nuclear 3.1
number **número** *m.* 1.1
nurse **enfermero/a** *m., f.* 2.4
nutrition **nutrición** *f.* 3.3
nutritionist **nutricionista**
    m., f. 3.3

O

o'clock: It's… o'clock **Son**
    las… 1.1
    It's one o'clock. **Es la una.** 1.1
obey **obedecer** *v.* 3.6
obligation **deber** *m.* 3.6
obtain **conseguir (e:i)** *v.* 1.4;
    obtener *v.* 3.4
obvious **obvio/a** *adj.* 3.1
    it's obvious **es obvio** 3.1
occupation **ocupación** *f.* 3.4
occur **ocurrir** *v.* 3.6
October **octubre** *m.* 1.5
of **de** *prep.* 1.1
    Of course. **Claro que sí.;**
        Por supuesto.
offer **oferta** *f.;* **ofrecer**
    (c:zc) *v.* 1.6
office **oficina** *f.* 2.6
    doctor's office **consultorio** *m.* 2.4
often **a menudo** *adv.* 2.4
Oh! **¡Ay!**
oil **aceite** *m.* 2.2
OK **regular** *adj.* 1.1
    It's okay. **Está bien.**
old **viejo/a** *adj.* 1.3
old age **vejez** *f.* 2.3
older **mayor** *adj. m., f.* 1.3
    older brother, sister **hermano/a**
        mayor *m., f.* 1.3
oldest **el/la mayor** 2.2
on **en** *prep.* 1.2; **sobre** *prep.* 1.2
    on behalf of **por** *prep.* 2.5
    on the dot **en punto** 1.1
    on time **a tiempo** 2.4
    on top of **encima de** 1.2
once **una vez** 1.6
one **un, uno/a** *m., f., sing. pron.* 1.1
    one hundred **cien(to)** 1.2
    one million **un millón** *m.* 1.2
    one more time **una vez más** 2.3

one thousand **mil** 1.2
    one time **una vez** 1.6
onion **cebolla** *f.* 2.2
only **sólo** *adv.* 1.3; **único/a**
    adj. 1.3
    only child **hijo/a único/a**
        m., f. 1.3
open **abierto/a** *adj.* 1.5, 3.2;
    abrir *v.* 1.3
open-air **al aire libre** 1.6
opera **ópera** *f.* 3.5
operation **operación** *f.* 2.4
opposite **enfrente de** *prep.* 3.2
or **o** *conj.* 2.1
orange **anaranjado/a** *adj.* 1.6;
    naranja *f.* 2.2
orchestra **orquesta** *f.* 3.5
order **mandar** 2.6; *(food)* **pedir**
    (e:i) *v.* 2.2
    in order to **para** *prep.* 2.5
orderly **ordenado/a** *adj.* 1.5
ordinal *(numbers)* **ordinal** *adj.*
organize oneself
    organizarse *v.* 2.6
other **otro/a** *adj.* 1.6
ought to **deber** *v.* **(+ *inf.*)** *adj.* 1.3
our **nuestro(s)/a(s)** *poss.*
    adj. 1.3; *poss. pron.* 2.5
out of order **descompuesto/a**
    adj. 2.5
outside **afuera** *adv.* 1.5
outskirts **afueras** *f., pl.* 2.6
oven **horno** *m.* 2.6
over **sobre** *prep.* 1.2
(over)population **(sobre)**
    población *f.* 3.1
over there **allá** *adv.* 1.2
own **propio/a** *adj.* 3.4
owner **dueño/a** *m., f.* 2.2

P

p.m. **tarde** *f.* 1.1
pack *(one's suitcases)* **hacer** *v.* **las**
    maletas 1.5
package **paquete** *m.* 3.2
page **página** *f.* 2.5
pain **dolor** *m.* 2.4
    have pain **tener** *v.* **dolor** 2.4
paint **pintar** *v.* 3.5
painter **pintor(a)** *m., f.* 3.4
painting **pintura** *f.* 2.6, 3.5
pair **par** *m.* 1.6
    pair of shoes **par** *m.* **de**
        zapatos 1.6
pale **pálido/a** *adj.* 3.2
pants **pantalones** *m., pl.* 1.6
pantyhose **medias** *f., pl.* 1.6
paper **papel** *m.* 1.2; *(report)*
    informe *m.* 3.6
Pardon me. *(May I?)* **Con**
    permiso. 1.1; *(Excuse me.)*
    Pardon me. **Perdón.** 1.1
parents **padres** *m., pl.* 1.3;
    papás *m., pl.* 1.3

park **estacionar** *v.* 2.5; **parque**
    m. 1.4
parking lot **estacionamiento**
    m. 3.2
partner *(one of a married couple)*
    pareja *f.* 2.3
party **fiesta** *f.* 2.3
passed **pasado/a** *p.p.*
passenger **pasajero/a** *m., f.* 1.1
passport **pasaporte** *m.* 1.5
past **pasado/a** *adj.* 1.6
pastime **pasatiempo** *m.* 1.4
pastry shop **pastelería** *f.* 3.2
patient **paciente** *m., f.* 2.4
patio **patio** *m.* 2.6
pay **pagar** *v.* 1.6
    pay in cash **pagar** *v.* **al**
        contado; pagar en
        efectivo 3.2
    pay in installments **pagar** *v.* **a**
        plazos 3.2
    pay the bill **pagar la**
        cuenta 2.3
pea **arveja** *m.* 2.2
peace **paz** *f.* 3.6
peach **melocotón** *m.* 2.2
peak **cima** *f.* 3.3
pear **pera** *f.* 2.2
pen **pluma** *f.* 1.2
pencil **lápiz** *m.* 1.1
people **gente** *f.* 1.3
pepper *(black)* **pimienta** *f.* 2.2
per **por** *prep.* 2.5
perfect **perfecto/a** *adj.* 1.5
period of time **temporada** *f.* 1.5
person **persona** *f.* 1.3
pharmacy **farmacia** *f.* 2.4
phenomenal **fenomenal** *adj.* 1.5
photograph **foto(grafía)** *f.* 1.1
physical *(exam)* **examen** *m.*
    médico 2.4
physician **doctor(a), médico/a**
    m., f. 1.3
physics **física** *f. sing.* 1.2
pick up **recoger** *v.* 3.1
picture **cuadro** *m.* 2.6;
    pintura *f.* 2.6
pie **pastel** *m.* 2.3
pill *(tablet)* **pastilla** *f.* 2.4
pillow **almohada** *f.* 2.6
pineapple **piña** *f.*
pink **rosado/a** *adj.* 1.6
place **lugar** *m.* 1.2, 1.4; **sitio** *m.*
    1.3; **poner** *v.* 1.4
plaid **de cuadros** 1.6
plans **planes** *m., pl.* 1.4
    have plans **tener planes** 1.4
plant **planta** *f.* 3.1
plastic **plástico** *m.* 3.1
    (made) of plastic **de**
        plástico 3.1
plate **plato** *m.* 2.6
play **drama** *m.* 3.5; **comedia**
    f. 3.5; **jugar (u:ue)** *v.* 1.4; *(a*
    musical instrument) **tocar** *v.*
    3.5; *(a role)* **hacer el papel**
    de 3.5; *(cards)* **jugar a (las**

cartas) 1.5; (*sports*)
practicar deportes 1.4
player **jugador(a)** *m., f.* 1.4
playwright **dramaturgo/a**
m., f. 3.5
plead **rogar (o:ue)** *v.* 2.6
pleasant **agradable** *adj.* 1.5
please **por favor** 1.1
Pleased to meet you. **Mucho**
gusto. 1.1; **Encantado/a.**
adj. 1.1
pleasing: be pleasing to **gustar** *v.* 2.1
pleasure **gusto** *m.* 1.1
The pleasure is mine. **El gusto**
es mío. 1.1
poem **poema** *m.* 3.5
poet **poeta** *m., f.* 3.5
poetry **poesía** *f.* 3.5
police (force) **policía** *f.* 2.5
political **político/a** *adj.* 3.6
politician **político/a** *m., f.* 3.4
politics **política** *f.* 3.6
polka-dotted **de lunares** 1.6
poll **encuesta** *f.* 3.6
pollute **contaminar** *v.* 3.1
polluted **contaminado/a** *m., f.* 3.1
be polluted **estar**
contaminado/a 3.1
pollution **contaminación** *f.* 3.1
pool **piscina** *f.* 1.4
poor **pobre** *adj., m., f.* 1.6
poor thing **pobrecito/a** *adj.* 1.3
popsicle **paleta helada** *f.* 1.4
population **población** *f.* 3.1
pork **cerdo** *m.* 2.2
pork chop **chuleta** *f.* **de**
cerdo 2.2
portable **portátil** *adj.* 2.5
portable computer
computadora *f.*
portátil 2.5
position **puesto** *m.* 3.4
possessive **posesivo/a** *adj.* 1.3
possible **posible** *adj.* 3.1
it's (not) possible **(no) es**
posible 3.1
post office **correo** *m.* 3.2
postcard **postal** *f.*
poster **cartel** *m.* 2.6
potato **papa** *f.* 2.2; **patata** *f.* 2.2
pottery **cerámica** *f.* 3.5
practice **entrenarse** *v.* 3.3;
practicar *v.* 1.2; (a degree/
profession) **ejercer** *v.* 3.4
prefer **preferir (e:ie)** *v.* 1.4
pregnant **embarazada** *adj. f.* 2.4
prepare **preparar** *v.* 1.2
preposition **preposición** *f.*
prescribe (medicine) **recetar**
v. 2.4
prescription **receta** *f.* 2.4
present **regalo** *m.* 1.6;
presentar *v.* 3.5
press **prensa** *f.* 3.6
pressure **presión** *f.*
be under a lot of pressure **sufrir**
muchas presiones 3.3

pretty **bonito/a** *adj.* 1.3
price **precio** *m.* 1.6
(fixed, set) price **precio** *m.*
fijo 1.6
print **estampado/a** *adj.*;
imprimir *v.* 2.5
printer **impresora** *f.* 2.5
private (*room*) **individual** *adj.*
prize **premio** *m.* 3.5
probable **probable** *adj.* 3.1
it's (not) probable **(no) es**
probable 3.1
problem **problema** *m.* 1.1
profession **profesión** *f.* 1.3; 3.4
professor **profesor(a)** *m., f.*
program **programa** *m.* 1.1
programmer **programador(a)**
m., f. 1.3
prohibit **prohibir** *v.* 2.4
project **proyecto** *m.* 2.5
promotion (*career*)
ascenso *m.* 3.4
pronoun **pronombre** *m.*
protect **proteger** *v.* 3.1
protein **proteína** *f.* 3.3
provided (that) **con tal (de)**
que *conj.* 3.1
psychologist **psicólogo/a**
m., f. 3.4
psychology **psicología** *f.* 1.2
publish **publicar** *v.* 3.5
Puerto Rican **puertorriqueño/a**
adj. 1.3
Puerto Rico **Puerto Rico** *m.* 1.1
pull a tooth **sacar una muela**
purchases **compras** *f., pl.* 1.5
pure **puro/a** *adj.* 3.1
purple **morado/a** *adj.* 1.6
purse **bolsa** *f.* 1.6
put **poner** *v.* 1.4; **puesto/a**
p.p. 3.2
put (a letter) in the mailbox
echar (una carta) al
buzón 3.2
put on (*a performance*)
presentar *v.* 3.5
put on (*clothing*) **ponerse**
v. 2.1
put on makeup **maquillarse**
v. 2.1

Q

quality **calidad** *f.* 1.6
quarter (academic) **trimestre**
m. 1.2
quarter after (*time*) **y cuarto** 1.1;
y quince 1.1
quarter to (*time*) **menos**
cuarto 1.1; **menos**
quince 1.1
question **pregunta** *f.* 1.2
quickly **rápido** *adv.* 2.4
quiet **tranquilo/a** *adj.* 3.3
quit **dejar** *v.* 3.4
quiz **prueba** *f.* 1.2

R

racism **racismo** *m.* 3.6
radio (*medium*) **radio** *f.* 1.2
radio (set) **radio** *m.* 2.5
rain **llover (o:ue)** *v.* 1.5;
lluvia *f.*
It's raining. **Llueve.** 1.5; **Está**
lloviendo. 1.5
raincoat **impermeable** *m.* 1.6
rain forest **bosque** *m.* **tropical** 3.1
raise (*salary*) **aumento de**
sueldo 3.4
rather **bastante** *adv.* 2.4
read **leer** *v.* 1.3; **leído/a** *p.p.* 3.2
read e-mail **leer correo**
electrónico 1.4
read a magazine **leer una**
revista 1.4
read a newspaper **leer un**
periódico 1.4
ready **listo/a** *adj.* 1.5
(Are you) ready? **¿(Están)**
listos? 3.3
reality show **progama de**
realidad *m.* 3.5
reap the benefits (of) **disfrutar** *v.*
(de) 3.3
receive **recibir** *v.* 1.3
recommend **recomendar (e:ie)**
v. 2.2; 2.6
record **grabar** *v.* 2.5
recover **recuperar** *v.* 2.5
recreation **diversión** *f.* 1.4
recycle **reciclar** *v.* 3.1
recycling **reciclaje** *m.* 3.1
red **rojo/a** *adj.* 1.6
red-haired **pelirrojo/a** *adj.* 1.3
reduce **reducir** *v.* 3.1; **disminuir** *v.* 3.4
reduce stress/tension **aliviar el**
estrés/la tensión 3.3
refrigerator **refrigerador** *m.* 2.6
region **región** *f.* 3.1
regret **sentir (e:ie)** *v.* 3.1
related to sitting **sedentario/a**
adj. 3.3
relatives **parientes** *m., pl.* 1.3
relax **relajarse** *v.* 2.3
Relax, sweetie. **Tranquilo/a,**
cariño. 2.5
remain **quedarse** *v.* 2.1
remember **recordar (o:ue)** *v.* 1.4;
acordarse (o:ue) *v.* **(de)** 2.1
remote control **control remoto**
m. 2.5
renewable **renovable** *adj.* 3.1
rent **alquilar** *v.* 2.6; (payment)
alquiler *m.* 2.6
repeat **repetir (e:i)** *v.* 1.4
report **informe** *m.* 3.6; **reportaje**
m. 3.6
reporter **reportero/a** *m., f.* 3.4
representative **representante**
m., f. 3.6
request **pedir (e:i)** *v.* 1.4
reservation **reservación** *f.* 1.5
resign (from) **renunciar (a)** *v.* 3.4

resolve **resolver (o:ue)** *v.* 3.1
resolved **resuelto/a** *p.p.* 3.2
resource **recurso** *m.* 3.1
responsibility **deber** *m.* 3.6; **responsabilidad** *f.*
responsible **responsable** *adj.* 2.2
rest **descansar** *v.* 1.2
restaurant **restaurante** *m.* 1.4
résumé **currículum** *m.* 3.4
retire (from work) **jubilarse** *v.* 2.3
return **regresar** *v.* 1.2; **volver (o:ue)** *v.* 1.4
returned **vuelto/a** *p.p.* 3.2
rice **arroz** *m.* 2.2
rich **rico/a** *adj.* 1.6
ride a bicycle **pasear** *v.* **en bicicleta** 1.4
ride a horse **montar** *v.* **a caballo** 1.5
ridiculous **ridículo/a** *adj.* 3.1
  it's ridiculous **es ridículo** 3.1
right **derecha** *f.* 1.2
  be right **tener razón** 1.3
  right? (*question tag*) **¿no?** 1.1; **¿verdad?** 1.1
  right away **enseguida** *adv.*
  right now **ahora mismo** 1.5
  right there **allí mismo** 3.2
  to the right of **a la derecha de** 1.2
rights **derechos** *m.* 3.6
ring **anillo** *m.* 3.5
ring (a doorbell) **sonar (o:ue)** *v.* 2.5
river **río** *m.* 3.1
road **camino** *m.*
roast **asado/a** *adj.* 2.2
roast chicken **pollo** *m.* **asado** 2.2
rollerblade **patinar en línea** *v.*
romantic **romántico/a** *adj.* 3.5
room **habitación** *f.* 1.5; **cuarto** *m.* 1.2; 2.1
  living room **sala** *f.* 2.6
roommate **compañero/a** *m., f.* **de cuarto** 1.2
roundtrip **de ida y vuelta** 1.5
  roundtrip ticket **pasaje** *m.* **de ida y vuelta** 1.5
routine **rutina** *f.* 2.1
rug **alfombra** *f.* 2.6
run **correr** *v.* 1.3
  run errands **hacer diligencias** 3.2
  run into (*have an accident*) **chocar (con)** *v.*; (*meet accidentally*) **encontrar(se) (o:ue)** *v.* 2.5; (*run into something*) **darse (con)** 2.4
  run into (*each other*) **encontrar(se) (o:ue)** *v.* 2.5
rush **apurarse, darse prisa** *v.* 3.3
Russian **ruso/a** *adj.* 1.3

S

sad **triste** *adj.* 1.5; 3.1
  it's sad **es triste** 3.1

safe **seguro/a** *adj.* 1.5
said **dicho/a** *p.p.* 3.2
sailboard **tabla de windsurf** *f.* 1.5
salad **ensalada** *f.* 2.2
salary **salario** *m.* 3.4; **sueldo** *m.* 3.4
sale **rebaja** *f.* 1.6
salesperson **vendedor(a)** *m., f.* 1.6
salmon **salmón** *m.* 2.2
salt **sal** *f.* 2.2
same **mismo/a** *adj.* 1.3
sandal **sandalia** *f.* 1.6
sandwich **sándwich** *m.* 2.2
Saturday **sábado** *m.* 1.2
sausage **salchicha** *f.* 2.2
save (*on a computer*) **guardar** *v.* 2.5; save (money) **ahorrar** *v.* 3.2
savings **ahorros** *m.* 3.2
  savings account **cuenta** *f.* **de ahorros** 3.2
say **decir** *v.* 1.4; **declarar** *v.* 3.6
say (that) **decir (que)** *v.* 1.4, 2.3
  say the answer **decir la respuesta** 1.4
scan **escanear** *v.* 2.5
scarcely **apenas** *adv.* 2.4
scared: be (very) scared (of) **tener (mucho) miedo (de)** 1.3
schedule **horario** *m.* 1.2
school **escuela** *f.* 1.1
science **ciencia** *f.* 1.2
  science fiction **ciencia ficción** *f.* 3.5
scientist **científico/a** *m., f.* 3.4
scream **grito** *m.* 1.5; **gritar** *v.* 2.1
screen **pantalla** *f.* 2.5
scuba dive **bucear** *v.* 1.4
sculpt **esculpir** *v.* 3.5
sculptor **escultor(a)** *m., f.* 3.5
sculpture **escultura** *f.* 3.5
sea **mar** *m.* 1.5
  (sea) turtle **tortuga (marina)** *f.* 3.1
season **estación** *f.* 1.5
seat **silla** *f.* 1.2
second **segundo/a** 1.5
secretary **secretario/a** *m., f.* 3.4
sedentary **sedentario/a** *adj.* 3.3
see **ver** *v.* 1.4
  see (you, him, her) again **volver a ver(te, lo, la)** 3.6
  see movies **ver películas** 1.4
  See you. **Nos vemos.** 1.1
  See you later. **Hasta la vista.** 1.1; **Hasta luego.** 1.1
  See you soon. **Hasta pronto.** 1.1
  See you tomorrow. **Hasta mañana.** 1.1
seem **parecer** *v.* 1.6
seen **visto/a** *p.p.* 3.2
sell **vender** *v.* 1.6
semester **semestre** *m.* 1.2
send **enviar; mandar** *v.* 3.2

separate (from) **separarse** *v.* **(de)** 2.3
separated **separado/a** *adj.* 2.3
September **septiembre** *m.* 1.5
sequence **secuencia** *f.*
serious **grave** *adj.* 2.4
serve **servir (e:i)** *v.* 2.2
service **servicio** *m.* 3.3
set (*fixed*) **fijo/a** *adj.* 1.6
  set the table **poner la mesa** 2.6
seven **siete** 1.1
seven hundred **setecientos/as** 1.2
seventeen **diecisiete** 1.1
seventh **séptimo/a** 1.5
seventy **setenta** 1.2
several **varios/as** *adj. pl.* 2.2
sexism **sexismo** *m.* 3.6
shame **lástima** *f.* 3.1
  it's a shame **es una lástima** 3.1
shampoo **champú** *m.* 2.1
shape **forma** *f.* 3.3
  be in good shape **estar en buena forma** 3.3
  stay in shape **mantenerse en forma** 3.3
share **compartir** *v.* 1.3
sharp (*time*) **en punto** 1.1
shave **afeitarse** *v.* 2.1
shaving cream **crema** *f.* **de afeitar** 1.5, 2.1
she **ella** 1.1
shellfish **mariscos** *m., pl.* 2.2
ship **barco** *m.*
shirt **camisa** *f.* 1.6
shoe **zapato** *m.* 1.6
  shoe size **número** *m.* 1.6
  shoe store **zapatería** *f.* 3.2
  tennis shoes **zapatos** *m., pl.* **de tenis** 1.6
shop **tienda** *f.* 1.6
shopping, to go **ir de compras** 1.5
  shopping mall **centro comercial** *m.* 1.6
short (*in height*) **bajo/a** *adj.* 1.3; (*in length*) **corto/a** *adj.* 1.6
short story **cuento** *m.* 3.5
shorts **pantalones cortos** *m., pl.* 1.6
should (*do something*) **deber** *v.* **(+ *inf.*)** 1.3
shout **gritar** *v.* 2.1
show **espectáculo** *m.* 3.5; **mostrar (o:ue)** *v.* 1.4
  game show **concurso** *m.* 3.5
shower **ducha** *f.* 2.1; **ducharse** *v.* 2.1
shrimp **camarón** *m.* 2.2
siblings **hermanos/as** *pl.* 1.3
sick **enfermo/a** *adj.* 2.4
  be sick **estar enfermo/a** 2.4
  get sick **enfermarse** *v.* 2.4
sign **firmar** *v.* 3.2; **letrero** *m.* 3.2
silk **seda** *f.* 1.6
  (made of) silk **de seda** 1.6
silly **tonto/a** *adj.* 1.3
since **desde** *prep.*

sing **cantar** *v.* 1.2
singer **cantante** *m., f.* 3.5
single **soltero/a** *adj.* 2.3
   single room **habitación** *f.*
     individual 1.5
sink **lavabo** *m.* 2.1
sir **señor (Sr.), don** m. 1.1;
   caballero *m.* **2.2**
sister **hermana** *f.* 1.3
sister-in-law **cuñada** *f.* 1.3
sit down **sentarse (e:ie)** *v.* 2.1
six **seis** 1.1
six hundred **seiscientos/as** 1.2
sixteen **dieciséis** 1.1
sixth **sexto/a** 1.5
sixty **sesenta** 1.2
size **talla** *f.* 1.6
   shoe size **número** *m.* 1.6
(in-line) skate **patinar (en línea)** 1.4
skateboard **andar en patineta**
   v. 1.4
ski **esquiar** *v.* 1.4
skiing **esquí** *m.* 1.4
   water-skiing **esquí** *m.*
     acuático 1.4
skirt **falda** *f.* 1.6
skull made out of sugar **calavera**
   de azúcar *f.* 2.3
sky **cielo** *m.* 3.1
sleep **dormir (o:ue)** *v.* 1.4
   go to sleep **dormirse**
     (o:ue) v. 2.1
sleepy: be (very) sleepy **tener**
   (mucho) sueño 1.3
slender **delgado/a** *adj.* 1.3
slim down **adelgazar** *v.* 3.3
slippers **pantuflas** *f.* 2.1
slow **lento/a** *adj.* 2.5
slowly **despacio** *adv.* 2.4
small **pequeño/a** *adj.* 1.3
smart **listo/a** *adj.* 1.5
smile **sonreír (e:i)** *v.* 2.3
smiled **sonreído** *p.p.* 3.2
smoggy: It's (very) smoggy. **Hay**
   (mucha) contaminación.
smoke **fumar** *v.* 2.2; 3.3
   (not) to smoke **(no) fumar** 3.3
smoking section **sección** *f.* **de**
     fumar 2.2
   (non) smoking section **sección**
     de (no) fumar 2.2
snack **merendar** *v.* 2.2; 3.3;
   afternoon snack **merienda** *f.* 3.3
   have a snack **merendar** *v.*
sneakers **los zapatos de tenis** 1.6
sneeze **estornudar** *v.* 2.4
snow **nevar (e:ie)** *v.* 1.5; **nieve** *f.*
snowing: It's snowing. **Nieva.** 1.5;
   Está nevando. 1.5
so (*in such a way*) **así** *adv.* 2.4;
   tan *adv.* 1.5
   so much **tanto** *adv.*
   so-so **regular** 1.1
   so that **para que** *conj.* 3.1
soap **jabón** *m.* 2.1
soap opera **telenovela** *f.* 3.5
soccer **fútbol** *m.* 1.4

sociology **sociología** *f.* 1.2
sock(s) **calcetín (calcetines)**
   m. 1.6
sofa **sofá** *m.* 2.6
soft drink **refresco** *m.* 2.2
software **programa** *m.* **de**
   computación 2.5
soil **tierra** *f.* 3.1
solar **solar** *adj., m., f.* 3.1
   solar energy **energía solar** 3.1
soldier **soldado** *m., f.* 3.6
solution **solución** *f.* 3.1
solve **resolver (o:ue)** *v.* 3.1
some **algún, alguno/a(s)** *adj.*
   2.1; **unos/as** *pron./ m., f., pl;*
   indef., art. 1.1
somebody **alguien** *pron.* 2.1
someone **alguien** *pron.* 2.1
something **algo** *pron.* 2.1
sometimes **a veces** *adv.* 2.4
son **hijo** *m.* 1.3
song **canción** *f.* 3.5
son-in-law **yerno** *m.* 1.3
soon **pronto** *adv.* 2.4
   See you soon. **Hasta pronto.** 1.1
sorry: be sorry **sentir (e:ie)** *v.* 3.1
   I'm sorry. **Lo siento.** 1.1
soul **alma** *f.* 2.3
soup **sopa** *f.* 2.2
south **sur** *m.* 3.2
   to the south **al sur** 3.2
Spain **España** *f.* 1.1
Spanish (*language*) **español**
   m. 1.2; **español(a)** *adj.* 1.3
spare (free) time **ratos libres** 1.4
speak **hablar** *v.* 1.2
   Speaking. (*on the phone*) **Con**
     él/ella habla. 2.5
special: today's specials **las**
     especialidades del día 2.2
spectacular **espectacular** *adj. m.,*
   f. 3.3
speech **discurso** *m.* 3.6
speed **velocidad** *f.* 2.5
   speed limit **velocidad** *f.*
     máxima 2.5
spelling **ortografía** *f.,*
   ortográfico/a *adj.*
spend (*money*) **gastar** *v.* 1.6
spoon (*table or large*) **cuchara**
   f. 2.6
sport **deporte** *m.* 1.4
   sports-related **deportivo/a**
     adj. 1.4
spouse **esposo/a** *m., f.* 1.3
sprain (one's ankle) **torcerse**
   (o:ue) *v.* **(el tobillo)** 2.4
sprained **torcido/a** *adj.* 2.4
   be sprained **estar torcido/a** 2.4
spring **primavera** *f.* 1.5
(city or town) square **plaza** *f.* 1.4
stadium **estadio** *m.* 1.2
stage **etapa** *f.* 2.3
stairs **escalera** *f.* 2.6
stairway **escalera** *f.* 2.6
stamp **estampilla** *f.* 3.2; **sello**
   m. 3.2

stand in line **hacer** *v.* **cola** 3.2
star **estrella** *f.* 3.1
start (*a vehicle*) **arrancar** *v.* 2.5
station **estación** *f.* 1.5
statue **estatua** *f.* 3.5
status: marital status **estado** *m.*
   civil 2.3
stay **quedarse** *v.* 2.1
   stay in shape **mantenerse en**
     forma 3.3
steak **bistec** *m.* 2.2
steering wheel **volante** *m.* 2.5
step **escalón** *m.* 3.3
stepbrother **hermanastro** *m.* 1.3
stepdaughter **hijastra** *f.* 1.3
stepfather **padrastro** *m.* 1.3
stepmother **madrastra** *f.* 1.3
stepsister **hermanastra** *f.* 1.3
stepson **hijastro** *m.* 1.3
stereo **estéreo** *m.* 2.5
still **todavía** *adv.* 1.5
stockbroker **corredor(a)** *m., f.* **de**
   bolsa 3.4
stockings **medias** *f., pl.* 1.6
stomach **estómago** *m.* 2.4
stone **piedra** *f.* 3.1
stop **parar** *v.* 2.5
   stop (*doing something*) **dejar de**
     (+ *inf.*) 3.1
store **tienda** *f.* 1.6
storm **tormenta** *f.* 3.6
story **cuento** *m.* 3.5; **historia**
   f. 3.5
stove **cocina, estufa** *f.* 2.6
straight **derecho** *adv.* 3.2
   straight (ahead) **derecho** 3.2
straighten up **arreglar** *v.* 2.6
strange **extraño/a** *adj.* 3.1
   it's strange **es extraño** 3.1
street **calle** *f.* 2.5
stress **estrés** *m.* 3.3
stretching **estiramiento** *m.* 3.3
   do stretching exercises **hacer**
     ejercicios *m. pl.* **de**
     estiramiento 3.3
strike (*labor*) **huelga** *f.* 3.6
stripe **raya** *f.* 1.6
   striped **de rayas** 1.6
stroll **pasear** *v.* 1.4
strong **fuerte** *adj. m., f.* 3.3
struggle (for/against) **luchar** *v.*
   (por/contra) 3.6
student **estudiante** *m., f.* 1.1; 1.2;
   estudiantil *adj.* 1.2
study **estudiar** *v.* 1.2
stuffed-up (*sinuses*)
   congestionado/a *adj.* 2.4
stupendous **estupendo/a** *adj.* 1.5
style **estilo** *m.*
suburbs **afueras** *f., pl.* 2.6
subway **metro** *m.* 1.5
   subway station **estación** *f.*
     del metro 1.5
successful: be successful **tener**
   éxito 3.4
such as **tales como**
suddenly **de repente** *adv.* 1.6

suffer **sufrir** *v.* 2.4
   suffer an illness **sufrir una enfermedad** 2.4
sugar **azúcar** *m.* 2.2
suggest **sugerir (e:ie)** *v.* 2.6
suit **traje** *m.* 1.6
suitcase **maleta** *f.* 1.1
summer **verano** *m.* 1.5
sun **sol** *m.* 1.5; 3.1
sunbathe **tomar** *v.* **el sol** 1.4
Sunday **domingo** *m.* 1.2
(sun)glasses **gafas** *f.*, *pl.* **(de sol)** 1.6
sunny: It's (very) sunny. **Hace (mucho) sol.** 1.5
supermarket **supermercado** *m.* 3.2
suppose **suponer** *v.* 1.4
sure **seguro/a** *adj.* 1.5
   be sure **estar seguro/a** 1.5
surf (*the Internet*) **navegar** *v.* **(en Internet)** 2.5
surfboard **tabla de surf** *f.* 1.5
surprise **sorprender** *v.* 2.3; **sorpresa** *f.* 2.3
survey **encuesta** *f.* 3.6
sweat **sudar** *v.* 3.3
sweater **suéter** *m.* 1.6
sweep the floor **barrer el suelo** 2.6
sweets **dulces** *m.*, *pl.* 2.3
swim **nadar** *v.* 1.4
swimming **natación** *f.* 1.4
   swimming pool **piscina** *f.* 1.4
symptom **síntoma** *m.* 2.4

T

table **mesa** *f.* 1.2
tablespoon **cuchara** *f.* 2.6
tablet (*pill*) **pastilla** *f.* 2.4
take **tomar** *v.* 1.2; **llevar** *v.* 1.6
   take care of **cuidar** *v.* 3.1
   take someone's temperature **tomar** *v.* **la temperatura** 2.4
   take (wear) a shoe size **calzar** *v.* 1.6
   take a bath **bañarse** *v.* 2.1
   take a shower **ducharse** *v.* 2.1
   take off **quitarse** *v.* 2.1
   take out the trash **sacar la basura** *v.* 2.6
   take photos **tomar** *v.* **fotos** 1.5; **sacar** *v.* **fotos** 1.5
talented **talentoso/a** *adj.* 3.5
talk **hablar** *v.* 1.2
   talk show **programa** *m.* **de entrevistas** 3.5
tall **alto/a** *adj.* 1.3
tank **tanque** *m.* 2.5
taste **probar (o:ue)** *v.* 2.2; **saber** *v.* 2.2
   taste like **saber a** 2.2
tasty **rico/a** *adj.* 2.2; **sabroso/a** *adj.* 2.2
tax **impuesto** *m.* 3.6
taxi **taxi** *m.* 1.5
tea **té** *m.* 2.2

teach **enseñar** *v.* 1.2
teacher **profesor(a)** *m.*, *f.* 1.1, 1.2; **maestro/a** *m.*, *f.* 3.4
team **equipo** *m.* 1.4
technician **técnico/a** *m.*, *f.* 3.4
telecommuting **teletrabajo** *m.* 3.4
telephone **teléfono** 2.5
television **televisión** *f.* 1.2; 2.5
   television set **televisor** *m.* 2.5
tell **contar** *v.* 1.4; **decir** *v.* 1.4
tell (that) **decir** *v.* **(que)** 1.4, 2.3
   tell lies **decir mentiras** 1.4
   tell the truth **decir la verdad** 1.4
temperature **temperatura** *f.* 2.4
ten **diez** 1.1
tennis **tenis** *m.* 1.4
   tennis shoes **zapatos** *m.*, *pl.* **de tenis** 1.6
tension **tensión** *f.* 3.3
tenth **décimo/a** 1.5
terrible **terrible** *adj. m.*, *f.* 3.1
   it's terrible **es terrible** 3.1
terrific **chévere** *adj.*
test **prueba** *f.* 1.2; **examen** *m.* 1.2
text message **mensaje** *m.* **de texto** 2.5
Thank you. **Gracias.** *f.*, *pl.* 1.1
   Thank you (very much). **(Muchas) gracias.** 1.1
   Thanks (a lot). **(Muchas) gracias.** 1.1
   Thanks for inviting me. **Gracias por invitarme.** 2.3
that **que, quien(es), lo que** *pron.* 2.6
   that (one) **ése, ésa, eso** *pron.* 1.6; **ese, esa,** *adj.* 1.6
   that (*over there*) **aquél, aquélla, aquello** *pron.* 1.6; **aquel, aquella** *adj.* 1.6
   that which **lo que** *conj.* 2.6
   that's why **por eso** 2.5
the **el** *m.*, **la** *f. sing.*, **los** *m.*, **las** *f.*, *pl.* 1.1
theater **teatro** *m.* 3.5
their **su(s)** *poss. adj.* 1.3; **suyo(s)/a(s)** *poss. pron.* 2.5
them **los/las** *pl., d.o. pron.* 1.5
   to/for them **les** *pl., i.o. pron.* 1.6
then (*afterward*) **después** *adv.* 2.1; (*as a result*) **entonces** *adv.* 1.5, 2.1; (*next*) **luego** *adv.* 2.1; **pues** *adv.* 3.3
there **allí** *adv.* 1.2
   There is/are… **Hay…** 1.1
   There is/are not… **No hay…** 1.1
therefore **por eso** 2.5
these **éstos, éstas** *pron.* 1.6; **estos, estas** *adj.* 1.6
they **ellos** *m.*, **ellas** *f. pron.*
   They all told me to ask you to excuse them/forgive them. **Todos me dijeron que te pidiera disculpas de su parte.** 3.6
thin **delgado/a** *adj.* 1.3
thing **cosa** *f.* 1.1

think **pensar (e:ie)** *v.* 1.4; (believe) **creer** *v.*
   think about **pensar en** *v.* 1.4
third **tercero/a** 1.5
thirsty: be (very) thirsty **tener (mucha) sed** 1.3
thirteen **trece** 1.1
thirty **treinta** 1.1; 1.2; thirty (*minutes past the hour*) **y treinta; y media** 1.1
this **este, esta** *adj.*; **éste, ésta, esto** *pron.* 1.6
   This is… (*introduction*) **Éste/a es…** 1.1
those **ésos, ésas** *pron.* 1.6; **esos, esas** *adj.* 1.6
those (over there) **aquéllos, aquéllas** *pron.* 1.6; **aquellos, aquellas** *adj.* 1.6
thousand **mil** *m.* 1.6
three **tres** 1.1
three hundred **trescientos/as** 1.2
throat **garganta** *f.* 2.4
through **por** *prep.* 2.5
Thursday **jueves** *m.*, *sing.* 1.2
thus (*in such a way*) **así** *adv.*
ticket **boleto** *m.* 1.2, 3.5; **pasaje** *m.* 1.5
tie **corbata** *f.* 1.6
time **tiempo** *m.* 1.4; **vez** *f.* 1.6
   have a good/bad time **pasarlo bien/mal** 2.3
   I've had a fantastic time. **Lo he pasado de película.** 3.6
   What time is it? **¿Qué hora es?** 1.1
   (At) What time…? **¿A qué hora…?** 1.1
times **veces** *f.*, *pl.* 1.6
   many times **muchas veces** 2.4
   two times **dos veces** 1.6
tip **propina** *f.* 2.3
tire **llanta** *f.* 2.5
tired **cansado/a** *adj.* 1.5
   be tired **estar cansado/a** 1.5
to **a** *prep.* 1.1
toast (*drink*) **brindar** *v.* 2.3
   toast **pan** *m.* **tostado**
toasted **tostado/a** *adj.* 2.2
   toasted bread **pan tostado** *m.* 2.2
toaster **tostadora** *f.* 2.6
today **hoy** *adv.* 1.2
   Today is… **Hoy es…** 1.2
toe **dedo** *m.* **del pie** 2.4
together **juntos/as** *adj.* 2.3
toilet **inodoro** *m.* 2.1
tomato **tomate** *m.* 2.2
tomorrow **mañana** *f.* 1.1
   See you tomorrow. **Hasta mañana.** 1.1
tonight **esta noche** *adv.* 1.4
too **también** *adv.* 1.2; 2.1
   too much **demasiado** *adv.* 1.6; **en exceso** 3.3
tooth **diente** *m.* 2.1
toothpaste **pasta** *f.* **de dientes** 2.1

top **cima** *f.* 3.3
  to the top **hasta arriba** *f.* 3.3
tornado **tornado** *m.* 3.6
touch **tocar** *v.* 3.5
touch screen **pantalla táctil** *f.* 2.5
tour **excursión** *f.* 1.4;
  recorrido *m.* 3.1
tour an area **recorrer** *v.*
tourism **turismo** *m.* 1.5
tourist **turista** *m., f.* 1.1;
  turístico/a *adj.*
toward **hacia** *prep.* 3.2;
  para *prep.* 2.5
towel **toalla** *f.* 2.1
town **pueblo** *m.* 1.4
trade **oficio** *m.* 3.4
traffic **circulación** *f.* 2.5;
  tráfico *m.* 2.5
  traffic light **semáforo** *m.* 3.2
tragedy **tragedia** *f.* 3.5
trail **sendero** *m.* 3.1
  trailhead **sendero** *m.* 3.1
train **entrenarse** *v.* 3.3;
  tren *m.* 1.5
  train station **estación** *f.* **de**
    tren *m.* 1.5
trainer **entrenador(a)** *m., f.* 3.3
translate **traducir** *v.* 1.6
trash **basura** *f.* 2.6
travel **viajar** *v.* 1.2
  travel agent **agente** *m., f.*
    de viajes 1.5
traveler **viajero/a** *m., f.* 1.5
  (traveler's) check **cheque (de**
    viajero) 3.2
treadmill **cinta caminadora** *f.* 3.3
tree **árbol** *m.* 3.1
trillion **billón** *m.*
trimester **trimestre** *m.* 1.2
trip **viaje** *m.* 1.5
  take a trip **hacer un viaje** 1.5
tropical forest **bosque** *m.*
  tropical 3.1
true: it's (not)
  true **(no) es verdad** 3.1
trunk **baúl** *m.* 2.5
truth **verdad** *f.*
try **intentar** v.; **probar**
  (o:ue) *v.* 2.2
  try (*to do something*) **tratar de**
    (+ *inf.*) 3.3
  try on **probarse (o:ue)** *v.* 2.1
t-shirt **camiseta** *f.* 1.6
Tuesday **martes** *m., sing.* 1.2
tuna **atún** *m.* 2.2
turkey **pavo** *m.* 2.2
turn **doblar** *v.* 3.2
  turn off (*electricity/appliance*)
    apagar *v.* 2.5
  turn on (*electricity/appliance*)
    poner *v.* 2.5; **prender** *v.* 2.5
twelve **doce** 1.1
twenty **veinte** 1.1
twenty-eight **veintiocho** 1.1
twenty-five **veinticinco** 1.1
twenty-four **veinticuatro** 1.1
twenty-nine **veintinueve** 1.1

twenty-one **veintiún,**
  veintiuno/a 1.1
twenty-seven **veintisiete** 1.1
twenty-six **veintiséis** 1.1
twenty-three **veintitrés** 1.1
twenty-two **veintidós** 1.1
twice **dos veces** 1.6
twin **gemelo/a** *m., f.* 1.3
twisted **torcido/a** *adj.* 2.4
  be twisted **estar torcido/a** 2.4
two **dos** 1.1
  two hundred **doscientos/as** 1.2
  two times **dos veces** 1.6

U

ugly **feo/a** *adj.* 1.3
uncle **tío** *m.* 1.3
under **bajo** *adv.* 2.1;
  debajo de *prep.* 1.2
understand **comprender** *v.* 1.3;
  entender (e:ie) *v.* 1.4
underwear **ropa interior** 1.6
unemployment **desempleo** *m.* 3.6
unique **único/a** *adj.* 2.3
United States **Estados Unidos**
  (EE.UU.) *m. pl.* 1.1
university **universidad** *f.* 1.2
unless **a menos que** *conj.* 3.1
unpleasant **antipático/a** *adj.* 1.3
until **hasta** *prep.* 1.6; **hasta que**
  conj. 3.1
up **arriba** *adv.* 3.3
urgent **urgente** *adj.* 2.6
  It's urgent that… **Es urgente**
    que… 3.6
us **nos** *pl., d.o. pron.* 1.5
  to/for us **nos** *pl., i.o. pron.* 1.6
use **usar** *v.* 1.6
used for **para** *prep.* 2.5
useful **útil** *adj. m., f.*

V

vacation **vacaciones** *f., pl.* 1.5
  be on vacation **estar de**
    vacaciones 1.5
  go on vacation **ir de**
    vacaciones 1.5
vacuum **pasar** *v.* **la aspiradora** 2.6
  vacuum cleaner **aspiradora** *f.* 2.6
valley **valle** *m.* 3.1
various **varios/as** *adj. m., f. pl.* 2.2
vegetables **verduras** *pl., f.* 2.2
verb **verbo** *m.*
very **muy** *adv.* 1.1
  very much **muchísimo** *adv.* 1.2
  (Very) well, thank you. **(Muy)**
    bien, gracias. 1.1
video **video** *m.* 1.1
  video camera **cámara** *f.* **de**
    video 2.5
videoconference
  videoconferencia *f.* 3.4
video game **videojuego** *m.* 1.4
vinegar **vinagre** *m.* 2.2

violence **violencia** *f.* 3.6
visit **visitar** *v.* 1.4
  visit monuments **visitar**
    monumentos 1.4
vitamin **vitamina** *f.* 3.3
voice mail **correo de voz** *m.* 2.5
volcano **volcán** *m.* 3.1
volleyball **vóleibol** *m.* 1.4
vote **votar** *v.* 3.6

W

wait (for) **esperar** *v.* (+ *inf.*) 1.2
waiter/waitress **camarero/a**
  m., f. 2.2
wake up **despertarse (e:ie)**
  v. 2.1
walk **caminar** *v.* 1.2
  take a walk **pasear** *v.* 1.4
  walk around **pasear por** 1.4
walkman **walkman** *m.*
wall **pared** *f.* 2.6; **muro** *m.* 3.3
wallet **cartera** *f.* 1.4, 1.6
want **querer (e:ie)** *v.* 1.4
war **guerra** *f.* 3.6
warm (oneself) up **calentarse**
  (e:ie) *v.* 3.3
wash **lavar** *v.* 2.6
  wash one's face/hands **lavarse**
    la cara/las manos 2.1
  wash (the floor, the dishes)
    lavar (el suelo, los
    platos) 2.6
  wash oneself **lavarse** *v.* 2.1
washing machine **lavadora** *f.* 2.6
wastebasket **papelera** *f.* 1.2
watch **mirar** *v.* 1.2; **reloj** *m.* 1.2
  watch television **mirar (la)**
    televisión 1.2
water **agua** *f.* 2.2
  water pollution **contaminación**
    del agua 3.1
  water-skiing **esquí** *m.*
    acuático 1.4
way **manera** *f.* 3.4
we **nosotros(as)** *m., f.* 1.1
weak **débil** *adj. m., f.* 3.3
wear **llevar** *v.* 1.6; **usar** *v.* 1.6
weather **tiempo** *m.*
  The weather is bad. **Hace mal**
    tiempo. 1.5
  The weather is good. **Hace**
    buen tiempo. 1.5
weaving **tejido** *m.* 3.5
Web **red** *f.* 2.5
website **sitio** *m.* **web** 2.5
wedding **boda** *f.* 2.3
Wednesday **miércoles** *m.,*
  sing. 1.2
week **semana** *f.* 1.2
weekend **fin** *m.* **de semana** 1.4
weight **peso** *m.* 3.3
  lift weights **levantar** *v.* **pesas**
    f., pl. 3.3
welcome **bienvenido(s)/a(s)**
  adj. 1.1

Eng-Span

well: (Very) well, thanks. **(Muy) bien, gracias.** 1.1

well-being **bienestar** *m.* 3.3

well organized **ordenado/a** *adj.*

west **oeste** *m.* 3.2

to the west **al oeste** 3.2

western (*genre*) **de vaqueros** 3.5

whale **ballena** *f.* 3.1

what **lo que** *pron.* 2.6

what? **¿qué?** 1.1

At what time…? **¿A qué hora…?** 1.1

What a pleasure to… ! **¡Qué gusto (+ *inf.*)…** 3.6

What day is it? **¿Qué día es hoy?** 1.2

What do you guys think? **¿Qué les parece?** 2.3

What happened? **¿Qué pasó?** 2.5

What is today's date? **¿Cuál es la fecha de hoy?** 1.5

What nice clothes! **¡Qué ropa más bonita!** 1.6

What size do you wear? **¿Qué talla lleva (usa)?** 1.6

What time is it? **¿Qué hora es?** 1.1

What's going on? **¿Qué pasa?** 1.1

What's happening? **¿Qué pasa?** 1.1

What's… like? **¿Cómo es…?** 1.3

What's new? **¿Qué hay de nuevo?** 1.1

What's the weather like? **¿Qué tiempo hace?** 1.5

What's up? **¿Qué onda?** 3.2

What's wrong? **¿Qué pasó?** 2.5

What's your name? **¿Cómo se llama usted?** *form.* 1.1; **¿Cómo te llamas (tú)?** *fam.* 1.1

when **cuando** *conj.* 2.1; 3.1

When? **¿Cuándo?** 1.2

where **donde**

where (to)? (*destination*) **¿adónde?** 1.2; (*location*) **¿dónde?** 1.1

Where are you from? **¿De dónde eres (tú)?** (*fam.*) 1.1; **¿De dónde es (usted)?** (*form.*) 1.1

Where is…? **¿Dónde está…?** 1.2

(to) where? **¿adónde?** 1.2

which **que** *pron.*, **lo que** *pron.* 2.6

which? **cuál?** 1.2; **¿qué?** 1.2

In which…? **¿En qué…?** 1.2

which one(s)? **¿cuál(es)?** 1.2

while **mientras** *conj.* 2.4

white **blanco/a** *adj.* 1.6

white wine **vino blanco** 2.2

who **que** *pron.* 2.6; **quien(es)** *pron.* 2.6

who? **¿quién(es)?** 1.1

Who is…? **¿Quién es…?** 1.1

Who is calling/ speaking? (*on phone*) **¿De parte de quién?** 2.5

Who is speaking? (*on phone*) **¿Quién habla?** 2.5

whole **todo/a** *adj.*

whom **quien(es)** *pron.* 2.6

whose? **¿de quién(es)?** 1.1

why? **¿por qué?** 1.2

widower/widow **viudo/a** *adj.* 2.3

wife **esposa** *f.* 1.3

win **ganar** *v.* 1.4

wind **viento** *m.* 1.5

window **ventana** *f.* 1.2

windshield **parabrisas** *m.*, *sing.* 2.5

windy: It's (very) windy. **Hace (mucho) viento.** 1.5

wine **vino** *m.* 2.2

red wine **vino tinto** 2.2

white wine **vino blanco** 2.2

wineglass **copa** *f.* 1.6

winter **invierno** *m.* 1.5

wireless (connection) **conexión inalámbrica** *f.* 2.5

wish **desear** *v.* 1.2; **esperar** *v.* 3.1

I wish (that) **ojalá (que)** 3.1

with **con** *prep.* 1.2

with me **conmigo** 1.4; 2.3

with you **contigo** *fam.* 1.5, 2.3

within (ten years) **dentro de (diez años)** *prep.* 3.4

without **sin** *prep.* 1.2; 3.1; 3.3; **sin que** *conj.* 3.1

woman **mujer** *f.* 1.1

wool **lana** *f.* 1.6

(made of) wool **de lana** 1.6

word **palabra** *f.* 1.1

work **trabajar** *v.* 1.2; **funcionar** *v.* 2.5; **trabajo** *m.* 3.4

work (*of art, literature, music, etc.*) **obra** *f.* 3.5

work out **hacer gimnasia** 3.3

world **mundo** *m.* 2.2, 3.1

worldwide **mundial** *adj. m., f.*

worried (about) **preocupado/a (por)** *adj.* 1.5

worry (about) **preocuparse** *v.* **(por)** 2.1

Don't worry. **No se preocupe.** *form.* 2.1; **Tranquilo.; No te preocupes.;** *fam.* 2.1

worse **peor** *adj. m., f.* 2.2

worst **el/la peor** 2.2

Would you like to…? **¿Te gustaría…?** *fam.* 1.4

Would you do me the honor of marrying me? **¿Me harías el honor de casarte conmigo?** 3.5

wow **híjole** *interj.* 1.6

wrench **llave** *f.* 2.5

write **escribir** *v.* 1.3

write a letter/post card/e-mail

message **escribir una carta/postal/mensaje electrónico** 1.4

writer **escritor(a)** *m., f* 3.5

written **escrito/a** *p.p.* 3.2

wrong **equivocado/a** *adj.* 1.5

be wrong **no tener razón** 1.3

X

X-ray **radiografía** *f.* 2.4

Y

yard **jardín** *m.* 2.6; **patio** *m.* 2.6

year **año** *m.* 1.5

be… years old **tener… años** 1.3

yellow **amarillo/a** *adj.* 1.6

yes **sí** *interj.* 1.1

yesterday **ayer** *adv.* 1.6

yet **todavía** *adv.* 1.5

yogurt **yogur** *m.* 2.2

you **tú** *fam.* **usted (Ud.)** *form. sing.* **vosotros/as** *m., f. fam.* **ustedes (Uds.)** *form.* 1.1; (to, for) you *fam. sing.* **te** *pl.* **os** 1.6; *form. sing.* **le** *pl.* **les** 1.6

you **te** *fam., sing.*, **lo/la** *form., sing.*, **os** *fam., pl.*, **los/las** *form., pl, d.o. pron.* 1.5

You don't say! **¡No me digas!** *fam.;* **¡No me diga!** *form.* 2.5

You are… **Tú eres…** 1.1

You're welcome. **De nada.** 1.1; **No hay de qué.** 1.1

young **joven** *adj. sing.* **(jóvenes pl.)** 1.3

young person **joven** *m., f. sing.* **(jóvenes pl.)** 1.1

young woman **señorita (Srta.)** *f.*

younger **menor** *adj. m., f.* 1.3

younger: younger brother, sister **hermano/a menor** *m., f.* 1.3

youngest **el/la menor** *m., f.* 2.2

your **su(s)** *poss. adj. form.* 1.3

your **tu(s)** *poss. adj. fam. sing.* 1.3

your **vuestro/a(s)** *poss. adj. form. pl.* 1.3

your(s) *form.* **suyo(s)/a(s)** *poss. pron. form.* 2.5

your(s) **tuyo(s)/a(s)** *poss. fam. sing.* 2.5

your(s) **vuestro(s)/a(s)** *poss. fam.* 2.5

youth *f.* **juventud** 2.3

Z

zero **cero** *m.* 1.1

As in the glossary, the level and lesson of **¡ADELANTE!** where each item is found is indicated by the two numbers separated by a decimal:

- 1.6 = **¡ADELANTE! UNO**, Lección 6
- 3.4 = **¡ADELANTE! TRES**, Lección 4

Text Credits

98–99 "Esquina peligrosa" © Denevi, Marco, *Cartas peligrosas y otros cuentos. Obras completas, Tomo 5*, Buenos Aires, Corregidor, 1999, págs. 192-193.

152–153 "Un día de éstos" Gabriel García Márquez, "Un día de éstos", *Los funerales de la Mama Grande* © Gabriel García Márquez, 1962.

208–209 "A Julia de Burgos" de Burgos, Julia. "Julia de Burgos: yo misma fui mi ruta" from *Song of the Simple Truth: The Complete Poems of Julia de Burgos*. Williamantic: Curbstone Press, 1995.

268–269 "Danza, Las seis cuerdas, La guitarra" © Herederos de Federico García Lorca.

Film Credits

156–157 "Iker pelos tiesos" By permission of IMCINE.

212–213 "La leyenda del espantapájaros" © Elemental Films CLM.

Television Credits

48 "Edenor" By permission of Edenor S.A.

102 "Cruzar 9 de Julio" By permission of Tango Films.

272 "Lo que me prende: Piano" By permission of OWCE TV MÉXICO. Instituto Politécnico Nacional.

328 "Tu rock es votar" By permission of Armando David Ortigosa Kurian.

Photography and Art Credits

All images © Vista Higher Learning unless otherwise noted. Fotonovela photos provided by Carolina Zapata.

Cover: (full pg) José Blanco.

Front Matter (IAE): IAE-36 (t) Amy Baron; (b) Martín Bernetti; **IAE-37** (t) Janet Dracksdorf; (m) Carolina Zapata; (b) Martín Bernetti.

Repaso: 1 (full pg) © Andres Rodriguez/Alamy; **3** Martín Bernetti; **8** © JUPITERIMAGES/Brand X/Alamy; **9** © JTB MEDIA CREATION, Inc./Alamy; **13** © Jose Luis Pelaez, Inc./Corbis.

Lesson One: 19 (full pg) © Gabriela Medina/Getty Images; **21** (tl) © gaccworship/Big Stock Photo; (tr) © GOODSHOOT/ Alamy; (bl) © National Geographic Singles 65/Inmagine; (br) © Les Cunliffe/123RF; **28** (t) Lauren Krolick; (b) © Digital Vision/Fotosearch; **29** (l) Doug Myerscough; (tr) © Cédric Hunt; (br) © David South/Alamy; **32** Mauricio Osorio; **37** (t, b) Courtesy of Mary Axtmann; **46** © Ric Ergenbright/Corbis; **50** (tl) Carolina Villegas; (tr) © Cédric Hunt; (ml) Carolina Villegas; (mr) Mauricio Osorio; (b) © Adam Woolfitt/Corbis; **51** (tl) Mónica María González; (tr) © Reuters/Corbis; (bl) Carolina Villegas; (br) © Jeremy Horner/Corbis; **62** (tl) © Cédric Hunt; (tr) Mauricio Osorio; (bl, br) Carolina Villegas.

Lesson Two: 75 (full pg) © David R. Frazier/Danita Delimont; **84** (l) www.metro.df.gob.mx; (r) José Blanco; **85** (t, b) ® 2013 Barragan Foundation, Switzerland/Artists Rights Society (ARS), New York; **91** Paula Díez; **99** © Radius Images/Alamy; **100** © Masterfile Royalty Free; **101** Paula Díez; **104** (t) © Janne Hämäläinen/Shutterstock.com; (mt) © Alexander Chaikin/ Shutterstock.com; (mb) © Buddy Mays/Corbis; (b) © Vladimir Melnik/Shutterstock.com; **105** (tl) © Reuters/Corbis; (tr) © Royalty Free/Corbis; (bl) © Pablo Corral V./Corbis; (br) © Mireille Vautier/Alamy; **122** www.metro.df.gob.mx.

Lesson Three: 129 (full pg) © Thinkstock/Getty Images; **133** © Javier Larrea/Age Fotostock; **138** (l) © Krysztof Dydynski/ Getty Images; (r) Oscar Artavia Solano; **139** (t, b) Oscar Artavia Solano; **146** © diego_cervo/iStockphoto; **152–153** © Tom Grill/Corbis; **154** Martín Bernetti; **155** © Javier Larrea/Age Fotostock; **160** (tr) © SIME/eStock Photo; (m) © INTERFOTO/ Alamy; **161** (t) © Daniel Wiedemann/Shutterstock.com; (m) © Anders Ryman/Alamy; (b) Martín Bernetti.

About the Author

José A. Blanco founded Vista Higher Learning in 1998. A native of Barranquilla, Colombia, Mr. Blanco holds degrees in Literature and Hispanic Studies from Brown University and the University of California, Santa Cruz. He has worked as a writer, editor, and translator for Houghton Mifflin and D.C. Heath and Company and has taught Spanish at the secondary and university levels. Mr. Blanco is also the co-author of several other Vista Higher Learning programs: **Panorama, Aventuras,** and **¡Viva!** at the introductory level, **Ventanas, Facetas, Enfoques, Imagina,** and **Sueña** at the intermediate level, and **Revista** at the advanced conversation level.

About the Illustrators

Yayo, an internationally acclaimed illustrator, was born in Colombia. He has illustrated children's books, newspapers, and magazines, and has been exhibited around the world. He currently lives in Montreal, Canada.

Pere Virgili lives and works in Barcelona, Spain. His illustrations have appeared in textbooks, newspapers, and magazines throughout Spain and Europe.

Born in Caracas, Venezuela, **Hermann Mejía** studied illustration at the *Instituto de Diseño de Caracas.* Hermann currently lives and works in the United States.

Home
↑
Same feeling for
immigrants as for
people that move
from their first
home.